Ellmers, Herrmann (Hg.)
Korporation und Sittlichkeit

HEGELFORUM

herausgegeben von

ANNEMARIE GETHMANN-SIEFERT
MICHAEL QUANTE
ELISABETH WEISSER-LOHMANN

Sven Ellmers, Steffen Herrmann (Hg.)

Korporation und Sittlichkeit

Zur Aktualität von Hegels Theorie der
bürgerlichen Gesellschaft

Wilhelm Fink

Gedruckt mit Unterstützung der FernUniversität in Hagen und dem Arbeitsbereich
Geschichte der Philosophie an der Carl von Ossietzky Universität Oldenburg

Bibliografische Information der Deutschen Nationalbibliothek

Die Deutsche Nationalbibliothek verzeichnet diese Publikation in der Deutschen
Nationalbibliografie; detaillierte bibliografische Daten sind im Internet über
http://dnb.d-nb.de abrufbar.

Alle Rechte, auch die des auszugsweisen Nachdrucks, der fotomechanischen Wiedergabe
und der Übersetzung, vorbehalten. Dies betrifft auch die Vervielfältigung und Übertragung
einzelner Textabschnitte, Zeichnungen oder Bilder durch alle Verfahren wie Speicherung
und Übertragung auf Papier, Transparente, Filme, Bänder, Platten und andere Medien,
soweit es nicht §§ 53 und 54 UrhG ausdrücklich gestatten.

© 2017 Wilhelm Fink, Paderborn
(Wilhelm Fink GmbH & Co. Verlags-KG, Jühenplatz 1, D-33098 Paderborn)

Internet: www.fink.de

Einbandgestaltung: Evelyn Ziegler, München
Printed in Germany
Herstellung: Ferdinand Schöningh GmbH & Co. KG, Paderborn

ISBN 978-3-7705-6099-8

INHALT

Sven Ellmers und Steffen Herrmann
Die Korporation und ihre wirtschaftliche, soziale und
politische Funktion nach Hegel 7

I. LOGISCHE, HISTORISCHE UND IDEENGESCHICHTLICHE
   HINTERGRÜNDE

Klaus Vieweg
Zur logischen Grundlegung des Begriffs der Korporation
in Hegels *Rechtsphilosophie* 29

Gertrude Lübbe-Wolff
Hegels Staatsrecht
als Stellungnahme im ersten preußischen Verfassungskampf 45

Sven Ellmers
Platonische Motive in Hegels Sittlichkeitslehre 73

II. KORPORATION UND SITTLICHKEIT BEI HEGEL

Johannes-Georg Schülein
Die Korporation als zweite Familie
in Hegels Theorie der bürgerlichen Gesellschaft 101

Steffen Herrmann
Vom Ich im Wir zum Wir im Ich
Einheit und Vielheit in Hegels Theorie der Sittlichkeit 117

Gianfranco Casuso
Kooperation und Exklusion
Zur Aktualität von Hegels Korporationsbegriff 141

III. ANSCHLÜSSE AUS DER WIRTSCHAFTSPHILOSOPHIE

Timo Jütten
Kann Hegel Wettbewerb und Solidarität versöhnen? 159

Hannes Kuch
Die Sozialisierung des Marktes
Soziale Freiheit und Assoziationen bei Axel Honneth 177

Thomas Klikauer
Hegel's Moral Corporation and Corporate Governance 205

IV. ANSCHLÜSSE AUS DER SOZIALPHILOSOPHIE

Cristiana Senigaglia
Gesellschaftliche Beziehungen und Grundformen der Gemeinschaft:
Hegel und Tönnies 231

Heike Delitz
Durkheims Hegel. Von Korporationen zu kollektiven Affekten,
vom Soziozentrismus zum Postfundationalismus 251

Andreas Hetzel
Transformationen des Naturrechts. Zur Philosophie einer
nichtexkludierenden Gemeinschaft bei Hegel und Nancy 267

V. ANSCHLÜSSE AUS DER POLITISCHEN PHILOSOPHIE

Louis Carré
»The shoemaker is my representative«
Marx' critique of the corporate state 289

Claus Langbehn
Beyond the state
Political Culture in Hegel, Marx, and Gramsci 305

Lisa Herzog
»Kantianer« in Hegels Wirtschaft –
transformationales Handeln in Organisationen 331

Autorinnen und Autoren 347

SVEN ELLMERS UND STEFFEN HERRMANN

Die Korporation und ihre wirtschaftliche, soziale und politische Funktion nach Hegel

Hegels Überlegungen zur Theorie der bürgerlichen Gesellschaft gelten zu Recht als »Glanz- und Höhepunkt« seiner Rechtsphilosophie (Schnädelbach 2000: 263). Dass sie auch heute immer noch Gegenstand der philosophischen Diskussion sind (exemplarisch: Neuhouser 2000; Halbig/Quante/Siep 2004; Vieweg 2012; Herzog 2013; Ellmers 2015), liegt daran, dass Hegel die aufkommende Warengesellschaft auf subtile Weise beleuchtet hat: Er beschreibt nicht nur die neuen Möglichkeiten, die sich mit ihr eröffnen, sondern auch die mit ihr verbundenen Defizite und Pathologien. So stellt Hegel fest, dass die bürgerliche Gesellschaft zunächst die individuellen Handlungsspielräume bei der Verfolgung von Konsum- und Geschäftsinteressen erweitert, indem sie diese unabhängig von einschränkenden sozialen Konventionen macht. Damit wird eine Dynamik freigesetzt, die sich in zunehmender Produktvielfalt, verfeinerten Bedürfnissen und gesteigertem praktischen Know-how äußert. Dieser Freiheitsgewinn hat jedoch auch seine Kehrseite: Intransparente Marktprozesse und mechanisierte Produktionsverfahren stürzen große Teile der Bevölkerung in materielle und geistige Armut; der Umstand, Bedürfnisse anderer Marktteilnehmer nur insoweit berücksichtigen zu müssen, wie sie zur Erreichung der eigenen Ziele unerlässlich sind, fördert wiederum die moralische Indifferenz gegenüber solchen Entwicklungen. Der durch die bürgerliche Gesellschaft ermöglichte Zugewinn an Freiheit wird von ihr daher zugleich unterminiert. Diese gegenläufigen Tendenzen aufzulösen und die bürgerliche Gesellschaft zu einem Ort verwirklichter Freiheit zu machen, ist die Aufgabe, die sich Hegel in seiner *Rechtsphilosophie* stellt. Von zentraler Bedeutung für dieses Vorhaben ist dabei die Institution der Korporation. In ihr, so Hegel, vermögen sich Abhängigkeit von Anderen und zweckorientierte Selbstsucht in konkrete Freiheit und wechselseitige Anteilnahme zu transformieren. Entsprechend gilt ihm die Korporation auch als »die in der bürgerlichen Gesellschaft gegründete sittliche Wurzel des Staates« (Hegel 1986: §254).

Dass Hegels Korporationslehre auch heute noch als Quelle innovativen Denkens dienen kann, das zu zeigen, ist die Aufgabe, der wir uns im Folgenden stellen wollen. Dafür werden wir im ersten Schritt zeigen, dass die Institution der Korporation ganz verschiedene Aufgaben erfüllt: Neben ihrer *marktregulierenden* besitzt sie für Hegel nämlich zugleich auch eine *soziale* und eine *politische* Funktion (i). Dass eben diese Dreifachbestimmung die eigentliche Pointe von Hegels Korporationslehre bildet, wird deutlich, sobald man sich vor Augen führt, dass die Institution der Korporation von Hegel als Antwort auf die zeitgenössische ›soziale Frage‹ konzipiert worden ist (ii). Im nächsten Schritt argumentieren wir dann dafür, dass wir es heute mit einer *Wiederkehr* der sozialen Frage unter veränderten Umständen zu tun haben, weshalb es auf der Hand liegt, nach der Aktualität und Anschlussfähigkeit von Hegels Korporationslehre zu fragen (iii). Dass Hegels Überlegungen reichlich Anschlusspotential bieten, wollen wir abschließend dadurch deutlich machen, dass wir eine Reihe prominenter Ansätze aus der Wirtschafts-, der Sozial- und der politischen Philosophie ins Feld führen, die unsere Gegenwart im Rückgriff auf Hegel zu begreifen versuchen (iv).

I. Drei Dimensionen von Hegels Korporationslehre

Obwohl das agrarisch geprägte Preußen zu Beginn des 19. Jahrhunderts noch kaum von der Industrialisierung berührt war,[1] nimmt Hegel zu dieser Zeit als einer der ersten Philosophen die heraufziehende Marktgesellschaft in den Blick. Unter dem Titel der ›bürgerlichen Gesellschaft‹ verleiht er ihr sogar eine zentrale Stellung in seinem ›System der Sittlichkeit‹. Diese Weitsicht, so ist in der Forschung immer wieder betont worden, ist auf Hegels Lektüre der Gründerväter der Staatsökonomie Adam Smith, David Ricardo und Jean-Baptiste Say zurückzuführen. Mit Smith teilt Hegel dabei die Auffassung, dass das System des marktvermittelten Tausches einerseits die Produktivität einer Gesellschaft zu erhöhen und damit die menschliche Bedürfnisnatur in umfassendem Maß zu befriedigen vermag, andererseits dieser Fortschritt aber mit einer Zerlegung und Mechanisierung von Arbeitsprozessen verbunden ist, die zur Verkümmerung der menschlichen kreativen Fähigkeiten führen. Entscheidend ist daher ein dritter Gedanke, den Hegel von Smith übernimmt: Die Tatsache nämlich, dass die allein für ihre eigenen selbstsüchtigen Bedürfnisse produzierenden Individuen in der bürgerlichen Gesellschaft hinter ihrem Rücken durch eine ›unsichtbare Hand‹ aufeinander bezogen sind. Auch wenn sich die Einzelnen daher auf dem Markt zunächst einmal als Konkurrenten begegnen und im Zweifelsfall eine antagonistische Haltung einnehmen, stehen sie doch in einem strukturellen Abhängigkeitsverhältnis voneinander, in welchem die Arbeit eines jeden die Voraussetzung für die Befriedigung des Bedürfnisses des Anderen ist. Das Anliegen von Hegels Überlegungen zur bürgerlichen Gesellschaft besteht nun darin, diese sich hinter dem Rücken der einzelnen vollziehende Struktur vor die Individuen zu bringen: In dem Moment, wo sie ihre wechselseitige Abhängigkeit vor sich gestellt sehen, vermögen sie diese nicht nur zu *begreifen* und damit zu *verändern*, sondern sich zugleich auch mit ihr zu *identifizieren*, was zur Folge hätte, dass sich die Marktakteure nicht mehr als Antagonisten, sondern als Genossinnen und Ge-

---

[1] »Die deutschen Staaten wurden zu Beginn des 19. Jahrhunderts noch von der Agrargesellschaft geprägt. Rund 80% der Menschen lebten auf dem Lande, etwa zwei Drittel waren in bäuerlichen Berufen tätig.« (Botzenhart 1985: 48)

nossen begegnen. Die Instanz, in welcher sich jene Versittlichung des Marktes vollziehen soll, ist für Hegel die Korporation.

Geht man mit einem rein quantifizierenden Blick an Hegels Rechtsphilosophie heran, scheint die Korporation eher von marginaler Bedeutung zu sein: Gerade einmal fünf Seiten bzw. sechs Paragraphen machen die Überlegungen zur Korporation in den *Grundlinien der Philosophie des Rechts* (Hegel 1986) aus. Doch dass sich die Sprengkraft eines Gedankens nicht an dessen quantitativem Umfang bemisst, lässt sich an Hegels berühmten Überlegungen zum Verhältnis von Herrschaft und Knechtschaft aus der *Phänomenologie des Geistes* ermessen: Obgleich dieses einschlägige Lehrstück nur wenige Seiten umfasst, hat es doch die Philosophiegeschichte bis in unsere Tage hinein nachhaltig geprägt, weil sich in ihm die Dialektik intersubjektiver Freiheit verdichtet (Kuch 2013; Herrmann 2013). Eine ähnliche Verdichtung, so unsere Überzeugung, finden wir in Hegels Korporationslehre. Hegel versucht hier nämlich eine für die Moderne grundlegende Frage zu beantworten: *Wie lassen sich Individualität und Gemeinschaftlichkeit miteinander versöhnen?* Heute wird diese Frage zumeist von zwei Seiten aus beantwortet: Während der ökonomische Liberalismus von atomisierten Einzelnen ausgeht, die sich aus pragmatischen Gründen zu einer Gemeinschaft zusammenschließen, führt der Kommunitarismus Gemeinschaft auf geteilte Eigenschaften wie Sprache, Kultur oder Nationalität zurück. Entsprechend verhalten sich die Einwände, die beide Seiten gegeneinander vorbringen, spiegelverkehrt: Während gegen den Wirtschaftsliberalismus eingewandt wird, Gemeinschaft nur als Beutegemeinschaft zu denken und kollektiven Zusammenhalt damit an individuelles Vorteilsdenken zu knüpfen, wird dem Kommunitarismus vorgehalten, Individualität in kollektiver Identität aufgehen zu lassen und damit keinen Platz für die Pluralität von Lebensentwürfen bereitzuhalten. Damit löst der Wirtschaftsliberalismus das Verhältnis zwischen den Polen von Individualität und Gemeinschaftlichkeit zur ersten Seite, der Kommunitarismus dagegen zur zweiten Seite hin auf. Hegel dagegen bietet uns insofern eine dritte Position an, als er mit seinem dialektischen Denken den Widerspruch zwischen Individualität und Gemeinschaftlichkeit als Scheinwiderspruch entlarven und auf höherer Ebene auflösen möchte. Bei der Durchführung dieses Gedankens ist die Korporation zentral, da Hegel von ihr jene Bewegung der doppelten Negation ausgehen lässt, durch welche Individuum und Gemeinschaft sich wechselseitig hervorbringen.

Noch in einem weiteren Sinn nehmen die Korporationen für Hegel einen zentralen Stellenwert ein: Sie dienen als politisch vermittelndes Organ zwischen Regierung und Volk. Freilich erschließt sich diese Funktion erst, wenn wir uns das politische System Preußens zu Beginn des 19. Jahrhunderts vergegenwärtigen: Als Hegels Rechtsphilosophie 1820 erscheint, ist die politische Auseinandersetzung zwischen Restauration und Reformation um die Etablierung einer repräsentativen Nationalversammlung in vollem Gange. Während sich die Restauration dabei überhaupt gegen die Einrichtung einer solchen Institution zur Wehr setzt, begnügt sich die Reformseite mit der Forderung nach einer beratenden Funktion dieser Versammlung (Lübbe-Wolf 2016: 48). Hegel tritt dagegen dafür ein, dass die Nationalversammlung auch »Mitbeschließen« (Hegel 1986: §314) muss und geht damit über beide Seiten hinaus. Freilich hindert ihn das nicht daran, einen für unser heutiges Verständnis konservativen Entwurf eines Zweikammersystems vorzulegen. Was Hegels Überlegungen dabei jedoch eigentümlich ist, ist die Tatsache, dass die Mitglieder der zweiten Kammer bei ihm aus den Korporationen abgeordnet werden. Zugang zum politischen System erlangen daher nur genossenschaftlich organisierte Individuen. Den Vorteil einer solchen korporatistisch organisierten Nationalrepräsentation sieht Hegel darin, dass weder die fürstliche Gewalt als »bloße Herrschergewalt und Willkür erscheine« noch umgekehrt die Individuen »zur Darstellung einer *Menge* und eines *Haufens* […] und zu einer bloß massenhaften Gewalt gegen den organischen Staat kommen«. (Hegel 1986: §302) Um den Eindruck fürstlicher Tyrannei ebenso vorzubeugen wie der Tyrannei der Masse weist Hegel der Korporation eine intermediäre Rolle in der Legislative zu.

Unsere bisherigen Überlegungen haben gezeigt, dass die Korporationen mindestens drei Aufgaben übernehmen: (i) Sie dienen der *Steuerung* des Marktgeschehens, (ii) der *Integration* der Individuen und (iii) der *Vermittlung* zwischen Regierung und Bevölkerung. Entsprechend kommt ihnen eine *wirtschaftliche*, eine *soziale* und eine *politische* Funktion zu. Jeder Versuch, heute an Hegels Überlegungen anzuknüpfen, tut gut daran, sich diese drei unterschiedlichen Funktionen vor Augen zu führen. Die diesem Band zugrunde liegende These lautet dabei, dass Hegels Überlegungen nicht nur von historischem, sondern auch von philosophiegeschichtlichem Wert sind, insofern sie das Denken der Wirtschafts-, der Sozial- und der politischen Philosophie sowohl im 19. als auch im 20. Jahrhundert nachhaltig geprägt haben. Mehr noch: Auch heute können uns Teile von Hegels Überlegungen bei der Reflexion über wirtschaftliche, soziale und politische Fragen weiter anleiten. Letzteres wird deutlich, wenn wir uns nochmal vor Augen führen, auf welche Problematik Hegels Korporationsdenken eine Antwort gibt: die soziale Frage.

II. Die Korporation als Antwort auf die soziale Frage

Freilich kennt Hegel den Begriff der ›sozialen Frage‹ so noch nicht. Dieser erhält in Deutschland erst nach seinem Tod in den 1840er Jahren mit dem Werk des Hegelianers Lorenz v. Stein Einzug in Deutschland. Der Sache nach entwickelt sich die soziale Frage jedoch bereits früher. Ein wichtiger Faktor ist zunächst das allgemeine Bevölkerungswachstum in Europa. Während beispielsweise im Jahre 1700 in Deutschland etwa 14 Millionen Menschen lebten, waren es 1750 bereits 17,5 Millionen und noch einmal 50 Jahre später schon 22 Millionen (vgl. Pfister 2007: 10). Verheerende Auswirkungen hatte dies insbesondere für die Landbevölkerung, das heißt für den mit Abstand größten Teil der Gesamtbevölkerung.[2] Während das kontinentale Europa zu Hegels Zeit also noch wesentlich durch Agrarwirtschaft und Handwerk geprägt war, vollzieht sich in England bereits ein (wenn auch zunächst sektoriell begrenzter) Prozess der Industrialisierung. Durch Fortschritte in Naturwissenschaft und Technik kommt es zu rasanten Produktivitätssteigerungen und in der Folge zu einer umfassenden Transformation der Produktionsbedingungen. So konnte durch die Einführung von Spinnmaschinen eine Arbeiterin in einer Textilfabrik dort um 1812 etwa zweihundertmal so viel Baumwollgarn produzieren wie vor deren Erfindung. Begleitet wurde diese Produktivkraftsteigerung durch politische Reformen, welche die einzelnen aus traditionellen ständischen Lebens- und Arbeitsverhältnissen befreiten. Diese Befreiung sollte sich jedoch schon bald als eine Befreiung zum Elend entpuppen, da die Arbeitsbedingungen der neuen Industriearbeiterschaft katastrophal waren: Das betrifft nicht nur die Arbeitszeiten von 12–17 Stunden für Männer, Frauen und Kinder, sondern ebenso die Arbeitstätigkeiten, die durch die Mechanisierung der Fertigungsprozesse stupide und repetitiv geworden waren, als auch die Unsicherheit des Arbeitsverhältnisses, das aufgrund von Nachfrage und Konjunkturschwankungen jederzeit kündbar waren. Zudem gab es kein staatliches Vorsorgesystem, welches die Einzelnen vor Arbeitslosigkeit, Krankheit oder Verelendung schützte, sodass die neue Industriearbeiterschaft ihren Arbeitgebern trotz formaler Vertragsverhältnisse weitgehend schutzlos ausgeliefert war. Das bereits erwähnte Bevölkerungswachstum verschärft diese Situation noch, insofern es eine schier unendliche Reserve an billigen Arbeitskräften bereitstellt. Entscheidend ist nun, dass diese Bedingungen zu einer ganz neuen Form der Massenarmut – dem Pauperismus – führen, den die mittelalterlichen Institutionen der karitativen Sozialfürsorge nicht mehr aufzufangen in der Lage sind. Insofern sich diese neue Form der Armut aber nicht mehr durch das bestehende gesellschaftliche System abfedern und integrieren lässt, ist es nicht verwunderlich, dass der Pauperismus auch mit einer politischen Desillusionierung einhergeht, die sich in spontanen Aufständen und Widerstandsakten zeigt. Hinzu kommt eine soziale Desintegration, die sich in der moralischen Verrohung des zwischenmenschlichen Umgangs und der Entsolidiarisierung mit Gleichgestellten zeigt (Laurent 1865). Weit davon entfernt, allein ein öko-

---

[2] »Schwierig und bedrängt war [...] die Lage der unterbäuerlichen Schichten auf dem Lande. Sie nahmen im Verlauf des allgemeinen Bevölkerungswachstums überproportional zu, konnten aber nur zum Teil in der expandierenden Landwirtschaft Beschäftigung finden, so daß es auch hier zu Verelendungs- und Verarmungserscheinungen kam. Im ganzen lebten, schätzt man, im deutschen Vormärz rd. zwei Drittel aller Familien in so gedrückten Verhältnissen, daß sie normalerweise bei einem 12- bis 14-stündigen Arbeitstag unter Mithilfe aller Familienangehörigen ihren Lebensunterhalt knapp, dürftig und unter dauerndem Mangel bestreiten konnten, bei persönlichem Unglück, Krankheit, Mißernte oder Arbeitslosigkeit aber sofort der akuten Not, dem Hunger und dem Elend ausgeliefert waren. Eine Industrie, die diesen Millionen Menschen Arbeit und Verdienst hätte verschaffen können, gab es noch nicht.« (Botzenhart 1985: 98)

nomisches Phänomen zu sein, ist die soziale Frage also eine komplexe Gemengelage aus ökonomischer *Deklassierung*, politischer *Desillusionierung* und sozialer *Desintegration*.

Die hier verhandelte Gemengelage wird von Hegel in seinem berühmten ›Pöbel-Paragraphen‹ in den *Grundlinien der Philosophie des Rechts* aufgegriffen. Dort heißt es: »Das Herabsinken einer großen Masse unter das Maß einer gewissen Subsistenzweise« und der damit verbundene »Verluste des Gefühls des Rechts, der Rechtlichkeit und der Ehre, durch eigene Tätigkeit und Arbeit zu bestehen, [...] bringt die Erzeugung des *Pöbels* hervor« (Hegel 1986: §244). Im Zusatz präzisiert er dann: »Die Armut an sich macht keinen zum Pöbel: dieser wird erst bestimmt durch die mit der Armut sich verknüpfende Gesinnung, durch die innere Empörung gegen die Reichen, gegen die Gesellschaft, die Regierung usw.«[3] An dieser Passage wird sehr schön deutlich, dass Hegel sich *avant la lettre* mit der sozialen Frage auseinandergesetzt hat, insofern er die Entstehung des Pöbels nicht nur als ökonomische, sondern ebenso als soziale und politische Frage versteht (Göhler 2000). Die Korporation tritt bei Hegel nun als jene Instanz in Erscheinung, welche der Entstehung des Pöbels vorbeugen soll: Als ökonomische Steuerungsinstanz soll sie für Bedingungen guter Arbeit sorgen und die Arbeitenden auch gegen die Zufälligkeiten des Marktes absichern; als soziale Integrationsinstanz der Vereinzelung der Arbeitenden durch Vergemeinschaftungspraktiken entgegenwirken und als politische Instanz für die Mitsprache der Arbeitenden sorgen.[4]

Führen wir uns diese Funktionen am hegelschen Text etwas genauer vor Augen: Die ökonomische Funktion der Korporation ist »die Sicherung der Subsistenz aller ihrer Mitglieder« (Hegel 1983: 203). Sie verhält sich solidarisch mit all jenen, die durch Zufall in Armut geraten sind. Indem die Genossenschaft weiterhin das Recht hat, »über die Aufnahme in ihren Verband zunächst zu entscheiden, die Aufzunehmenden hinsichtlich ihrer Tüchtigkeit zu prüfen« (Hegel 1983: 203), vermag sie Einfluss auf die Standards guter Arbeit zu nehmen und dafür zu sorgen, dass die Arbeitenden in ihrer Arbeit auch Erfüllung zu finden vermögen. Wenn Hegel dann im nächsten Schritt hervorhebt, dass der Einzelne in der Korporation seine Ehre hat, dann macht er deutlich, dass die Korporation auch eine soziale Funktion hat, insofern für das Individuum das »Anerkanntsein [...] ein wesentliches Moment seiner Realität [ist]« (Hegel 1983: 204). In der Korporation lernt der Einzelne sich für über-

---

[3] Ausführlicher und eindringlicher noch sind Hegels Schilderungen in den Vorlesungsmitschriften. Vgl. exemplarisch Hegel 1983: 193ff.

[4] In diese Richtung geht etwa Rosenzweig, der argumentiert, dass Hegel mit der Korporation einen Ausweg aus den Gefahren des Industriearbeitertums sucht. Freilich scheint Hegel aber bei genauer Lektüre nicht an eine Vertretung der Industriearbeiter zu denken (vgl. Lübbe-Wolf: 2016) – ein Indiz dafür, dass Hegels wirtschaftliche Überlegungen einer Übergangszeit angehören, in der sich zwar die sozialen Verwerfungen der kapitalistischen Industrialisierung bereits antizipieren lassen, im Gewerbe jedoch weiterhin das kleinbetriebliche Handwerk der Meister und Gesellen dominiert.

greifende soziale Ziele einzusetzen: »Daß sein besonderes Geschäft ein solches ist, das [...] nicht bloß für seinen Zweck sorgt, sondern zugleich für eine Gemeinschaft, dies macht seine Ehre aus« (Hegel 1983: 206). Wenn Hegel weiterhin deutlich macht, dass »verschiedene Genossenschaften [...] in das politische Element eintreten« (Hegel 1983: 268), dann verleiht er ihnen ein eingeschränktes politisches Partizipationsrecht an der Gestaltung der gesellschaftlichen Verhältnisse. Als Mitglied einer Korporation ist der Einzelne daher fest mit den ökonomischen, sozialen und politischen Verhältnissen verkoppelt, so dass er nicht in der Gefahr steht, zum Pöbel herabzusinken.

III. Die Wiederkehr der sozialen Frage

Dass wir es in unserer Gegenwart mit einer Wiederkehr der sozialen Frage zu tun haben, dafür hat Robert Castel in seiner Studie *Die Metamorphosen der sozialen Frage* argumentiert. Castel macht es sich hier zur Aufgabe nachzuzeichnen, wie es ausgehend von der Industrialisierung im 20. Jahrhundert zur Etablierung der Lohnarbeitsgesellschaft kommt. Entscheidend ist für ihn dabei der Übergang »vom Kontrakt zum Status« (Castel 2000: 188). Gemeint ist damit, dass es nicht mehr allein der individuelle formelle Arbeitsvertrag ist, welcher das Individuum vor ökonomischer, sozialer und politischer Unsicherheit schützen soll, sondern sein Status als Lohnarbeiterin. Zunächst wird dafür im Rahmen sozialer Kämpfe der Markt ab Mitte des 19. Jahrhunderts durch Maßnahmen des arbeitsrechtlichen Schutzes (Höchstarbeitszeit), der ökonomischen Grundsicherung (Mindestlohn) und der Sozialversicherung (Absicherung gegen Unfall, Krankheit und Alter) eingehegt. Castel spricht diesbezüglich von einer gesellschaftlichen Etablierung von »Sozialeigentum« (Castel 2000: 236), welches für ihn die Antwort auf die kapitalistischen, auf Privateigentum basierenden Produktionsbedingungen der Gesellschaften Europas darstellt. Basis des Sozialeigentums ist ein von Durkheim geprägtes organisches Gesellschaftsmodell, welches Gesellschaft ausgehend von der modernen Arbeitsteilung als ein sich wechselseitiges ergänzendes Ganzes versteht. Die moderne Gesellschaft vermag sich daher nur zu reproduzieren, wenn ein jedes Teil das seine zur Reproduktion des Ganzen beiträgt. Entsprechend schulden sich die Einzelnen wechselseitig je schon etwas: »Die Verpflichtungen gegenüber der Allgemeinheit spiegeln diese jeden in der Gesellschaft betreffende Schuldnerposition wieder. Pflichtabgaben, Umverteilung von Gütern und Dienstleistungen stellen also keineswegs Angriffe auf die Freiheit des Individuums dar. Sie sind Rückzahlungen, die man von ihm rechtmäßig abverlangen kann.« (Castel 2000: 245) Seine umfassende Institutionalisierung erfährt das Sozialeigentum mit der schrittweisen Etablierung des Sozialstaats im 20. Jahrhundert. Durch anhaltendes Wirtschaftswachstum der europäischen Gesellschaften und die Stärke der gewerkschaftlichen Vertretungen auf Arbeinehmerseite kommt es zu weiteren Arbeitszeitverkürzungen, bezahltem Urlaub und Einkommensverbesserungen, welche weiten Teilen der Bevölkerung ein ansehnliches Konsumniveau ermöglichen. Basierend auf diesen Entwicklungen steigt die Erwerbsbevölkerung zwischen 1939 und 1975 von 49% auf 83% an, so dass Mitte der 70er Jahre die »Apotheose der Lohnarbeitsgesellschaft« (Castel 2000: 308) erreicht ist.[5]

Ende der 70er Jahre, so Castel, beginnt der Nationalstaat dann brüchig zu werden. Im Zuge globaler wirtschaftlicher Verflechtungen verliert er nicht nur seine ökonomische Steuerungsfunktion, sondern er beginnt auch, soziale Sicherungsrechte abzubauen und seine Leistungen nach einem wettbewerblichen Modell umzugestalten. Im diesem Prozess einer umfassenden Neoliberalisierung der Gesellschaft verliert die Lohnarbeit ihren sozialintegrativen Stellewert: Die Ausbreitung befristeter Arbeitsverträge, Teilzeitarbeit und Leiharbeit spielen zunehmend eine größere Rolle. Prekäre Beschäftigungsbedingungen und regelmäßige Arbeitslosigkeit werden so für viele Arbeitnehmerinnen und Arbeitnehmer wieder zur Normalität. Dadurch entstehen auf Seiten der Arbeitnehmenden nicht nur große Unterschiede im Einkommensniveau, sondern es kommt im Zuge der Propagierung des Eigenverantwortungsprinzips auch zu einer zunehmenden Entsolidarisierung zwischen den Arbeitenden.

Im Neoliberalismus kommt es zu Beginn des 21. Jahrhunderts so zu einer Wiederkehr von ökonomischen und sozialen Unsicherheiten. Freilich weiß Castel darum, dass diese Unsicherheiten nicht mit denjenigen zu Beginn des 19. Jahrhunderts zu vergleichen sind. Dass er dennoch von einer Wiederkehr der sozialen Frage spricht, hat seinen Grund darin, dass er heute zwei Prozesse am Werk sieht, die sich zu denen zu Beginn des 19. Jahrhunderts homolog verhalten: Zum einen sind die für die gegenwärtige Unsicherheit verantwortlichen Dynamiken die gleichen: »Es ist immer noch die Unmöglichkeit, sich innerhalb der herrschenden Organisationsformen der Arbeit und in den anerkannten Formen der Zugehörigkeit zu einer Gemeinschaft einen stabilen Platz zu schaffen, welche die gemeinsame Lage der ›Überzähligen‹ von einst, von unlängst und von heute ausmacht.« (Castel 2000: 15f.). Zum anderen sieht Castel eine positionale Homologie zwischen den Bevölkerungszonen von damals und heute. Um zu verstehen, was damit gemeint ist, gilt es sich vor Augen zu führen, dass Castel zwischen drei gesellschaftlichen Zonen unterscheidet: Der Zone der Integration, die sich durch stabile Arbeitsverhältnisse und eine feste soziale Integration auszeichnet, die Zone der Entkopplung, welche durch das Fehlen an produktiver Beschäftigungsverhältnisse und sozialer Desintegration bestimmt ist und die dazwischenliegende Zone der Verwundbarkeit, in welcher prekäre Arbeitsverhältnisse und fragile Sozialbeziehungen ge-

---

[5] Kritische Auseinandersetzungen mit Castel weisen darauf hin, dass der von ihm geschilderte historische Verlauf nur für den weißen, männlichen Normalverdiener westlicher Industriestaaten gilt. Mit der Rolle von Frauen, MigrantInnen und der Dritten Welt blende Castel hingegen alle Machtverhältnisse aus, die diesen Verlauf erst ermöglichten (vgl. Lorey 2012: 69).

kennzeichnet ist. Castel ist dabei der Überzeugung, dass die »Zusammensetzung der Gleichgewichte zwischen diesen ›Zonen‹ [...] als ausgezeichneter Indikator zur Einschätzung der Kohäsion einer gesellschaftlichen Ganzheit zu einem gegebenen Zeitpunkt dienen [kann].« (Castel 2000: 13)

Die leitende These seiner weiteren Überlegungen lautet nun, dass es in unserer Zeit zu einer Wiederkehr der massenhaften Verwundbarkeit kommt. Gemeint ist damit ein dramatischer Anstieg all jener Bevölkerungsteile, die in der Zone der Verwundbarkeit leben und ständig von Entkopplung bedroht sind – und zwar nicht deshalb, weil sie keine Arbeit mehr haben, sondern gerade weil sie Arbeit haben: »»Unser augenblickliches Problem besteht also nicht ausschließlich in der Bildung einer ›prekären Peripherie‹, sondern auch in der ›Destabilisierung der Stabilen‹. Der Prekarisierungsprozeß zieht sich durch manche früher stabilen Beschäftigungszonen hindurch, das ist die Wiederkunft der massenhaften Verwundbarkeit, die, wie wir gesehen haben, nur allmählich hatte bezwungen werden können. [...] Wie der Pauperismus des 19. Jahrhunderts im Herzen der Dynamik der ersten Industrialisierung verankert war, so ist auch die Prekarisierung ein zentraler Prozeß, der von den neuartigen technologisch-ökonomischen Erfordernissen der Entwicklung des modernen Kapitalismus in Gang gehalten wird. Genau darin liegt der Stoff für eine ›neue soziale Frage‹«« (Castel 2000: 357; Lessenich 2008). Von einer neuen sozialen Frage können wir für Castel also sprechen, weil wir es auch heute wieder mit einer zunehmend großen Schicht von Menschen zu tun haben, die trotz Arbeit in unsicheren ökonomischen und sozialen Verhältnissen leben. Es sind also die *working poor* auf welche Castel sein Homologie-Argument im Wesentlichen gründet.[6]

Prinzipiell lässt sich dieses Argument noch weiter treiben: Nicht nur dehnt sich nämlich die Zone der Verwundbarkeit im Neoliberalismus immer weiter aus, zugleich auch vergrößert sich die Zone der Entkopplung, in der sich heute all jene finden, die als ›Nichtbeschäftigbare‹ gelten – genau an dieser Stelle lässt sich dann wieder an Hegel anschließen, insofern die Nichtbeschäftigbaren – ähnlich dem Pöbel – jene Bevölkerungsschicht darstellen, welche heute ganz von der Teilnahme am Marktgeschehen ausgeschlossen sind. Die entscheidende Frage ist also, ob die Institution der Korporation im hegelschen Sinne heute dazu in der Lage ist, die Zone der Entkopplung und die Zone der Verwundbarkeit angemessen einzuhegen. Die Überzeugung, dass die Korporation dieses Potential bereithält, liegt unterschiedlichen Rezeptionssträngen zugrunde. Hier ist nämlich sowohl in wirtschaftlicher, sozialer und politischer Hinsicht dafür argumentiert worden, dass die Korporation die Probleme unserer Gegenwart zu lösen vermag. Wenden wir uns daher im nächsten Schritt den Anschlüssen an Hegels Korporationslehre zu.

---

[6] Dass Castel den Prekarisierungsbegriff damit zu eng fasst und den umfassenden gesellschaftlichen Umbau im Neoliberalismus nicht zureichend in den Blick bekommt, dafür argumentieren Lorey 2012 und Marchart 2013.

IV. Anschlüsse an Hegels Korporationslehre

Auch wenn Hegels Korporationslehre nur selten explizit zum Gegenstand philosophiegeschichtlicher Anschlüsse geworden ist, ist sie doch enorm wirkmächtig geworden: So hat etwa Karl Marx (abseits seiner expliziten Auseinandersetzung mit der hegelschen Rechtsphilosophie) in den *Ökonomisch-philosophischen Manuskripten* der Sache nach an das Modell der Korporation angeknüpft, wenn er herausstellt, dass eine wahrhaft menschliche Produktionsweise voraussetzt, dass die Einzelnen als Bedürfniswesen nicht nur miteinander, sondern füreinander produzieren müssen (vgl. Marx 1990). Auch Emile Durkheim knüpft in seinen Überlegungen *Über soziale Arbeitsteilung* an Hegels korporatistisches Berufsgruppenmodell an. Seine Überlegungen verleihen diesem Modell jedoch eine sozialphilosophische Wendung, insofern sie vor allem die Kohäsionskräfte innerhalb der Berufsgruppen in den Blick nehmen. Durkheims Grundgedanke lautet dabei, dass sich deren Sittlichkeit nicht allein durch rationale Diskurse herausbildet, sondern vielmehr durch kultische Praktiken der Vergemeinschaftung: Das Ritual, das Spiel und das Fest stellen für ihn Orte kollektiver Effereveszenz zur Herausbildung übergreifender Gemeinschaftserfahrungen dar (vgl. Durkheim 1981, 1992). Schließlich hat auch Antonio Gramsci (1991f.) in seinen *Gefängnisheften* Hegels Konzept der bürgerlichen Gesellschaft aufgenommen und ausgehend von der Idee der Korporation zum Konzept der Zivilgesellschaft umgearbeitet, indem er die Ökonomie aus-, dafür jedoch andere Instanzen wie die Familie, Vereine oder soziale Bewegungen in das Konzept eingeschlossen hat. Gramsci hat damit die folgenreiche Idee formuliert, dass für das politische System eine intermediäre Ebene konstitutiv ist, auf der sich die Bürger aktiv zu Interessengruppen zusammenschließen können, um für ihre jeweiligen politischen Anliegen einzutreten. Zählen die genannten Anschlüsse eher zu den philosophiegeschichtlichen Positionen, wollen wir es uns im Folgenden zur Aufgabe machen, jeweils einen aktuellen Ansatz aus den Bereichen der Wirtschafts-, der Sozial- und der politischen Philosophie herauszugreifen, um die Relevanz von Hegels Überlegungen auch für die ›neue soziale Frage‹ zu verdeutlichen.

A. Anschlüsse aus der Wirtschaftsphilosophie

Anders als Jürgen Habermas, der die moderne Ökonomie als einen von normativen Rücksichten entlasteten Bereich instrumentellen Handelns und technischer Effizienz versteht, verfolgt Axel Honneth seit seinen frühen Schriften die Idee einer moralisch integrierten Ökonomie. Eine explizite Auseinandersetzung mit Hegels Korporationen findet sich in den Monographien *Leiden an Unbestimmheit* (Honneth 2001) und *Das Recht der Freiheit* (Honneth 2011). Zwischen den beiden Veröffentlichungen liegt nicht nur ein Zeitraum von zehn Jahren, sondern sie geben auch sehr unterschiedliche Antworten auf die

Frage, ob und wie die von Hegel beschriebenen Berufsgenossenschaften zu aktualisieren seien. So kritisiert Honneth in *Leiden an Unbestimmtheit* Hegel noch für die Einführung der Korporationen innerhalb des Abschnitts zur bürgerlichen Gesellschaft. Hegel vermische hier zwei gänzlich verschiedene Anerkennungstypen, weil »mit der ›Korporation‹ neben das Interaktionsverhältnis des Marktes noch eine ganz andere Kommunikationssphäre getreten ist, deren Anerkennungsformen von vollkommen eigenständiger Art sind.« (Honneth 2001: 122) Gehe es in der bürgerlichen Gesellschaft um die »marktvermittelten Transaktionen«, so in der Korporation um die »wertorientierenden Interaktionen« (Honneth 2001: 123). Diese Vermischung gänzlich disparater Anerkennungsformen sei jedoch nicht kompatibel mit dem Anspruch Hegels, die drei Institutionen der Sittlichkeit so zu rekonstruieren, dass Familie, bürgerliche Gesellschaft und Staat jeweils nur durch *ein* Interaktionsmuster zu charakterisieren seien. Mit seiner Korporationslehre bewege sich Hegel zudem nicht mehr auf der Höhe der Zeit: »Geradezu naiv mutet es an, wie Hegel sich von den Korporationen, denen angesichts von Tagelöhnerei und Industriearbeit schon in seiner Zeit etwas Antiquiertes anhaftet, die Wirkung einer moralischen Disziplinierung des kapitalistischen Marktes erhofft.« (Honneth 2001: 120) Diese Kritik mündet nun nicht in der Suche nach einem zeitgenössischen Pendant für die überholten Korporationen. Aufgrund der methodischen Vorgabe, jeder sittlichen Institution nur einen einzigen Anerkennungstyp zuzuordnen, plädiert Honneth vielmehr dafür, die Korporationen ersatzlos zu streichen bzw. ihre wertorientierende Funktion der demokratischen Öffentlichkeit zuzuschlagen.

Eine gänzlich andere Einschätzung findet sich in *Das Recht der Freiheit*. In Anschluss an Hegel und an Durkheims Lehre von den außervertraglichen Voraussetzungen des Vertrags entwickelt Honneth hier die Idee, dass Marktwirtschaften »intrinsisch eine Reihe von vormarktlichen, auf wechselseitige Rücksichtnahme angelegten Handlungsregeln beinhalten« (Honneth 2011: 331). Das Recht, auf dem kapitalistischen Markt sein eigenes Wohl zu verfolgen, so Honneth, beruhe auf einem vorgängigen Solidaritäts- und Kooperationsbewusstsein. Dies zeige sich historisch schon daran, dass gravierende Verstöße gegen die normativen Präsuppositionen des Marktes die Betroffenen dazu veranlassten, gemeinsam zu protestieren, dauerhafte Vereinigungen zu gründen und emanzipatorische Veränderungen durchzusetzen. Die Institutionen, die dabei entstanden – Gewerkschaften, Konsumgenossenschaften, sozialstaatliche Sicherungssysteme, betriebliche Mitbestimmung und Vereine der Zivilgesellschaft –, können Honneth zufolge als zeitgemäße Verkörperungen dessen gelten, was Hegel mit den Korporationen im Sinn hatte: auf reziproke Anerkennung ausgelegte Institutionen, die das Individuum dabei unterstützen, seine reflexiv gewonnenen Ziele in kooperativer Weise zu erreichen.

Die Rückkehr der sozialen Frage macht sich Honneth zufolge nun darin geltend, dass die Institutionen der sozialen Freiheit in den letzten Jahrzehnten schweren Schaden genommen haben. Der gemeinhin als neoliberal bezeichnete Umbau der westlichen Gesellschaften äußert sich jedoch nicht nur in der Kürzung sozialstaatlicher Leistungen, der Zunahme prekärer Beschäftigungsverhältnisse und im Abbau betrieblicher Mitbestimmungsrechte, sondern geht mit tiefgreifenden mentalen Veränderungen einher. So sei das Solidarität- und Kooperationsbewusstsein weitgehend durch das Leitbild des ›unternehmerischen Selbst‹ (Bröckling 2007) abgelöst worden. Es sind, so Honneth, »an die Stelle der älteren Ideen, wonach Chancengleichheit, Arbeitsplatzverbesserungen und Mitbestimmung erforderlich seien, um die normativen Versprechungen des Arbeitsmarktes zu erfüllen, längst Programme der allseitigen Selbstaktivierung getreten, die mit blankem Zynismus suggerieren, jeder sei für sein Erwerbsschicksal ausschließlich allein verantwortlich.« (Honneth 2011: 469). Das hat zur Folge, dass *soziale* Freiheit immer mehr durch *negative* Freiheit verdrängt wird. Ganz oben auf der politischen Agenda müsse daher zunächst einmal die »Wiedereroberung eines bereits einmal erfolgreich erkämpften Territoriums« (Honneth 2011: 470) stehen. Eine wichtige Rolle, so der an Hegels Korporationen lose anknüpfende Gedanke, könnten hierbei transnationale Gewerkschaften und Nichtregierungsorganisationen spielen.

B. Anschlüsse aus der Sozialphilosophie

Die zeitgenössischen sozialphilosophischen Anschlüsse an Hegels Korporationslehre lassen sich auf die 30er Jahre des 20. Jahrhunderts zurückführen. Im Rahmen der Sakralsoziologie des *Collège de Sociologie* (1937–1939), zu dessen Gründern neben Michel Leiris und Roger Caillois auch Georges Bataille gehört, wird Hegel intensiv rezipiert. Anliegen der drei Kollegiaten ist es dabei, die in sakralen Ritualen aufgehobenen Vergemeinschaftungskräfte für eine moderne Gesellschaft produktiv zu machen. Im Anschluss an Durkheim betonen sie dabei, dass in der religiösen Ekstase Kräfte freigesetzt werden, durch welche sich die Gesellschaft zu erneuern und zu stabilisieren vermögen. Hegels Korporationslehre dienen diesen Überlegungen in zweierlei Hinsicht als Grundlage: Zum einen – darauf hat Emile Durkheim hingewiesen – waren die Korporationen selbst einmal religiöse Vereinigungen, in denen eine jede Berufsgruppe ihrem je eigenen Gott gehuldigt hat (Durkheim 1992: 52), sodass religiöse Feste und Rituale seit jeher Teil des korporativen Lebens sind. Zum anderen finden sich bei Hegel selbst Hinweise, dass das kollektive Fest Teil der korporativen Organisationsform ist und in religiöse Praktiken kognitiv nicht einholbare Bindungskräfte eingelassen sind (Hegel 1983: 207 und Hegel 1986a: 185ff.). Es liegt daher nahe, dass die sozialintegrative Funktion der Korporationen schon bei Hegel nicht ausschließlich auf ihrer Fähigkeit zur Interessenbündelung beruht, sondern auch auf den mit ihr verbundenen sozialen Praktiken. Die konzeptuelle Ausarbeitung eben dieser ›inner-korporativen Vergemeinschaftungsmechanismen‹ macht sich die Sakralsoziologie zur Aufgabe.

Georges Bataille ist durch die berühmten Vorlesungen von Alexandre Kojève an der *École pratique des hautes études* zu Beginn der 1930er Jahre mit Hegels Philosophie vertraut gemacht geworden. Im Anschluss an sie entwickelt er dann die Unterscheidung zwischen einer beschränkten und einer allgemeinen Ökonomie (Bataille 1985). Während die beschränkte Ökonomie alle gesellschaftlichen Energien in den Dienst der materiellen Reproduktion und der Selbsterhaltung stellt, stehen in der allgemeinen Ökonomie die Kategorien der Verschwendung und der Veraugabung im Zentrum. Weit davon entfernt einfach sinnlose Zerstörungsakte zu sein, sind Praktiken der Veraugabung im Fest, im Spiel oder der Sexualität mit Momenten der kollektiven Ekstase und des Rausches verknüpft, in welchen sich die Einzelexistenzen zu einem kollektiven Ganzen zusammenschließen. Die rauschhafte Vergemeinschaftung gilt Bataille dabei als notwendiges Gegenstück zur Welt der Arbeit, weil nur hier eine Erneuerung des sozialen Organismus stattfinden kann. Gleichwohl betont Bataille, dass dort, wo die Welt der Ekstase und des Rausches gleichsam in der gezähmten Form des Urlaubs und der Zerstreuung in die Welt der Arbeit eingegliedert wird, sie ihre sozialkonstitutive Kraft verliert.

Verborgene und vergessene kollektive Praktiken der Überschreitung in der Gegenwart ausfindig zu machen und konzeptuell wiederzubeleben, dieser Aufgabe stellt sich seit vielen Jahren der Soziologe Michel Maffesoli. Im Anschluss an Bataille stellt er dabei die Figur des Dionysos in den Mittelpunkt seiner Überlegungen und erklärt das orgiastische Lebensgefühl zum Zentrum unserer Sozialität (Maffesoli 1986). In der orgiastischen Leidenschaft sieht Maffesoli einen Gegenpol zum neuzeitlichen Individualismus. Karneval, Tanz, Spiel gelten ihm als jene Orte, in denen es zu einem Bruch mit der Ordnung der Individuen kommt. Sinnfällig wird das an den mit diesen Ereignissen verbundenen Verkehrungsphänomenen: Der Herr muss plötzlich den Knecht bedienen, die Regeln der Monogamie und des Inzests sind außer Kraft gesetzt, die Machthaber werden verspottet, das Maßhalten ist verpönt. In eben solchen Momenten der Umkehrung vermag sich die Gesellschaft von ihren selbst auferlegten Zwängen zu befreien und zu ihrer organischen Einheit zurückzufinden. Wo Maffesoli vor allem tradierte Bräuche, Feste und Sitten vor Augen hat – was seiner Theorie den Ruf des Neotribalismus eingebracht hat – weisen andere Arbeiten darauf hin, dass Formen der posttraditionalen Vergemeinschaftung sich vielfach im Rahmen von Jugendkulturen, modernen Massenveranstaltungen und Subkulturen wiederfinden lassen (Hitzler 1998).

Treten wir einen Schritt zurück, dann zeigt sich, dass die soziale Frage in den hier genannten Theoriearbeiten jeweils dadurch zu beantworten versucht wird, dass der Welt der Arbeit und des Zwangs eine Welt des Rausches und der Ekstase entgegengestellt wird, in welcher kollektive Erregungen und Leidenschaften überindividuelle Bindungskräfte freisetzen sollen. Deutlich soll damit werden, dass die Reproduktion gesellschaftlicher Ordnung immer vom Außer-Ordentlichen zehrt. Auch wenn man in dieser Position die hegelsche Philosophie freilich nicht direkt wiederzuerkennen vermag, so hat sie vermittelt über das *Collège de Sociologie* mit seinem Wortführer Georges Bataille doch nachhaltig zu deren Entwicklung beigetragen. Nicht zuletzt Jacques Derrida war es ja, der Batailles Denken als einen ›rückhaltlosen Hegelianismus‹ bezeichnet und damit auf die Quellen dieses Denkens hingewiesen hat (Derrida 1997).

C. Anschlüsse aus der Politischen Philosophie

In die Politische Philosophie hat Hegels Korporationslehre unter dem Label des Neokorporatismus Eingang gefunden. Neokorporatismus meint in diesem Zusammenhang dabei nicht mehr die genossenschaftliche Organisation von wirtschaftlichen Produktionsprozessen, als vielmehr eine bestimmte Form der politischen Ordnungsbildung. Entsprechend kann der Neokorporatismus als eine bestimmte Form von Demokratietheorie verstanden werden, in welcher Konflikte nicht wie im mehrheitsdemokratischen Modell durch Überstimmung der politischen Opponenten gelöst werden, sondern konsensuell, mittels partnerschaftlicher Einigung (Reichenbachs/Nullmeier 2016). Das Aufgabenfeld des Neokorporatismus bezieht sich dabei vor allem auf marktwirtschaftliche Entgrenzungserscheinungen, die mittels politischer Entscheidungen eingehegt werden sollen. Exemplarisch wird dabei gerne auf das sozialpartnerschaftliche Modell in Österreich der 1960er und 70er Jahre zurückgegriffen, das auf dem Zusammenspiel von Arbeitnehmer- und Arbeitgeberverbänden sowie öffentlichen Kammern bestand. Ersteren kam dabei das Recht zu, jedes parlamentarische Gesetz vor seiner Verabschiedung begutachten zu können. Durch eine solche Einbeziehung korporativ organisierter Gruppen in den Gesetzgebungsprozess vermeidet der Staat eine Politikimplementation ›von oben‹, die von den Lebensrealitäten der sozialen Akteurinnen und Akteuren gänzlich abgelöst ist. Stattdessen gewährleisten die Mitbestimmungsmöglichkeiten der Verbände, dass der politische Willensbildungsprozess möglichst integrativ in Anhörung aller Interessensgruppen verläuft.

Dass dieses Konzept des Neokorporatismus eng an Hegel anschließt, haben Wolfgang Streeck und Philippe Schmitter in einem gemeinsamen Aufsatz hervorgehoben: »Schon Hegel hatte eine genaue, wenn auch schwer zugängliche Vorstellung davon, wie Korporationen aus der bürgerlichen Gesellschaft als deren höchster organisierter Ausdruck entstehen […]. Ihm folgen Fichte, Schlegel, von Ketteler, von Vogelsang, La Tour du Pin, de Mun, von Gierke, Spann und andere, die alle irgendeine Form von korporativ-organischer sozialer Ordnung als Antwort auf die ›anomische‹ Struktur des entstehenden Marktes befürworten.« (Streeck/Schmitter 1999: 199f.) Mit Hegel vertreten beide Autoren dabei die These, dass die Korporation eine soziale Instanz zur Transformation von Individual- in Kollektivinteressen ist, die in den Dienst der Erzeugung und Aufrechterhaltung von sozialer Ordnung (v.a. am Markt) gestellt werden kann (Streeck/Schmitter 1999: 209). Im Anschluss an diesen Gedanken plädieren Streeck und Schmitter dann dafür, Korporationen neben Gemeinschaft, Markt und Staat als eine vierte, eigenständige Quelle sozialer Ordnungsbildung zu verstehen, weil ihre Logik nicht auf die Logik der drei anderen Sphären zurückgeführt werden kann. Während Gemeinschaft auf interdependent verfassten Normen beruht, der Markt auf der Unabhängigkeit der Einzelhandlungen und die staatliche Ordnung auf hierarchischer Interessenskoordination, sind die sozialen Akteure in korporativen Systemen voneinander »*kontingent* oder *strategisch abhängig*« (Streeck/Schmitter 1999: 202), was zur Folge hat, dass sie gegenüber der Versuchung unmittelbarer Vorteilsnahme immun sind und stattdessen nach möglichst stabilen interorganisatorischen Verhältnissen streben. Neokorporatismus ist also der Versuch, Interessenverbänden eine besondere Rolle zwischen Staat, Markt und Gesellschaft zuzuweisen, um die kollektiven Einzelinteressen sozialer Gruppen zur Herstellung von sozialer Ordnung zu nutzen.

Drei Vorteile einer solchen Form der Ordnungsbildung werden dabei von Streeck und Schmitter benannt: An die Stelle einer staatlichen Ordnungspolitik ›von oben‹ tritt eine Interessenspolitik ›von unten‹, welche es erlaubt, die Grenzen rechtlicher Regulierung bei der Implementierung von gesetzgeberischen Maßnahmen zu überwinden. Zweitens ermöglicht eine kollektive Interessenpolitik die mit dem Markt einhergehende Unfähigkeit zur Bereitstellung kollektiver Güter auszugleichen und Rahmenbedingungen für einen langfristigen stabilen Austausch zu gewährleisten. Gegenüber Gemeinschaften schließlich hat die kollektive Interessenvertretung den Vorteil, dass sie es erlaubt, durch verpflichtende Bindungen Ressourcen zu mobilisieren, die über das Maß freiwilliger Selbstbindung hinausgehen (Streeck/Schmitter 1999: 218). Freilich stehen den positiven Effekten eines so verfassten politischen Neokorporatismus auch einige Nachteile gegenüber. Schon früh wurde etwa auf das Demokratiedefizit des Neokorporatismus hingewiesen (Offe 1984). So wird die Effektivität der politischen Ordnungsbildung mit der zunehmenden Intransparenz von politischen Prozessen erkauft. Wo sich privilegierte Partner in Hinterzimmern zusammensetzen, um über politische Maßnahmen zu entscheiden, kommt es nicht nur schnell zu partizipatorischen Ausschlüssen von kleineren Partnern, sondern auch zu einem erlahmen zivilgesellschaftlicher Kräfte, die sich abseits der vom Staat organisierten Interessenvertretungen organisiert haben (Reichenbachs/Nullmeier 2016: 92).

Einwände gegen Hegels Korporationslehre

Wenn man heute der Wiederkehr der sozialen Frage mit Hegel begegnen möchte, dann gilt es auch einige wichtige Kritiken zu bedenken, die gegen Hegels Korporationskonzept auf unterschiedlichen Ebenen vorgebracht worden sind: (i) So ist gegen seine wirtschaftsphilosophische Überlegungen von sozialistischer Seite der Vorwurf des Reformismus erhoben worden, da sich die Korporationen doch damit begnügen, die vom Markt erzeugten Verwerfungen abzufedern, ohne dessen Funktionsmechanismen grundlegend umzuwandeln. Dieser Vorwurf gewinnt noch einmal an Relevanz vor dem Hintergrund der ökonomischen Transformationen in den letzten zweihundert Jahren: Mochte es in einer Gesellschaft, deren Ökonomie in weiten Teilen lokal verankert und durch kleinere Handwerksbetriebe geprägt war, noch denkbar erscheinen, über die aktive Beteiligung am Genossenschaftsleben vor Ort das Gemeinschaftsgefühl zu stärken und so das Gewinnstreben zu begrenzen, machen sich angesichts eines weltweit agierenden und anonymen kapitalistischen Marktes verstärkt *strukturelle* Zwänge geltend: nötigt die globale Konkurrenz doch selbst arbeitnehmerfreundliche Unternehmer, den Gewinn fortwährend zu maximieren (vgl. Heinrich 2012; Postone 2003).

(ii) Gegen Hegels sozialphilosophische Überlegungen sind drei Einwände mit unterschiedlichen Stoßrichtungen erhoben worden. Dem ersten Einwand zufolge kann die Herausbildung eines ständischen Identitätsgefühls, das zur Solidarität verpflichtet und die Grundlagen für einen umfassenderen Bürgersinn bildet, unter marktwirtschaftlichen Bedingungen nicht als gesichert gelten. Ob die zunächst aus zweckrationalen Gründen eingerichteten Korporationen wirklich in der Lage sind, gegen die dissoziierenden Effekte des Marktes eine hinreichende gemeinschaftsfördernde und das Gewinnstreben begrenzende Kraft zu entfalten – und damit mehr darstellen als bloße Mittel für (gruppen-) egoistische Zwecke –, lasse sich nicht begrifflich, sondern nur empirisch entscheiden (vgl. Ellmers 2015: 81-83). Der zweite Einwand stellt darüber hinaus in Frage, ob ein Selbstbild, das wesentlich durch den Beruf geprägt ist, sich überhaupt auf unsere Gegenwart übertragen lässt. Während Hegel noch davon ausging, dass der Einzelne ein Leben lang einem Beruf verpflichtet ist, sind Erwerbsbiographien heute von häufigen Berufswechseln mit prekären Zwischenphasen geprägt. Ebenso kann im Anschluss an die These vom ›Ende der Arbeitsgesellschaft‹ (Gorz 2010) dafür argumentiert werden, dass die Erwerbsarbeit ihren zentralen Stellenwert im Leben der Individuen in der Gegenwart zunehmend verliert. Drittens schließlich ist gegen Hegels Überlegungen eingewandt worden, dass sie dem ethischen Pluralismus der Moderne nicht gerecht werden und einer kulturellen Homogenisierung der Gesellschaft Vorschub leisten. Statt soziale Einheit wie Hegel auf geteilte kollektive Praktiken zurückzuführen, müsse diese viel stärker vom Prinzip der Differenz und der Alterität aus gedacht werden (vgl. Herrmann 2013).

(iii) Gegen Hegels politische Überlegungen ist der Verdacht erhoben worden, einen totalitären Machtstaat zu legitimieren (vgl. Popper 1958; Kiesewetter 1974). Vor allem die korporative Organisation des NS-Staates hat Hegels Überlegungen in Verruf gebracht. Jedoch gilt der Vorwurf, seine Korporationen seien eine Art Vorläufer der nationalsozialistischen Deutschen Arbeitsfront gewesen, in der Hegelforschung überwiegend als unbegründet. Zu offensichtlich scheinen die Differenzen. Die Deutsche Arbeitsfront, gegründet auf der antisemitischen Fiktion einer Volksgemeinschaft, in der das ›schaffende deutsche Kapital‹ vom ›raffenden jüdischen Einfluss‹ befreit ist, war ein Verband, der Arbeitgeber und Arbeitnehmer zusammenfasste – ihr Kerngedanke war die Aufhebung des Klassenkampfs durch verordnete Kooperation vor dem Hintergrund einer antisemitischen, rassistischen und sozialdarwinistischen Weltanschauung. Eine solche korporative Organisation ist mit Hegels Überlegungen zum Stellenwert subjektiver Freiheit nicht vereinbar: »Der Mensch gilt so, weil er Mensch ist, nicht weil er Jude, Katholik, Protestant, Deutscher Italiener usf. ist.« (Hegel 1986: §209) Dass Hegels Sittlichkeitsverständnis im Allgemeinen und seine Korporationslehre im Besonderen eine besondere Affinität zur NS-Ideologie aufweist, lässt sich daher mit Fug und Recht bestreiten. Wesentlich bedeutsamer als dieser Vorwurf ist daher der Einwand, dass Hegel ein politisches Modell vertritt, in dem Entscheidungsprozesse weitgehend von oben nach unten und nicht anders herum verlaufen. Das betrifft zum einen die Rolle der Korporationen, denen Hegel in der zweiten Kammer zwar ein Mitbestimmungsrecht zuspricht, dieses jedoch effektiv dadurch aushebelt, dass er über sie die erste Kammer stellt. Zum anderen betrifft dies die demokratischen Mitbestimmungsmöglichkeiten der Bürgerinnen und Bürger im Allgemeinen, die Hegel in keiner Weise vorgesehen hat, ersetzt die in Abstimmung mit Regierungsvertretern erfolgende Abordnung von ständischen Repräsentanten doch die von Hegel als unorganisch abgelehnte demokratische Parlamentswahl. Dass diese Ablehnung demokratischer Partizipation nicht nur historische, sondern auch systematische Gründe hat, könnte nicht zuletzt daran liegen, dass Hegel intersubjektive Verhältnisse zugunsten einer Personifizierung des Staates ganz aus seinem Staatsdenken ausgeschlossen hat (Theunissen 1982).

Es sind Einwände wie diese, mit denen sich alle zeitgenössischen Versuche einer Aktualisierung von Hegels Korporationslehre auseinandersetzen müssen. Entsprechend werden die Entgegensetzungen zwischen Reform und Revolution auf Seiten der Wirtschaftsphilosophie, zwischen Einheit und Differenz auf Seiten der Sozialphilosophie und der zwischen Vermittlung und Partizipation auf Seiten der Politischen Philosophie in den Beiträgen dieses Bandes auch eine zentrale Rolle spielen. Den jeweils drei Beiträgen aus den entsprechenden Sektionen haben wir zwei Sektionen vorangestellt, die es sich zur Aufgabe machen, die logischen, historischen und ideengeschichtlichen Wurzeln von Hegels Korporationskonzept als auch dessen systematische Stellung in der Theorie der Sittlichkeit zum Gegenstand zu machen. Denn erst vor einem solchen Hintergrund, so lautet unsere geteilte Grundüberzeugung, lassen sich Anschlüsse an Hegel überhaupt erst denken, ausformulieren und bewerten und folglich als posthegelianische Gesellschaftstheorien auszeichnen.

Wir wollen diese einleitenden Bemerkungen mit einem Wort des Dankes beschließen. Dieses gilt zunächst den Autorinnen und Autoren des Bandes. Ihnen danken wir für die angenehme Zusammenarbeit und die produktiven Diskussionen, die wir mit ihnen seit der Tagung ›Von der Kooperation zur

Korporation‹ im Herbst 2015 an der FernUniversität in Hagen – auf welche der vorliegende Band zurückgeht – führen konnten. Danken wollen wir auch all denjenigen, welche die vorliegende Publikation ermöglicht haben: Dazu gehört die Forschungsförderung und das Lehrgebiet Praktische Philosophie II (Prof. Thomas Bedorf) der FernUniversität in Hagen, der Arbeitsbereich Geschichte der Philosophie an der Carl von Ossietzky Universität Oldenburg (Prof. Johann Kreuzer) sowie die HerausgeberInnen der Reihe Hegel-Forum Michael Quante, Annemarie Gethmann-Siefert und Elisabeth Weisser-Lohmann. Für die unermüdliche und zuverlässige redaktionelle Bearbeitung des Manuskripts bedanken wir uns schließlich insbesondere bei Sarah Kissler, ohne die der vorliegende Band hätte nicht so zügig erscheinen können.

Literatur

Bataille, Georges (1985), *Die Aufhebung der Ökonomie*, München: Matthes & Seitz.
Bröckling, Ulrich (2007), *Das unternehmerische Selbst. Soziologie einer Subjektivierungsform*, Frankfurt am Main: Suhrkamp.
Castel, Robert (2000), *Die Metamorphosen der sozialen Frage. Eine Chronik der Lohnarbeit*, übers. v. Andreas Pfeiffer, Konstanz: UVK.
Derrida, Jacques (1997), »Von der beschränkten zur allgemeinen Ökonomie. Ein rückhaltloser Hegelianismus«, in: *Die Schrift und die Differenz*, Frankfurt am Main: Suhrkamp.
Durkheim, Emile (1893/1992), *Über soziale Arbeitsteilung. Studie über die Organisation höherer Gesellschaften*, Frankfurt am Main: Suhrkamp.
Durkheim, Emile (1981), *Die elementaren Formen des religiösen Lebens*, Frankfurt am Main: Suhrkamp.
Ellmers, Sven (2015), *Freiheit und Wirtschaft. Theorie der bürgerlichen Gesellschaft nach Hegel*, Bielefeld: transcript.
Göhler, Gerhard (2000), »Antworten auf die soziale Frage – eine Einführung«, in: Bernd Heidenreich (Hg.), *Politische Theorien des 19. Jh. Antworten auf die soziale Frage*, Wiesbaden: Landeszentrale für politische Bildung.
Gorz, André (2010), *Kritik der ökonomischen Vernunft. Sinnfragen am Ende der Arbeitsgesellschaft*, Zürich: Rotpunkt.
Gramsci, Antonio (1991ff.), *Gefängnishefte*, 10 Bände, Hamburg.
Halbig, Christoph/Quante, Michael/Siep Ludwig (Hg.) (2004), *Hegels Erbe*, Frankfurt am Main: Suhrkamp.
Heinrich, Michael (2012), »Individuum, Personifikation und unpersönliche Herrschaft in Marx Kritik der politischen Ökonomie«, in: Ingo Elbe/Sven Ellmers/Jan Eunfinger (Hg.), *Anonyme Herrschaft. Zur Struktur moderner Machtverhältnisse*, Münster: Westfälisches Dampfboot.
Hegel, Georg W.F. (1983), *Philosophie des Rechts. Die Vorlesung von 1819/20 in einer Nachschrift*, hrsg. v. Dieter Henrich, Frankfurt am Main: Suhrkamp.
– (1986), *Grundlinien der Philosophie des Rechts oder Naturrecht und Staatswissenschaft im Grundrisse*, in: *Werke*, Bd. 7, hrsg. v. Eva Moldenhauer/Karl M. Michel, Frankfurt am Main: Suhrkamp.
– (1986a), *Vorlesungen über die Philosophie der Religion II*, in: *Werke*, Bd. 17, hrsg. v. Eva Moldenhauer/Karl M. Michel, Frankfurt am Main: Suhrkamp.

Herrmann, Steffen (2013) *Symbolische Verletzbarkeit. Die doppelte Asymmetrie des Sozialen nach Hegel und Levinas*, Bielefeld: transcript 2013
Herzog, Lisa (2013), *Inventing the Market. Smith, Hegel, and Political Theory*, Oxford: University Press.
Hitzler, Ronald (1998), »Posttraditionale Vergemeinschaftung. Über neue Formen der Sozialbindung«, in: *Berliner Debatte Initial* 9(1): 81–89.
Honneth, Axel (2001), *Leiden an Unbestimmtheit. Eine Reaktualisierung der Hegelschen Rechtsphilosophie*, Stuttgart: Reclam.
– (2011), *Das Recht der Freiheit. Grundriß einer demokratischen Sittlichkeit*, Berlin: Suhrkamp.
Kiesewetter, Hubert (1974), *Von Hegel zu Hitler. Die politische Verwirklichung einer totalitären Machtstaatstheorie in Deutschland (1815–1945)*, Hamburg: Hoffmann und Campe.
Kuch, Hannes (2013), *Herr und Knecht. Anerkennung und symbolische Macht im Anschluss an Hegel*, Frankfurt am Main: Campus.
Laurent, Emile (1865), *Le paupérisme et les institutions de prévoyance*, Paris.
Lessenich, Stephan (2008), *Die Neuerfindung des Sozialen. Der Sozialstaat im flexiblen Kapitalismus*, Bielefeld: transcript.
Lorey, Isabell (2012), *Die Regierung der Prekären*, Wien: Turia&Kant.
Lübbe-Wolf, Gertrude (2016), »Hegels Staatsrecht als Stellungnahme im ersten preußischen Verfassungskampf«, in diesem Band.
Maffesoli, Michel (1986), *Der Schatten des Dionysos. Zu einer Soziologie des Orgiasmus*, Frankfurt am Main: Syndikat.
Marchart, Oliver (2013), *Die Prekarisierungsgesellschaft. Prekäre Proteste. Politik und Ökonomie im Zeichen der Prekarisierung*, Bielefeld: transcript.
Marx, Karl (1990), Marx, Karl, »Auszüge aus James Mills Buch ›Éléments d'économie politique‹«, in: *Marx Engels Werke*, Bd.40, Berlin.
Neuhouser, Frederick (2000), *Foundations of Hegel's Social Theory. Actualizing Freedom*, Cambridge: Cambridge University Press.
Offe, Claus (1984), »Korporatismus als System nichtstaatlicher Makrosteuerung?« in: *Geschichte und Gesellschaft*, 10(2): 234–256.
Pfister, Christian (2007): *Bevölkerungsgeschichte und historische Demographie 1500–1800*, in: *Enzyklopädie deutscher Geschichte*, Bd. 28, München: Oldenbourg.
Postone, Moishe (2003), *Zeit, Arbeit und gesellschaftliche Herrschaft. Eine neue Interpretation der kritischen Theorie von Marx*, Freiburg: ça ira.
Popper, Karl (1958), *Die offene Gesellschaft und ihre Feinde II. Falsche Propheten*, München: Francke
Reichenbachs, Mauricio/Nullmeier Frank (2016), »Korporatismus und Demokratie«, in: Oliver W. Lembcke/Claudia Ritzi/Gary S. Schaal (Hg.), *Zeitgenössische Demokratietheorien, Bd. 2: Empirische Demokratietheorien*, Wiesbaden: Springer.
Schnädelbach, Herbert (2000), *Hegels praktische Philosophie*, Frankfurt am Main: Suhrkamp.
Streeck, Wolfgang/Schmitter, Philippe C. (1999), »Gemeinschaft, Markt, Staat – und Verbände?«, in: Wolfgang Streeck, *Korporatismus und Deutschland. Zwischen Nationalstaat und Europäischer Union*, Frankfurt am Main: Campus.
Theunissen, Michael (1982), »Die verdrängte Intersubjektivität in Hegels Philosophie des Rechts«, in: Dieter Henrich/Rolf-Peter Horstmann (Hg.), *Hegels Philosophie des Rechts. Die Theorie der Rechtsformen und ihre Logik*, Stuttgart: Klett-Cotta.
Vieweg, Klaus (2012), *Das Denken der Freiheit: Hegels Grundlinien der Philosophie des Rechts*, München: Fink.

I. Logische, historische und ideengeschichtliche Hintergründe

KLAUS VIEWEG

Zur logischen Grundlegung des Begriffs der Korporation in Hegels *Rechtsphilosophie*

Hinsichtlich der Interpretation seiner *Rechtsphilosophie* hat Hegel folgende Forderung klar fixiert: Der Gedankengang muss als auf dem »*logischen Geiste*« (Hegel 1970a: 13) beruhend verstanden werden, diese Art des *philosophischen Beweisens*, die Hegel die ›spekulative Erkenntnisweise‹ nennt, wurde von ihm in der *Wissenschaft der Logik* ausführlich entwickelt. Eine angemessene Interpretation der *Rechtsphilosophie* verlangt aus meiner Sicht ohne Einschränkung einen solchen Zugang (Vieweg 2012, bes. zur Korporation). Die folgende Schlüsselstelle bringt Hegels Anspruch klar zum Ausdruck: »daß das Ganze wie die Ausbildung seiner Glieder auf dem logischen Geiste beruht. Von dieser Seite möchte ich auch vornehmlich, daß diese Abhandlung gefaßt und beurteilt würde.« (Hegel 1970a: 12f.) Dies gilt auch für eine Erschließung der Theorie der bürgerlichen Gesellschaft. Im Folgenden sollen die Grundzüge ihrer logischen Fundierung ausgewiesen werden.

Die Idee der Freiheit und das System der Sittlichkeit

Der Terminus *Sittlichkeit* ist ein problematisches Novum im modernen Denken, mit ihr hat Hegel eine neue und wirkungsmächtige Kategorie in die praktische Philosophie eingeführt. In der Abhandlung des Sittlichen sind eine die traditionellen Muster auflösende Theorie der Familie und eine auf der philosophisch höchst relevanten Unterscheidung von bürgerlicher Gesellschaft und Staat basierende innovative Sozial- und Staatsphilosophie versammelt. Diese Konzeption von Sittlichkeit repräsentiert die höchste Stufe von Hegels Philosophie praktischer Freiheit, die ›Vollendung des objektiven Geistes‹.

Mit dem von manchen empfohlenen Abwerfen des metaphysischen Ballastes wird der hegelschen Konzeption von Sittlichkeit das eigentlich philosophische Fundament entzogen, Philosophie auf kritische Sozialtheorie, auf eine ›normative Strukturanalyse moderner Gesellschaften‹ verkürzt (Honneth 2001: 92f.; ders. 2012).[1] Insofern der metaphysische Hintergrund solcher Begriffe wie ›Leben‹ und ›Welt‹ ausgeblendet werden soll, bleibt der Gebrauch solcher Termini unklar und schwankend.

---

[1] Dies wird belegt durch Stellen, in denen Honneth gegen die Schlusslogik argumentiert und stattdessen bei Hegel ein »hellwaches soziologisches Bewußtsein« diagnostiziert und die Übersetzung des Logisch-Metaphysischen in ›stärker soziologische Begrifflichkeiten‹ vornimmt. Auch Honneths Monographie *Das Recht der Freiheit* (2011) verfolgt diese unzulängliche Strategie und verfehlt so Kerngedanken von Hegels praktischer Philosophie.

Die Sittlichkeit wird von Hegel in Gestalt eines logisch fundierten Systems der allgemeinen Willensbestimmungen[2] konzipiert. Die Idee der Freiheit entfaltet sich in einem System ihrer Bestimmungen, deren Grundstruktur die folgende Stelle skizziert:

> »In der Sphäre der *Sittlichkeit* selber fangen wir dann wieder von einem *Unmittelbaren*, von der *natürlichen, unentwickelten* Gestalt an, welche der sittliche Geist in der *Familie* hat, kommen darauf zu der in der *bürgerlichen Gesellschaft* erfolgenden *Entzweiung* der sittlichen Substanz und gelangen zuletzt zu der im *Staate* vorhandenen *Einheit* und *Wahrheit* jener beiden einseitigen Formen des sittlichen Geistes. – Aus diesem Gange unserer Betrachtung folgt jedoch nicht im mindesten, daß wir die Sittlichkeit zu etwas der Zeit nach *Späterem* als das Recht und die Moralität machen oder die Familie und die bürgerliche Gesellschaft für etwas dem Staate in der Wirklichkeit *Vorangehendes* erklären wollten. Vielmehr wissen wir sehr wohl, daß die Sittlichkeit die *Grundlage* des Rechtes und der Moralität ist, sowie daß die Familie und die bürgerliche Gesellschaft mit ihren wohlgeordneten Unterschieden schon das Vorhandensein des Staates *voraussetzen*.« (Hegel 1970c: 170f., §408Z)

Die Sittlichkeit versteht Hegel als die *Idee* der Freiheit des Willens, als Begriff der Freiheit und dessen angemessene Verwirklichung. Im Sittlichen sind Gedanken, Gesinnungen, das *freie Selbstbewusstsein* als die subjektive Komponente, mit den *selbstgegebenen Gesetzen* und *selbstkonstituierten Institutionen*, der objektiven Seite, synthetisiert. Anders gesagt: Es handelt sich um ein *vernünftiges Zusammen-Schließen* von Subjekten, die logische Form des Schlusses wird sich als Grundpfeiler ausweisen.

Besondere Signifikanz erhält die Stufe bzw. die Sphäre zwischen Familie und Staat, die bürgerliche Gesellschaft als ›die in ihre Extreme verlorene Sittlichkeit‹, das für die Gewinnung von subjektiver Freiheit unverzichtbare Sich-Selbst-Entfremden des Sittlichen. Dieses eigentümliche Reich der Besonderheit in Gestalt des zerrissenen, entfremdeten Sittlichen besitzt transitorische Relevanz, bildet einen unabdingbaren Durchgangspunkt in der Entfaltung moderner Sittlichkeit hin zu einem Staat der Freiheit. Darin haben wir eine bis heute bemerkenswerte Offerte für ein zureichendes und konsistentes Verständnis moderner Gesellschaften, für das Verstehen von Modernität schlechthin, das ganz im hegelschen Sinne *argumentativ*, durch *begreifendes Denken* ausgebaut werden kann.

Speziell wird auf die Lehre vom Begriff der *Wissenschaft der Logik* rekurriert, auf die Einheit von Subjektivität und Objektivität, auf den Weg von der Schlusslehre (speziell dem System von Schlüssen) über Teleologie und Leben bis hin zur Einheit der Idee des Erkennens und des Guten. Bereits die *Logik* kann als dynamisches System der *Selbstbestimmung des Begriffs* (vgl. hierzu Tommaso 2006; Sans 2004), als Theorie von Selbstbestimmung und Freiheit gelesen werden. Das Sittliche muss als ein solches logisch fundiertes *System*

---

[2] Hegel zufolge hat man dies früher unzulänglich als ›Pflichten‹ bezeichnet.

der Bestimmungen der Idee der Freiheit erschlossen werden, der Idee in Gestalt des objektiven Geistes. Sowohl die subjektive als auch die objektive Seite benötigen eine Legitimation, die nur das Denken liefern kann.

»Die *wahre* Freiheit ist als Sittlichkeit dies, daß der Wille nicht subjektive[n], d.i. eigensüchtige[n], sondern allgemeinen Inhalt zu seinen Zwecken hat; solcher Inhalt ist aber nur im Denken und durchs Denken.« (Hegel 1970c: §469)

Als Grundbausteine der hegelschen Logik des Begriffs fungieren Allgemeinheit (A), Besonderheit (B) und Einzelheit (E) (vgl. Hegels *Wissenschaft der Logik*).[3] Die generelle Relevanz der Figuren des Schlusses – Figur 1: E - B - A; Figur 2: A - E - B; Figur 3: B - A - E liegt darin, »daß alles Vernünftige [wie etwa der Staat] sich als ein dreifacher Schluß erweist, und zwar dergestalt, daß ein jedes seiner Glieder ebensowohl die Stelle eines Extrems als auch die der vermittelnden Mitte einnimmt.« (Hegel 1970b: §187Z)

Es geht jetzt in der Sphäre der Sittlichkeit, um den freien Willen als substantiellen Willen, des Bei-sich-selbst-Seins im Anderen auf der höchsten Stufe, um »die Idee in ihrer an und für sich seienden Existenz« (Hegel 1970a: §33). Der Schluss, gilt als die allgemeinste Form der Vernunft. Darauf zielt das bekannte Diktum »Alles Vernünftige ist ein Schluß.« (Hegel 1969: 352, 565) Für die Logik des freien Willens bedeutet dies, daß im dritten Schritt, der Sittlichkeit, abstraktes Recht und Moralität *zusammen-geschlossen* werden, aber eben nicht als *mixtum compositum* bzw. als bloße Synthese, sondern in Form der Einheit der drei Schlussfiguren. Bei diesem Fortgang des Zusammen-Schließens geht es um eine Begründung als vorwärtsgehender Rückgang in den Grund. Das Schließen enthält wesentlich die Negation der Bestimmtheit des formellen Rechts und der Moralität, der logischen Formen des Begriffs und des Urteils, die Aufhebung von personaler und moralischer Freiheit, so daß dieses Zusammen-Schließen nicht mit etwas Anderem, sondern mit dem *aufgehobenen* Anderen (aufgehobenes abstraktes Recht und aufgehobene Moralität) zusammenfällt. In dem darauf fußenden System steht *jedes dieser Schlussglieder sowohl als Mitte als auch als Extrem*. Jedes Moment als Begriffsbestimmung repräsentiert im vollendeten Schluss (als der vollständigen Darstellung des Begriffs) selbst das Ganze und den vermittelnden Grund. Im Unterschied zu einer verstandesmäßigen Deutung des Schlusses tritt hier das Moment der Negativität unabdingbar ein – in der Form der Triplizität der Bestimmungen, »weil das Dritte [die Sittlichkeit] die Einheit der zwei ersten Bestimmungen [abstraktes Recht und Moralität] ist, diese aber, da sie verschiedene sind, in Einheit nur *als aufgehobene* sein können.« (Hegel 1969: 565) Dieses Dritte – die *Sittlichkeit* – kann so als ein *Mit-sich-selbst-Zusammenschließen* gedacht werden und zwar des *Begriffs*, der sich in seinem Anderen auf sich selbst bezieht und *sich selbst bestimmt*. Der Schluss erweist

---

[3] Ausführlich zur logischen Grundlegung von Hegels praktischer Philosophie und zur Relevanz der Schlußlehre für die Sphäre der Sittlichkeit: Vieweg 2012.

sich daher als Fortbestimmung des Begriffs, worin letzterer seine Selbstbestimmtheit höchster Stufe erreicht, aber zugleich seine ›Unterbestimmtheit‹ manifestiert, denn er ist nur Begriff in Form der Subjektivität, noch nicht Idee als Einheit von Subjektivität und Objektivität.

Sittlichkeit beinhaltet die dynamische Einheit von ›erster‹ Identität – der Personalität – und der Nicht-Identität – der Moralität (der Sphäre der Separation, der Differenz), Sittlichkeit bedeutet die Einheit, die konstitutive Verschränkung von ›fester‹ (unantastbarer) Personalität und sich entwickelnder dynamischer Moralität, die ›Wieder-Herstellung‹ der Einheit von Begriff und Urteil im logischen Schluss. Die Dynamik der Schlüsse, ihre Selbstbewegung als Prozeß der Selbstbestimmung impliziert, dass die Einheit des Sittlichen nicht im Muster der einfachen Reproduktion zu verstehen ist. Sie beinhaltet auch das im Aufschluss neu Erschlossene. Wie die Philosophie auf diese Weise substantielle Innovationen der einzelnen Wissenschaften aufnimmt, so integriert die moderne Sittlichkeit neue Formationen und Gestalten des Zusammenschließens im Rahmen der drei Hauptstufen ihrer Entfaltung: Auf der Ebene der Familie entwickeln sich im Vergleich zu Hegels Zeit z. B. neue Formen von Lebensgemeinschaften (nicht-eheliche Lebensgemeinschaften, Ehen von Homosexuellen etc.) (vgl. hierzu Vieweg 2012, bes. zur Familie), in der bürgerlichen Gesellschaft neue Instrumentarien zur Regulation der ambivalenten Innovationen der industriellen Marktgesellschaft (Vereine zur technischen Prüfung, Kartellämter, kreative Arten sozialer Hilfe durch Vereine und Verbände) oder im Staat entstehen bisher nicht gekannte Arten der politischen Partizipation (Bürgerinitiativen, Bürgerbewegungen), insgesamt eine Vielfalt neuer Lebensformen. Ähnliches gilt auch für die Korporationen. Damit wird Hegels Konzeption moderner Sittlichkeit stets zu bereichern, zu konkretisieren, zu aktualisieren sein, dennoch behalten die Grundkonstituentien des Sittlichen ihre volle Gültigkeit.

Die logische Fundierung der Korporation

Der im Übergang zur Sittlichkeit vorfindliche Terminus des *Zusammen-Schließens* hat seine logische Verankerung in der *Schlusslehre* der *Wissenschaft der Logik*, welche wiederum die Brücke zur Objektivitätslehre schlägt. Folgende Ecksteine dieses Zusammen-Schließens sind zu berücksichtigen (ausführlich: Vieweg 2012):

Praktische Schlüsse – ›Alles Vernünftige ist ein Schluss‹

Sittlichkeit	SCHLUSS
A) Schluss des Daseins	A) FAMILIE unmittelbare Substantialität natürlicher sittlicher Geist
B1) Schluss der Refelxion	B) BÜRGERLICHE GESELLSCHAFT Substanz als Geist sich abstrakt in viele Personen besondernd, die in selbständiger Freiheit und als Besondere für sich sind; die Einzelnen sind durch ihre Besonderheit, ihre besonderen Bedürfnisse, mit der Allgemeinheit zusammengeschlossen; die ›in ihrer Extreme verlorene Sittlichkeit‹

B2) Schluss der Notwendigkeit – kategorischer, hypothetischer und disjunktiver Schluss

    a) kategorischer Schluss   Rechtspflege
    b) hypothetischer Schluss   Aufsicht und soziale Hilfe
    c) disjunktiver Schluss   Korporation

    Wiederherstellung des Sittlichen (Aufsicht und soziale Hilfe; Korporation als zweite sittliche Wurzel des Staates)

| C) System von 3 Schlüssen | C) DER STAAT
Selbstbewußte sittliche Substanz, Wirklichkeit der sittlichen Idee
a) Inneres Staatsrecht
b) Äußeres Staatsrecht
c) Weltgeschichte |

Einige weitere Anmerkungen zu diesem logischen Hintergrund: Zum einen wäre auf den disjunktiven Schluss als logischen Übergang von der Subjektivität zur Objektivität zu verweisen, zum anderen auf den Übergang vom Chemismus zum Organismus, zur Korporation als einer Gestalt der Wahlverwandtschaft, als Verwandtschaftsverhältnis im Sinne der *zweiten Familie* und des *kleinen Staats*, somit des Übergangs zu einem System von Zusammenschlüssen. Die Schlusslehre kann, darauf legt Hegel Wert, nicht wie ein »leeres Fachwerk« betrachtet werden, die ihre Erfüllung von außen, durch für sich vorhandene Objekte erhält, auch hier ist die Einheit der Subjektivität (Syllogistik) und der logischen Objektivität (›Chemismus‹) zu denken, die Begründung – so Hegel – im sich selbst bestimmenden Denken.

Die Korporation repräsentiert einen disjunktiven Zusammenschluß, unter dem Schema der dritten Figur des formalen Schlusses E – A – B. Die Mitte stellt die erfüllte Allgemeinheit, die Totalität der Unterschiedenen dar, »die in ihre Arten zerlegte Gattung« (Hegel 1969: 398).

Logische Struktur:

W ist entweder X oder Y oder Z
W ist aber X
Also ist W nicht Y noch Z

Dies heißt:

1) W ist sowohl X als Y als Z
2) Es liegt die Unterscheidung vor, das Entweder-Oder des X, Y oder Z
3) Daraus folgt »das gegenseitige Ausschließen der Bestimmungen«, X ist Einzelheit unter Ausschließung der anderen

Die Mitte in der Form E – A – B, die Allgemeinheit enthält selbst die beiden Extreme in ihrer vollständigen Bestimmtheit. Dieses Allgemeine, die Korporativität, ist die in die Totalität ihrer Arten besondere allgemeine Sphäre, zugleich zweitens eine bestimmte Korporation, die drittens als ausschließende Einheit gilt. Hinsichtlich der logischen Struktur des Chemismus verweist die Bezeichnung ›*zweite Familie*‹ hier auf die logische Form der objektiv gewordenen Differenz und des Prozesses: »Dieser disjunktive Schluß ist die Totalität des Chemismus, in welcher dasselbe objektive Ganze sowohl als die selbständige negative Einheit, dann in der Mitte als reale Einheit« dargestellt ist (Hegel 1969: 433). Der Einzelne gehört einer solchen zweiten Familie an, welche zu einer Gesamtstruktur von Korporationen gehört, sich aber von den anderen wesentlich unterscheidet. Damit schließt sich – so Hegel weiter – der Begriff mit seiner Realität zusammen – der konkrete Begriff der Korporation als Prinzip der Disjunktion in Extreme, deren Wiedervereinigung nur im staatlich-politischen Kontext erfolgen kann. Dies bleibt erklärungsbedürftig, deshalb einige wenige Überlegungen zur Rolle der Korporation in der hegelschen *Rechtsphilosophie*:

Die ›zweite Familie‹ und der ›kleine Staat‹: Die Korporation als berufsständische Vereinigung und Kommune

Mit den Kennzeichnungen der Korporation als *zweiter Familie* und *kleiner Staat* verweist Hegel auf die Mittelposition der bürgerlichen Gesellschaft zwischen Familie und Staat. Es handelt sich um einen Zusammenschluß, der familiäre Züge (Verwandtschaft von Interessen, Verbundenheit, wechselseitige Hilfe, Solidarität) mit Dimensionen des Staatlichen (Selbstverwaltung) verknüpft. Insofern Hegel Familie und Staat als die beiden Wurzeln der Sittlichkeit versteht, kommt den korporativen Zusammenschlüssen eine essentielle Relevanz für die Konstituierung moderner Gesellschaften zu. Die *relative* Vereinigung der Prinzipien Besonderheit und Allgemeinheit vollzieht sich zunächst in verschiedenen *Ordnungs- und Regulierungsinstitutionen*. Hier soll der Fokus auf die auf verschiedenen Berufszweigen basierenden Vereinigungen und die Gemeinden, auf den Begriff der *Korporation*, gelegt werden. Die Korporationen gründen sich prinzipiell auf die *gleiche Zugehörigkeit zu einem* ›*Zusammenschluss*‹, der bei Hegel auf der Gleichheit der beruflichen Tätigkeit (Berufsvereinigung) oder der Gleichheit des Lebensortes (›Kommune‹) ruht. Sie repräsentieren so verschiedene Arten von *Identifikationsgemeinschaften* (›*Körperschaften*‹), die von den ihr Zugehörigen im Rahmen der geltenden Verfassung weitgehend selbst ›verwaltet‹ bzw. selbst ›regiert‹ werden. Das gemeinsame ›Ausschliessen‹ (das Disjunkte) der Anderen ruht letztlich auf dem logischen Prinzip *determinatio est negatio*, eine bestimmte Inklusion beinhaltet eine bestimmte Exklusion. Es geht hier um besondere Tätigkeiten, bestimmte Lebensorte und bestimmte Interessen. Ich bin in erster Linie Pilot, nicht Bauer oder Arzt; ich bin Jenaer, nicht Römer oder Pisaner.[4] Im Status des Bürgers eines Staates hingegen gilt im Regelfall die gleiche Zugehörigkeit aller Individuen, denen das Bürger-Sein zugeschrieben wird. Hierin leuchtet bereits die Begrenztheit des Korporativen auf, ungeachtet der sittlichen Relevanz des Körperschaftlichen.

Nicht nur dem formellen Recht, sondern auch dem *Recht auf Wohl* der besonderen Subjekte muss zur Geltung verholfen werden. Dieser Weg stellt sich als der logische, der konsistente dar, keineswegs als Ergebnis philanthropischer oder sozialromantischer Träumereien Hegels. Die bürgerliche Gesellschaft als Versammlung Freier muss beides sein, eine *Markt- und Solidargemeinschaft* wie auch eine *Leistungs- wie Wohlfahrtsgemeinschaft*, eine Verbindung des *Solitären* und des *Solidarischen*.

Die Marktordnung erwies sich einer sachgerechten Selbstbeaufsichtigung und Selbstkontrolle nur in unzulänglicher Weise fähig, die prinzipielle Effizienz der Märkte als Schein. Daraus ergab sich das Erfordernis der Aufsicht und sozialen Hilfe, die aber ebenfalls nur über eine bedingte Regulationskraft verfügen. Als nächste Brücke zwischen dem System der Bedürfnisse und dem

---

[4] In der modernen Gesellschaft gibt es natürlich Mehrfachmitgliedschaften in korporativen Zusammenschlüssen, aber auch hier erfolgt der ›Ausschluss‹ der anderen Vereinigungen. Ebenfalls ist dann von der dominanten beruflichen Tätigkeit (›Erst- oder Zweitjob‹ – erstens Philosoph und zweitens Autor von Detektivromanen) und vom Haupt- und Nebenwohnsitz die Rede (Hauptwohnsitz: Jena, Zweitwohnsitz: Seattle).

Staat fungiert die *Korporation*[5] als ›zweite Familie‹ (Hegel 1970a: §252) und ›kleiner Staat‹, worin natürlich sittlich Familiäres und reflektierte Gemeinschaftlichkeit eine Verbindung suchen, in welcher das Mitglied eine spezielle Form allgemeinen Lebens führen kann.

Die Vereinigung von Berufsgenossen aufgrund der Gemeinsamkeit in der Art der Tätigkeit[6] bildet die erste Gestalt des Korporativen. Ein *besonderes* Geschäft oder Interesse als wesentlicher Zweig der Gesellschaft repräsentiert einen *allgemeinen* Zweck. Bislang war das Allgemeine (A) in der bürgerlichen Gesellschaft nur ein abstraktes, äußerliches. Der Mangel der bürgerlichen Gesellschaft ist »ein höherer Mangel in ihrem Begriff« (Hegel 1983b: 201). Sie repräsentiert das Auseinandergehen, das Auseinanderlegen des Sittlichen in seine Extreme, worin die beiden Momente, das subjektive Selbstbewusstsein (B) und das Allgemeine (A) jeweils nur für sich zu ihrem Recht kommen, die Einheit so nur eine relative bleibt (Hegel 1983b: 201). Daraus ergibt sich das logische Erfordernis, eine *höhere Einheit von B und A* zu denken: *der Begriff* geht über die bürgerliche Gesellschaft hinaus (Hegel 1983b: 202). Nur die auf der Grundlage freier Berufswahl in der Besonderheit Lebenden und Tätigen können die Besorgung der Besonderheit auf sich nehmen und für alle Angelegenheiten der Angehörigen dieser Besonderheit sorgen, sie verwalten sich selbst und agieren nicht mehr nur als partikulare Einzelne (Hegel 1983b: 202). Diese Form von Gemeinschaftlichkeit in bezug auf die spezielle Arbeitstätigkeit – den selbst gewählten Beruf – beschreibt der Begriff *Berufsgenossenschaft* oder der *Berufskorporation*. Es handelt sich um nach Berufszweigen unterschiedene Selbstverwaltungskörperschaften (Fulda 2003: 221). Die Mitglieder der Korporation sind für sich in besonderer Weise tätig, aber befördern zugleich in Zweck und Absicht ein Allgemeines, rationale Eigeninteressen verbinden sich mit dem Gemeinnutz. *Corporationen* und *Communen* werden im Preußischen Landrecht (ALR) durchaus treffend als Gesellschaften bezeichnet, die sich zu einem *fortdauernden gemeinnützigen Zwecke* verbunden haben (vgl. ALR, Th. II, Tit. 6, §25)[7].

Das *Gemeinwohl* bildet die Orientierungsgröße, deshalb benötigen sowohl die Berufskorporationen als auch die Kommunen (eine zweite Form der Korporation) eine Legitimation durch den Staat (Zulassung von Berufsverbänden, Erteilung des Stadtrechts etc.). Nach der Familie als erster Stufe der Sittlichkeit in substantieller Form haben wir hier die »zweite Stufe der Sittlichkeit« (Hegel 1983b: 202), eine zweite sittliche Gemeinschaftung, eine ›Innung‹, eine ›zweite Familie‹, die auf der spezifischen Tätigkeit der Einzelnen ruht. Die Genossenschaft trete an die Stelle der Familie hinsichtlich der Sorge für die

---

[5] Mitunter wird dieser Terminus als veraltet angesehen, aber die Bezeichnungen ›Körperschaft‹ oder *corporate identity* werden durchaus ohne Einschränkung verwendet, in Politik- und Rechtswissenschaft ist auch von ›korporativen Akteuren‹ des politischen Systems die Rede.

[6] »Jede Klasse von Arbeiten macht nun eine Art Korporation.« (Hegel 2005: 189)

[7] Der sechste Titel des Theils II des ALR lautet: »Von Gesellschaften überhaupt, und von Corporationen und Gemeinen insonderheit.«

Bildung, der Fürsorge für elternlose Kinder und für zufällig in Armut geratene Mitglieder und trägt damit zur Restitution des Sittlichen bei. Diese Berufsverbände, die sich besonders im zweiten Stand, im Gewerbestand, ausdifferenzieren, aber sich nicht darauf beschränken (Handwerkerinnungen, Industrieverbände, Gewerkschaften) wirken als berufsständische Interessengemeinschaften für ihre Mitglieder. Sie tragen in herausgehobener Weise zur speziellen Ausbildung der Berufe bei. In dieser wichtigen Komponente der Bildung liegt eine Kernaufgabe dieser Verbände.

Die Berufsvereinigungen sind der Raum für eine spezielle Weise der Anerkennung, der *Ehre* – einer Gestalt der *Wertschätzung* – und ihres Ausdrucks im Bewusstsein der Ehre des Zugehörigseins zu einer Art des Tätigseins – die Berufsehre oder das korporative Bewusstsein einer besonderen ›Innung‹ (*corporate identity*). Die Sittlichkeit, das sittliche Bewusstsein tritt hier in Form der Ehre, der Wertschätzung für eine besondere Tätigkeit, einer speziellen Weise der sittlichen Anerkennung hervor. Respektiert wird der Geehrte eben nicht nur als Besonderer, sondern als ein Allgemeines, sein Wissen und seine Fähigkeit, seine Bildung als Ausdruck des Allgemeinen wird gewürdigt, honoriert. Der Betreffende erfährt Wertschätzung und gewinnt Selbstschätzung, die Selbstachtung (vgl. Honneth 2000; Schmidt am Busch 2011: 45ff.). Herausgehobene Ehre als Mitglied im Verein der Physiker erwerbe ich, wenn ich einen Nobelpreis für Physik erhalte, in der Zunft der Cineasten gilt dies für den Oscar, bei Sportlern für einen Weltmeistertitel oder Olympiasieg und in der Philosopheninnung (vielleicht) mittels eines guten Buches über Hegels *Rechtsphilosophie*.

Auf kleine berufsständische Verbindungen kann auch ein größerer Zusammenhang aufbauen – von der Zugehörigkeit zu einer Universität oder Forschungsgruppe über die Mitgliedschaft in einer Akademie bis hin zur Teilhabe an der *scientific community* überhaupt. Wenn Hegel von einer speziellen Form der *zweiten* Familie spricht, von der Innung, mit der ich aufgrund meines Tätigseins innerlich verbunden bin, so trifft dies in mancher Hinsicht durchaus zu. Als Beispiel kann die Zugehörigkeit zur *Alexander von Humboldt-Stiftung* stehen. Dort spricht man dezidiert und zu Recht von der ›Humboldt-Familie‹ und hat auch ein entsprechendes Selbstverständnis nachhaltigen Zusammengehörens, der stetigen Förderung verbunden mit Zeichen des Bewusstseins der *corporate identity*, etwa der Humboldt-Krawatte.

In allem erfolgt keine Orientierung an vor-industriellen Mustern (Zunft, Gilde), Hegel denkt nicht an traditionelle Zünfte, sondern an moderne Vereinigungen nach den Kriterien des Berufes und des Lebensortes. Aber Prinzipien wie Berufsstolz, Anerkennung, Wertschätzung, Hilfe und Unterstützung, massives Eintreten für die Interessen der Zugehörigen (positive Lobbyarbeit) bleiben auch heute relevant, weniger die Gewährleistung der Subsistenz im Falle der Not, obschon noch in bestimmten Fällen (u.a. Berufsunfähigkeit, Unfall) die genossenschaftliche Versicherung eintreten kann. Für Individuen, die vom wirtschaftlichen Scheitern betroffen sind, treten heute oft die Kommunen bzw. der Staat ein. Im *Allgemeinen Landrecht für die preußischen Staaten* (ALR) wird die Versorgung der Armen auch den ›Corporationen‹ und ›Communen‹ als eine Pflichtaufgabe zugeschrieben, die Versorgung derjenigen Armen die beiden Gemeinschaften angehören:

> »Privilegirte Corporationen, welche einen besondern Armenfonds haben, oder dergleichen, ihrer Verfassung gemäß, durch Beyträge unter sich aufbringen, sind ihre unvermögenden Mitglieder zu ernähren vorzüglich verbunden.« – »Auch Stadt- und Dorfgemeinen müssen für die Ernährung ihrer verarmten Mitglieder und Einwohner sorgen.« (ALR, Th. II, Tit. XIX, §§9, 10)[8]

Wesentlich bleibt auch der Zusammenhang der Tätigkeitsformen und Gewerbe mit dem Wohnort, mit der *Gemeinde* bzw. der *Kommune*, die »selbst wieder eine Korporation«, eine kommunale Genossenschaft darstellt (Hegel 1983b: 206). Die Korporation kann eine ›Stadtgemeinde und eine Stadt für sich‹ sein (Hegel 2005: 232). So tritt die *kommunale Gemeinschaftung*, die Kommunität in den Fokus, eine essentielle und besondere Gemeinschaft der konkreten Individuen, für deren Lebensweise, für ihre Selbstverwaltung und Selbstbestimmung, ob nun Landgemeinde, Stadt oder Mega-Town. Das besondere Gewicht der Kommunität und der Kommunalpolitik für die Lebensvollzüge der Menschen, für die Formierung ihrer Freiheit gilt unvermindert. Durch neue Formen kommunaler Selbstbestimmung und -selbstverwaltung gewinnt diese korporative Struktur außerordentliche Bedeutung. Dies fußt auf dem Recht zur *freien Wahl des Wohnsitzes* (Freizügigkeit), wobei analog der freien Wahl des Berufes und der Gewerbefreiheit die präzise Bestimmung von ›frei‹ unabdingbar ist – nicht alle Mitglieder der *Civil Society* können tatsächlich Bauer, Pilot oder Anwalt etc. werden, nicht alle in Jena, Seattle oder Kyoto wohnen. In den Staatsgesetzen könnten dann diese Formen der Freiheit ausdrücklich legitimiert werden oder diese Formen sind durch Nicht-Regelung eben ›freigelassen‹. Die Gliederung in die konstituierten Genossenschaften, Gemeinden und Korporationen wird im Staat in einen politischen Zusammenhang gestellt.

Sowohl die Innungen wie die Gemeinden oder Kommunen können wiederum einen größeren Kontext konstituieren – Handwerkerverband, Unternehmerverband bzw. Kreis, Provinz, Region, Departement, Land, – dies antizipiert wiederum das Politische an diesen Vereinigungen, welche eben nicht auf ihre bürgerlich-gesellschaftliche Seite zu reduzieren sind. Zugleich entfalten sich auch kleinere Verbindungen, aus denen spezielle Gruppeninteressen, eine eigentümliche Lebenswelt und ein entsprechendes Bewusstsein hervorgehen – lokale Innung, Stadtviertel, das *Kiez* in Berlin, das *Quartier* in Paris, das *Barrio* in Lima, *neighbourhoods* etc.

Beide Korporationen – die *Genossenschaften der Tätigkeit* und die *Genossenschaften des besonderen Wohnens*, Innungen wie die Kommune (sowie de-

---

[8] Die Verbindlichkeit gilt für die aufgenommenen Mitglieder (§11).

ren Verbindungen und Verknüpfungen, u.a. mit den Unternehmen oder Institutionen, in denen die Tätigkeit ausgeübt wird) – bilden als zweite Familie *lebensnotwendige, sittliche Zellen* der höheren Vereinigung des Staates. Als »Bürgerobrigkeiten und Selbstverwaltung« (Hegel 1983a: 235) sind sie *Anstalten der Eigenverwaltung und Selbstregierung,* miteinander verknüpfte Identifikationsgemeinschaften von Individuen, auf der Basis von Tätigkeitsart und Wohnort, wobei die Orte der Tätigkeit und des Wohnen übereinstimmen können, aber nicht müssen: Den Fall der Übereinstimmung der beiden korporativen Formen, des Wohnortes und des Tätigkeitsortes verkörpert die in Freiburg beheimatete und dort tätige Winzerin, ein Exempel der Nicht-Übereinstimmung ein in Paris lebender Dirigent der *New York Philharmony* mit Drittwohnung in Venedig, als ›Pendler‹ zwischen Wohnort und Berufsort, zwischen Kontinenten, zwischen Kulturen. Insgesamt haben neue *nomadische* Lebensformen und modernes ›Vagabundieren‹ Konjunktur. Eine treffende Darstellung dieses Lebens in ›Transiträumen‹, dieser *kinetischen* Lebensweise verkörpert George Clooney in dem Film *Up in the Air.*

Die Mitglieder der bürgerlichen Gesellschaft entwickeln durch ihre Zugehörigkeit zu verschiedenen Korporationen bestimmte gemeinschaftliche Gesinnungen bezüglich Beruf(en) und Gemeinde(n) – z. B. Berufsstolz und Lokalpatriotismus *(communal identity)*. Dies kann wiederum positive Seiten, wie etwa Stolz auf besondere Geschicklichkeit oder Heimatverbundenheit, als auch Überzeichnungen beinhalten, wie etwa Standesdünkel oder Provinzialismus. Diese Vereinigungen beschreibt Hegel als den *kleinen Staat* (Hegel 1974b: 621): Zum einen verwalten und regieren sich die Vereinigungen weitgehend selbst, zum anderen wird in der modernen Welt aufgrund der großen territorialstaatlichen Strukturen der Hiatus zwischen dem einzelnen Bürger und dem Staat immer größer und »die besondern Bürger [haben] nur beschränkten Antheil an den allgemeinen Geschäften des Staats« (Hegel 1974a: 709), so sind neben Repräsentation und Wahl auch Mittelglieder, vermittelnde sittliche Partizipationsformen erforderlich, besonders das Berufsständische und das Kommunale. In den Genossenschaften wie in den Gemeinden und Städten sieht Hegel die eigentliche Stärke des Staates (vgl. Hegel 1970a: §290Z).

Unbesehen der unbestreitbaren Begrenzungen, die heute viel stärker hervortreten, haben wir in den Berufsgenossenschaften und den Gemeinden/Städten das Mittelglied, das Scharnier zwischen Familie und Staat, den Übergang von der bürgerlichen Gesellschaft in den Staat, da ein substantieller Zusammenschluss von Besonderheit und Allgemeinheit erfolgt. Aufgrund der die moderne Wirtschaftswelt prägenden häufigeren Wechsel von Wohnort und der Art der Erwerbstätigkeit verändern sich die korporativen Kontexte schneller und einschneidender. Dies behindert langfristige korporative Bindungen aller Betreffenden am gleichen Ort, verhindert die Verdumpfung in einen Zunftgeist.

Zugleich drängt dies aber auch zu neuen kreativen Formen des Korporativen, etwa durch Internet-Connections oder -Foren, soziale Netzwerke im *world wide web*, Twitter, Blogs, Facebook, Alumni-Verbindungen, Fan-Conventions, berufsständische Messen, Kongresse etc.

Aufgrund besonderer und gemeinsamer Interessen werden *neuartige* korporative Bänder geknüpft, welche sich auf die Gleichheit bestimmter Interessen gründen (verschiedene Formen von Vereinigungen bzw. Körperschaften) – Gruppen, Vereine, Interessenverbände nichtprofessioneller Art bzw. Verbindungen über das Ehrenamt, interkulturelle Beziehungen – ein weites Feld für die heutige Soziologie. Neben den traditionellen entstehen so *andere und neue* Formen, die nicht direkt aus dem beruflichen oder kommunalen Zusammenhang herrühren, aber Hegels Begriff der Korporation keineswegs sprengen. Es konstituieren sich neue, auf gemeinsamen Interessen basierende Gruppen, die ungeachtet der Besonderheit ihrer Zugehörigen eine gemeinsame Lebensform realisieren und/oder differente Lebensweisen probieren. Eine Grundlage hierfür bieten etwa Religion, Kunst und Wissenschaft. Zu erwähnen sind auch die an den Sport geknüpften korporativen Formen, man denke an das enge Band zwischen US-Universitäten bzw. Colleges und Baseball- oder Footballvereinen. Auch wenn die Alumni infolge des Wechsels des Wohnortes über das ganze Land verstreut werden, bleiben sie eng mit ihrer Alma Mater verbunden und zumeist auch Fans ›ihres‹ Universitätsvereins. Es scheint dass sich die Arten der Korporationen ändern, nicht das Grundprinzip – die *Huskies* sind fest an die *University of Washington Seattle* (Prinzip der Zugehörigkeit zu dieser bestimmten Universität), die *Mariners* an die Stadt Seattle (kommunales Prinzip) gebunden, die modernen Massenmedien und die schnellen Transportmittel ermöglichen die Teilhabe der Anhänger als Zuschauer.

Der Korporations- bzw. Genossenschaftsgeist, der sich in den besonderen Sphären entfaltet, schlägt in den Geist des Staates um, indem er am Staate das Mittel der Erhaltung der besonderen Zwecke hat (vgl. Hegel 1970a: §289). Dieser korporative, genossenschaftliche Geist in Gestalt des beruflichen Innungsverständnisses und des kommunalen und regionalen Bewusstseins impliziert die »Einwurzelung *des Besonderen in das Allgemeine*« (Hegel 1970a: §289) und trägt wesentlich zur Stärke des Staates bei. Selbst die innerhalb der *Civil Society* für den Übergang vom Besonderen zum Allgemeinen stehende Korporation – Berufsvereinigung (Genossenschaft) und Kommune – beinhaltet die angerissene Problematik: Sie gilt als zweite Stufe des Sittlichen, aber es können in ihr doch nur begrenzte, endliche Zwecke verfolgt werden. Ohne den Staat würde ihre Kraft als soziale Institution zugrunde gehen, sie würde nur noch ihre speziellen partikularen Anliegen verfolgen, einseitigen Lobbyismus und Klientelwirtschaft verfolgen und würde somit ›sich in sich verhausen‹ und zum ›elenden Zunftwesen herabsinken‹ (Hegel 1970a: §255Z). Auch dies hat seinen logischen Grund in der logischen Defizienz des Disjunktiven und des Chemismus. Es kann sich noch kein System von Schlüssen konstituieren, die Schlüsse – so Hegel – ›fallen noch auseinander‹ (näher: Vieweg 2012: 337–348). Die Warnung vor dem Lobbyismus hat durchaus Aktualität, besonders im Hinblick auf manche Konzepte von großen Interessengruppen wie etwa

Arbeitgeberverbänden, Gewerkschaften, Berufsverbindungen etc. – nur die eigene Klientel ist relevant: Die Arbeitgeber schauen auf den bloßen Gewinn, die Gewerkschaften kümmern sich speziell um die Beschäftigten, die Berufsverbände um ihre partikuläre Sphäre – über den eigenen besonderen Tellerrand wird nur bedingt hinausgeschaut.

Aber wie die Instanzen der Aufsicht und sozialer Hilfe offenbaren auch die Defizite der Vereinigung der *Berufsgenossen* und *Gemeindebürger* (sowie der Zugehörigen zu den neuartigen ›Körperschaften‹) den zwingenden Fortgang zu einer neuen, von Vernunft bestimmten Institution, zum Staat, den Übergang zur Idee des Staates. Der Staat ist »das Ganze, die Einheit solcher vielen Genossenschaften, Gemeinden.« (Hegel 2005: 232) »Diese Entwicklung der unmittelbaren Sittlichkeit durch die Entzweiung der bürgerlichen Gesellschaft hindurch zum Staate, der als ihren wahrhaften Grund sich zeigt, und nur eine solche Entwicklung, ist der *wissenschaftliche Beweis* des Begriffes des Staats.« (Hegel 1970a: §256) Der Staat wird sich dann als der ›wahrhafte Grund‹ der bürgerlichen Gesellschaft erweisen, als Voraussetzung ihres Bestehens. Die Legitimation des Staates, des Politischen überhaupt kann letztlich nur aus einer Instanz erfolgen: aus dem *begreifenden Denken*. Alle anderen Begründungsprinzipien – das Natürliche, das Verständige, das Pragmatische, das Göttliche etc. – verfehlen den Grund des Politischen, verkennen die Idee des Staates, dem Status des Bürger-Seins des Menschen.

Resümee

Die präzise und stringente Unterscheidung zwischen bürgerlicher Gesellschaft und Staat wie die Begründung des Primats des Staates als wahrhafte Sphäre des Allgemeinen sind ein Angelpunkt von Hegels politischer Philosophie. In der bürgerlichen Gesellschaft liegen die Fundamente freier Besonderheit ihrer Mitglieder, die Grundlage der Dynamik und der innovativen Kraft der modernen Gesellschaft. Allerdings würde sie (als eine Not- und Verstandesgemeinschaft) ohne vernünftige Regulierung und Gestaltung an ihrem eigenen Prinzip zugrunde gehen, *sich selbst unterminieren und zerstören* (Horstmann 1997: 209f.).[9] Auf allen Stufen der bürgerlichen Gesellschaft macht sich zwar das Allgemeine geltend, aber noch unzulänglich: Die Industrie kann sich nicht selbst beaufsichtigen, braucht allgemeine überparteiliche Instanzen (nationale und internationale Regulierungsinstitutionen[10]); die Rechtspflege muss allgemein, d.h. unabhängig sein, bezieht sich aber nur auf formelles Recht; die caritative, wohltätig-gemeinnützige Hilfe kann die öffentlich-staatliche Hilfe nicht

---

[9] Horstmann betont, dass »eine ihren eigenen Prinzipien überlassene bürgerliche Gesellschaft sich auf lange Sicht selbst destabilisieren bzw. letztlich destruieren muß.«
[10] Z. B. staatliche Aufsichtsbehörden wie Kartell- Umwelt- und Gesundheitsämter, auch WHO, OECD etc.

ersetzen, nicht-marktgestützte und nicht-staatliche Institutionen liefern wichtige integrative Beiträge, allerdings nicht ohne die Stützung im Politischen; die für eine moderne Gesellschaft unverzichtbaren beruflichen und kommunitären Korporationen ermöglichen nur partielle Partizipation. Die *drei aufsteigenden Formen der Verbindung der Prinzipien B und A* könnten wie folgt fixiert werden: a) der Marktakteur, der Produzent und Konsument steht mit seiner egoistisch-atomistischen Weltsicht der *invisible hand* im System der Bedürfnisse den fremden, nur bedingt steuerbaren Marktmechanismen gegenüber, findet sich in einem Konnex allseitiger Abhängigkeit; b) das durch allgemeine rechtliche Gesinnung bestimmte Rechtssubjekt erfährt in der Rechtspflege Verwirklichung der Gesetze des formellen Rechts und universelle Anerkennung als konkrete Person sowie c) die Mitglieder der *Civil Society* mit am Gemeinwohl orientierter, caritativer, solidarischer Einstellung engagieren sich für eine angemessene Gestaltung der Marktordnung und für soziale Hilfe. Die in einem Berufsstand, in kommunalen Gemeinschaften und in neuen Formen des Korporativen mit Anderen verbundenen Akteure mit dem Bewusstsein einer *corporate identity* repräsentieren ein ›familiäres‹ Prinzip und konstituieren den ›kleinen Staat‹, und damit eine der Voraussetzungen zur Überwindung der entfremdeten Sittlichkeit.

Literatur

Allgemeines Landrecht für die preußischen Staaten (ALR).
Fulda, H. Friedrich (2003), *Georg Wilhelm Friedrich Hegel*, München: C.H. Beck.
Hegel, Georg W.F. ([1817]1969), *Wissenschaft der Logik*, in: ders., *Werke in zwanzig Bänden* (*Werke*), Bd. 6, hrsg. v. Eva Moldenhauer/Karl M. Michel, Frankfurt am Main: Suhrkamp.
– ([1820]1970a), *Grundlinien der Philosophie des Rechts oder Naturrecht und Staatswissenschaft im Grundrisse*, in: *Werke*, Bd. 7, hrsg. v. Eva Moldenhauer/Karl M. Michel, Frankfurt am Main: Suhrkamp.
– ([1830]1970b), *Enzyklopädie der philosophischen Wissenschaften I*, in: *Werke*, Bd. 8, hrsg. v. Eva Moldenhauer/Karl M. Michel, Frankfurt am Main: Suhrkamp.
– ([1830]1970c), *Enzyklopädie der philosophischen Wissenschaften III*, in: *Werke*, Bd. 10, hrsg. v. Eva Moldenhauer/Karl M. Michel, Frankfurt am Main: Suhrkamp.
– (1974a), *Philosophie des Rechts. Nach der Vorlesungsnachschrift von H.G. Hotho 1822/23*, in: *Vorlesungen über Rechtsphilosophie 1818-1831*, Bd. 3, hrsg. u. komm. v. Karl-Heinz Ilting, Stuttgart-Bad Cannstatt: frommann-holzboog.
– (1974b), *Philosophie des Rechts. Nach der Vorlesungsnachschrift K.G.v. Griesheims 1824/25*, in: *Vorlesungen über Rechtsphilosophie 1818-1831*, Bd. 4, hrsg. u. komm. v. Karl-Heinz Ilting, Stuttgart-Bad Cannstatt: frommann-holzboog.
– (1983a), *Vorlesungen über Naturrecht und Staatswissenschaft Heidelberg 1817/18 mit Nachträgen aus der Vorlesung 1818/19. Nachgeschrieben von P. Wannenmann*, hrsg. v. Claudia Becker et al., eingel. v. Otto Pöggeler, Hamburg: Meiner.
– (1983b), *Philosophie des Rechts. Die Vorlesung von 1819/20 in einer Nachschrift*, hrsg. v. Dieter Henrich, Frankfurt am Main: Suhrkamp.

- (2005), *Die Philosophie des Rechts. Vorlesung von 1821/22*, hrsg. v. Hansgeorg Hoppe, Frankfurt am Main: Suhrkamp.
Honneth, Axel (2000), »Zwischen Aristoteles und Kant. Skizze einer Moral der Anerkennung«, in: ders., *Das Andere der Gerechtigkeit. Aufsätze zur praktischen Philosophie*, Frankfurt am Main: Suhrkamp.
- (2001), *Leiden an Unbestimmtheit: eine Reaktualisierung der Hegelschen Rechtsphilosophie*, Stuttgart: Reclam.
- (2011), *Das Recht der Freiheit: Grundriss einer demokratischen Sittlichkeit*, Frankfurt am Main: Suhrkamp.
Horstmann, Rolf-Peter (1997), »Hegels Theorie der bürgerlichen Gesellschaft«, in: Ludwig Siep (Hg.), *G.W.F. Hegel: Grundlinien der Philosophie des Rechts*, Berlin: Akademie Verlag.
Pierini, Tommaso (2006), *Theorie der Freiheit. Der Begriff des Zwecks in Hegels Wissenschaft der Logik*, München: Wilhelm Fink.
Sans, Georg (2004), *Die Realisierung des Begriffs. Eine Untersuchung zu Hegels Schlusslehre*, in: *Hegel-Forschungen*, hrsg. v. Andreas Arndt/Karol Bal/Henning Ottmann, Berlin: Akademie Verlag.
Schmidt am Busch, Hans-Christoph (2011*), »Anerkennung« als Prinzip der Kritischen Theorie*, Berlin/Boston: De Gruyter.
Vieweg, Klaus (2012), *Das Denken der Freiheit. Hegels Grundlinien der Philosophie des Rechts*, München: Wilhelm Fink.

GERTRUDE LÜBBE-WOLF

Hegels Staatsrecht als Stellungnahme im ersten preußischen Verfassungskampf*

I.

Als Hegels Rechtsphilosophie im Herbst 1820 erschien, war der Ausgang des später von Treitschke so genannten ersten Verfassungskampfes in Preußen, – des Kampfes um, beziehungsweise, von altständisch-konservativer Seite, des Kampfes gegen die Einlösung der vom König gegebenen Verfassungsversprechen, – noch offen. Es liegt deshalb nahe, den staatsrechtlichen Teil der Rechtsphilosophie als Stellungnahme in diesem Streit, sozusagen als Hegels Verfassungsplan, zu verstehen und entsprechend zu den damaligen Vorgängen und Plänen der verschiedenen Richtungen in Beziehung zu setzen. Daß Hegel selbst seine staatsrechtlichen Ausführungen als eine solche Stellungnahme begriffen hat, darf angenommen werden. Zunächst einmal: wenn Hegel als Berliner Universitätslehrer und Autor der bekannten Schrift über die württembergischen Verfassungskontroversen im Verlauf einer ähnlichen Auseinandersetzung in Preußen seine Verfassungsvorstellungen in Form eines ausgearbeiteten philosophischen Staatsrechts präsentierte, dann präsentierte das Werk sich damit, Absichten des Verfassers hin oder her, von selbst als eine Stellungnahme zu dieser Auseinandersetzung. Es gibt aber auch keine Anzeichen dafür, daß ein solches Verständnis seiner Arbeit Hegel nicht erwünscht gewesen wäre. Vielmehr fällt auf, daß Hegel, wie schon im Titel der vorausgegangenen Heidelberger und Berliner Vorlesungen, so auch im Titel der veröffentlichten Rechtsphilosophie die »Staatswissenschaft« als Thema noch besonders hervorhebt. Daß und mit welchen Erwartungen dies registriert werden würde, konnte er einem Brief v. Thadens entnehmen:

> »Das Sie in den angekündigten Vorlesungen einen Abschnitt ihrer Philosophie Naturrecht und Staatswissenschaften nennen, finde ich höchst lobenswert. Es ist ja den Klügsten im Volk nicht unbekannt geblieben, daß das sogenannte Naturrecht schon lange abhanden gekommen ist. – Und da Sie die Staatswissenschaften damit verbunden haben, so wird diese Darstellung, wenn sie gedruckt wird, gewiß sehr viel Glück machen. Nur muß ich bitten, die Abhandlungen nicht zu kurz zu fassen, – damit die Redenden und Handelnden im Staat sogleich gründlich und ausführlich von dem unterrichtet werden, was jedem nottut.« (Hegel 1969: 12. Nov. 1818, 205)

---

* Erstmals erschienen in: *Zeitschrift für philosophische Forschung*, Jg. 35, Heft 3/4, 1981, 476–501. Wir danken der Autorin und dem Verlag für die Genehmigung zum Wiederabdruck.

Tatsächlich wurden, als die Abhandlung endlich gedruckt war, vor allem die Handelnden im Staat unverzüglich unterrichtet. Hegel schickte nicht nur Altenstein, der als Kulturminister sein Dienstheer, daneben aber auch einer der aktiven Befürworter der Verfassungspläne im Ministerium war,[1] ein Exemplar davon, sondern auch an den in der Verfassungsfrage federführenden Staatskanzler Hardenberg. In dem Entwurf eines Begleitschreibens an Hardenberg gibt Hegel sich alle erdenkliche Mühe, den Verdacht, die Sendung könne als eine Sammlung guter Ratschläge gemeint sein, untertänigst zu entkräften, aber es fehlt doch auch nicht der diskrete im langen Satz verpackte Hinweis auf das, »was unter seiner Majestät des Königs erleuchteten Regierung und unter der weisen Leitung E. D. der Preußische Staat, dem ebendarum anzugehören mir selbst zu besonderer Befriedigung gereichen muß, teils erhalten, teils noch zu erhalten das Glück hat« (Hegel 1969: Okt. 1820, 241f.). Die hier ausgesprochene Hoffnung trog: das Glück, als krönenden Abschluß der Verwaltungs-, Wirtschafts-, Heeres-, und Finanzreformen auch noch die in Aussicht gestellte verfassungsmäßige Nationalrepräsentation zu erhalten, sollte dem preußischen Staat unter Hardenbergs nur noch bis 1822 dauernder Kanzlerschaft nicht mehr zuteil werden, und auch nicht in dem darauf folgenden Vierteljahrhundert. Die Frage nach den Gründen dieses Fehlschlags führt auf einige Gesichtspunkte, die unmittelbar auch für Hegels Staatsrecht von Bedeutung sind. Sie soll deshalb als Aufhänger für eine vorweg vielleicht nützliche, ganz kurze Rekapitulation der Geschichte des Verfassungsstreites dienen (Abschn. II). Der anschließende Versuch, Hegels Ausführungen zum inneren Staatsrecht in die damaligen rechts- und verfassungspolitischen Bewegungen genauer einzuordnen, muß sich auf einige wesentliche Punkte beschränken, die im preußischen Verfassungskampf Hauptgegenstand der Kontroverse waren: Die Frage, ob und mit welchen Beschlußkompetenzen eine Nationalrepräsentation überhaupt eingerichtet werden sollte (Abschn. III), und einige Fragen, die die ständische Gliederung der Repräsentativkörperschaft, ihre Zusammensetzung im einzelnen, und den Modus der Abordnung der Repräsentanten betreffen (Abschn. IV, V und VI).

II.

Woran sind die Verfassungspläne gescheitert, die seit dem Beginn der Ära Stein/Hardenberg über mehr als ein Jahrzehnt auf dem Programm der preußischen Reformer standen? Eine erste Antwort lautet: am Widerstand der feudalen Opposition, die nicht bereit war, auf ihre Privilegien und vorgeblich noch bestehenden altständischen provinzialen Rechte zugunsten einer angemesse-

---

[1] Altenstein gehörte der 1817 gebildeten Verfassungskommission an und war einer der drei auf Befragungsreise durch die Provinzen (siehe hierzu Huber 1975: 480) entsandten Subkommissare (siehe Huber 1975; Altenstein 1931).

nen Beteiligung des Bauernstandes und der Städte zu verzichten, und deshalb die Einrichtung einer Repräsentativkörperschaft auf gesamtpreußischer Ebene ablehnte. Diese Antwort, so richtig sie ist, erklärt aber noch nicht viel. Warum hatten die altständisch-restaurative Partei und ihre Vertreter in der Beamtenschaft mit dem Widerstand gegen eine verfassungsmäßige Nationalrepräsentation Erfolg, während sie mit ihrem mindestens ebenso heftigen Wiederstand gegen andere, bereits verwirklichte Teile des Reformprogramms sehr viel geringeren oder gar keinen Erfolg gehabt hatten? Hier spielt, was die Jahre seit 1817 anbetrifft, sicher der für die ständig Revolutionsängste schürende Restaurationspartei allgemein zunehmende politische Rückenwind ebenso eine Rolle wie der Schaden, den die Reformpartei der eigenen Sache durch die Ministerkrise der Jahreswende 1819/20 zufügte, als aufgrund persönlicher und die Verfassungsfrage betreffender kompetenzmäßiger Differenzen zwischen Hardenberg und Wilhelm von Humboldt dieser mit zwei weiteren Ministern der liberalen Richtung aus dem Ministerium ausschied (siehe auch Huber 1975: 310f.).[2] Den wichtigeren Grund aber, der auch erklärt, warum das Verfassungswerk nicht schon Jahre früher unter Dach und Fach gebracht worden war, wird man doch noch woanders suchen müssen, und zwar nicht in einer besonderen Stärke der altständischen Opposition, sondern in einer besonderen, speziell die Verfassungsfrage betreffenden Schwäche der Reformseite: in der Zwiespältigkeit des den Verfassungsplänen zugrundeliegenden politischen Willens. Dazu ist wichtig, sich vor Augen zu halten, daß das Verfassungsprojekt nicht von einer starken Bewegung aus der Bevölkerung getragen war, die in diesen Jahren andere Sorgen hatte. Als Ergebnis der 1817 in den Provinzen durchgeführten Befragung über die einzurichtende Verfassung konstatiert Treitschke »unverkennbare politische Gleichgiltigkeit« (Treitschke 1872: 313ff., 409ff., 353).[3] Die Verfassungspläne waren eine Angelegenheit der Beamtenschaft, und als solche waren sie fast mit Notwendigkeit eher staatsmännisch-strategisch als durch Prinzipien motiviert. Nicht irgendwelche Rechte der Staatsbürger und schon gar nicht Staatsvertragslehren und Anklänge an Ideen der Volkssouveränität fungieren als Begründung zu den Verfassungsplänen der Reformer, sondern die Erwartungen, daß Gemeinsinn und Vaterlandsliebe und die *Abnahmebereitschaft* für die im Rahmen der Reformpolitik und der Kriegsfolgenbewältigung fälligen belastenden Entscheidungen auf

---

[2] Hubers These, daß genau mit diesem Ereignis die Verfassungsbestrebungen der Reformzeit endgültig gescheitert seien, scheint mir allerdings nicht ganz frei von Willkür zu sein. Dazu, daß diese Bestrebungen jedenfalls damals in Preußen noch nicht als gescheitert behandelt wurden siehe Huber 1975: 311ff., sowie unten im Text.

[3] Zu vorhandenen Verfassungsfragen und dazu, daß deren Lautwerden die Realisierungschancen des Verfassungsprojekts eher verschlechtert hat: Koselleck 1975: 296ff.; zum Ergebnis der Befragungsreise auch die dort mitgeteilten Auswertungsdaten, die Treitschkes Feststellung bestätigen (Koselleck 1975: 293).

diese Weise würden gesteigert werden können.⁴ Ganz unverblümt drückt sich dieser Zweck auch schon in dem ersten, von Hardenberg inspirierten königlichen Verfassungsversprechen vom 27. Oktober 1810 aus, das charakteristischerweise in einem Finanzedikt enthalten ist. Der Nation wird dort eine »zweckmäßig eingerichtete Repräsentation« in Aussicht gestellt, »in der Wir nach Unsern landesväterlichen Gesinnungen, gern Unsern getreuen Unterthanen die Überzeugungen fortwährend geben werden, daß der Zustand des Staats und der Finanzen sich bessere, und daß die Opfer, welche zu dem Ende gebracht werden, nicht vergeblich sind« (Finanzedikt, 27. Okt. 1810, abgedr. bei Huber 1978: 46). Aus einem derart definierten Primärzweck des Projekts ergab sich zwangsläufig die Angreifbarkeit des Projekts und eine gewisse Halbherzigkeit seiner Befürworter, der es wohl in erster Linie zuzuschreiben ist, daß die Realisierungsbemühungen schließlich gescheitert sind. Alles hing, bei einer solchen Begründung des Verfassungsplans, davon ab, daß die zu bildende Nationalrepräsentation tatsächlich die Gewähr für programmgemäßes Funktionieren als Instrument der Regierungspolitik bot, und so waren die Planungen von Anfang an nicht nur den Attacken der konservativen Gegner ausgesetzt, sondern auch auf der Seite derer, die sie grundsätzlich befürworteten, von Besorgnissen der Unberechenbarkeit und Unbotmäßigkeit der zu gründenden Institution begleitet.⁵ Die Reformer waren in der schwierigen Lage, nicht nur andere, sondern auch sich selbst erst noch davon überzeugen zu müssen, die künftige Nationalrepräsentation werde »den Nutzen gewähren, ohne den Nachteil zu haben«.⁶ Um die Ungefährlichkeit des Unternehmens zu sichern, war die Versammlung königlicherseits von vornherein nur als beratende in Aussicht genommen worden⁷. Mit dieser Vorgabe war die Sache aber eigentlich schon um einen großen Teil ihres Sinnes gebracht – für den Bürger, der mit einem derart mißtrauischen Angebot schwerlich hinter dem Ofen oder dem Arbeitsgerät hervorzulocken war, und damit der Sache nach auch für den König und die das Verfassungsprogramm tragenden Beamten. Denn während die Ungefährlichkeit einer Nationalrepräsentation durch ihre Beschränkung auf eine rein konsultative Kompetenz noch keineswegs als garantiert gelten

---

⁴ So ausdrücklich Altensteins »Rigaer Denkschrift« v. 11. Sept. 1807 (Altenstein 1931: 406) ähnlich Steins »Politisches Testament« v. 24. Nov. 1808 (Stein 1960); siehe auch Huber 1975: 294.

⁵ Siehe z.B. die Befürchtungen des zeitweiligen Innenministers Dohna, wiedergegeben bei Huber 1978: 295f..

⁶ So Hardenberg in seiner Denkschrift v. 12. Sept. 1807 (Hardenberg 1931: 318).

⁷ Siehe den Text des ersten Verfassungsversprechens im Finanzedikt von 1810 (Huber 1978: 46): »[...] deren Rath wir gern benutzen [...] werden«. Für eine nur beratende Kompetenz der Nationalrepräsentation, da die Nation noch »so wenig mit ihrem eigenen Interesse bekannt« sei, auch Stein in seiner Stellungnahme zu Rhedigers erstem Verfassungsentwurf (Stein 1960: 854f.). Hardenberg ließ in seinen »Ideen zu einer landständischen Verfassung in Preußen« (1819; bei: Treitschke 1872: 427) die Frage offen. Für eine nicht nur beratende Mitwirkung der Stände an der Gesetzgebung dagegen ausdrücklich Humboldt in seiner Denkschrift »Über Einrichtung landständischer Verfassungen in den preussischen Staaten« vom 4. Feb. 1819. (Humboldt 1964: 433 ff., §§30 ff.).

konnte, war ihr möglicher Nutzen für die Herstellung von »Legitimation durch Verfahren« dadurch erheblich vermindert: wieviel wiegt schon die Akklamation durch Repräsentanten, deren Stimme für den Fall der Nichtakklamation, jedenfalls formell, nichts wiegt. Die Berufung zweier nur zur Beratung der Steuerpläne der Regierung und der Abwicklung des Kriegsschuldenwesens zuständiger vorläufiger Repräsentantenversammlungen zwischen 1812 und 1815 brachte denn auch für keine der beteiligten Seiten ersprießliche Ergebnisse. Trotzdem wiederholte der König, in größerem Detail, in der Verordnung von 22. Mai 1815 sein Verfassungsversprechen. Aber die darin als unmittelbar bevorstehend angekündigte Einberufung eines allgemeinen Landtages verzögerte sich, zunächst infolge des erneuten Kriegsausbruchs, und dann aus weniger einleuchtenden Gründen auch weiterhin. Als ein Zeichen dafür, daß die Reaktion bereits an Boden zu gewinnen begann, hat man wohl nicht zu Unrecht die Entsendung dreier Kommissare auf eine Befragungsreise durch die Provinzen im Jahre 1817 gedeutet (Treitschke 1872: 350). Der Ausweg, wenn man sich zu Positivem nicht entschließen kann, erst einmal eine Enquête zu veranstalten, ist offenbar ein altes Mittel der Politik, das auch in diesem Anwendungsfall seine Wirkung tat: die Reise selbst kostete Zeit, nämlich den Spätsommer und Herbst 1817, und das gewonnene Material führte die Angelegenheit zwar einer Entscheidung nicht näher (Huber 1975: 306), aber seine Auswertung und politische Verarbeitung kostete nochmals Zeit.[8] Die Zeit aber arbeitete, aus den oben schon erwähnten Gründen, gegen das Verfassungsprojekt (siehe dazu im einzelnen Koselleck 1975: 284ff., Anm. 5). Zwar ließ der König sich durch Hardenberg bewegen, im Staatsschuldengesetz vom 17. Januar 1820 erneut ein Verfassungsversprechen abzugeben, indem er darin die Aufnahme künftiger Staatsschulden von der Mitgarantie der noch zu bildenden Reichsstände abhängig machte.[9] Aber schon in der 1821 neugebildeten Verfassungskommission des Staatsrates hatte das konstitutionelle Programm keinen einzigen Befürworter mehr, und als der König in seiner Kabinettsordre vom 11. Juni 1821 das Junktim der Reformpartei aufgab und, alles weitere seiner landesväterlichen Fürsorge vorbehaltend, dem Kommissionsvorschlag einer von der Regelung der Gesamtverfassung isolierten Reform der Provinzialstände zustimmte, war das Schicksal des Verfassungsprojekts besiegelt. Die Reaktion hatte ihr Ziel – (Re)Organisation ständischer Vertretungen allein auf der Ebene der Provinzen – erreicht. Das Gesetz über die Provinzialstände erging am 5. Juni 1823; die Verfassungsfrage wurde auch danach nicht wieder aufgegriffen.

---

[8] Die Auswertung dauerte bis in die zweite Jahreshälfte 1818 (siehe Koselleck 1975: 298).
[9] Das Gesetz ist abgedruckt bei Huber 1978. Hier war also, für den Bereich des Staatsschuldenwesens, erstmals eine mehr als nur beratende Mitwirkung der Stände konzediert.

III.

Die Frage, wie sich Hegels Staatsrecht zu den Verfassungswünschen und -plänen verhält, die im Verlauf des geschilderten Konflikts von den verschiedenen Seiten vorgetragen wurden, ließe sich ohne jedes weitere Eingehen auf Einzelheiten beantworten, wenn die Interpretation zuträfe, nach der Hegel die Statuierung einer schriftlich fixierten Verfassung überhaupt abgelehnt hat. Damit würde er tatsächlich im entscheidenden Punkt die Partei der Restauration unterstützt haben, deren Hauptziel ja gerade die Verhinderung des Verfassungsprojekts war. Eine dahingehende Stellungnahme Hegels hat man den §§272 und 273 der Rechtsphilosophie entnehmen zu können geglaubt (vgl. Hočevar 1973). Gedacht ist dabei wohl vor allem an folgende Passage:

> »Überhaupt aber ist es schlechthin wesentlich, daß die Verfassung, obgleich in der Zeit hervorgegangen, nicht als ein Gemachtes angesehen werde; denn sie ist vielmehr das schlechthin an und für sich Seiende, das darum als das Göttliche und Beharrende und als über der Sphäre dessen, was gemacht wird, zu betrachten ist.« (PhR: §273)

Es wäre aber ein Mißverständnis, diese und ähnliche Ausführungen (siehe PhR: §272) als Plädoyer gegen jeden Akt der Verfassungsstiftung und Verfassungsbeurkundung anzusehen. Die zitierte Bemerkung hat eine doppelte Zielrichtung. Sie wendet sich erstens gegen die Vorstellung, daß Verfassungsgrundsätze sich aus dem Räsonnement, aus Gefühlen und Nützlichkeitserwägungen nach Gusto konstruieren lassen, und drückt insofern nur noch einmal den in §272 dargelegten Gedanken aus, daß die vernünftige Verfassung keine Angelegenheit des *Beliebens*, sondern ein Gegenstand der *Erkenntnis* ist. Daß richtig erkannte Verfassungsgrundsätze, wie Hegel sie im folgenden vorzustellen beansprucht, nicht auch im Wege der Verfassungsgesetzgebung positiviert werden dürften, ist darin nicht impliziert.[10] Es wäre ja auch schwer verständlich, warum Hegel sich die Mühe gemacht haben sollte, ein Staatsrecht überhaupt in allen Einzelheiten zu entwickeln, wenn er zugleich die Verfassungsgesetzgebung als den einzigen Weg, auf dem dieses Staatsrecht hätte wirksam werden können, für unzulässig erklären wollte. Zweitens muß aber auch beachtet werden, daß die zitierte Äußerung im Kontext der Frage steht, »wer die Verfassung machen soll«. Hegel benutzt sie als eines von mehreren Argumenten, um diese Frage als »sinnlos« zurückzuweisen – wenn es sich bei

---

[10] Den Sinn der Redeweise, die Verfassung dürfte nichts »Gemachtes« sein, veranschaulicht am besten der Zusatz zu PhR: §274. Hegel kritisiert hier Napoleon, der den Spaniern eine Verfassung oktroyiert hatte, aber nicht weil er ihnen überhaupt eine Verfassung gegeben hatte, sondern weil er ihnen eine gegeben hatte, die für die damaligen spanischen Verhältnisse nicht paßte. »[...] Denn eine Verfassung ist kein bloß Gemachtes: sie ist die Arbeit von Jahrhunderten, die Idee und das Bewußtsein des Vernünftigen, inwieweit es in einem Volke entwickelt ist. Keine Verfassung wird daher bloß von Subjekten geschaffen. Was Napoleon den Spaniern gab, war vernünftiger, als was sie früher hatten, und doch stießen sie es zurück als ein ihnen Fremdes, da sie noch nicht bis dahinauf gebildet waren.«

der Verfassung um eine Angelegenheit der Erkenntnis handelt, kann es ja in der Tat nicht darauf ankommen, von wem diese Erkenntnis stammt. Damit wendet Hegel sich, weit davon entfernt, die Verfassungsgegner zu unterstützen, gerade *gegen* eine wichtige Position der altständischen Partei, nämlich gegen die Auffassung, daß ohne die Mitwirkung und gegen den Willen der alten Provinzialstände eine Veränderung der staatsrechtlichen Verhältnisse, insbesondere also der Erlaß der geplanten Verfassung, gar nicht zulässig sei.[11]

Man kann sogar sagen, daß Hegel für den wesentlichen Teil des Verfassungsprojekts, die Einrichtung einer Nationalrepräsentation, noch dezidierter einritt als selbst die preußischen Reformer – insofern nämlich, als er ihre Notwendigkeit, jedenfalls dem Anspruch nach, nicht aus bloßen »Zwecken, Gründen und Nützlichkeiten« (PhR: §272), sondern philosophisch, aus dem Begriff, begründet. Die Nationalrepräsentation hat als das in der gesetzgebenden Gewalt wirksam werdende ständische Element

> »die Bestimmung, daß die allgemeine Angelegenheit nicht nur *an sich*, sondern auch *für sich*, d. i. daß das Moment der subjektiven *formellen* Freiheit, das öffentliche Bewußtsein als *empirische Allgemeinheit* der Ansichten und Gedanken der *Vielen*, darin zur Existenz komme [...] Daß dies Moment eine Bestimmung der zur Totalität entwickelten Idee ist, diese innere Notwendigkeit, welche nicht mit *äußeren Notwendigkeiten* und *Nützlichkeiten* zu verwechseln ist, folgt, wie überall, aus dem philosophischen Gesichtspunkte.« (PhR: §301)

Aus dieser über die beschriebenen bedingteren politisch-taktischen Gesichtspunkte der Reformpolitiker hinausgehende Begründung ergibt sich zugleich, daß Hegels Konzeption der Repräsentativkörperschaft über die der preußischen Reformpartei auch inhaltlich in einer wesentlichen Hinsicht hinausgeht. Der politisch-taktische Gesichtspunkt hatte zu dem furchtsamen faulen Kompromiß geführt, die Nationalversammlung nur als beratende in Aussicht zu nehmen (s. o. II). Damit, wie es Hegel fordert, »das Moment der formellen Freiheit sein Recht erlange«, muß die ständische Vertretung dagegen nicht nur das Recht des Mitberatens, sondern auch das Recht des Mitbeschließens haben

---

[11] Vgl. zu diesem Punkt bereits Hegels Ständeschrift von 1817. Auch dem Zusatz zu PhR: §298, der sich nochmals gegen das »Machen« von Verfassungen wendet und mit Beispielen aus der Verfassungsgeschichte die »Fortbildung« des Zustandes einer Verfassung stattdessen als eine »scheinbar ruhige und unbemerkte« charakterisiert, läßt sich m. E. kein Argument gegen eine das geltende Verfassungsrecht teils nur kodifizierende, teils aber auch weiterbildende Verfassungsgesetzgebung entnehmen. Im Paragraphen selbst ist ausdrücklich von der Weiterentwicklung der Verfassung u. a. durch die »Fortbildung der Gesetze« die Rede. Wie Hegel an anderer Stelle (PhR: §271) deutlich macht, ist die Existenz einer Verfassung, und auch die Existenz einer »konstitutionellen Monarchie« (PhR: §273) wie er sie im Staatsrecht entwickelt, allerdings nicht identisch mit der Existenz einer Verfassungs*urkunde*. Dementsprechend, und so viel ergibt sich auch aus dem erwähnten Zusatz, muß nicht jede Weiterentwicklung der Verfassung Niederschlag in einer solchen Urkunde finden. Aus Hegels Idealisierung der »ohne Kampf und Widerstand« sich ruhig und scheinbar unbemerkt vollziehenden Verfassungsfortbildung eine Parteinahme für den heftigen Widerstand der Altständischen gegen jede Weiterentwicklung der Verfassung herauszulesen, wäre aber wohl eine Verkehrung seiner Absichten.

(vgl. PhR: §314). Hegels Vorstellung vom wünschenswerten Funktionieren einer solchen Vertretung entspricht dabei aber durchaus der der preußischen Politiker. Die Annahme, daß die Abgeordneten aus dem Volk oder gar das Volk selbst am besten wissen müsse, was für es gut sei, erklärt Hegel für abgeschmackt (PhR: §§301, 308). Die tiefere Einsicht in die Erfordernisse des Allgemeinwohls und die Natur der Einrichtungen des Staates lokalisiert er, ganz im Sinne der preußischen Reformer, die sich für einen großen Teil ihrer Reformen nicht auf die Zustimmung einer einsichtsvollen Mehrheit der Bürger stützen konnten, bei den »höchsten Staatsbeamten« (PhR: §301). Der Glaube an die Notwendigkeit eines feindseligen Verhältnisses der ständischen Vertretung zur Regierung sei daher ein »trauriger Irrtum« (PhR: §301Z), die Stände haben vielmehr die Funktion der *Vermittlung* zwischen der Regierung und dem Volk; ihre Bestimmung »fordert an sie so sehr den Sinn und die Gesinnung des Staats und der Regierung« als den Sinn für die Interessen der besonderen Kreise und der Einzelnen, die sie repräsentieren (PhR: §302). Hegel stellt an die gute Führung der Repräsentanten also ganz dieselben Anforderungen wie die preußischen Verfassungsplaner. Aber die komplementären Befürchtungen verarbeitet er anders. Anstatt solchen Befürchtungen mit dem sinnlosen Kompromiß des Kompetenzbeschränkungsvorschlags zu begegnen oder die Frage der Einrichtung einer ständischen Vertretung solcher Befürchtungen wegen überhaupt zu einer Frage der von Zufälligkeiten der politischen Stimmung in der Bevölkerung abhängigen Opportunität zu machen, versucht Hegel das Vorhandensein des geforderten »obrigkeitlichen Sinns« der Repräsentanten durch institutionelle Garantien der Zufälligkeit zu entheben. In seinen Ausführungen zur Organisation der Repräsentativkörperschaft zeigt sich noch stärker als in irgendeiner der bekannten reformerischen Verfassungsdenkschriften das explizite Bemühen um die institutionelle Gewährleistung ihrer wunschgemäßen vernünftigen Wirksamkeit im »Sinn des Staates« (siehe PhR: §§300, 303, 306, 308f., 309f., 313), und dieses Anliegen ist, – das soll hier nur als Vermutung ausgesprochen werden –, wohl mitverantwortlich für einige inhaltliche Besonderheiten in Hegels Konzeption einer ständischen Vertretung. Wir kommen damit zu den Einzelheiten.

IV.

Daß die zu bildende Nationalrepräsentation eine ständisch gegliederte sein würde, war für die preußischen Verfassungsplaner ein feststehender Ausgangspunkt (siehe Treitschke 1872: 333, 347, 351). Weiter in die »demokratische« Richtung gehende Forderungen nach einer aus allgemeinen Wahlen aller selbständigen Bürger ohne gesonderte Vertretung des Adels konstituierten Versammlung wurden nur im Bürgertum der Rheinprovinz laut, wo infolge der Sonderentwicklung dieses Gebiets »der Gegensatz von Stadt und Land sich fast verwischt hatte, der Adel nahezu verschwunden war und ein Gut von über 50 Morgen schon zum Großbesitze zählte« (Treitschke 1872: 356). Solche Vorschläge hatten aber nicht die geringste Aussicht auch nur auf wohlwollende Erörterung in Berlin. Selbst die im Hinblick auf die spätere Entwicklung gesehen fortschrittlichste der deutschen Verfassungen vor 1830, die badische Verfassung von 1818, ging nicht so weit: in der badischen Regelung über die Zusammensetzung der zweiten Kammer aus »Abgeordneten der Städte und Ämter [= ländliche Verwaltungsbezirke]« war zwar die Unterscheidung zwischen Vertretern des städtischen Bürgertums und Vertretern des nichtadligen Grundbesitzes nur noch in Form der Unterscheidung von städtischen und ländlichen Wahlbezirken erhalten, aber erstens ließen sich damit wesentliche Elemente ständischer Differenzierungen durchaus retten,[12] und zweitens war hinsichtlich des Adels, der in der ersten Kammer eine eigene Vertretung hatte, das Prinzip der ständischen Gliederung auch in Baden völlig unangetastet geblieben. Der Grundsatz der ständischen Organisation der Volksvertretung also war in Preußen wie auch in anderen Teilen Deutschlands ein politisches Fixum und Hegels Konzept einer nach Ständen gegliederten Vertretung (vgl. PhR: §§300ff.) bleibt insofern nur im Rahmen dessen, was zur damaligen Zeit in Preußen, auch unter Reformern, überhaupt als diskutabel galt.

Wodurch unterschied sich dann aber die Nationalrepräsentation, die man in Preußen zu gründen beabsichtigte, von einer Ständeversammlung alten Typs, und wie sind hier Hegels Vorschläge einzuordnen? Zum gründlichen Verständnis empfiehlt es sich vielleicht, den Vergleich nicht auf Hegel und die preußische Kontroverse zu beschränken, sondern auch deren Verhältnis zur Verfassungsentwicklung außerhalb Preußens im Auge zu behalten und deshalb zunächst allgemeiner zu fragen: Was unterscheidet überhaupt die fortschrittlichen später so genannten frühkonstitutionellen Verfassungen der ersten Hälfte des neunzehnten Jahrhunderts, etwa die berühmten Verfassungen Bayerns, Badens und Württembergs, von den altständischen Verfassungszuständen, die die restaurativen Kräfte überall, und in etlichen Ländern mit Erfolg, zu erhalten bzw. wiederherzustellen bestrebt waren? Hier auf ein einzelnes Kriterium abzustellen, wäre wenig sinnvoll. Es gibt eine ganze Reihe von teils mehr, teils weniger wesentlichen Unterschieden, über deren Bedeutung man sich im einzelnen streiten kann. Zu den wesentlichen Punkten gehören aber, soweit es um den Charakter und die Wirkungsmöglichkeiten der ständischen Versammlung geht, jedenfalls folgende: a) der Umfang der beschließenden Kompetenz der Versammlung, b) die Weisungsgebundenheit oder Weisungsfreiheit der Abgeordneten und c) die veränderte Zusammensetzung und Einteilung der Versammlung.

---

[12] Nämlich durch einen disproportionalen Verteilungsschlüssel und durch Wählbarkeits- und Wahlrechtsbeschränkungen, die sich für Stadt und Land unterschiedlich auswirken. Auf diese Weise blieb eine gezielte Gewichtung der Repräsentanz der verschiedenen Stände – städtisches Bürgertum und nichtadeliger ländlicher Grundbesitz – weiterhin möglich.

Frühkonstitutionelle Verfassungen räumten den Ständen über das traditionelle altständische Steuerbewilligungsrecht hinaus, die generelle Befugnis zur beschließenden Mitwirkung an der Gesetzgebung ein. In der Formulierung der bayerischen Verfassung von 1818: »ohne den Beyrath und die Zustimmung der Stände des Königsreich kann kein allgemeines neues Gesetz, welches die Freyheit der Person oder des Eigenthum des Staats-Angehörigen betrifft, erlassen, noch ein schon bestehendes abgeändert, authentisch erläutert oder aufgehoben werden«. Daß Hegel in dieser Frage den Standpunkt der modernsten Verfassung seiner Zeit vertritt, während auch die Reformpartei in Preußen zu solchen Zugeständnissen überwiegend noch nicht bereit war, haben wir oben bereits gesehen.

Im zweiten Punkt (b) gibt es dagegen Übereinstimmung. Während der altständische Abgeordnete an die Instruktionen seiner Mandatare gebunden war und die restaurative Partei daran festhalten wollte, statuierten die frühkonstitutionellen Verfassungen das Prinzip des freien Mandats, und denselben Grundsatz finden wir nicht nur bei Hegel (PhR: §309), sondern auch in den Verfassungsplänen der preußischen Reformer (siehe Hardenberg 1819: 443).[13] Dieses neue Prinzip gilt deshalb als besonders wichtig, weil es als Ausdruck einer, wenn nicht *der* fundamentalen Differenz zwischen den alten und den neuen, frühkonstitutionellen Ständeversammlungen verstanden wurde und wird: es bringt zu Geltung, daß die Abgeordneten, anders als die Deputierten der alten Stände, nicht Vertreter der Interessen ihrer Standesgenossen, sondern Repräsentanten des ganzen Volkes sind. Genauer gesagt: für die damals wie heute herrschende Lehre, daß der ständische Abgeordnete im frühkonstitutionellen Staat Repräsentant des ganzen Volkes sei, gab es gar kein anderes Argument als den Hinweis auf die fehlende Bindung an Instruktionen seiner Standesgenossen, die dem Abgeordneten zumindest rechtlich die Möglichkeit gab, sich vom beschränkten Interesse seines Standes zu emanzipieren. Als moralischer Appell, frommer Wunsch und ideologische Phrase mochte diese Lehre auch darüber hinaus eine gewisse Wirkung haben. Ihren einzigen institutionellen Rückhalt hatte sie jedenfalls im Prinzip des freien Mandats – einen recht schwachen Rückhalt, wenn man bedenkt, daß der wohl wichtigere institutionelle Faktor, der Modus der Abordnung, die Abgeordneten eindeutig als Vertreter ihres Standes auswies (Huber 1975: 304f.).

Nun zum dritten, die veränderte Einstellung und Zusammensetzung betreffenden wesentlichen Unterschied zwischen alten und neuen Ständeversammlungen. Die drei Stände der alten Reichs- und Landtage, – geistliche Würdenträger, Ritterschaft und Städte – tagten und stimmten in der Regel getrennt in

---

[13] Bei Humboldt (1964) wird dieser Punkt, wohl qua Selbstverständlichkeit, gar nicht gesondert behandelt; daß das als selbstverständlich vorausgesetzte Prinzip das des *freien* Mandats ist, ergibt sich aber aus verschiedenen in anderen Kontexten stehenden Textstellen, siehe z. B. Humboldt 1964: §134 (»rein ihre eigene Meinung [...]«). Selbst das Provinzialständegesetz von 1823 (Humboldt 1964: 481) sah keine Bindung der Abgeordneten mehr vor (siehe hierzu Treitschke 1872: 464f.).

sogenannten Kurien. Für einen gültigen Beschluß war meist ein übereinstimmendes Votum aller drei Kurien erforderlich.[14] An die Stelle dieses Kuriensystems trat in den frühkonstitutionellen Verfassungen fast aller größeren Länder die Einteilung der Ständeversammlung in zwei Kammern. Erst mit der kurhessischen Verfassung von 1831, die von E. R. Huber unter anderem aus diesem Grund als die radikalste unter den Verfassungen des deutschen Frühkonstitutionalismus bezeichnet wird (Huber 1975: Bd. 2, 68), entschied sich erstmals ein deutsches Land von einiger Größe für das Einkammersystem.[15] Hegel (PhR: §312) und die preußischen Reformer waren so radikal noch nicht. Allerdings gab es hinsichtlich des Zweikammersystems unter den Mitgliedern der Reformpartei nicht ganz dieselbe Einmütigkeit und Festlegung wie in der Frage des grundsätzlich ständischen Aufbaus. Stein war ein entscheidender Anhänger des Zweikammersystems (Stein 1849), Humboldt sprach sich in seiner Verfassungsdenkschrift von 1819 ebenfalls dafür aus (Humboldt 1964: §110). Vincke, der Oberpräsident der Provinz Westfalen, lehnte dagegen zumindest im Hinblick auf die Provinzialstände, für die die Frage ebenfalls erörtert wurde, die Einrichtung zweier getrennter Kammern ab (wiedergegeben bei: Humboldt 1964: §110), und Hardenberg ließ in seinen »Ideen zu einer landständischen Verfassung in Preußen« (Hardenberg 1819: 427), die Frage offen. Erst in einem späteren, dem König vor dessen Abreise zum Troppauer Kongreß (1820) präsentierten Vorschlag (wiedergegeben bei Treitschke 1972: 442f.), der insgesamt ein Dokument des entgegenkommenden Rückzugs vor der altständischen Partei darstellt, geht auch Hardenberg ohne weitere Fragezeichen von einer Organisation der Stände in zwei Kammern aus. Die Gründe, die für das Zweikammersystem beigebracht werden, sind allenthalben dieselben, die auch Hegel dafür anführt: So wie die Ständeversammlung als Organ der Vermittlung zwischen Volk und Regierung gedacht ist, soll die erste Kammer wiederum vermittelnd zwischen Regierung und zweiter Kammer stehen (siehe PhR: §§302, 304, 305). Der Staat »kann das Schicksal seiner Vorschläge nicht der Beratung in Einer Kammer, die überdies leicht tumultuarisch ist, anvertrauen« (Humboldt 1964: §110). Um »die Reife der Entschließung« (PhR: §313) zu sichern, bedarf es einer selbständig neben der Vertretung des beweglichen Elements der bürgerlichen Gesellschaft stehenden ersten Kammer, die »der Stände = Versammlung, Würde und Stetigkeit, dem Regenten Sicherheit verschafft, und als vermittelnde Anstalt zwischen Regierungen und Volk dasteht und wohltätig würkt« (Stein 1849: 38). Das Zweikammersystem diente demselben Zweck wie das Prinzip der ständischen Gliederung, auf dem

---

[14] Die Rechtslage hing hier wie in fast allen Fragen des vorkonstitutionellen Verfassungsrechts davon ab, was die Stände sich an Rechten und Privilegien jeweils erkämpft hatten, und war in den verschiedenen Territorien im einzelnen unterschiedlich und oft auch umstritten, so daß Verallgemeinerungen mit gewissen Einschränkungen versehen werden müssen.
[15] Vorher gab es die Einrichtung einer einzigen Kammer bereits in einigen kleineren Ländern wie z. B. Schaumburg-Lippe (1816) und Waldeck (1816), in denen es wohl auch an »Material« für eine erste Kammer fehlte (siehe Klüber: 1840: §289).

es beruhte und dessen Wirkung es verstärkte: war das Prinzip der ständischen Gliederung ein Mittel, den politischen Einfluß bestimmter Bevölkerungsklassen überhaupt in einer von ihrer zahlenmäßigen Bedeutung abweichenden Weise zu steuern, so diente das Zweikammersystem der Sicherung des Gewichts, vor allem der Sicherung der Nichtübereinstimmbarkeit, der Vertreter des als staatstragend geltenden, revolutionärer Absichten unverdächtigen und seiner »Naturbestimmung« nach (PhR: §305) mit der Monarchie am engsten verbundenen Teils der Gesellschaft. Gegenüber dem später in der kurhessischen Verfassung vorgesehenen Einkammersystem war es demnach zweifellos die konservativere, dem altständischen Kurialsystem näherstehende Einrichtung. Aber wie wir gesehen haben, befand sich Hegel mit seinem Eintreten für die Einteilung in zwei Kammern wiederum in Übereinstimmung mit den Regelungen der bis dahin fortschrittlichsten neuen deutschen Verfassungen und mit der auch unter den preußischen Reformern vorherrschenden Auffassungen. Etwas anderes gilt für seine Ausführungen über die Zusammensetzung der beiden Kammern. Hier weichen seine Vorschläge von den Regelungen der frühkonstitutionellen Verfassungen ebenso wie von den Programmen der preußischen Reformer ab in eine Richtung, die zweifellos keine liberalere, aber ebenso eindeutig auch nicht die altständisch-restaurative ist.

V.

Hegels erste Kammer besteht aus *Majoratsherren* (PhR: §306). Das Majorat ist ein Sonderfall des Fideikommisses, eines alten Rechtsinstituts zur Sicherung des »splendor familiae«, des Glanzes und Ansehens von Familien vornehmlich des niederen Adels.[16] Die Einrichtung eines Fideikommisses erfolgte durch privatrechtliche, meist aber einer obrigkeitlichen (landesherrlichen oder gerichtlichen) Bestätigung bedürftige Stiftung[17] und beinhaltete die weitgehende Herausnahme der einbezogenen Güter aus den Gefahren, aber auch aus den positiven Möglichkeiten des normalen Privatrechtsverkehrs. Die fideikommissarisch gebundenen Güter, – nach dem preußischen Allgemeinen Landrecht mußte es sich in der Hauptsache um Grundbesitz mit einer gewissen, recht erheblichen Mindestrendite handeln –, wurden unveräußerlich, konnten nach einer vom Stifter festzulegenden Erbfolge nur noch ungeteilt vererbt, und nicht mehr oder nur noch unter sehr eingeschränkten Bedingungen hypothekarisch belastet werden. Der jeweilige Inhaber hatte also an den fideikommissarisch gebundenen Besitzungen praktisch nur ein Nutzungsei-

---

[16] Der hohe Adel sicherte den Zusammenhalt seiner Familiengüter durch Hausgesetze; das Rechtsinstitut des Fideikommisses ist das Ergebnis der Bemühungen des zum Erlaß solcher Hausgesetze nicht berechtigten niederen Adels, dasselbe Ziel mit Hilfe privatrechtlicher Verfügungen zu erreichen.

[17] In Preußen war nach dem ALR eine landesherrliche Genehmigung nur in bestimmten Sonderfällen erforderlich (ALR: Teil II, Tit. 4, §56).

gentum, konnte aber nicht wie ein Volleigentümer über die Substanz des Vermögens verfügen. Auf diese Weise war die Erhaltung des Reichtums der betreffenden Familie gewährleistet, wobei allerdings in den Genuß der materiellen Vorteile des Systems jeweils nur das allein erbberechtigte Mitglied der Familie kam, während die von der Erbfolge Ausgeschlossenen nur am »Glanz und Ansehen« derselben partizipierten und im übrigen am seidenen Hungertuche nagen oder – dies wurde zum üblichen Ausweg – sich eine standesgemäße Beschäftigung im Staatsdienst suchen mußten (siehe Weber 1904: 508f.).[18] Der Ausdruck »Majorat« bezeichnet eine der Erbfolgeordnungen, zwischen denen der Stifter eines Familienfideikommisses sich entscheiden mußte, und diese Bezeichnung wurde zugleich auch für die Fideikommisse selbst, für die diese Erbfolgeordnung vorgesehen war, verwendet. Nach der Definition des preußischen ALR: »Verordnet der Stifter, daß zwar der nächste aus der Familie, dem Grade nach, zur Succession gelangen, unter mehreren gleich nahen aber der ältere, den Jahren nach, die jüngeren ausschließen solle: so heißt die Stiftung ein Majorat.« (ALR: Teil II, Tit. 4, §145)

Die Herren solcher Majorate gehören nach Hegels Einteilung der Stände zum »substantiellen«, Land besitzenden und bearbeitenden Stand (PhR: §203). Dieser Stand enthält »das Prinzip, das für sich fähig ist«, zu derjenigen »politischen Bedeutung konstituiert zu werden«, in der von seiten der Stände ein Moment derselben stehen muß, nämlich im Verhältnis zur fürstlichen Gewalt »wesentlich als das Moment der Mitte zu existieren« (PhR: §§305, 304). Denn als der »Stand der natürlichen Sittlichkeit« hat er »das Familienleben und, in Rücksicht der Subsistenz, den Grundbesitz zu seiner Basis, somit in Rücksicht seiner Besonderheit ein auf sich beruhendes Wollen und die Naturbestimmung, welche das fürstliche Element in sich schließt, mit diesem gemein« (PhR: §305). Dem substantiellen Stand ist also natürlicherweise die Standschaft in der vermittelnden, normalerweise als die »erste« bezeichnete Kammer angewiesen.[19] Allerdings mit einer Einschränkung: für diese seine »politische Stellung und Bedeutung« wird der substantielle Stand »näher konstituiert, insofern sein Vermögen ebenso unabhängig vom Staatsvermögen als von der Unsicherheit des Gewerbes [...] und selbst *gegen die eigene Willkür* dadurch festgestellt ist«, daß es sich um »*unveräußerliches*, mit dem Majorate belastetes *Erbgut* handelt« (PhR: §306). Kürzer gesagt: zur Standschaft in der ersten Kammer wird der Land besitzende und bearbeitende Stand nur »insofern« konstituiert, als er aus Majoratsherren besteht. Auf diese Weise vollzieht Hegel eine wesentliche Neuerung des frühkonstitutionellen politischen Sys-

---

[18] Die – allerdings wirklich nur im Vergleich zum Majoratsherren und sonstigen betuchteren Standesgenossen – ärmliche Lage des schlecht weggekommenen Verwandten illustriert Achim von Arnims Erzählung »Die Majoratsherren« (Arnim 1980).

[19] Hegel selbst verwendet, soweit ich sehe, die einer Rangdifferenz naheliegenden Bezeichnungen »erste« und »zweite« Kammer nicht. In den redaktionell eingefügten Überschriften der von K.-H. Ilting herausgegebenen Vorlesungsnachschriften sind diese Bezeichnungen durchgängig verwechselt (Hegel 1974a).

tems nicht mit: in seiner Konstruktion ist, da er die zweite Kammer für die Abgeordneten des Gewerbestandes reserviert (siehe unter VI), kein Platz für eine Vertretung des nichtadeligen ländlichen Grundbesitzes, vor allem also kein Platz für eine Vertretung des Bauernstandes. Zwar war in Preußen, anders als in Bayern und Baden, die Möglichkeit, Fideikommisse zu stiften oder Begünstigter einer solchen Stiftung zu sein, rechtlich nicht auf Angehörige des Adels beschränkt, aber de facto waren zu Hegels Zeit auch später die Majoratsherren so gut wie ausschließlich Adelige. Bei den wenigen Ausnahmen handelte es sich um bürgerliche Erwerber großer Besitzungen. Dem Bauernstand jedenfalls war durch die eine erhebliche Größe der betreffenden Güter voraussetzenden Bestimmungen des ALR über den zur Errichtung eines Fideikommisses erforderlichen Mindesteintrag (siehe ALR: Teil II, Tit. 4, §51 (2500 Taler p.a.)), sowie durch hohe Einrichtungsgebühren (Misakowski 1884: 82), das Majorat verschlossen. Hätte jemals ein Angehöriger des Bauernstandes es zum Majoratsherren gebracht, dann wäre er nicht mehr Bauer gewesen. Daß Hegel sich eine Repräsentation des Bauernstandes auf diesem Wege vorgestellt hat, kann also ausgeschlossen werden.

Unter dem System der alten Stände hatte es eine eigene Standschaft der Bauern nur in ganz wenigen Gegenden Europas – am bekanntesten in Schweden und Tirol – gegeben. Üblich war, wie oben schon erwähnt, die Standschaft 1. bestimmter geistlicher Würdenträger, 2. der adeligen Grundbesitzer (Ritterschaft) und 3. der Städte, allerdings nicht notwendig aller Städte des betreffenden Territoriums, sondern nur derer, die das Privileg der Land- oder Reichsstandschaft im Laufe der Geschichte erworben hatten. Dabei waren die Angehörigen der Ritterschaft meist nicht durch Abgeordnete vertreten, sondern erschienen in Person, und für die Städte traten keine zum Zweck der Standschaft von den Bürgern gewählte Abgeordneten auf, sondern die städtische Obrigkeit. Im System des Frühkonstitutionalismus änderte sich diese Zusammensetzung in mehrfacher Hinsicht. Den *geistlichen Würdenträgern*, deren Standschaft schon in vorabsolutistischer Zeit erheblich an Bedeutung verloren hatte, verblieb in der Regel nur noch eine minimale Anzahl von Sitzen in der ersten Kammer;[20] einen eigenen Stand auf einer Ebene mit Adel und Bürgertum stellten sie nicht mehr dar. Der *adlige Grundbesitz* war in der Regel in beiden Kammern vertreten: die mediatisierten Standesherren (= der ehemals reichsunmittelbare Adel) und eventuell auch noch sonstige adlige Virilstimmführer, zum Beispiel Majoratsherren, bildeten zusammen mit anderen Trägern besonderer Würden, – etwa Mitglieder der königlichen Familien, vom Landesherren besonders berufenen Personen, Vertretern der Landesuniversitäten und den bereits erwähnten geistlichen Herren, – die erste Kammer; im übrigen war der adlige Grundbesitz durch gewählte Abgeordnete in der zweiten

---

[20] Anders die Württembergische Verfassung von 1819 (Huber 1978: 187ff.): eine ungewöhnlich große Anzahl geistlicher Würdenträger in der *zweiten* Kammer; siehe §133 der württembergischen Verfassung.

Kammer vertreten (siehe Meyer 1901).[21] In dieser versammelten sich außerdem die nunmehr überall, wenn auch nicht überall direkt, *gewählten* Abgeordneten des *ständischen Bürgertums* und des nichtadligen ländlichen Grundbesitzes, also vor allem der *Bauern*. Nicht anders war es in den preußischen Verfassungsplänen der Reformseite vorgesehen (Hardenberg 1819: 426; Humboldt 1964: §§102, 105;[22] zu Stein siehe Treitschke 1872: 333) und selbst die schon weitgehend durch den Einfluß der Reaktion bestimmten preußischen Provinzialstände-Gesetze von 1823 und 1824 gestanden dem bäuerlichen Grundbesitz immerhin doch ein Sechstel der Sitze in den Provinzialversammlungen zu (Huber 1975: 171).

Warum Hegel dagegen den Bauernstand völlig vernachlässigt, ist nicht ganz zu verstehen. Verständlich ist zwar, daß er den Bauern keinen Platz in der ersten Kammer anweisen will, denn die Sitze der Bauernvertreter hätten nur durch gewählte Abgeordnete eingenommen werden können, während für die Majoratsherren infolge der geringen Größe diese Gruppe vorgesehen werden konnte, daß sie »ohne die Zufälligkeit einer Wahl durch die Geburt dazu berechtigt sind« (PhR: §307). Daß man die Verläßlichket der ersten Kammer nicht von den Zufälligkeiten wiederkehrender Wahlen abhängig machen könne, war nicht nur Hegels Gedanke. Sofern das Zweikammersystem überhaupt befürwortet wurde, war es die allgemeine Auffassung, daß die erste Kammer, um dem Monarchen wesensmäßig nahe zu stehen und in der geforderten Weise ihre besondere Vermittlungsaufgabe wahrnehmen zu können, das Element der »Stetigkeit« und »Dauerhaftigkeit« sowohl durch die Zusammensetzung als auch in der Art der Berufung ihrer Mitglieder verkörpern müsse.[23] Es kam deshalb darauf an, daß es »an den dauerhaften und erblichen Bestandteilen, die sich für eine erste Kammer eigenen« (vgl. Dahlmann 1924: 136), nicht fehlte, und unter diesem Gesichtspunkt paßten Vertreter der Bauern tatsächlich nicht. Warum konnten sie in Hegels vernünftigen Staat aber nicht wie in Bayern, Baden und anderen Ländern in der zweiten Kammer Platz finden? Man könnte versuchen, das auf konstruktive Hindernisse zu schieben, – immerhin hätte es den Verzicht auf eine saubere Zuordnung des substantiellen und des formellen Standes, die Hegel nun einmal so und nicht anders voneinander abgegrenzt hatte, zu jeweils einer der Kammern bedeutet. Aber solche Erklärungen sind, zumindest für sich alleine, wenig überzeugend, wenn man bedenkt, daß Hegel

---

[21] Ausnahme machte hier unter den bekannteren frühkonstitutionellen Verfassungen die badische (Huber 1978: 172ff.): Vertretung des gesamten Adels nur in der ersten Kammer; siehe §§27, 33 der badischen Verfassung.

[22] Humboldt kritisiert hier sogar die bayrische Verfassung, bei der infolge eines zu hohen Steuerzahlungssatzes der nichtadelige Grundbesitz zu wenig durch »wahre Bauern« vertreten sei.

[23] Siehe z. B. Humboldt 1964: §§109ff.: eine Teilung der ständischen Versammlungen in erste und zweite Kammer müsse auf der Unterscheidung von gewählten Ständen und »Erbständen« (erblich und persönlich zur Standschaft Berechtigten) beruhen oder, sofern sich in einem kleinen Territorium nicht hinreichend viele Erbstände finden ließen, diesem System doch möglichst angenähert sein.

bei Bedarf noch viel größere Schwierigkeiten systematischer Art bewältigt, zum Beispiel es fertiggebracht hat, die in der Rechtsphilosophie zugrunde gelegte Einteilung der Stände überhaupt zu entwickeln, nachdem er Jahre früher eine völlig andere Einteilung mit völlig anderen Konsequenzen aus dem Begriff entwickelt bzw. den damaligen rechtlichen und tatsächlichen Zuständen abgeguckt hatte (Hegel 1974b: 74ff.). Wenn sich demnach offenbar die begrifflichen Möglichkeiten und Notwendigkeiten mit den Zuständen ändern, dann hätte es unbeschadet systematischer Anforderungen wohl möglich sein müssen, auch den befreiten Bauernstand angemessen zu berücksichtigen.

Ungewöhnlich ist Hegels Konstruktion auch insofern, als sie nicht nur die Bauern und sonstigen Besitzer nichtadliger Güter, sondern auch die Gesamtheit der adligen Grundbesitzer, die nicht Majoratsherren waren, von einer eigenen Vertretung ausschließt. Dieser weitaus größte Teil des grundbesitzenden Adels war, wie oben schon bemerkt, nach allen frühkonstitutionellen Verfassungen in der Ständeversammlung, meist in der zweiten Kammer (Huber 1978: 172ff.; 491), durch gewählte Abgeordnete vertreten. Ihn zugunsten von Fideikommißbesitzern, – die ja nach einigen Verfassungen in der ersten Kammer durchaus, aber nur *unter anderem* vertreten waren –, gänzlich auszuschließen, hätte weder den Vorstellungen der altständischen Partei entsprochen noch denen der preußischen Reformer. Humboldt beispielsweise, der bei den Provinzialständen die ersten Kammern möglichst weitgehend d.h. soweit solche in hinreichender Anzahl vorhanden sind, aus fideikommissarischen Grundbesitzern zusammengesetzt sehen möchte (Humboldt 1964: §112),[24] gibt daneben dem übrigen grundbesitzenden Adel eine Vertretung in der zweiten Kammer und tadelt ausdrücklich die Unklarheit eines ihm vorliegenden Aufsatzes, in dem hinsichtlich des Adels immer nur von erblichem Landstandsrecht die Rede sei, als könne es nicht auch auf Wahl beruhende adlige Landstandschaft geben (Humboldt 1964: §83). Im Königreich Hannover legte bei den Verhandlungen über das Staatsgrundgesetz von 1833 die Regierung einen Entwurf vor, der mit dem Vorschlag, »die erste Kammer auf Majoraten von königlicher Ernennung zu gründen« (Dahlmann 1924: 136Fn1), stark an Hegels Vorstellungen erinnert. Anders als bei Hegel war hier aber keineswegs daran gedacht, den übrigen Adel auszuschließen, sondern dieser sollte eine Vertretung in der zweiten Kammer erhalten. Trotzdem – obwohl der Adel als Gesamtheit betrachtet damit eine stärkere Stellung bekommen hätte als nach Hegels Konzept – wurde der Entwurf auch von seiten des Adels abgelehnt (Dahlmann 1924: 136, Fn1).

Nach seinem positiven Gehalt betrachtet, ist Hegels Vorschlag deshalb interessant, weil er sich auf ein seit der zweiten Hälfte des 18. Jahrhunderts außerordentlich umstrittenes Rechtsinstitut stützt. Die Feststellung in Krünitz' *Oe-*

---

[24] Für die erste Kammer der gesamtpreußischen Ständeversammlung sieht Humboldt die in den frühkonstitutionellen Verfassungen übliche Besetzung, bei der Fideikommißbesitzer nur unter anderem eine Rolle spielen, vor (siehe vor allem Humboldt 1964: §126).

konomischer Encyclopädie von 1788, man habe »in der That wenig Beispiele, daß durch Fideicommisse etwas heilsames ausgerichtet werde«, dürfte die damals herrschende Meinung wiedergeben. Adam Smith hatte das vergleichbare englische Rechtsinstitut, die *entails*, ausführlich untersucht und als dem Reichtum der Nationen nur abträglich qualifiziert (Smith 1976: BIII, Ch.4). Auch die Redaktoren des preußischen Allgemeinen Landrechts waren dem Fideikommiß, das Svarez noch in seinen Vorträgen zur Schlußrevision des Gesetzbuches als eine Fessel des Güterverkehrs bezeichnete, »keineswegs günstig gesinnt« (Miaskowski 1884: 13; Svarez 1960: 336ff.). Trotzdem wurde es in das ALR aufgenommen,[25] blieb aber nach wie vor umstritten. Miaskowski zählte an prominenten Gegnern des Fideikommisses neben Kant (Kant 1970: B183, 496) u. a. Lessing, Goethe, Schiller, Gneist, R. v. Mohl und Lorenz von Stein auf. Unter denen, die für die Beibehaltung des Fideikommisses eintraten, finden sich Humboldt, der Freiherr von Stein (und, so wäre hinzufügen, Hegel), in einer Reihe mit Konservativen wie Adam Müller (Miaskowski 1884: 47). Was die Kritiker an liberalen Argumenten gegen das Fideikommiß ins Feld führen, – daß seine Unveräußerlichkeit den Übergang der Güter an diejenigen, die sie am besten bewirtschaften würden, verhindere, daß es geringen Anreiz zu Meliorationen des Bodens biete und Verbesserungsinvestitionen mit größerem Kapitalaufwand durch seine Unbeleihbarkeit unmöglich mache, daß die krasse Bevorzugung eines einzelnen Erben für sich genommen unerfreulich sei, etc. –, wird allerdings von denjenigen, die für die Beibehaltung der Fideikommisse eintreten, kaum bestritten. Die Verteidigung argumentiert in erster Linie nicht mit volkswirtschaftlichen, sondern mit politischen Gründen, um deretwillen etwaige sonstige Nachteile in Kauf zu nehmen seien: der fideikommissarisch gebundene Grundbesitz werde benötigt zur Sicherung einer unabhängigen, kultivierten, angesehenen, staatstreuen und dem Staat für öffentliche Funktionen, für die Besetzung der Kammern usw. zur Verfügung stehenden Adelsklasse.[26] Die Einstellung Hegels, der unter den Gesichtspunkten der Erbrechtsgleichheit und der Freiheit des Privatrechts das Majorat durchaus mißbilligte, es vielmehr für »nur in politischer Rücksicht wünschenswert« (PhR: §306Z), in dieser Rücksicht aber eben auch für notwendig

---

[25] In Frankreich dagegen hatte man die Fideikommisse durch Dekrete des Nationalkonvents v. 25. Okt. und 14. Nov. 1792 abgeschafft und die Abschaffung in Art. 896 des Code Civil bestätigt. Durch in den Jahren seit 1806 erlassene Vorschriften wurde die Zulassung von Majoraten für vom Kaiser auszuzeichnende Güter wieder ermöglicht; diese Ausnahmeregelungen dienten Napoleon dazu, aus seinen Günstlingen einen neuen, ergebenen Adel zu bilden (Miaskowski 1884: 9f.).

[26] Siehe die Zusammenstellung entsprechender Argumente bei Miaskowski 1884: 70ff. In ökonomischer Hinsicht trifft man allenfalls auf Bemühungen, die Nachteile als verhältnismäßig geringfügig darzustellen; so etwa, wenn Stein (bei Pertz 1864: Bd.2, 457) auf die, relativ gesehen, eher geringfügige Gesamtfläche der fideikommissarisch gebundenen Güter hinweist, durch die als nur »Weniges dem freyen Verkehr« entzogen werde. Siehe auch Pertz 1864: Bd.2, 454, wo Stein auf den guten Zustand der Fideikommißgüter in Süd- und Westdeutschland, Flandern und Brabant hinweist.

hielt, war also nichts Absonderliches. Auf der Grundlage genau dieser Auffassung hat das zählebige Institut sich bis ins zwanzigste Jahrhundert gerettet. Das der Frankfurter Paulskirchenverfassung vorgeschaltete und ihr dann eingegliederte Grundrechtegesetz der Frankfurter Nationalversammlung von 27. Dezember 1848 (§38) und ihm folgend die preußische Verfassung vom 31. Januar 1850 (Art. 40) sahen die Auflösung der Fideikommisse vor; in Preußen wurde diese Bestimmung aber schon 1852 wieder aufgehoben. Die Rechtfertigung der Fideikommisse erblickte man weiterhin

> »in der Sicherung einer continuierlichen und unabhängigen Aristokratie, deren Aufgabe in der Bekleidung unbesoldeter, mit Aufwand verbundener Ämter, in der Führung der wichtigsten Staatsgeschäfte, namentlich im auswärtigen Dienste, und in der Bildung einer wahrhaft unabhängigen zwischen Krone und Volk vermittelnden Kammer besteht.«[27]

Noch der preußische »Entwurf eines Gesetzes über Familienfideikommisse« von 1903 stützt sich in den Motiven auf Erwägungen dieser Art.[28] Die mit diesem Entwurf beabsichtigte Neuregelung der Materie kam jedoch nicht mehr zustande. Die Weimarer Verfassung vom 11. August 1919 schrieb in Artikel 155 Abs. 2 die Auflösung der Fideikommisse vor, aber wie viele andere Bestimmungen der Weimarer Verfassung wurden auch diese nur höchst unvollständig befolgt. Die letzten Fideikommisse wurden in Deutschland erst durch das später vom alliierten Kontrollrat bestätigte »Gesetz über das Erlöschen der Familienfideikommisse und sonstiger gebundener Vermögen« vom 6. Juni 1938 (Reichsgesetzblatt 1938: I, 825ff.) beseitigt.

VI.

Die zweite Kammer reserviert Hegel für die »bewegliche Seite der bürgerlichen Gesellschaft«, den Gewerbestand.[29] Inwiefern er damit von der in den frühkonstitutionellen Verfassungen üblichen und auch in den preußischen Verfassungsplänen vorgesehenen Zusammensetzungen abweicht, ergibt sich bereits aus dem im vorigen Abschnitt Ausgeführten: der Bauernstand und der nicht majoratsherrliche ritterschaftliche Adel bleiben aus der zweiten Kammer und, da sie auch nicht an anderer Stelle berücksichtigt werden, überhaupt von einer eigenen Vertretung ausgeschlossen. Entsprechend verbessert sich die Position des gewerbetreibenden, also vor allem des städtischen Bürgertums, das auf diese Weise eine der beiden Kammern ausschließlich beherrscht.

---

[27] So Miaskowski Zusammenfassung der Argumente des Nationalökonomen Wilhelm Roscher (Miaskowski 1884: 71); dort auch zu identischen Auffassungen anderer Autoren der zweiten Hälfte des 19. Jahrhunderts.

[28] Dazu und zu dem Entwurf insgesamt siehe die Kritik von Max Weber. (Weber 1914: bes. 562ff.)

[29] Dazu, daß der *allgemeine* Stand (PhR: §205) als solcher in der Repräsentativkörperschaft nicht vertreten sein soll, siehe PhR: §303.

Die Besetzung dieser Kammern soll, insoweit in Übereinstimmung mit dem in den frühkonstitutionellen Verfassungen Üblichen, durch Abordnung erfolgen (PhR: §308). Aber damit bleiben noch viele Möglichkeiten offen. Was soll im einzelnen der Modus der Abordnung sein, wer soll wie durch wen zum Repräsentanten bestimmt werden können? Hegels wichtigste Antwort besteht hier in der Ablehnung eines, ohnehin ja nur in Bezug auf den für eine Vertretung in der zweiten Kammer vorgesehenen Stand zur Debatte stehenden, allgemeinen, d.h. den Mitgliedern des beweglichen Teils der bürgerlichen Gesellschaft als solchen, jeweils einzelnen, zukommenden Wahlrechts. Die bürgerliche Gesellschaft muß die Abordnung bewerkstelligen »als das, was sie [die bürgerliche Gesellschaft] ist, – somit nicht als in die Einzelnen atomistisch aufgelöst und nur für einen einzelnen und temporären Akt sich auf einen Augenblick ohne weitere Haltung versammelnd, sondern als in ihre ohnehin konstituierten Genossenschaften, Gemeinden und Korporationen gegliedert« (PhR: §308). Die politische Repräsentation in der zweiten Kammer soll also aus den Gemeinden und den kooperativen Organisationen des Gewerbestandes, die Hegel bereits im Abschnitt über die bürgerliche Gesellschaft behandelt hat, hervorgehen (siehe PhR: §§308, 204).[30] Ob Hegel dabei an ein Nebeneinander von Abgeordneten der Städte und der gewerblichen Korporationen denkt oder an einen stufenförmigen Aufbau derart, daß aus Wahlen innerhalb der gewerblichen Korporationen unmittelbar nur die Gemeindeorgane (Stadtverordnetenversammlung und Magistrat) hervorgehen, die dann ihrerseits Mitglieder zur Nationalrepräsentation abordnen, wird aus dem Text der Rechtsphilosophie nicht ganz deutlich. Für eine Organisation der ersten Art gibt es, zumindest ansatzweise, Beispiele im frühkonstitutionellen Verfassungsrecht. So waren nach der sächsischen Verfassung von 1831 für die zweite Kammer neben 20 Abgeordneten der Rittergutbesitzer und je 25 Abgeordneten der Städte und des Bauernstandes auch fünf Vertreter der »Handels- und Fabrikwesen« vorgesehen (Huber 1978: §68, 273). Eine ähnliche Bestimmung trifft das Landesgrundgesetz für Schwarzburg-Sondershausen vom 24. September 1841 (Meyer 1901: 112, Fn5). Sehr viel später, um die Jahrhundertwende, ist eine deutliche Zunahme solcher und weitergehender berufsständischer Regelungen in den Verfassungen bzw. Wahlgesetzen der deutschen Länder zu verzeichnen.[31] Um diese Zeit stehen aber berufsständische Organisationsmodelle, wie sie in der politischen Literatur schon seit der Mitte des 19. Jahrhunderts Hochkonjunktur hatten (siehe hierzu Herrfahrdt 1921: 36ff.), in einem völlig anderen Kontext als bei Hegel und überhaupt zur Zeit des Frühkonstitutionalismus: sie gehören zur Reaktion auf die wie man es von

---

[30] Dazu, daß Hegel in diesem Zusammenhang auch unter dem allgemeineren Begriff der »Genossenschaft« nichts anderes als die gewerblichen Korporationen versteht, siehe PhR: §251.

[31] Siehe z. B. den durch Gesetz vom 16. Juli 1906 geänderten §129 der württembergischen Verfassung von 1819 (Huber 1975: 187ff.); weiteres bei Tatarin-Tarnheyden 1922: 134 ff.

rechts formulierte, »künstliche Verschärfung der Klassengegensätze« (Herrfahrdt 1921: 90). Darauf, daß Hegels Korporativismus mit *diesem* Problem noch nichts zu tun hat, wird unten noch näher einzugehen sein. Aber zunächst zurück zu den frühkonstitutionellen Verhältnissen.

Wo, wie im Regelfall der frühkonstitutionellen Verfassungen, die Abgeordneten der Städte durch das städtische Bürgertum gewählt wurden, werden die Gewählten zu einem großen Teil Angehörige der örtlichen gewerblichen Korporationen gewesen sein, aber eine institutionelle Garantie dafür, daß, wie Hegel fordert, unter den Abgeordneten sich auch wirklich »für jeden besonderen großen Zweig der Gesellschaft, z.B. für den Handel, für die Fabriken usf. Individuen befinden, die ihn gründlich kennen und ihm selbst angehören« (PhR: §311), gab es hier nicht. Auch die preußischen Verfassungspläne sahen in der Mehrzahl keine über die übliche Einteilung nach Ständen hinausgehende, differenzierte berufsständische Gliederung der nationalen Repräsentativkörperschaft, und insbesondere keine Mitwirkung der gewerblichen Korporationen bei der Bestellung der Abgeordneten vor. Eine Ausnahme bildet der im Herbst 1808 verfaßte, inhaltlich durch Stein beeinflusst und von diesem im wesentlichen gebilligte zweite Verfassungsentwurf Karl Niklas von Rhedigers.[32] Von den in diesem Entwurf vorgesehenen drei Kammern (Huber 1975: 293) sollte die zweite, das sogenannte Nationalkollegium, aus acht Sektionen, – je einer für Handel, Gewerbe, städtischen Grundbesitz, gutsherrlichen Grundbesitz, kleinen ländlichen Grundbesitz, gelehrten Stand, Staatsdienerschaft und Militär –, zusammengesetzt sein. Die Mitglieder der Gewerbesektionen sollten durch die »Zunftältesten und Fabrikherren« gewählt werden.

Die Frage ist, ob es angesichts der rechtlichen und tatsächlichen Entwicklung der Zunftverfassung zu Beginn des 19. Jahrhunderts noch zeitgemäß war, den gewerblichen Korporationen eine wesentliche oder auch nur, wie nach Rhedigers Entwurf, eine bescheidene Rolle bei der Bestellung der politischen Repräsentanten zuzuweisen. Was Hegels Ausführungen anbetrifft, so liegt es nahe, diese Frage unter Hinweis auf das preußische Gewerbesteueredikt vom 28. Oktober 1810 (siehe Huber 1978: 47) und die ergänzende gewerberechtliche Verordnung aus dem Jahr 1811 zu verneinen. Durch diese Regelungen wurde in Preußen die Gewerbefreiheit eingeführt, und das heißt vor allem: die Bindung der Gewerbeausübungsbefugnis an die Zugehörigkeit zur einschlägigen gewerblichen Korporation, der sogenannte Innungs- oder Zunftzwang, aufgehoben. Damit entfiel die rechtliche Basis für den hohen Organisationsgrad, den Hegel doch wohl voraussetzt, wenn er davon spricht, daß die bürgerliche Gesellschaft die Abordnung ihrer Repräsentanten »nicht als in die Einzelnen atomistisch aufgelöst [...], sondern als in ihre ohnehin konstituierten Genossenschaften, Gemeinden und Korporationen gegliedert« bewerkstelligen

---

[32] Der Inhalt dieses im Original wohl nicht erhaltenen Entwurfs ist wiedergegeben bei Pertz 1864: 406ff. Siehe auch die Stellungnahme Steins zu Rhedigers erstem und zweitem Entwurf (Stein 1960: 825ff., 920ff.).

müsse. Hegels Forderung allein aus diesem Grund für rückständig zu erklären, wäre allerdings zumindest voreilig. Hegel war, wie die Vorlesungsnachschrift Griesheim (1824/25) noch deutlicher als die veröffentlichte Rechtsphilosophie (siehe deren §§252, 254) zeigt, kein Anhänger einer aus »abstrakt« liberalen Grundsätzen abgeleiteten unbeschränkten Gewerbefreiheit. Er befürwortete die Beibehaltung bzw. Neubildung einer von Mißbräuchen gereinigten korporativen (Zunft-)Verfassung des Gewerbestandes und weist den Korporationen dabei auch die Funktion der Regulierung des Marktzutritts nach Gesichtspunkten der Qualifikation- und Subsistenzsicherung sowie Aufgaben der sozialen Vorsorge für die Gewerbebetreibenden und ihre Angehörigen zu (Hegel 1974a: 623ff.) – Funktionen, deren umfassende Erfüllung wohl irgendeine Form des Zunftzwanges oder jedenfalls einen auf andere Weise gesicherten maximalen Organisationsgrad der Gewerbetreibenden voraussetzt. Hegel ging also nicht einfach gedankenlos davon aus, daß der Gewerbestand eben *de facto* als ein vollständig in Korporationen gegliederter existiere, sondern er *postulierte* ein im beschriebenen Sinn funktionierendes System von Korporationen, die in ihrer Gesamtheit eine Organisation des *gesamten* Gewerbestandes bilden sollten und insofern auch geeignet schienen, an der Bestellung der politischen Repräsentanten des *gesamten* Gewerbestandes mitzuwirken.[33] Diese Position läßt sich nun, obwohl mit strikt liberalen Grundsätzen unvereinbar, nicht einfach als reaktionär qualifizieren. Dafür war die korporationsfeindliche liberale Gewerbegesetzgebung mit zu guten – eben den von Hegel angegebenen – Gründen umstritten, und dies nicht nur zu Hegels Zeit, sondern durch das ganze neunzehnte Jahrhundert hindurch. Dabei waren es keineswegs nur die von der Aufhebung ihrer Privilegien natürlich nicht begeisterten zünftigen Gewerbetreibenden selbst[34] oder aufgrund ihrer sonstigen Anschauungen ohnehin als reaktionär einzustufende Politiker und Autoren, die, wie Hegel, dem gewerblichen Korporationswesen wichtige Funktionen zuschrieben und für seine Erhaltung bzw. Wiederbelebung in einer von gewissen allgemein anerkannten Mißständen gereinigten Form eintraten.[35] So war denn auch für Preußen – von den anderen Ländern im Gebiet des ehemaligen Reichs, die ihre Gewerbegesetzgebung zum großen Teil erst sehr viel später in vergleichbarer Weise liberalisierten, ganz zu schweigen, – mit der Hardenbergschen Gewerbereform von 1810/1811 das letzte Wort über Korporationen und Gewerbefreiheit noch nicht gesprochen. Zu Hegels Berliner Zeit war die Rechtslage selbst innerhalb Preußens uneinheitlich, weil die Geltung der Reformedikte von 1810/1811

---

[33] Dazu, daß Hegel sich über den faktischen Niedergang der korporativen Gewerbeverfassung durchaus im klaren war, siehe z. B. die Anm. zu PhR: §255.

[34] Zu deren Opposition Rohrscheidt 1898: 457 ff., 556 ff. Sprachrohr der Gegenvorstellungen der Gewerbetreibenden waren in vielen Fällen die städtischen Magistrate und Stadtverordneten.

[35] Ein gutes Beispiel ist der preußische Staatsrat J. G. Hoffmann, einer der besten Kenner der Gewerbeverhältnisse im damaligen Preußen (bes. Hoffmann 1841: 153). Zu Steins Ansicht über die Zünfte siehe Mieck: 1965, 11.

nicht auf die nach den Befreiungskriegen neu- bzw. wiedererworbenen Gebiete ausgedehnt worden war, so daß z. B. in Sachsen die alte Zunftverfassung fortbestand. Erst die allgemeine Gewerbeordnung von 1845 dehnte das Prinzip einer gegenüber den Regelungen von 1810/11 allerdings leicht reduzierten Gewerbefreiheit auf ganz Preußen aus, rückte aber von dem korporationsfeindlichen Standpunkt der Reformedikte wieder ab, indem sie die Bildung neuer, auf freiwilliger Mitgliedschaft beruhender Innungen unter erleichterten Voraussetzungen ermöglichte. Die Verordnung vom 9. Februar 1849, ein Resultat der 43er Handwerksbewegung, machte, weniger aus polizeilichen Gründen als zum Schutz der Handwerker vor unerwünschter Konkurrenz, die zwischenzeitlich unbeschränkte Befugnis zum Betrieb der meisten und wichtigsten Gewerbe wieder davon abhängig, daß der Betreffende entweder aufgrund eines dort geforderten Qualifikationsnachweises Mitglied einer Innung geworden war oder den Nachweis seiner Befähigung vor einer besonderen Prüfungskommission erbracht hatte. Die Gewerbeordnung des Norddeutschen Bundes von 1869 brachte eine Reliberalisierung, aber auch diese wurde in dem hier vor allem interessierenden Punkt wieder rückgängig gemacht mit der Einführung des »fakultativen«, d.h. von einem Mehrheitsbeschluss der örtlichen Gewerbetreibenden abhängigen, Innungszwanges durch die sogenannte »Handwerkernovelle« von 1897.[36]

Die (Re-)Organisation eines funktionierenden Korporationswesens, für Hegel die Basis seiner Vorschläge zur Besetzung der zweiten Kammer, stand also, besonders für den Bereich des Handwerks, noch lange nach Hegel immer wieder auf der Tagesordnung. De facto aber löste sich die korporative Verfassung des Gewerbestandes allmählich auf. Der Anteil der unzünftigen Handwerker nahm schon im Lauf der ersten Hälfte des 19. Jahrhunderts erheblich zu.[37] Als 1897 über die gesetzliche Einführung des Instituts der fakultativen Zwangsinnung beschlossen wurde, gehörten den freiwilligen Innungen nur noch zehn Prozent der Handwerker an (Tuchfeldt 1955: 47). Für die Organisation des *Handelsstandes* gilt, obwohl für die Kaufmannschaft einiger preußischer Städte der Gildenzwang noch mehrere Jahrzehnte nach Einführung der allgemeinen Gewerbefreiheit fortbestand (siehe Rönne 1851: Bd.1, 648ff.; Hoffmann: 1841, 182ff.),[38] im Ergebnis nichts anderes. Die nach Hegels Einteilung (PhR: §204) dritte Gruppe innerhalb des Gewerbestandes, der *Fabrikantenstand*, konnte sich von vornherein nur außerhalb der alten Zunftverfassung bilden, die alles das nicht gestattete, was die Besonderheit fabrikmäßiger Produktion ausmachte, – die Ausübung von Tätigkeiten verschiedener Gewerbezughörigkeit in einem Betrieb zum Beispiel, vor allem aber die

---

[36] Zu den Details der hier nur in groben Zügen beschriebenen Gesetzgebungsgeschichte siehe Rönne: 1863, 657ff.; ders. 1851; Költzsch 1920; Tuchfeldt 1955: 30ff.
[37] Siehe für einige wichtige Handwerkszweige die Statistik über die Entwicklung zwischen 1826 und 1845 bei Mieck 1965: 57.
[38] Es ist dabei noch zu beachten, daß die als *Kaufleute* bezeichneten Handeltreibenden nur einen *Teil* des Handelsstandes ausmachten, zu dem daneben auch Höker, Krämer etc. zählten.

Beschäftigung von Arbeitskräften in nicht beschränkter Anzahl. Die Gründung einer Fabrik war daher vor der Einführung der Gewerbefreiheit nur »unzünftig«, aufgrund besonderer Konzession, möglich. Eine eigene zunftmäßige Organisation, der zunächst ja auch zahlenmäßig nur »vereinzelten« Fabrikaten, entstand weder damals noch zu einem späteren Zeitpunkt. Die seit der Mitte des Jahrhunderts sich allmählich formierenden Unternehmerverbände waren ihrer Funktion und Organisation nach von gewerblichen Korporationen, wie Hegel sie im Auge hatte, völlig verschieden.

Daß die beschriebene Entwicklung der Gewerbeverfassung der Konstruktion einer auf den gewerblichen Korporationen aufbauenden politischen Repräsentation des Bürgertums schon früh die Basis entzogen hatte, zeigt der geringe Erfolg einer einschlägigen Bestimmung der preußischen sogenannten »revidierten« Städteordnung von 1831. Nach diesem Gesetz sollten in größeren Städten die Bürger zum Zweck der Wahl der Stadtverordneten in mehrere »Versammlungen« eingeteilt werden; diese Einteilung sollte entweder nach Wohnbezirken oder, »in solchen Städten, worin die verschiedenartigen Verhältnisse der Bürger es räthlich machen, nach Klassen oder Bürger geschehen, welche aus der Beschäftigung oder Lebensweise derselben hervorgehen«.[39] Dazu bemerkte zehn Jahre nach Inkrafttreten dieser Vorschrift der Staatsrat Hoffmann:

> »haben diejenigen Stadtgemeinden, welchen die verbesserte Städteordnung vom 17ten März 1831 verliehen ist, vielleicht größtenteils noch zu wenig Gebrauch von der Erlaubnis gemacht, die Wahl der Stadtverordneten durch Abtheilungen der Einwohner, deren Grundlage persönlicher Verhältnisse sind, vollziehen zu lassen: so kann das nur die natürliche Folge des Mangels an einer zweckmäßigen Einrichtung von Korporationen und Genossenschaften sein, woran die städtische Verfassungen unserer Tage noch fast allgemein und meist empfindlich leiden.« (Hoffmann 1841: 225)

Aus den vielen Fragen, die sich zu Hegels Lehre von den Korporationen und ihrer Rolle für die politische Repräsentation eines Teils der bürgerlichen Gesellschaft stellen ließen, soll abschließend nur noch eine herausgegriffen werden, die für die Beurteilung dieser Lage von besonderer Bedeutung ist. Enthält diese Lehre, wie einige Interpreten, allen voran Rosenzweig, annehmen, die Forderung nach einer »Erneuerung des alten Zunftwesens [...], die aber Arbeiter und Kapitalisten in gemeinsamen Körperschaften zusammenfassen muß«? Suchte Hegel tatsächlich »hier den Ausweg aus den Gefahren des Industriearbeitertums [...], die jener preußischen Reaktion damals kaum in den Gesichtskreis getreten waren« (Rosenzweig 1920: Bd.2, 124, 163; Hočevar 1973: 39, 87,91)? Wenn das zuträfe, dann wäre Hegel nicht nur der preußischen Reaktion, sondern auch den preußischen Reformern weit voraus gewesen, die nicht

---

[39] §52 der Ständeordnung von 1831 (Preußische Gesetz-Sammlung 1831: 10 ff.); vgl. dagegen §73 der Städteordnung von 1808 (Preußische Gesetz-Sammlung 1808–10: 324 ff.), der diese Möglichkeit ausdrücklich ausschloß.

entfernt an derartige Korporationen dachten und auch nicht daran, Industriearbeitern und anderen vermögenslosen unselbständig Beschäftigten eine sei es direkt, sei es durch abordnungsberechtigte Korporationen vermittelte Mitwirkung an der Besetzung der nationalen Vertretungskörperschaft zu gestatten.[40] Rosenzweig geht bei seiner Interpretation von einer Passage in Hegels »System der Sittlichkeit« von 1802 aus, in der von der Ungleichheit der Rede ist, die sich innerhalb des Erwerbsstandes notwendig herstelle und der die Regierung »aufs höchste entgegenzuarbeiten« habe. Wenn sie, die Regierung, so heißt es weiter, »einen Teil dieses Standes zur mechanischen und Fabrikarbeit aufopfert und ihn der Rohheit überläßt, so muß sie das Ganze schlechthin in der ihm möglichen Lebendigkeit erhalten. Dies aber geschieht am notwendigsten oder vielmehr unmittelbar durch die Konstitution des Standes in sich« (Hegel 1974b: 94). Hier ist allerdings von »Fabrikarbeit« die Rede, aber es wäre voreilig, zu schließen, daß Hegel also hier die Fabrik*arbeiter* einschließende korporative Organisation des Gewerbestandes vorgeschlagen habe.

Bei näherer Betrachtung des Kontexts der zitierten Stelle ergibt sich, daß die *Ungleichheit*, von der Hegel spricht, nicht die zwischen Arbeiter und Fabrikherr ist, sondern diejenige, die unter den Gewerbetreibenden aus der marktbedingt unterschiedlichen Gewinnträchtigkeit der verschiedenen Gewerbe und Produktionsweisen entsteht, und daß die *Rohheit*, der Hegel einen Teil des Erwerbsstandes überlassen sieht, nicht die Rohheit eines depravierten Arbeiters ist, sondern die Rohheit, die darin besteht, daß das »Weisheitslose rein Allgemeine, die Masse des Reichtums« dem Gewerbetreibenden zum »Ansich« wird, und der die Regierung »durch Erschwerung des hohen Gewinns« entgegenarbeiten könne. Daß Hegel die Fabrikarbeiter gar nicht zu den Mitgliedern des Erwerbstandes zählt, dessen »Konstitution in sich« er empfiehlt, geht aus einem früheren Abschnitt des »Systems der Sittlichkeit« hervor, in dem das Mitglied dieses Standes auch als »der Besitzende« und als »Bürger, bourgeois« bezeichnet wird – Begriffe, unter die sich Lohnabhängige nicht subsumieren lassen (Hegel 1974b: 74).[41] Irritierend ist allerdings, wenn sonst auch mehr gegen Rosenzweigs Interpretation spricht, die Erwähnung der »mechanischen und Fabriksarbeit«, die doch nur zu passen scheint, wo es um den »Stand« derjenigen geht, die diese Arbeit wirklich tun. Hier bleibt nur festzu-

---

[40] Das war eine so große Selbstverständlichkeit, daß die Verfassungsdenkschriften sich mit der Frage der besonderen für das Wahlrecht erforderlichen Qualifikationen nur hinsichtlich des *Wie* befassen; *ob* eine solche, die vermögenlosen Volksklassen ausschließende Qualifikation gefordert werden sollte, steht gar nicht zur Diskussion, siehe z. B. Hardenberg 1819: 125; Humboldt 1964: §141, und die Vorschläge in Denkschriften Vinckes (Humboldt 1964: §142; und bei Pertz 1864: 405).

[41] Meine Lesart des von Rosenzweig herangezogenen Passus, – die natürlich noch einer ausführlicheren Begründung bedürfte und hier nur als These vorgestellt werden soll –, ist, daß Hegel dort die Notwendigkeit einer zunftmäßigen Organisation der zu fabrikmäßiger Produktion übergegangenen Gewerbetreibenden, die (s. o. im Text) außerhalb jeder korporativen Organisation standen, begründet. Diese Forderung schließt in keiner Weise die Forderung einer irgendwie gleichberechtigten Mitgliedschaft der unselbstständigen Beschäftigten ein.

stellen, daß Hegel sich in der Tat des öfteren einer sachlich durchaus unpassenden, ideologischen Redeweise bedient, indem er die innerhalb des Erwerbszweiges typischerweise verrichtete Arbeit auch dann unmittelbar den Geschäftsherren des jeweiligen Gewerbes zurechnet, wenn diese die betreffende Arbeit gar nicht selber leisten, sondern leisten lassen. Man höre beispielsweise, aus der Jenaer Realphilosophie: »Der Geist hat sich zum allgemeinen Gegenstande erhoben im *Geschäftsmann*. Aber dessen Arbeit ist selbst sehr geteilt, abstrakt, Maschinenarbeit« (Hegel 1967: 259).[42] Von einem Stand, dessen Arbeit die »Fabriksarbeit« ist, zu sprechen und damit den Stand der *Unternehmer* zu meinen, wäre für Hegel also nichts Ungewöhnliches. Aber wie immer man die zitierten Stellen aus dem »System der Sittlichkeit« nun verstehen will, jedenfalls ist nicht verständlich, wie Rosenzweig zu der Meinung kommt: »Diese Gedanken« – die Gedanken, die er dem frühen Hegel unterstellt – »kehren nun, nachdem sie 1805 zurückgetreten waren, 1820« – nämlich in der Rechtsphilosophie –, »sämtlich wieder« (Rosenzweig 1920: 124). Ob Hegel diese Gedanken jemals gehabt hat, darüber mag man streiten, in der Rechtsphilosophie zum Ausdruck gebracht hat er sie jedenfalls nicht. Dabei hätte es nahegelegen, in diesem Punkt deutlich zu sein. Franz von Baader stellte 1835 fest: »Wie nun aber die Proletairs durch Auflösung ihres Hörigkeitsverbandes in den reichsten und industriösesten Staaten wirklich nur relativ ärmer und hilfs- und schutzbedürftiger geworden sind, so sind sie in den *constitutionellen Staaten* (durch Einführung des bloß auf Gut und Geldbesitz begründeten Repräsentativsystems) auch noch zum *nicht mehr gehört werdenden* Theile des Volkes herunter gekommen.« (Baader 1963: 135) Tatsächlich war unter allen frühkonstitutionellen Verfassungen das Recht zur Mitwirkung an der Bestellung der politischen Repräsentanten an Voraussetzungen gebunden, die Arbeiter und andere in den Gewerben unselbständig Tätige in aller Regel nicht erfüllten und nicht erfüllen konnten (Meyer 1901: 119, 121f.), und in Preußen dachte man, wie bemerkt, amtlicher- und königlicherseits nicht daran, die bereits existierenden neuen Verfassungen anderer Länder hier in demokratischer Richtung zu übertreffen. Wenn Hegel demgegenüber den von Rosenzweig vermuteten sowohl hinsichtlich der korporativen Gewerbeverfassung als auch hinsichtlich der darauf aufbauenden politischen Verfassung ganz und gar revolutionären Vorschlag hätte machen wollen, dann hätte es dazu wohl eines klaren Wortes bedurft. Stattdessen findet man, soweit ich sehe, in der Rechtsphilosophie nichts, was auch nur als Andeutung eines solchen Vorschlags gelten könnte.

Eine Beteiligung des später so genannten Proletariats ist in Hegels korporativer Verfassung also nicht vorgesehen, und schon aus diesem Grund liegen Theorien, die Hegel als Vorläufer der faschistischen Korporativismen des

---

[42] Vgl. auch die jeweils ersten Sätze in PhR: §203 (betr. die Arbeit des, auch die Gutsbesitzer einschließenden, substantiellen Standes) und §204 (betr. die Arbeit des aus Handwerks-, Handels-, und Fabrikantenstand zusammengesetztes Stands des Gewerbes).

zwanzigsten Jahrhunderts zu disqualifizieren bemüht sind, in einem wesentlichen Punkt schief: Hegels Korporativismus ist nicht, wie die in der Literatur erst seit der zweiten Hälfte des 19. Jahrhunderts zugleich mit der Entstehung der Gewerkschaften und Unternehmerverbände auftauchenden korporativistischen Modelle (näher: Tatarin-Tarnheyden 1922; Herrfahrdt 1921) und wie die ständestaatlichen Ideologien des Faschismus, ein Versuch der Aufhebung des bürgerlichen/proletarischen Klassenkampfes durch verordnete Kooperation bzw. den Anschein einer solchen. Feststellungen wie die, daß die »autoritäre Staatslehre des Nationalsozialismus [...], wenn sie den Staat in ständische Vertretungen des Volkes aufgliederte«, direkt an Hegel anknüpfte (Kiesewetter 1974: 312), mögen deshalb ihre Richtigkeit haben, geben aber für ein negatives Urteil über Hegel wenig her. Die dafür relevante Frage lautet, ob die Staatslehre des Nationalsozialismus sich zu Recht auf Hegel berief, und diese Frage kann verneint werden.

VII.

Aus dem hier in einigen wenigen Aspekten näher untersuchten Verhältnis des hegelschen Staatsrechts zum frühkonstitutionellen Verfassungsrecht und speziell zu den preußischen Verfassungsplänen beurteilende Résumés zu ziehen, soll dem Leser überlassen bleiben. Wichtig scheint mir nur, zusammenfassend noch einmal folgendes hervorzuheben: Die Annahme, daß Hegel hinsichtlich des wichtigsten Streitpunkts im preußischen Verfassungskampf – der Frage, ob eine Verfassung überhaupt gegeben und eine Repräsentation auf gesamtpreußischer Ebene eingerichtet werden solle – die Position der Restaurationspartei vertreten habe, hat sich als falsch erwiesen. Andererseits konnte auch keine völlige Kongruenz mit den vorherrschenden Auffassungen oder mit einem einzelnen der verschiedenen Pläne der Reformseite festgestellt werden. Auffallend ist schließlich, daß sich nicht nur, aber auch und sogar von einem für uns so befremdlichen Gedanken wie dem, die erste Kammer einer Repräsentativkörperschaft müsse mit Majoratsherren besetzt und allein aus diesem Grund das Majorat erhalten werden, zeigen läßt, daß es sich nicht um eine einsame Philosophengrille handelt, sondern um einen Vorschlag, in dem immerhin eine breite zeitgenössische Diskussion verarbeitet ist und der zu einem späteren Zeitpunkt sogar Eingang in praktische Verfassungsberatungen gefunden hat. Das ist es wohl, was Hegels Rechtsphilosophie interessant und zeitlos auch da macht, wo sie nicht mehr aktuell ist: daß bis in die Details zu merken ist, wie der Verfasser sich auch außerhalb der Philosophie noch umgesehen hat.

Literatur

Sigle:

PhR: Hegel, Georg W.F. ([1820/21]1973), *Grundlinien der Philosophie des Rechts oder Naturrecht und Staatswissenschaft im Grundrisse*, in: *Werke*, Bd. 7, hrsg. v. Eva Moldenhauer/Karl M. Michel, Frankfurt am Main: Suhrkamp.

Allgemeines Landrecht für die preussischen Staaten (ALR)
Altenstein, Karl S.F. Freiherr vom Stein zum (1931), »Rigaer Denkschrift«, v. 11. Sept. 1807, in: Georg Winter (Hg.), *Die Reorganisation des preussischen Staates unter Stein und Hardenberg*, Bd. 1, Leipzig: Hirzel.
Arnim, Achim von ([1820]1980), *Die Majoratsherren*, Stuttgart: Reclam.
Baader, Franz von ([1835]1963), »über das dermalige Missverhältnis der Vermögenlosen oder Proletairs zu den Vermögen besitzenden Classen der Societät...«, in: ders., *Sämtliche Werke*, Bd. 6, Aalen: Scientia Verlag (Neudruck der Ausg. Leipzig 1854).
Dahlmann, Friedrich C. (1924), *Die Politik*, Berlin: R. Hobbing.
Hardenberg, Karl A. von (1819), »Ideen zu einer landständischen Verfassung in Preußen«, in: Heinrich von Treitschke, »Der erste Verfassungskampf in Preußen«, *Preussische Jahrbücher* 29.
– (1931), Denkschrift v. 12. Sept. 1807, in: Georg Winter (Hg.), *Die Reorganisation des preussischen Staates unter Stein und Hardenberg*, Bd. 1, Leipzig: Hirzel, 302ff.
Hegel, Georg W.F. (1967), *Jenaer Realphilosophie*, hrsg. v. Johannes Hoffmeister, Hamburg: Meiner.
– (1969), *Briefe von und an Hegel*, Bd. 2, hrsg. v. Johannes Hoffmeister, Hamburg: Meiner.
– (1974a), »›Philosophie des Rechts‹ nach der Vorlesungsnachschrift K.G. v. Griesheims 1824/25«, in: *Vorlesungen über Rechtsphilosophie (1818–1831)*, Bd. 4, hrsg. v. Karl-Heinz Ilting, Stuttgart/Bad Cannstatt: frommann-holzboog.
– (1974b), »System und Sittlichkeit«, in: *G. W. F. Hegel: Frühe politische Systeme*, hrsg. und kommentiert v. Gerhard Göhler, Frankfurt am Main/Berlin/Wien: Ullstein.
Herrfahrdt, Heinr (1921), *Das Problem der berufsständischen Vertretung von der französischen Revolution bis zu Gegenwart*, Stuttgart/Berlin.
Hočevar, Rolf K. (1973), *Hegel und der preußische Staat*, München: Goldmann.
Hoffmann, Johann G. (1841), *Die Befugnis zum Gewerbebetriebe*, Berlin.
Huber, Ernst R. (1975), *Deutsche Verfassungsgeschichte seit 1789*, Bd. 1, 2. Aufl. Stuttgart: Kohlhammer.
Huber, Ernst R. (1978), *Dokumente zu Deutschen Verfassungsgeschichte*, Bd. 1, 3. Aufl., Stuttgart/Berlin/Köln/Mainz: Kohlhammer.
Humboldt, Alexander von (1964), »Über Einrichtung landständischer Verfassungen in den preussischen Staaten« vom 4. Feb. 1819, in: *Werke*, Bd. IV, hrsg. v. Andreas Flitner/Klaus Giel, Darmstadt: Wissenschaftliche Buchgesellschaft.
Kant, Immanuel (1970), *Metaphysik der Sitten*, in: *Werkausgabe*, Frankfurt am Main: Suhrkamp, Bd. VIII.
Kiesewetter, Hubert (1974), *Von Hegel zu Hitler*, Hamburg: Hoffmann & Campe.
Klüber, Johann L. (1840), *Öffentliches Recht des teutschen Bundes und der Bundestaaten*, Frankfurt am Main: Andreä.
Költzsch, Georg (1920), *Die Entwicklung der Gewerbefreiheit in Deutschland*, Greifswald.

Koselleck, Reinhart (1975), *Preußen zwischen Reform und Revolution*, 2. Auflage Stuttgart: Klett-Cotta.
Meyer, Georg (1901), *Das parlamentarische Wahlrecht*, Berlin: O. Haering.
Miaskowski, August von (1884), *Das Erbrecht und die Grundeigenthumsvertheilung im Deutschen Reiche*, Bd. 2, Leipzig: Duncker & Humblodt.
Mieck, Ilja (1965), *Preussische Gewerbepolitik in Berlin 1806–1844*, Berlin: De Gruyter.
Pertz, Georg H. (1864), *Das Leben des Feldmarschalls Grafen Neidhard von Gneisenau*, Bd. 1, Berlin: G. Reimer.
Rohrscheidt, Kurt von (1898), *Vom Zunftzwange zur Gewerbefreiheit*, Berlin: C. Heymann.
Rönne, Ludwig von (1851), *Die Gewerbe-Polizei des Preußischen Staates*, 2 Bde., Breslau: Aderholz.
– (1863), *Das Staats-Recht der Preußischen Monarchie*, Leipzig: F.A. Brockhaus, Bd. 2.
Rosenzweig, Franz (1920), *Hegel und der Staat*, Bd. 2, München/Berlin: Oldenbourg.
Smith, Adam (1976), *An Inquiry into the Nature and Causes of the Wealth of Nations*, Chicago: Chicago University Press.
Stein, Karl Freiherr vom (1849), »Aufsatz zur Frage des Zweikammersystems in Baden von 1816«, in: Georg H. Pertz, *Das Leben des Ministers Freiherrn vom Stein*, Bd. 5, Berlin 1849ff.
– (1960), *Briefe und amtliche Schriften*, Bd. II/2, hrsg. v. Erich Botzenhart/Walther Hubatsch, Stuttgart: Kohlhammer.
Svarez, Carl G. (1960), *Vorträge über Recht und Staat*, Köln/Opladen: VS Verlag für Sozialwissenschaften.
Tatarin-Tarnheyden, Edgar (1922), *Die Berufsstände, ihre Stellung im Staatsrecht und die Deutsche Wirtschaftsfassung*, Berlin: C. Heymann.
Treitschke, Heinrich von (1872), »Der erste Verfassungskampf in Preußen«, in: *Preussische Jahrbücher* 29.
Tuchfeldt, Egon (1955), *Gewerbefreiheit als wirtschaftspolitisches Problem*, Berlin: Duncker & Humboldt.
Weber, Max (1904), »Agrarstatistische und sozialpolitische Betrachtungen zur Fideikommißfrage in Preußen«, in: *Archiv für Sozialwissenschaft und Sozialpolitik* 19(3): 503–574.

SVEN ELLMERS

Platonische Motive in Hegels Sittlichkeitslehre

> In Bezug auf die Verfassung gibt es hier zwei Systeme: das moderne System, worin die Bestimmungen der Freiheit und der ganze Bau derselben auf formelle Weise aufrechterhalten werden, ohne die Gesinnung zu beachten. Das andere System ist das der Gesinnung – das griechische Prinzip überhaupt [...]. Beide Seiten, die Gesinnung und jene formelle Konstitution sind unzertrennlich und können sich gegenseitig nicht entbehren.
>
> (Hegel 1993: 346)

Es gibt verschiedene, sich ergänzende Möglichkeiten, die *Grundlinien der Philosophie des Rechts* zu lesen. Aus einer *werkimmanenten* Perspektive lassen sich die verwendeten Begriffe und deren Beziehungen entweder rein aus dem Text erschließen, oder sie lassen sich vor dem Hintergrund anderer Schriften Hegels erläutern (wie zum Beispiel der *Wissenschaft der Logik*). Aus einer *historisch-kontextualisierenden* Perspektive wiederum kann der Einfluss zeitgenössischer Diskurse und sozialer Strukturen in den Blick genommen werden. Hegels praktische Philosophie steht unbestritten im Zeichen von politischen, sozial-ökonomischen und geistigen Entwicklungen, die seine Zeit prägten oder sich am Horizont abzeichneten. Von besonderer Bedeutung sind die Französische Revolution, der Frühkonstitutionalismus, die Frühindustrialisierung und das neuzeitliche Naturrecht. Dass Philosophie ihre Zeit in Gedanken erfasst, ist auch für die Hegel-Interpretation eine kaum zu unterschätzende Einsicht, weshalb ich in einer anderen Arbeit deutlich gemacht habe, wie wichtig sozialgeschichtliche und wirtschaftshistorische Kenntnisse für ein angemessenes Verständnis der hegelschen Korporationslehre sind (Ellmers 2015).

Für Hegel selbst ist Geschichte noch in einer anderen Hinsicht von Bedeutung: als Erinnerung an Formen der Sozialität, die die individualistische Moderne zu ihrem eigenen Schaden aus sich auszuschließen droht. Die tiefgreifenden Veränderungen seiner Zeit verstand Hegel nämlich als Ausdruck einer neuen und zu bejahenden Stufe des Freiheitsbewusstseins, *das für sich genommen selbstdestruktive Folgen hat*. Aus diesem Grund war die griechische Tradition für ihn fortwährend ein wichtiger Bezugspunkt. Vom frühen Jenaer *Naturrechtsaufsatz* bis zur reifen Berliner *Rechtsphilosophie* variieren zwar die philosophischen Mittel sowie die inhaltlichen Lösungsvorschläge, jedoch thematisieren alle Schriften dieselbe Frage: Wie lässt sich die politische Tradition verändert bewahren, um den usurpatorischen Tendenzen des neuzeitlichen Naturrechts und des von ihm Reflektierten entgegenzutreten (vgl. Horstmann 1974; Siep 1979: 163f.)? Hegel hat wohlgemerkt nicht im Sinn, das Rad der Zeit zurückzudrehen. Bereits im Studienjahr 1805/06 spricht er sich offen gegen die Wiederbelebung der griechischen Sittlichkeit aus. Er rühmt zwar die »Schönheit« (vgl. Hegel 1987: 240) des unmittelbaren Einsseins von Polis und Bürger, hält die Entzweiung jedoch für unumkehrbar. Und er verteidigt Platon zwar gegen die Kritik, eine unausführbare und darum kraftlose Utopie entworfen zu haben: Im Sinne seiner Philosophie des objektiven Geistes versteht er die *Politeia* als Darstellung der sittlichen Idee, das heißt als Explikation einer wahrhaften, sich Geltung verschaffenden Wirklichkeit des Sittlichen, die von einer bloß empirischen Beschreibung des immer auch mangelhaften Gemeinwesens zu unterscheiden ist (vgl. VGP: 54). Hegel lässt jedoch keinen Zweifel daran, dass die Idee der Sittlichkeit die Idee der *griechischen* Sittlichkeit ist (vgl. Hegel 1987: 241f.). Die *Politeia* interpretiert er als den Versuch, das antike Ethos abzuschotten gegen die Ansprüche auf Subjektivität, die sich in der damaligen Zeit beginnen zu artikulieren. Diese Abschottung ist für Hegel nicht nur aussichtslos, sie ist nicht einmal wünschenswert. Hinter das vom Christentum eingeführte und von Kant auf den Punkt gebrachte Prinzip der Autonomie will er ebenso wenig zurückfallen wie hinter das im römischen Reich begründete Prinzip des Vertragsrechts. Beide Prinzipien haben für Hegel ihre Berechtigung in einem modernen Gemeinwesen – und dennoch verbürgen sie nicht die Sittlichkeit des Ganzen, führen für sich genommen sogar zu sozialen Pathologien (Honneth 2001). Für Hegel ergibt sich daraus die Notwendigkeit einer Sozialphilosophie, die ein anderes, übergeordnetes Prinzip substantieller Sittlichkeit berücksichtigt. Um herauszustellen, dass dieses Prinzip nicht nur eine Variation der genuin modernen Prinzipien ist, sondern sich von ihnen signifikant unterscheidet, greift er immer wieder auf die griechische Tradition zurück. Der Kontrast zur Antike erlaubt es Hegel nicht nur, mit der Subjektivität die *differentia specifica* der Moderne auf den Punkt zu bringen, sondern es ist gerade das Fehlen von Subjektivität, das die antike Sittlichkeit als besonders geeignet erscheinen lässt, die Eigentümlichkeit oder Nicht-Reduzierbarkeit sittlichen Handelns zu verdeutlichen. Hegel setzt dabei voraus, dass zwar die *antike* Sittlichkeit privatrechtliche und moralische Verhältnisse ausschloss, Sittlichkeit jedoch nicht grundsätzlich gegen Subjektivität gerichtet ist. Hegels These ist vielmehr, dass die Moderne auch hinsichtlich der für sie charakteristischen Freiheiten nicht auf sittliche Institutionen verzichten kann.

Mein folgender Beitrag soll an die Eigentümlichkeit des hegelschen Sittlichkeitsbegriffs erinnern. Auf den ersten Blick mag dies unnötig erscheinen, bestimmte Hegel doch ausdrücklich, was er unter Sittlichkeit verstand: die Einheit des besonderen und allgemeinen Willens. Diese Definition wirft jedoch mindestens so viele Fragen auf, wie sie beantwortet. Wenn Sittlichkeit in der Identität der subjektiven und objektiven Seite des Willens bestehen soll, müsste zuerst geklärt werden, welchen Begriff des Willens Hegel zugrunde legte und was Subjektivität und Objektivität in diesem Zusammenhang bedeuten. Häufig unterbleibt eine solch explizite Auseinandersetzung mit Hegels grundlegenden Begriffen. Stattdessen wird mit einem impliziten Verständnis gearbeitet, das Hegel in die Tradition eines *liberalen* Sittlichkeitsdenkens einreiht. Der einseitige Fokus auf die liberalen Momente bei Hegel – die sich ernsthaft gar nicht bestreiten lassen – ist vornehmlich im Umfeld der Frankfurter Sozialphilosophie anzutreffen.[1]

Christoph Menke beispielsweise interpretiert Hegel so, dass sich mit der Auflösung der traditionalen griechischen Sittlichkeit zwei Dimensionen subjektiver Freiheit herausgebildet haben, deren tragischer Konflikt konstitutiv für die Moderne sei. Fortan kollidiere der Anspruch auf individuelle Selbstverwirklichung mit dem Anspruch auf rechtliche Gleichheit, die je eigene Vorstellung vom Guten mit der öffentlichen Gerechtigkeit, Authentizität mit Autonomie. Spricht Hegel von Sittlichkeit, meint er Menke zufolge »ein angemessenes Verhältnis zwischen den beiden Grundorientierungen« (Menke 1996: 239), das heißt Hegel meine die richtige Balance zwischen der Verfolgung partikularer Zwecke und den rechtlichen Bedingungen, die es einem jeden erlauben, partikulare Zwecke zu verfolgen. Menke versteht unter dem allgemeinen Willen *die egalitären Voraussetzungen besonderer Willen.*

Hegel hatte jedoch mehr im Sinn, als er von der Einheit des allgemeinen und besonderen Willens sprach. Einen ersten Hinweis darauf gibt der einleitende Paragraph des dritten, mit »Die Sittlichkeit« überschriebenen Teils der *Rechtsphilosophie*. Er lautet: »Die Sittlichkeit ist die *Idee der Freiheit*, als das lebendige Gute, das in dem Selbstbewußtsein sein Wissen, Wollen und durch dessen Handeln seine Wirklichkeit, so wie dieses an dem sittlichen Sein seine an und für sich seiende Grundlage und bewegenden Zweck hat« (R: §142, 155). Dieser Satz enthält mehrere Aussagen:

i) Sittlichkeit ist Begriff und Verwirklichung der Freiheit
ii) Sittlichkeit hat eine subjektive und objektiv-institutionelle Seite
iii) Die objektiv-institutionelle Seite der Sittlichkeit hat nur solange Bestand, wie das Gute von Individuen gewusst, gewollt und durch Handlungen angestrebt wird
iv) Die wissenden, wollenden und handelnden Individuen sind nicht die Grundlage des sittlichen Seins, sondern das sittliche Sein ist

---

[1] Spreche ich hier und im Folgenden von einer einseitigen *liberalen* Hegel-Interpretation, so habe ich nicht den Wirtschaftsliberalismus im Sinn, sondern das auf dem Fairness-Gedanken beruhende Gesellschaftsideal des Politischen Liberalismus, wie es John Rawls auf den Punkt brachte: »Vernünftige Personen, so sagen wir, wollen nicht das Allgemeinwohl als solches, sondern erstreben eine soziale Welt um ihrer selbst willen, in der sie als freie und gleiche mit anderen unter Bedingungen kooperieren, die für alle akzeptabel sind. Sie bestehen darauf, dass in dieser Welt Reziprozität herrscht, so dass jeder zusammen mit allen anderen profitiert.« (Rawls 2003: 122)

umgekehrt die Grundlage des Wissens, Wollens und Handelns der Individuen
v) Der das Individuum bewegende Zweck ist das sittliche Sein

Inbegriff der beiden letzten Punkte, die das sittliche Sein als Basis und Ziel bestimmen, ist »das *lebendige* Gute«. Hinter dem Adjektiv »lebendig« verbirgt sich eine am Modell des Organismus orientierte sozialphilosophische Grundposition Hegels. Deutlich wird sie in den Paragraphen, die Hegel zur Erläuterung und näheren Bestimmung auf §142 folgenden lässt. Die sittlichen Institutionen beschreibt er dort als dauerhafte soziale Strukturen, die das abstrakte (und darum in heteronomer Beliebigkeit endende) Gute der Moralität inhaltlich konkretisieren: Die Institutionen »*sind*, im höchsten Sinne der Selbstständigkeit« (R: §146, 156), sie zeichnen sich durch ein »über das subjektive Meinen und Belieben erhabenes Bestehen« (R: §145, 156) aus, sind für den Menschen sogar mit einer »unendlich festere[n] Autorität und Macht« ausgestattet »als das Sein der Natur« (R: §146, 156). Die sittlichen »Gesetze und Gewalten« (R: §146, 156) sind jedoch mehr als die institutionellen Sedimente individuellen Handelns, die als Kontext fortan jede weitere individuelle Handlung beeinflussen. Die »sittlichen Mächte«, die »das Leben der Individuen regieren«, weisen nämlich wie der sich über seine Glieder zu sich selbst verhaltene Organismus eine selbstbezügliche Struktur auf: Hegel zufolge haben die sittlichen Mächte »in diesen [den Individuen, S.E.] als ihren Akzidenzen, ihre Vorstellung, erscheinende Gestalt und Wirklichkeit« (R: §145, 156). Das sittliche Gefüge wird von Hegel als eine Art Subjekt verstanden, das im Selbstbewusstsein der Individuen eine Vorstellung von sich gewinnt. Die organische Vorstellung eines sozialen Ganzen, das kein mechanisches Aggregat innerlich unverbundener Einzelner ist, sondern sich vermittelt über die (sich mit dem Ganzen identifizierenden) Glieder auf sich bezieht, verbindet Hegel mit der politischen Philosophie von Platon und Aristoteles – und entfernt Hegel vom genuin liberalen Gesellschaftsdenken. Grundsätzlich kompatibel mit dem Liberalismus hingegen ist Hegels Gedanke, dass der Mensch ebenfalls ein sich selbst organisierendes, über Selbstbewusstsein und freien Willen verfügendes Ganzes ist. Die Besonderheit des Willens ist darum Moment, aber eben auch nur *ein* Moment des Staatszwecks. Unvereinbar mit der liberalen Vorstellungswelt bleibt nämlich die noch im Terminus ›Korporation‹ (lat. *corpus*) anklingende Annahme, der Einzelne sei zugleich Teil eines ihn umfassenden, sich über ihn zu sich verhaltenden sozialen Ganzen. Ich möchte dies verdeutlichen, indem ich in einem ersten Schritt Platons *Politeia* skizziere und in einem zweiten Schritt die Gemeinsamkeiten und Unterschiede zu Hegels Rechtsphilosophie herausarbeite.

I. Platon

Platons Tugendlehre hat keine bloß individualethische Bedeutung. Sie ist insofern als »politische Ethik« (Düsing 2012) einzustufen, als den Seelenteilen und ihren Tugenden die innere Gliederung des idealen Staats entspricht. Platon ordnet der Weisheit (vernünftiger Seelenteil), der Tapferkeit (mutiger Seelenteil) und der Besonnenheit (begehrender Seelenteil) die drei Stände des Gemeinwesens zu: den Herrscherstand, den Wehrmannsstand und den Wirtschaftsstand. Die Stände sind der spezifische soziale Ort, an dem die Tugenden sich bewähren. Der Meta-Tugend der Gerechtigkeit – sie bewirkt, dass jeder Seelenteil nur das Seinige vollbringt und damit nicht auf das Hoheitsgebiet der beiden anderen Seelenteile übergreift – entspricht wiederum die Harmonie der Stände untereinander. Obgleich Platon seinen Entwurf einer wohlgeordneten Polis zunächst nur als Propädeutikum zur Bestimmung der Gerechtigkeit der Einzelseele präsentiert, stellt sich im Zuge der Staatskonstruktion immer deutlicher heraus, wie eng Einzelseele und Gemeinwesen aufeinander bezogen sind: Die gute Verfasstheit der Seele und die gute Verfasstheit des Staats korrelieren nicht nur in den vier Haupttugenden, sondern ein guter Staat setzt darüber hinaus die Gutheit der Einzelnen voraus und gut werden die Einzelnen nur im Rahmen eines guten Staats.[2]

Wesentlich für die Gutheit des Einzelnen ist, dass er sich gemäß seiner natürlichen Anlagen *für* das Gemeinwesen einsetzt. Der Einsatz für den Staat steht nicht in einem Gegensatz zum Streben nach Glückseligkeit. Während Sokrates auf den Einwand des Adeimantos, das Verbot des Privateigentums sei der Glückseligkeit der Wächter stark abträglich, zunächst noch in utilitaristischer Manier antwortet, die Glückseligkeit eines Standes sei doch wohl nicht so bedeutend wie die Glückseligkeit des Gemeinwesens (Rep: 420b), argumentiert er später für die Korrelation von tugendhafter Lebensweise und recht verstandener Eudaimonie. Die Wächter gieren nicht nach materiellem Reichtum und körperlichem Genuss. Sie sind zwar materiell versorgt, werden geehrt und würdig bestattet, jedoch gilt ihr Streben in erster Linie der Polis-Integrität: Sie sind nicht hin- und hergerissen zwischen Neigung und Pflicht, denn sie haben keine »unvernünftige und kindliche Vorstellung von Glückseligkeit« (Rep: 466b). Der »Sieg nämlich, den sie erringen, ist das Heil des gesamten Staats« (Rep: 465d).

Ihre Gemeinwohlorientierung ist und bleibt prekär. Die Einstellung und Lebensweise der Wächter ist nämlich die ordnungspolitische Reaktion auf eine Wirtschaft, die die Einheit des Staates gefährdet; das Laster, das das tugendhafte Institutionengefüge erst erforderlich machte, droht Überhand zu nehmen. Deutlich wird dies in der Entstehungsgeschichte der Polis, die im zweiten Buch erzählt wird. Hier preist Sokrates zunächst die Vorzüge einer einfachen

---

[2] Die Begründung für die Korrelation von Einzelseele und Staat liefert Platon mit dem Timaios-Dialog: Einzelseele und Staat sind Teil einer hierarchischen kosmischen Ordnung.

Lebensart mit gering ausgeprägter Arbeitsteilung: Die sich vegetarisch ernährenden Bürger des frugalen Gemeinwesens lebten »friedlich und gesund« (Rep: 372d); ihr Staat sei der »rechte« (Rep: 372e). Glaukon jedoch lehnt die ländliche Idylle der Einfältigen schroff ab; er denunziert das aus seiner Sicht primitive Gemeinwesen als »Stadt von Schweinen« (Rep: 372d). Da Glaukon mit dieser Ansicht nicht alleinstünde, das heißt die Grundbedarfsökonomie trotz ihrer Vorzüge nicht auf eine breite Zustimmung hoffen kann, lässt sich Sokrates überzeugen, in Gedanken eine »üppige« Stadt der Bedürfnis- und Genusssteigerung zu entwerfen. Im Hinblick auf die Ausgangsfrage ist dies insofern auch zielführend, als sich in dem frugalen Staat überhaupt keine relevanten Gerechtigkeitsprobleme stellen. Ganz anders in der »aufgeschwemmte[n] Stadt« (Rep: 372e) der maßlosen Begierden und Bequemlichkeiten: Durch die zahllosen Bedürfnisse und Waren greift die Pleonexie um sich, das Mehr-Haben-Wollen, das nur durch kriegerischen Landraub vorübergehend gestillt werden kann (Rep: 373e). Die üppige Stadt trägt deutliche Züge der Dekadenz und Degeneration; der im Innen- wie Außenverhältnis ungesunde Gemeinschaftskörper mit seinen ungesund sich ernährenden Bürgern muss dringend therapiert werden – jedoch ohne auf das primitive Niveau des Urstaats zurückzufallen.

Die Behandlung, die Sokrates stattdessen vorschlägt, beinhaltet neben der biopolitischen Selektion vor allem die staatliche Erziehung und gemeinschaftliche Lebensweise der Wächter. Dass niemand seine Eltern kennt, sondern jedes Kind eines Wächters nach der Geburt von Vater und Mutter getrennt und dem staatlichen Erziehungssystem übergeben wird, begründet Sokrates mit der Stärkung des sozialen Bandes: Jeder Wächter, der einem anderen Wächter begegnet, wird »einen Bruder oder eine Schwester oder einen Vater oder eine Mutter oder deren Nachkommen oder Voreltern anzutreffen glauben« (Rep: 463c). Auf die gleiche Weise begründet Sokrates die Abschaffung des Privateigentums für die Wehrmänner. Ihr göttlicher Besitz, ihre Seele, muss davor bewahrt werden, »durch Vermischung mit des sterblichen Goldes Besitz zu verunreinigen, da gar vieles Unheilige mit dieser gemeinen Münze vorgegangen« (Rep: 416e). Die Abfolge devianter Staatsverfassungen in Buch VIII beginnt denn auch mit dem Streben nach materiellem Reichtum. Die aufgrund einer falschen Berechnung des idealen Zeugungszeitpunktes in ihren Naturanlagen verunreinigten Wehrmänner enteignen und unterjochen die früher von ihnen beschützten Bürger, weil sie, ihren öffentlich zur Schau gestellten militärischen Idealen entgegen, »im Dunkeln Gold und Silber heftig verehren« (Rep: 548a). Dies gilt es zu verhindern. Weil die Wehrmänner durch privatistische Umtriebe von ihrer ureigenen Funktion – der standesspezifischen Sorge um das Allgemeinwohl – abgehalten werden könnten, darf ihnen noch nicht einmal ein privater Rückzugsraum gestattet werden: »so daß keiner irgend eigenes Vermögen besitze, wenn es irgend zu vermeiden ist; ferner daß keiner irgend solche Wohnung oder Vorratskammer habe, wohin nicht jeder gehen könnte, der nur Lust hat« (Rep: 416d). Folge des rigoros umgesetzten Kollektiveigentums ist eine kollektive Lebensführung in Kasernen. Sokrates erwähnt gemeinsame Speisungen, gemeinsame Leibesübungen und laufend wechselnde Geschlechtspartnerschaften (die es jedoch zu verhindern gilt); die Wehrmänner sollen »wie im Felde Stehende zusammenleben« (Rep: 416e). Das Resultat der gemeinschaftlichen Lebensführung ist ein von der Gemeinschaft her gedachtes Selbstbild. Keine Form der »Sonderung« (Rep: 462b) darf den Blick auf das Wesentliche – die Einheit des Staats als das »größte Gut« (Rep: 462a) – verstellen. Das Leben *in* der Gemeinschaft gewährleistet das Leben *für* die Gemeinschaft.

Die als Vollzugsweise und Handlungsziel gefasste Gemeinschaft beruht nicht auf umfassender Inklusion. Die von Sokrates geschilderten Pflichten sind nicht die in reiner praktischer Vernunft gegründeten neigungsunabhängigen und universellen Pflichten der kantischen Ethik. Sie sind vielmehr mit Affektivität verbunden und gelten der eigenen Polis (oder, in abgeschwächter Form, den befreundeten hellenischen Poleis). Der Wehrmann etwa vereint zwei entgegengesetzte Gemüter in seiner Brust. Er ist sanftmütig gegenüber den Mitgliedern des eigenen Staats, tapfer und eifrig jedoch gegen die Feinde, Ausländer und Barbaren, die zu knechten und zu brandschatzen kein Unrecht ist. Er verhält sich damit wie der edle Hund. Sobald das Tier »einen Unbekannten sieht, ist es ihm böse, ohne daß jener ihm zuvor etwas zuleide getan; wenn aber einen Bekannten, ist es ihm freundlich, wenn er ihm auch niemals irgend etwas Gutes erwiesen.« (Rep: 376a; ähnlich 375e) Dieses Verhalten sei »sehr wunderbar«, bezeugt die »herrliche Beschaffenheit seiner Natur« (Rep: 376a–b). Obgleich Sokrates mit der Hunde-Analogie auch die philosophische Natur der Wächter darlegen möchte – das Bestimmen von Bekanntem und Unbekanntem sei ein Akt des Verstehens, Verstehen sei ein Lernen und das Lernen wiederum nur ein anderer Ausdruck für Philosophie –, weist das tierische Verhalten vor allem auf die tugendethische Bedeutung der Emotionen und Neigungen hin. Platon vertritt in der *Politeia* keine rein intellektualistische Ethik. Bereits im Menon-Dialog schwächte Sokrates die Auffassung, das Wesen der Gerechtigkeit sei die *Erkenntnis*, mit dem Argument ab, Herrscher, die über die richtige *Meinung* verfügen, lenkten den Staat nicht weniger gerecht als solche, die die richtige *Einsicht* haben. Die richtige Meinung sei zwar flüchtig, während die wiedererinnernde Einsicht bleibend und darum wertvoller sei, die Meinung leitet das Handeln aber durchaus nicht schlechter (Platon 2013b: 97b–98a). Ähnlich argumentiert Platon in der *Politeia*. Einerseits wird der Vernunft eindeutig das Primat zugesprochen. Anders als die inferiore Meinung weiß die Erkenntnis zwischen dem vollkommen Seienden der Ideen – das nicht durch sinnliche Organe wie Auge und Ohr, sondern nur durch den Geist zu erfassen ist – und dem unvollkommen Seienden der Sinnenwelt zu unterscheiden (Rep: 476a–480a). Andererseits identifiziert Platon auch in der *Politeia* tugendhaftes Handeln nicht mit Erkenntnis. Die gute Einzelseele ist ein *Ganzes* aus Vernunft, Mut und Begehren. Deutlich wird dies an den Wehrmännern und den Bürgern, bei denen der mutige bzw. begehrende Seelenteil überwiegt. Die Wehrmänner folgen der Vernunft, indem sie den Weisungen der Philosophen folgen. Sie sind die Hunde der Hirten (Rep: 440d). Um der Vernunft der Philosophen zu folgen – und nicht etwa dem häufig widerstreitenden Begehren (Rep: 440a) –, bedarf es der emotionalen Unterstützung durch den mutigen Seelenteil. Mut ist ein »Verbündeter der Vernunft« (Rep: 440b). Die Bürger wiederum setzen sich, anders als die Wehrmänner, nicht für das Allgemeinwohl ein. Sie sind keine »Spezialisten fürs Allgemeine«, sondern »Spezialisten fürs Spezielle« (Kersting 2006: 88). Dass die Begierden in ihnen besonders stark ausgeprägt sind, schließt sie aus dem Kreis der Tugendhaften jedoch nicht aus. Wie die mythologische Erzählung über die unterirdische Erzeugung der Polis-Angehörigen verdeutlichen soll, sind die Wirtschaftsbürger von Natur zwar am stiefmütterlichsten ausgestattet – sie verfügen dem Mythos zufolge nur über eine Seele aus Erz, während die Wehrmänner eine silberne und die Philosophen eine goldene Seele besitzen –, jedoch sind auch sie Söhne der Mutter Erde und damit ein Teil der staatlichen Familie. Der Staat ist zwar gegliedert in Stände, aber alle sind »Brüder und gleichfalls Erderzeugte« (Rep: 414e). Die Tugendhaftigkeit der Gewerbetreibenden besteht darin, *besonnen* zu sein – und das bedeutet, den sinnlichen Begierden nachzugehen, ohne sich von ihnen überwältigen zu lassen.[3] Vielmehr mäßigt sich der gute Bürger, vertraut sich der Leitung der Philosophen an und ernährt auch die beiden anderen Stände. Sittlichkeit und Sinnlichkeit stehen sich bei Platon nicht unversöhnlich gegenüber; in idiopragischer Form ist Sinnlichkeit ein notwendiger Teil der Sittlichkeit.

Über die Sittlichkeit der Ökonomie erfahren wir von Sokrates, dass sie von den Bürgern in weiten Teilen selbstverwaltet wird. Die Philosophen herrschen zwar, ihre Aufgabe besteht jedoch nicht darin, die Bürger in ein enges Korsett endloser Einzelvorschriften zu zwängen.

> »Und wie, um der Götter willen, sagte ich, diese Marktsachen bezüglich des Verkehrs, den sie auf dem Markt miteinander treiben, und so auch, wenn Du willst, über den Handarbeiter Verkehr und Beschimpfungen und Beleidigungen, und die Anstellung der Klagen und die Einsetzung der Richter, oder wenn wo Zölle notwendig sind, einzutreiben und aufzulegen auf dem Markt oder im Hafen, oder insgesamt, was Marktrecht ist oder Stadtrecht oder Hafenrecht oder sonst dergleichen, wollen wir uns damit abgeben, darüber Gesetze zu geben. – Es lohnt ja nicht, sagte er, rechtlichen und tüchtigen Männern dergleichen erst vorzuschreiben. Denn wenn sie dergleichen einzurichten haben, werden sie leicht selbst finden.« (Rep: 425c–e)

---

[3] Besonnenheit ist kein exklusives Gut der Bürger. Während Sokrates zufolge die gesamte Stadt weise oder tapfer ist, wenn einer ihrer Teile weise oder tapfer ist (Rep: 428e bzw. 429b), ist die gesamte Stadt nur dann besonnen, wenn alle ihre Teile es sind. Die Besonnenheit ist im Unterschied zur Weisheit und Tapferkeit also einerseits eine standesübergreifende Tugend, andererseits ist sie die einzige Tugend, über die die Wirtschaftsbürger verfügen – und aufgrund ihres starken Begehrens bedürfen sie der Besonnenheit auch wie kein anderer Stand.

Wer denke, durch den Erlass immer weiterer Gesetze ließe sich Gerechtigkeit von außen herstellen, führe den Kampf gegen eine »Hydra« (Rep: 426e). Die Sittlichkeit der Ökonomie lässt sich nicht durch juridische Regulierungswut extern erzwingen, sondern setzt die rechte Gesinnung der ihre Angelegenheiten selbst regelnden Bürger voraus.

Ohne die rechte Gesinnung streben die Bürger danach, ihren Besitz zu maximieren und die politische Macht durch Zensusbestimmungen zu okkupieren. Infolgedessen entstehen zwei Staaten in einem – der der Reichen und der der Armen (vgl. Rep: 551d). Das »größte« unter allen »Übeln« ist jedoch nicht das Reichtumsgefälle, sondern die mit dem Bankrott einhergehende Standeslosigkeit. Der oligarchische Staat verhindert nicht, dass »einer das Seinige alles vertun kann und ein anderer es erwerben, und der es vertan hat, [bleibt, S.E.] in der Stadt wohnen, ohne irgendeinem von ihren Teilen anzugehören, denn er ist weder Gewerbsmann noch Handwerker, weder Reiter noch Fußknecht, sondern heißt schlechthin der Arme und Unbemittelte.« (Rep: 552a) Der Standeslose ist kein Glied des staatlichen Leibes mehr. Seiner Funktion und Identität beraubt, lebt er wie eine »Drohne« (Rep: 552c). Die Drohne, also die männliche Honigbiene, sammelt weder Nektar und Pollen noch übernimmt sie Arbeiten innerhalb des Bienenstocks. Sie ist die auf Hesiod (1996: 25[303]) zurückgehende Metapher für das parasitäre Leben, welches die harmlosen Bettler – die »stachellos[en]« Drohnen – und die gefährlichen Verbrecher führen – die Drohnen »mit gar schlimme[n] Stacheln« (Rep: 552c).[4] Interessant ist, dass die Bettler und Räuber nicht erst durch ihren Ruin zu Drohnen wurden. Sie waren schon als Reiche unproduktiv, bloße »Verschwender des Vorhandenen« (Rep: 552c). Die ihres Standes beraubten Armen sind Spiegelbild des Gesinnungsverlusts der Reichen.[5]

---

[4] In den *Nomoi* verweist Platon selbst auf Hesiod (Platon 2004b: 901a). Während bei Hesiod das Epitheton κόθουρος im Sinne von »mit rundem, aufgedunsenem, feistem Hinterteil« (Rechenauer 1993: 45) zu verstehen ist – also die Faulheit der Drohne unterstreichen soll –, deutet Platon es als ›stachellos‹ und schließt daran in der *Politeia* die Unterscheidung von bestachelten und unbestachelten Drohnen an, wodurch der (fehlende) Stachel eine über den Müßiggang hinausgehende Bedeutung erlangt. Dies lässt sich an den drei Stellen zeigen, in denen Platon die Bestachelung der Drohnen thematisiert. Während die Passage Rep: 552c–d den Eindruck erweckt, die Bestachelung stehe für die Gefahr, die von den Dieben, Beutelschneidern und Tempelräubern für die körperliche Unversehrtheit und das Eigentum Dritter ausgeht, werden die bestachelten Drohnen in Rep: 564b als mutig vorangehende Verschwender präsentiert, die die feigen Nichtsnutze anführen bzw. *anspornen*. Der Stachel steht hier anscheinend für das Antreibende und Aktivierende. In einem verwandten Sinn spricht Platon schließlich in Rep: 573a vom »Stachel der Sehnsucht«. Dieser werde der Drohne von ruchlosen Verführern, von »gewaltigen Zauberer[n] und Tyrannenbildern« (Rep: 572e) eingepflanzt. Mit diesen Verführern dürften die Sophisten gemeint sein, die Platon andernorts ebenfalls als Zauberer bezeichnet (so in *Sophistes*; vgl. Platon 2004c: 235a).

[5] In seinen Ausführungen zur Demokratie unterscheidet Platon jedoch wieder stärker zwischen den Drohnen und den Reichen. Während die Drohnen verschwenderisch leben – sie geben ihr Geld für Luxusgegenstände aus, die dem Körper und der Tugend schaden –, erfüllen sich die sparsam-disziplinierten Oligarchen um des Profits willen nur ihre notwendigen Bedürfnisse (Rep: 559d).

Für die rechte Gesinnung zu sorgen, ist die erste Aufgabe der Philosophen – und sie duldet keine halben Sachen. Sollte der unwahrscheinliche, aber nicht unmögliche Umstand eintreten, dass ein wahrer Philosoph die Herrschaft erlangt, wird er sich »den Staat und die Gemüter der Menschen zur Hand« nehmen, um sie wie eine »Tafel« (Rep: 501a) von Grund auf zu reinigen und neu zu beschreiben. Tabula rasa. Die hellenische Welt ist zu stark in Unordnung, als dass sie sich durch einzelne Reformen noch ins rechte Gleis setzen ließe. Der radikale Wandel ist kein einmaliger Akt. Für die rechte Gesinnung zu sorgen ist die bleibende Aufgabe der Wächter. Um sie zu lösen, ist es nicht damit getan, ein staatliches Erziehungssystem einzurichten. Die Weichen müssen so früh wie möglich richtig gestellt werden: beim Zeugungsakt. Die Wächter greifen in das Leben der Einzelnen nicht erst durch die Identifikation der natürlichen Anlagen ein, die eine Zuordnung zu einem der drei Stände und eine entsprechende Erziehung nach sich zieht, sondern sie unternehmen alles in ihrer Macht stehende, schon die natürlichen Anlagen zu kontrollieren. Weil die »Herde recht edel bleiben soll« (Rep: 459d), legen sie nicht nur den richtigen Zeugungszeitpunkt fest, sondern bestimmen auch die Paare, die Nachkommen zeugen sollen. »Nach dem Eingestandenen sollte jeder Trefflichste der Trefflichsten am meisten beiwohnen, die Schlechtesten aber den ebensolchen umgekehrt; und die Sprößlinge jener sollten aufgezogen werden, diese aber nicht« (Rep: 459a). Die Regenten selektieren – ohne dies jedoch offenzulegen. Sie tarnen vielmehr ihr Zuchtprogramm durch ein vorgetäuschtes Losverfahren, damit die Schlechten sich nicht über die Schlechtigkeit ihrer Partner beschweren können, sondern diese dem Zufall des Loses anlasten. Der platonische Staat überlässt jedoch nichts dem Zufall; jede Form von Kontingenz, Spontaneität, Vermischung und Unruhe gefährdet die Eintracht des Gemeinwesens.

Fassen wir zusammen: Platons Ethik ist von Grund auf als *politische* Ethik angelegt; die Gerechtigkeit des Einzelnen ist ihm zufolge nicht zu trennen von der Gerechtigkeit des Staats. Leitend für sein Staatsverständnis ist das Modell des menschlichen Leibes. Jedes seiner Organe ist auf das Ganze bezogen, erfüllt in ihm eine spezifische Funktion. Dies hat vier Implikationen: i) Nicht die Expression der Einzigartigkeit des Individuums steht im Mittelpunkt, sondern die Aufgabe, die jeder für die Gemeinschaft zu erfüllen hat. ii) Jedes Organ hat ausschließlich die ihm eigentümliche Funktion zu erfüllen (Idiopragie), weshalb Platon viel Wert auf die Abgrenzung der Stände legt. iii) Die Sittlichkeit einer Handlung ist nicht darin begründet, dass sie Neigungen als Bestimmungsgrund des Willens ausschließt. Tugenden haben einen inwendigen Bezug zu unseren Affekten. iv) Dieser Bezug vollzieht sich unter der Herrschaft der Vernunft, was sich ständisch in der Regentschaft der Philosophen niederschlägt. Ihre Aufgabe besteht darin, ihren von den Wehrmännern und Bürgern anerkannten Erkenntnisvorsprung so zu nutzen, dass im geordneten Gemeinwesen keine Zwietracht entsteht.

II. Hegel

a) Das Prinzip der Subjektivität

Hegels praktische Philosophie unterscheidet sich in erheblichen Punkten von der platonischen. Dies entspricht auch Hegels eigener Einschätzung. Seit den späten Jenaer Jahren erklärt er wiederholt und unmissverständlich, dass es dem platonischen Staat an subjektiven Freiheiten mangelt; der *Politeia* ist genau in den Punkten eine Absage zu erteilen, die den Prinzipien der (a) *personalen Rechtsgleichheit* und (b) *moralischen Reflexion* nicht Rechnung tragen.

Ad a: Ein wichtiger Aspekt unseres heutigen Freiheitsbewusstseins ist das *personal-rechtliche* Verhältnis, das wir zu uns selbst und anderen einnehmen. Es beruht auf dem Vermögen, sich unabhängig von allen konkreten Attributen und Beschränkungen zu denken, die Anerkennung der in dieser Selbstbeziehung liegenden Unbestimmtheit einzufordern und auch allen anderen die in dieser Freiheit begründeten Rechte zuzugestehen. Die schroffe Entgegensetzung von freien Hellenen und rechtlosen Barbaren, die sich auch noch bei Aristoteles findet, ist mit dem Freiheitsbewusstsein des abstrakt-egalitären Rechts unvereinbar:

> »Es gehört der Bildung, dem *Denken* als Bewußtsein des Einzelnen in Form der Allgemeinheit, daß *Ich* als *allgemeine* Person aufgefaßt werde, worin *alle* identisch sind. Der *Mensch gilt so, weil er Mensch ist*, nicht weil er Jude, Katholik, Protestant, Deutscher, Italiener u.s.f. ist.« (R: §209A, 200)

Elementarer Bestandteil des Personenseins ist für Hegel das Privateigentumsrecht. Es eröffnet jedem die Möglichkeit, eine Willensbeziehung zwischen sich und den Gegenständen der Natur herzustellen und sich auf diese Weise als wirkmächtig zu erfahren. Gleichwohl ist der Inhalt des Willens hier noch nicht selbstbestimmt; was gewollt wird, ist auf der Ebene des abstrakten Rechts durch innere Zwänge (Triebe und Begierden) festgelegt.

Ad b: Von wahrer Freiheit kann darum nach Hegel nur die Rede sein, insofern das Individuum über die Möglichkeit verfügt, sich in reflexiver Weise von der ersten und zweiten Natur innerlich zu distanzieren. Wesentlich für die Moderne sei, dass der Einzelne die tradierten Begründungs- und Handlungsmaßstäbe einer Prüfung unterziehen kann: »Auf Gründe führe ich da die Sache zurück, durch die Gründe soll sie die meinige werden oder nicht« (Hegel 2005: §147, 151). Durch die Reflexion, die einen Abstand zu dem einnimmt, das Geltung beansprucht, werde erst die »*Person* zum *Subjekte*« (R: §105, 111).

Vor diesem Hintergrund bemängelt Hegel an Platons Staatskonzeption vier Punkte. Platon habe in ihr (i) kein Privateigentum zugelassen, (ii) die freie Wahl der Berufs-/Standeszugehörigkeit unterbunden, (iii) die privaten Angelegenheiten familiärer Nahbeziehungen durch ein staatliches Erziehungssystem ersetzt, und (iv) der unantastbaren inneren Freiheit zeitbedingt noch nicht

Rechnung tragen können: »die Alten wußten nichts vom Gewissen« (Hegel 1974: §151, 407).[6] Alle vier Punkte seien mit dem modernen »Prinzip der Subjektivität« (VGP: 56) nicht vereinbar.[7] Die Pointe der hegelschen Argumentation besteht offenbar nicht darin, den expertokratischen, hierarchischen und anti-individualistischen griechischen Staat nur um ein paar subjektive Freiheitsrechte zu ergänzen. Spricht Hegel vom anzuerkennenden Prinzip der Subjektivität, verbirgt sich dahinter kein strategisches Zugeständnis an den herrschenden Zeitgeist, sondern die Einsicht, dass die griechische Sittlichkeit nur durch den Ausschluss personaler und moralischer Freiheit bestehen konnte.

b) Das Prinzip der Sittlichkeit

Der Ausschluss personaler und moralischer Freiheit ist für Hegel ein Grundmerkmal der *griechischen* Sittlichkeit, nicht der Sittlichkeit schlechthin; es besteht kein grundsätzlicher Gegensatz zwischen der Entwicklung des Reflexionsvermögens und sittlichen Lebensformen. Das Reflexionsvermögen erschöpft sich nämlich nicht im rechtspersonalen Bewusstsein eines abstrakten Ichs und in der innerlichen Distanzierung, sondern es hat eine selbstbezügliche und darum soziale Struktur: Reflexive Freiheit, verstanden als sich selbst wollende Einheit von Allgemeinheit und Besonderheit, gibt sich nicht mit Privatismus zufrieden, sondern verwirklicht sich als »Leben im Allgemeinen *für das Allgemeine*« (Hegel 1983b: 113). Besser lässt sich Platons Ideal nicht auf den Punkt bringen. Bei dem griechischen Prinzip, das die Moderne Hegel zufolge nicht entbehren kann, handelt es sich also um das Prinzip eines gemeinschaftlichen Lebens, das nicht instrumentell um eines äußeren Zwecks willen geführt wird. Hegel denkt hier insbesondere an die Teilhabe am Staat, den er jedoch nicht als *Polis*, sondern im Anschluss an Herder als Repräsentant des Volksgeistes, das heißt einer kulturell, sprachlich und geschichtlich bestimmten Einheit deutet. Der Staat sei weniger »eine aus Individuen bestehende Gesellschaft denn […] ein in sich einiger individueller Volksgeist« (Hegel 2006: 359). Es ist diese holistische Perspektive, die er noch in den *Vorlesungen über die Geschichte der Philosophie* von 1825/26 an Platon hervorhebt. Platon habe den Übergang von der Gerechtigkeit der Einzelseele zur Staatstheorie zwar in einer »einfachen, naiven Weise« (VGP: 50) begründet, als er die Gerechtigkeit

---

[6] Die Hinrichtung von Sokrates, der die Stimme seines Dämons – eine Präfiguration des Gewissens – über die Gesetze der Polis stellte, ist für Hegel darum auch unausweichlich gewesen.

[7] Das staatliche Erziehungssystem kritisiert Hegel allerdings nicht nur vom Standpunkt der subjektiven Freiheit. Er kritisiert es auch vom Standpunkt der Sittlichkeit, wenn er bemerkt, Platon spiele ein Ganzes (den Staat) gegen ein anderes Ganzes (die Familie) aus (siehe VGP: 57). Ein weiterer Stein des Anstoßes ist für Hegel, dass Platon die Unterschiede zwischen Mann und Frau nivelliert habe. So lasse Platon die Frauen »mit in den Krieg ziehen«, während Hegel zufolge »ihre wesentliche Bestimmung das Familienleben« (VGP: 57) ist.

des Staats mit einer großen und darum leicht lesbaren Schrift, die Gerechtigkeit des Einzelnen mit einer kleinen und darum schwer lesbaren Schrift verglich. Obgleich Platon also die Staatslehre als eine Art Vergrößerungsglas einführt, das heißt als ein Mittel für das individualethische Ziel, zeuge Platons gesamte praktische Philosophie von der tiefen Einsicht, dass die Gerechtigkeit des Einzelnen nicht von der Gerechtigkeit des staatlichen Gemeinwesens zu trennen ist:

> »aber bei Plato ist das große Bewußtsein vorhanden, daß wenn man auf wahrhafte Weise die sittliche Natur des Menschen betrachten will, so daß sie zu ihrem Recht, zu ihrer Wirkung kommen soll, ist dies nur im Organismus des Staates zu finden, so daß die wahrhafte Betrachtung der sittlichen Natur ausläuft in die Betrachtung des Staates.« (VGP: 50)

Warum kann die sittliche Natur des Menschen sich nur im Staat entfalten? Nach Hegel ist die Identität des Einzelnen wesentlich dadurch bestimmt, Teil des Gemeinwesens zu sein. Sei es im *Naturrechtsaufsatz* (NR: 467) oder im Berliner Kolleg (VGP: 94), Hegel bezieht sich in diesem Zusammenhang auf die Stelle in der *Politik* des Aristoteles, der zufolge der Staat »der Natur nach früher als die Familie oder einzelne Mensch ist, weil das Ganze früher sein muß als der Teil.« (Aristoteles 1995a: 1253a) Aristoteles kennt nicht nur das zeitliche Früher – und er meint es an dieser Stelle auch nicht. Dass der Staat der Natur oder dem Wesen nach früher ist als der Einzelne soll vielmehr das gemeinschaftliche Telos und die gemeinschaftliche Funktion des Einzelnen zum Ausdruck bringen. Aristoteles erläutert dies durch einen Vergleich mit dem menschlichen Körper: Hand und Fuß setzen den menschlichen Organismus voraus; ihre Bedeutung liegt darin, ein Teil von ihm zu sein – getrennt von ihm erfüllen sie nicht ihre ureigene Funktion, sind keine Hände und Füße im eigentlichen Sinn.[8]

Um zu verdeutlichen, dass das Gemeinwesen für den Einzelnen keine akzidentielle, sondern eine konstitutive Bedeutung hat, hätte Hegel auch auf Platon verweisen können. Neben der *Politeia*, die Aristoteles' Analogie von Staat und Leib bzw. Bürger und Glied vorwegnimmt (vgl. 464b, 462d), hätte sich insbesondere der Kriton-Dialog angeboten. Sokrates, der von seinem Freund Kriton aufgefordert wurde, seiner Hinrichtung durch Flucht zu entgehen, wird in einem fiktiven Gespräch von den Stimmen des Gesetzes daran erinnert, dass alles, was er ist, nur durch die Polis wurde. Sich ihrem ungerechten Urteil zu widersetzen, nur um das eigene Leben zu retten, sei ein undankbarer Frevel, weil die Flucht die Geltung der guten Gesetze in Frage stellt und damit

---

[8] Erhellend ist in diesem Zusammenhang die Unterscheidung aus der *Metaphysik*, dass »das, was der Entstehung nach später ist, der Art und dem Wesen nach früher ist, z.B. der Mann früher als das Kind, der Mensch früher als der Same; denn das eine hat schon eine Form, das andere aber nicht. Ferner darum, weil alles, was entsteht, auf ein Prinzip und ein Ziel hingeht; Prinzip nämlich ist das Weswegen, und um des Zieles willen ist das Werden.« (Aristoteles 1995b: 1050a)

das Gemeinwesen destabilisiert (vgl. Platon 2013a: 50b–54e). Die Pflichten des Einzelnen gegenüber seinem Erzieher wiegen stärker als sein eigenes Überleben.[9]

Der republikanische Gedanke, sich für das Gemeinwesen notfalls zu opfern, findet sich in allen Perioden des hegelschen Werkes. In Tübingen/Bern (1792/93, 1794) rühmt er den »freie[n] Republikaner, der im Geiste seines Volks für sein Vaterland seine Kräfte, sein Leben aufwand, und diß aus Pflicht tat« (Hegel 1989: 163). Im Jenaer *Naturrechtsaufsatz* (1802) ist die Bereitschaft, die Todesgefahr des Krieges auf sich zu nehmen, ein wesentliches Kriterium zur Unterscheidung der Stände (vgl. NR: 455). Das im Anschluss verfasste *System der Sittlichkeit* erklärt die Tugend der Tapferkeit zur »Tugend an sich«, während »jede andere nur *eine* Tugend ist« (Hegel 1998: 330). In der Nürnberger *Rechts-, Pflichten und Religionslehre* heißt es: »*Die Erhaltung des Ganzen geht* [...] *der Erhaltung des Einzelnen vor*, und alle sollen diese Gesinnung haben.« (Hegel 1986a: 266) Sittlich sei nicht die berechnende Überlegung, an den Staat Abgaben zu entrichten, damit dieser die eigene Sicherheit garantiere, sondern die bedingungslose Selbstpreisgabe im »Bewußtsein der *Absolutheit des Staats*« (Hegel 1986a: 266). In der Berliner *Rechtsphilosophie* (1820/21) ist es erneut die »substantielle Pflicht« der Bürger, »durch Gefahr und Aufopferung ihres Eigentums und Lebens [...] die Souveränetät des Staats zu erhalten« (R: §324, 310).

Vor diesem Hintergrund erklärt sich auch die begriffliche Unterscheidung zwischen der Gesinnung des *Patriotismus* und der Gesinnung des *Zutrauens*. Während Hegel mit dem Zutrauen, das er in je unterschiedlicher Form in der Familie, der Korporation und dem Staat wiederfindet, zum Ausdruck bringen möchte, dass zwischenmenschliche Verhältnisse immer auch einen Aspekt des *Interesses* aufweisen, bezeichnet der Patriotismus eine Gesinnung, die über die Zweck-Mittel-Rationalität hinausgeht. Der Patriot verfolgt zwar ebenfalls einen Zweck – sein Denken und Handeln ist durch das Wohlergehen des Vaterlands motiviert –, jedoch verfolgt er ihn nicht um eines anderen, partikularen Zweckes willen (vgl. Won 2002: 133ff.). Patriotisch ist nicht das allgemeine Interesse, sondern das ›Interesse‹ am Allgemeinen.

Für die Identität des Einzelnen ist nicht nur seine Teilhabe an einem konkreten Staat, sondern auch seine Teilhabe an einem *Stand* von grundlegender Bedeutung:

> »Ein jeder ist das, was er ist, nur insofern er es in der Vorstellung der andern ist. Erst durch dieses Moment der Anerkennung in der Vorstellung der andern hat das Individuum sein Dasein. Die Ehre des Individuums ist, einem Stande anzugehören und darin anerkannt zu werden.« (Hegel 1983a: 167)

---

[9] Es findet sich in diesem Dialog allerdings auch ein zweites, kontraktualistisches Argument, das Lockes Theorie eines impliziten Vertragsschlusses durch fortwährenden Aufenthalt in einem Staatsgebiet vorwegnimmt.

»Wir deutschen haben die Frage, was ist er? Gehört er keinem Stande an, so ist die Antwort, er ist nichts. Der Mensch ist erst dadurch etwas, daß er einem besonderen Stande angehört.« (Hegel 1974: 525)

Die gegenteilige Auffassung, ein Staat bestehe aus funktionsindifferent gedachten Individuen mit gleichem Wahlrecht, hat Hegel nachdrücklich abgelehnt – und sich dabei auch auf die *Politeia* bezogen. Die »große Erkenntnis« Platons sei, dass die Tugenden als »unterschiedene Massen, welche wir ›Stände‹ nennen, vorhanden sind. Ohne Stände hat der Staat keine Organisation« (VGP: 54).

Noch der späte Hegel unterscheidet drei Stände: den unmittelbaren Stand der Bauern, den reflektierenden Stand der Gewerbetreibenden und den allgemeinen Stand der Staatsbediensteten (R: §§202–205, 195–197). Diese Einteilung entspricht dem logischen Schema von Sein, Reflexion und Begriff. Damit differenziert Hegel einerseits zwischen den Angehörigen des dritten Stands des platonischen Staats – zwischen den Bauern und den Gewerbetreibenden –, andererseits fasst er die Staatsbeamten und Soldaten im allgemeinen Stand zusammen. Trotz dieser Abweichungen ist die platonische Grundintention auch beim Berliner Hegel noch deutlich erkennbar. Die Staatsbeamten sind Spezialisten für das Allgemeine. Sie verfügen über eine allseits anerkannte Weitsicht, sind diszipliniert und verfolgen keine Privatinteressen; aufgrund ihres Kompetenzvorsprungs und ihrer Gewissenhaftigkeit kann man sich ihnen anvertrauen. Dies tun insbesondere die Bauern. Sie sind für die staatlichen Belange emotional besonders empfänglich, weil ihre Gesinnung nicht durch die Vereinzelung des Verstandes, sondern durch Naturnähe und Familienzusammenhalt geprägt ist. Die Gewerbetreibenden wiederum sind die Spezialisten für das Besondere. Auch der Idiopragie-Gedanke wird offen ausgesprochen: »Alle sollen ja nicht alles treiben. – Die sittliche Gesinnung im Individuo ist überhaupt die Rechtschaffenheit, das zu tun, was die Stellung, auf die das Schicksal und die eigene Wahl das Individuum gestellt haben, mit sich bringt.« (Hegel 1983a: 167) Rechtschaffenheit als das habitualisierte Pflichtbewusstsein, die – und nur *die* – mit der jeweiligen Standeszugehörigkeit verbundenen Aufgaben zu erfüllen, erinnert an die platonische *Gerechtigkeit*.

Es ist inhaltlich aufschlussreich, dass Hegel die Tugend der Rechtschaffenheit seit den frühen Jenaer Schriften wiederholt mit einem besonderen Stand in Verbindung bringt: mit dem der Gewerbetreibenden. Im Hintergrund steht die Ansicht Hegels, dass vor allem ihre Gesinnung ein Problem darstellt. Sie tun nicht nur das ihrige, bzw. sie tun das ihrige in einem solch extremen Maße, dass sie keine anderen Weltbezüge gelten lassen und folglich danach streben, das sittliche Gemeinwesen auf das Prinzip der Selbstsucht hinunterzuziehen. Rechtschaffenheit bedeutet in diesem Zusammenhang, die mäßigenden Standesregeln für eine ehrenhafte Geschäfts- und Lebensführung internalisiert zu haben. Nur wer sich ständisch bindet, ist nach Hegel in der Lage, an den Vorzügen der bürgerlichen Gesellschaft teilzuhaben, ohne ihrem Sirenengesang zu erliegen und daran mental und/oder materiell zugrunde zu gehen. Hegel bezieht sich hier nicht auf Platon, obgleich es nahelegen hätte. Der Pöbel ist für beide keine Frage des Einkommens und Vermögens, sondern der Standeszugehörigkeit und Gesinnung: »Es gibt auch reichen Pöbel.« (Hegel 2005: 222) Wie der platonische Oligarch fühlt sich der pöbelhafte Reiche zum einen über Sitte und Recht erhaben (Hegel 2005: 222f.), zum anderen ist er unproduktiv, lebt verschwenderisch auf Kosten anderer. Hegel verwendet mit den unproduktiven, bloß verzehrenden »Hummeln« (Hegel 1974: 499) sogar eine ähnliche Metapher wie Platon. Die in diesen Kontext gehörende Rechtschaffenheit weist deutliche Parallelen zu Platons *Besonnenheit* auf.

Damit die Wirtschaftsbürger sich nicht der Pleonexie hingeben, sondern ein rechtschaffenes Leben führen, müssen sie in die korporative Selbstverwaltung der bürgerlichen Gesellschaft eingebunden sein.[10] Bei Platon, der die bürgerliche Selbstverwaltung ebenfalls anspricht, findet sich dieser Gedanke so nicht. Für ihn ist die Selbstverwaltung keine Institution der Tugendförderung, sondern der Befestigung ständischer Grenzen. Ganz in diesem Sinne referiert und zitiert Hegel im *Naturrechtsaufsatz* Platon. Hegel betont die Notwendigkeit, die »Vermischung der Prncipien« zu verhindern, weil die Vermischung der allgemeinen Belange mit Geschäftsbelangen »die freye Sittlichkeit zerstören muß« (NR: 458). »Dieses System von Eigenthum und Recht [...] muß reell abgesondert und ausgeschieden von dem edlen Stande, sich in einem eigenen Stande constituieren« (NR: 457). Im *System der Sittlichkeit* finden sich bereits weiterführende Überlegungen. Einerseits hält Hegel an dem Gedanken einer reinen Verkörperung des Sittlichen fest, indem er dem Regierungsstand die »Alten und die Priester« (Hegel 1998: 65) vorschaltet, andererseits wird der Regierungsstand dadurch zu einem (wenn auch herausgehobenen) Stand unter Ständen, er ist lediglich ein »Stand gegen Stand« (Hegel 1998: 64). Zudem erhofft sich Hegel von der bürgerlichen »Constitution des Standes in sich«, dass sich die Gewerbetreibenden als Teil eines »lebendige[n] Allgemeine[n]« verstehen, in dem »der Trieb nach unendlichem Reichthum selbst ausgerottet ist« (Hegel 1998: 354f.). Hegels Überlegung: Die von Platon aus anderen Gründen

---

[10] Hegel diskutiert auch Möglichkeiten, von außen Einfluss auf die Gesinnung der Bürger zu nehmen: zum einen die positiv-rechtliche Begrenzung der Ökonomie in Gestalt von Polizei und staatlicher Besteuerung, zum anderen die durch den Krieg hervorgerufene Verunsicherung des bürgerlichen Lebens. Damit die Teile des Ganzen »das Gefühl ihrer Unselbständigkeit« empfinden, ist die Regierung gut beraten, sie »in ihrem Innern von Zeit zu Zeit durch die Kriege zu erschüttern, ihre sich zurechtgemachte Ordnung und Recht der Selbstständigkeit dadurch zu verletzen und zu verwirren, den Individuen aber, die sich darin vertiefend vom Ganzen losreißen [...] in jener auferlegten Arbeit ihren Herrn, den Tod, zu fühlen zu geben.« (Hegel 1980: 246) Hegel sieht in Kriegen die Möglichkeit, den Bürgern plastisch vor Augen zu führen, dass nicht die artifiziellen Genüsse der bürgerlichen Gesellschaft, sondern ganz andere Dinge im Leben von Bedeutung sind. Dieser Gedanke findet sich bereits im Kritias-Dialog: Den zunehmend nach materiellem Reichtum strebenden Bewohnern des Inselreichs Atlantis wird von Zeus die Strafe des Krieges auferlegt, »damit sie, durch diese zur Besinnung gebracht, zu einer edleren Lebensweise zurückkehrten.« (Platon 2004a: 121c)

angedachte Selbstverwaltung bietet eine Lösung für das Problem, wie die Tugend der Rechtschaffenheit/Besonnenheit im Gewerbe Fuß fassen kann. Die Stände sind damit zwar immer noch unterschieden, aber einander nicht mehr schroff entgegengesetzt – und von hier aus ist es nicht mehr weit zu der Überlegung, die korporierten Gewerbetreibenden in die Gesetzgebung zu integrieren. Die widerstreitenden Prinzipien von Staat und bürgerlicher Gesellschaft gilt es nicht (nur) zu konfrontieren, sondern ihren Gegensatz (auch) institutionell abzuschwächen.

c) Das Verhältnis beider Prinzipien

Wenden wir uns der Frage zu, wie Hegel das Verhältnis zwischen dem modernen Prinzip der Subjektivität und dem antiken Prinzip der Sittlichkeit dachte, zeigt sich eine gewisse Zweideutigkeit.
Auf der einen Seite priorisiert Hegel in der Einheit von Subjektivität und sittlicher Interpersonalität das zweite Moment: Nicht die Willkür und Exzentrik eines Subjekts ist das, was das Sittliche am Sittlichen ausmacht. »Das Vernünftige ist die Landstraße, wo jeder geht, wo niemand sich auszeichnet.« (Hegel 1986b: §15Z, 67) Hegel grenzt darum begrifflich auch die moderne *Rechtschaffenheit* von der für das Altertum charakteristischen *Tugend* ab: »Rechtschaffenheit ist daher von der Tugend unterschieden, sie erscheint nicht als Besonderheit des Charakters und ist so nichts ausgezeichnetes.« (Hegel 1974: §150, 404) Tugend zeigt sich in besonders hervorragenden Taten, im heroischen Ideal, das für die breiten Massen unerreichbar ist (vgl. Hegel 1974: §150, 403). Während der Tugendbegriff also die Distinktion vom Gewöhnlichen oder niederen Durchschnitt voraussetzt – ein ›aristokratisches‹ Motiv, das durch Autoren wie Friedrich Nietzsche, José Ortega y Gasset oder Hannah Arendt wieder populär werden sollte –, ist die Rechtschaffenheit kein derart exklusives Gut. Es gibt nur einen Herkules, aber viele gute Handwerker. Hegel grenzt die Rechtschaffenheit jedoch nicht nur vom antiken areté-Verständnis ab. Er wendet sie auch kritisch gegen ein genuin modernes Phänomen: die moralische Eitelkeit. Hegel hat hier das Extrem einer ich-bezogenen Dauerreflexion im Sinn. Während die sittliche Person sich das Recht vorbehält, die geltenden Begründungs- und Handlungsmaßstäbe einer Gesellschaft gegebenenfalls moralisch zu hinterfragen (Kuch 2016), zunächst jedoch davon ausgeht, dass unsere soziale Welt grundsätzlich vernünftig eingerichtet ist – denn es sind die subjektiven Überzeugungen unzähliger Generationen in sie eingegangen (vgl. R: §140A, 148) –, macht der Standpunkt der reinen Moralität aus der *Möglichkeit* einer *partiellen* Distanzierung das *Gebot* einer *vollständigen* Distanzierung. Die reine Moralität beraubt sich so aller Beurteilungsmaßstäbe und schlägt in Heteronomie um. Schließlich mangelt es nach Hegel nicht nur der Person an Freiheit, die nur bei sich ist, das heißt ihre innere wie äußere Freiheit über alle sozialen Normen setzt, sondern auch der Person, die soziale

Pflichten zwar grundsätzlich anerkennt, diesen jedoch im Falle einer Kollision mit individuellen Rechten keinen Vorrang einräumt. Wahrhaft frei ist nach Hegel, wer den Großteil seines Lebens in Übereinstimmung mit den Sitten und Gewohnheiten lebt und individuelle Ansprüche zurückstellt, wenn die Integrität seiner Familie, Genossenschaft oder Nation dies verlangt.

Auf der anderen Seite: Obgleich Hegel dem Leben in und für die Gemeinschaft einen Vorrang einräumt, finden sich beim späten Hegel wiederholt vertragstheoretische Anklänge, wenn er die Stabilität der sittlichen Institutionen belegen will. Dies macht die erwähnte Zweideutigkeit seiner Argumentation aus, die allzu individualistischen Interpretationen Vorschub leistet.[11] Damit möchte ich wohlgemerkt nicht behaupten, Hegel argumentiere widersprüchlich. Mir ist keine einzige Stelle bekannt, in der er Familie, Korporation oder Staat vertragstheoretisch auf das Privatinteresse reduziert. Vielmehr werden Hobbes, Kant, Fichte und Rousseau für solche Tendenzen scharf kritisiert. Hegel tendiert jedoch dazu, die sich (auch) selbst Zweck seiende Gemeinschaft in Zweckrationalität *zu verankern*. Das Interesse soll kein wirklicher, sondern nur ein scheinbarer Gegensatz der Sittlichkeit sein; die Zweck-Mittel-Rationalität gefährde nicht nur andere Weltbezüge, sondern schaffe Institutionen, auf deren Grundlage sich unbeabsichtigt genuin sittliche Dispositionen und Normen einschleifen. Die Korporation beispielsweise ist das Resultat einer zweckinstrumentellen Überlegung: Durch ständische Organisationsmacht verfolgt der Bürger sein Individualinteresse noch effektiver. Jedoch bewirke die gemeinsame Selbstverwaltung unbewusst eine sittliche Veränderung im Bourgeois. Die bürgerliche Gesellschaft soll aufgrund des in ihr entwickelten Reflexionsvermögens also nicht nur eine Bedingung der *Möglichkeit* wahrer Sittlichkeit sein, sondern das Prinzip der Besonderheit soll die *Wirklichkeit* des Sittlichen verbürgen. Hegel überträgt hier offenbar das »invisible hand«-Motiv auf den Bereich sittlicher Institutionen und Gesinnungen. Ähnlich argumentiert er beim Patriotismus. Hegel reduziert ihn zwar nicht auf das Bewusstsein der Bürger, dass ihre besonderen Interessen nur im Rahmen des Staats gewahrt sind, und dennoch soll genau dieses Bewusstsein das »Geheimnis des Patriotismus der Bürger« (R: §289A, 281) sein.[12] Hegel argumentiert also ei-

---

[11] Manfred Riedel beispielsweise ist der Ansicht, dass der späte Hegel »Hobbes' Leviathan näher steht als der Nikomachischen Ethik oder der Politik des Aristoteles« (Riedel 1982: 67). Diese Einschätzung geht zwar an den Grundintentionen des hegelschen Sittlichkeitsdenkens vorbei, ist jedoch nur möglich, weil Hegel an gewissen Stellen kontraktualistische Argumentationsfiguren verwendet.

[12] Im Naturrechtsaufsatz sprach Hegel dem Bourgeois die patriotische Gesinnung noch rigoros ab (vgl. NR: 455) – eine Gesinnung, die sich »allein auf eine unzweydeutige Art erweist«, wenn der Einzelne »die Gefahr des Todes« für sein »Volk« (NR: 449) auf sich zu nehmen bereit ist. Der Bourgeois jedoch lebt nicht in der Gemeinschaft und kämpft nicht für sie. Anders der Bauer. Der Bauer bildet sich nicht wie der Bourgeois, sondern bearbeitet in einer rohen Art und Weise den Boden. Damit trägt er nicht nur zur Ernährung des ersten Standes bei, sondern erhält Körper und Geist dergestalt, dass er im Kriegsfall die Reihen des ersten Standes »nach der Masse und dem elementarischen Wesen zu vermehren vermag« (NR: 455).

nerseits sehr eindringlich gegen das atomistische Gesellschafts- und Staatsverständnis der Vertragstheorie, andererseits lässt er das, was das Interesse transzendiert, in seiner Darstellung noch aus dem Interesse hervorgehen.

Diese Zweideutigkeit ist jedoch nicht nur eine Frage der Darstellung. Hinter ihr verbirgt sich das *sachliche* Problem, das bereits den frühen Hegel umtrieb: Wie ist die Desintegration der bürgerlichen Gesellschaft zu verstehen und wie lässt sich ihr begegnen? Während Hegel im *Naturrechtsaufsatz* der bürgerlichen Gesellschaft ein Reservat zuweist, dessen innere Ordnung durch äußere Eingriffe regelmäßig zu erschüttern sei, setzt Hegel in den folgenden Schriften vermehrt darauf, dass noch das Problem, nämlich das Prinzip der Selbstsucht, die Mittel seiner Lösung bereithält. Die bürgerliche Gesellschaft soll *sich selbst* aufheben.

Dieser Gedanke knüpft an die platonische Selbstverwaltung des dritten Standes an, geht aber auch über sie hinaus, weil Platon sich nicht zu der Frage äußert, wie sich die Bürger die für sie charakteristische Tugend aneignen. Regelrecht unplatonisch mutet zunächst an, dass die ihre besonderen Interessen vertretenden Korporationen ausgerechnet in den Staatsapparat, der doch den *allgemeinen* Willen repräsentiert, einbezogen werden sollen. Leitend ist jedoch auch hier eine republikanische Überlegung: Die Identifikation der Bürger mit ihrem Staat setzt Partizipation voraus. Zudem sollte nicht vergessen werden, dass die Korporation ein *ständisches* Institut im Rahmen einer konstitutionellen Monarchie ist. Die ständische Organisation ermöglicht i) die Lenkung der öffentlichen Meinung, sie ermöglicht ii) Einfluss auf die Auswahl der Personen zu nehmen, die in der zweiten Kammer die Berufsgenossenschaften vertreten (die Abordnung erfolgt im Einvernehmen mit der Regierung), und sie ermöglicht iii) eine politische Repräsentation, die nicht der zahlenmäßigen Zusammensetzung der Bevölkerung entspricht, sondern vielmehr den Einfluss der Gruppen sichert, die für die Staatsangelegenheiten aufgrund ihrer besonderen sozialen Stellung und Treue zur Monarchie besonders prädestiniert sind (vgl. Lübbe-Wolf 2016: 55f.). Politisch sind die in den Staat eingebundenen Korporationen Hegels Alternative zu einer unkontrollierbaren demokratischen Öffentlichkeit und Repräsentation, die aus dem Volk ein Aggregat von Privatpersonen macht – »als solches Aggregat ist es aber *vulgus*, nicht *populus*«, eine »unförmliche, wüste, blinde Gewalt« (Hegel 1992: §544A, 518), kein organisches Staatswesen, sondern ein »atomistischer *Haufen* von Individuen« (R: §273A, 265).[13] Die Beteiligung der Korporationen an bestimmten Staatstätigkeiten – verwehrt sind ihnen solche, die »das Auftreten und Handeln des Staats als Individuum betreffen (wie Krieg und Frieden)« (Hegel 1992: §544, 517) – ist also nicht darin begründet, dass die Gewerbetreibenden den Staatsbeamten besondere Kenntnisse voraus hätten. Nach Hegel »ist nothwendig das

---

[13] Die von Hegel verwendeten Wörter ›Aggregat‹ und ›Haufen‹ gehen auf die berühmte Stelle in der *Metaphysik* des Aristoteles zurück, der zufolge das Ganze etwas anderes sei als die bloße Summe seiner Teile (vgl. Aristoteles 1995b: 1041b).

Gegentheil der Fall«. Und die Beteiligung der Korporationen ist auch nicht darin begründet, dass die Standesvertreter sich durch einen »Vorzug des guten Willens für das allgemein Beste« (Hegel 1992: §544A, 519) auszeichnen, denn schließlich verfolgen sie in erster Linie das besondere Interesse ihrer Genossenschaft. Weil Gesetze jedoch Ausdruck des allgemeinen Willens, das heißt des Volksgeistes sind, wäre es der inneren Harmonie des Gemeinwesens abträglich, den zahlenmäßig größten Teil des Volkes von der Beschlussfassung völlig auszuschließen. Mitunter sind die platonischen Züge bei Hegel selbst dann noch spürbar, wenn er von Platon abweicht.[14]

III. Schluss

Adriaan Peperzak schrieb einmal: »Obwohl das moderne Prinzip der Subjektivität noch nicht von Platon integriert werden konnte, bleibt die Platonische Politeia das größte Vorbild der hegelschen Rechtsphilosophie« (Peperzak 2005: 178). Ich teile diese Einschätzung, wenn auch mit erheblichen Einschränkungen. Problematisch erscheint mir die Vorstellung, das Prinzip der Subjektivität sei für Hegel derart nebensächlich gewesen, dass vom Vorbildcharakter der *Politeia* im Superlativ die Rede sein kann. Zudem hege ich grundsätzliche Zweifel an der Annahme, die *Grundlinien* ließen sich auf den *einen* wesentlichen Einfluss zurückführen. Die antiken Spuren sichtbar zu machen ist darum nur eine Möglichkeit unter vielen, die hegelsche Rechtsphilo-

---

[14] Ähnlich wie Hegel argumentierte schon Aristoteles: »Dass sie [die Masse der Bürger, S.E.] an den höchsten Ämtern Anteil haben, ist nicht unbedenklich – denn aus Mangel an Gerechtigkeitssinn und Klugheit würden sie einerseits Unrecht tun, andererseits Fehler begehen –, daß sie aber gar keinen Anteil an den Ämtern erhalten und ganz von ihnen ausgeschlossen sind, ist gefährlich. Denn wenn viele aller bürgerlichen Ehrenrechte beraubt und besitzlos sind, muß notwendig der ganze Staat voll von Feinden sein. Es bleibt also nur übrig, sie am Beraten und Richten teilnehmen zu lassen.« (Aristoteles 1995a: 1281b) Der Bestand eines Staats ist nicht schon dadurch gesichert, dass eine kleine Gruppe ethisch herausragender Bürger tugendhafte Entscheidungen trifft. Die ausgeschlossene Menge könnte rebellieren. Ihre Beteiligung an politischen Versammlungen und Gerichtsverfahren ist jedoch mehr als eine bloße Legitimationsressource für ein staatliches Gemeinwesen, an dessen Spitze nach wie vor die ethisch Besten stehen. Die Deliberation einer größeren Menge gewöhnlicher Bürger kann Aristoteles zufolge nämlich zu besseren Ergebnissen führen als die einsame Entscheidung der besonders Qualifizierten: »Die vielen nämlich, von denen jeder einzelne kein tüchtiger Mann ist, mögen trotzdem, vereint, besser sein als sie, nicht als einzelne, sondern als Gesamtheit, gleichwie ein Schmaus, zu dem viele Kleine beigesteuert haben, besser als ein solcher sein kann, der nur auf Kosten eines Großen veranstaltet worden ist. Denn da ihrer viele sind, so kann jeder einen Teil der Tugend und Klugheit besitzen, und kann die Gesamtheit durch ihren Zusammentritt wie ein einziger Mensch werden, der viele Füße, Hände und Sinne hat. So ist es auch mit den Sitten und der Einsicht. Daher beurteilt die Menge auch die Werke der Musik und der Dichter besser, nämlich der eine diese, der andere jene Seite an denselben und alle zusammen das Ganze.« (Aristoteles 1995a: 1281b) Die gewöhnlichen Bürger mit ihren summierten individuellen Kenntnissen können dem kleineren Kreis der Fachkundigen und ethisch Tüchtigen also überlegen sein – eine frühe Variante dessen, was heute unter ›kollektiver Intelligenz‹ diskutiert wird.

sophie zu interpretieren. Angesichts des gegenwärtigen Einflusses einseitig liberaler Hegel-Interpretationen halte ich sie jedoch für besonders dringlich. Es sind im Wesentlichen drei Aspekte der antiken politischen Tradition, die Hegel in seine Sittlichkeitslehre aufnimmt:

(i) Das Verhältnis von Gemeinwesen und Individuen deutet Hegel als ein Verhältnis von Substanz und Akzidenz, von Organismus und Glied. Dies bedeutet nicht, dass die Individuen nebensächlich und verzichtbar wären. Genauso wenig wie ein Organismus ohne seine Organe existieren kann, kann ein sittliches Gemeinwesen unabhängig von sittlichen Individuen bestehen. Noch bedeutsamer ist jedoch, dass die Bürger eines Staats *ganz besondere* Organe sind. Anders als die Niere oder Lunge beruht der staatliche Körper auf der *bewussten* Identifikation seiner Bürger. Diese Identifikation kann zudem nur gelingen, wenn der Staat die personale und moralische Freiheit seiner Bürger in seine eigenen Zwecksetzungen mit aufnimmt. Der Staat muss berücksichtigen, dass seine Bürger mehr als nur Glieder, nämlich zur Freiheit bestimmte Wesen sind. Die Körper-Metapher hat also ihre Grenzen. Dies berechtigt jedoch nicht zu der liberalen Lesart, Hegel behandle unter dem Titel Sittlichkeit nur die institutionellen Ermöglichungsbedingungen individueller Freiheit. Spricht Hegel vom »Organismus des Staats« (R: §269, 244), will er vielmehr drei Sachverhalte zum Ausdruck bringen. Erstens ist das Gemeinwesen der *Grund* des sittlichen Bürgers; das Gemeinwesen ist die »Muttermilch, in der er großgezogen« wurde (Hegel 2005: §153, 157). Zweitens ist das Gemeinwesen das *Endziel* des sittlichen Bürgers: »Die *Vereinigung* als solche ist selbst der wahrhafte Inhalt und Zweck« (R: §258A, 232); »aber die Einigkeit ist [...] selbst Zweck, die Individuen sind einig in der Einigkeit, diese ist für sich der Zweck« (Hegel 1974: §§142–147, 395). Als Grund und Endziel gleicht das Gemeinwesen drittens einem Subjekt, das durch die Individuen hindurch wirkt:

> »Ehe, Pietät, Staat sind die sittlichen Mächte, sie regieren das Leben der Individuen und erscheinen so als die Mächte, die gleichgültig sind, gegen die Individualität, das Individuum als besonderes ist gegen sie nur Accidens. *Die sittlichen Mächte haben durch die Individuen ihre Vorstellung, diese sind die Exemplare dieser Mächte.*« (Hegel 1974: §145, 397, Herv. S.E.)

Staatsbürger sind nach Hegel weit davon entfernt, nur ihr Recht auf äußere und innere Freiheit zu beanspruchen. Sie verstehen sich als Teil eines größeren Ganzen, als Teil einer Nation, die eine eigene Geschichte, Sprache, Kultur, organisatorische Struktur etc. hat und zu der sie ihren rechtschaffenen Beitrag leisten. Diese auf keinen äußeren Zweck bezogene Identifikation der Bürger modifiziert noch ihren Gebrauch der äußeren und inneren Freiheit:

> »und die Bestimmung der Individuen ist, ein allgemeines Leben zu führen; ihre weitere besondere Befriedigung, Tätigkeit, Weise des Verhaltens hat dies Substantielle und Allgemeingültige zu seinem Ausgangspunkte und Resultate.« (R: §258A, 232)

In einem sittlichen Gemeinwesen steht die Besonderheit des Willens der Allgemeinheit des Willens nicht weiter entgegen; beide Seiten sind ineinander vermittelt. Dies meint Hegel, wenn er von ihrer *Einheit* spricht, die in Familie, Korporation und Staat eine je besondere Akzentuierung erfährt.

(ii) Kants Dualismus von empirisch-praktischer und reiner praktischer Vernunft, von der Selbstliebe materialer praktischer Gesetze und dem durch nichts Sinnliches bestimmten kategorischen Imperativ, von Neigung und Pflicht, hat Hegel nachdrücklich abgelehnt. Wie Platon – oder auch Aristoteles, der die Charaktertugenden (der Gattung nach) als durch *Wiederholung* hervorgebrachte *Dispositionen* (*hexis*) bestimmt (vgl. Aristoteles 1995c: Buch II) – macht Hegel gegen rein intellektualistische Ethiken die Vorstellung eines habitualisierten Guten geltend. Das durch Gewöhnung im Individuum fest verankerte Gute macht uns Hegel zufolge nämlich unabhängiger von den Naturtrieben und den subjektiven Regungen des Gewissens; es überwindet den tiefen Graben, der bei Kant Neigung und Pflicht trennt. Eine wesentliche Rolle bei der Einübung spielen hierbei die *Sitten* eines Volks, deren Geltung, wie in der griechischen Antike, auf einem Mangel an innerer Freiheit beruhen *kann*, aber nicht beruhen *muss* (Hegel 1974: §151, 407–409): Der Erwerb von Tugenden erfolgt zwar weitgehend präreflexiv und ihre alltagspraktische Funktion besteht nicht zuletzt in der Entlastung von Reflexion, dies schließt jedoch nicht aus, die Gebräuche und Routinen individuell oder deliberativ zu hinterfragen und gegebenenfalls auf ihre Veränderung hinzuwirken. Die modernen Tugenden sind nach Hegel ein Produkt genau dieses langwierigen Prozesses.

(iii) Hegels Sittlichkeitslehre unterscheidet sich von Kants Moralphilosophie nicht nur im Hinblick auf den Stellenwert der durch Gewöhnung erzeugten festen Grundhaltungen, sondern auch hinsichtlich der Frage, *wem* wir moralisch gegenüber verpflichtet sind und welche Rolle *Affekte* in diesem Zusammenhang spielen. Kant thematisiert bekanntlich universalistische und neigungsunabhängige moralische Pflichten. In der *Grundlegung zur Metaphysik der Sitten* verdeutlicht er sein legalistisches Moralverständnis anhand eines Mannes, der »von Temperament kalt und gleichgültig gegen die Leiden anderer« ist (Kant 1968: 398), jedoch auch ohne die geringste Empathie einer notleidenden Person rein aus Pflicht zu Hilfe eilt. Umgekehrt »fehlt« einer Handlung oder einem Handlungsgrundsatz nach Kant »der sittliche Gehalt« (Kant 1968: 398), wenn ihr bzw. ihm eine Neigung zugrunde liegt. Neigungen sind fremdbestimmte wie zufällige Bestimmungsgründe des Willens. Wollen wir eine universelle moralische Norm rechtfertigen, dürfen wir ihnen keine Beachtung schenken. Ganz anders Aristoteles. Für ihn

> »ist der nicht wahrhaft tugendhaft, der an sittlich guten Handlungen keine Freude hat, und niemand wird einen Mann gerecht nennen, wenn er an gerechten, oder freigebig, wenn er an freigebigen Handlungen keine Freude hat.« (Aristoteles 1995c: 1099a)

Die Freude an einer Handlung hängt jedoch maßgeblich von den Personen ab, auf die sie bezogen ist. Hegel behandelt in seiner Sittlichkeitslehre darum nicht nur Handlungen, die wir allen Vernunftwesen schuldig sind, sondern die ihren Sinn daraus beziehen, dass sie ganz besonderen Menschen gelten: den Angehörigen der Familie, den Mitgliedern der Innung sowie den Mitbürgern des Staats. Hegel behandelt damit Rechte und Pflichten, die, je nach Institution unterschiedlich stark, auf einer emotionalen Bindung beruhen. Deutlich wird dies schon daran, dass er den Familienbegriff nicht für die ehebegründete Lebensgemeinschaft reserviert, sondern ihn auch im Zusammenhang mit der Korporation und dem Staat verwendet.[15] Hegels Sittlichkeitslehre beansprucht, personale und moralische Ansprüche mit der in Griechenland begründeten Tradition affektiver (und darum disjunktiver) Vergemeinschaftung zu verbinden.

Wie bereits einleitend erwähnt, wird diesem Anspruch in der gegenwärtigen Literatur mitunter nicht genügend Rechnung getragen. Dies gilt selbst noch für den großangelegten, unter dem Titel *Das Recht der Freiheit* veröffentlichten Versuch Axel Honneths, die Grundintentionen der hegelschen Rechtsphilosophie im Zuge einer normativen Rekonstruktion bestehender sozialer Institutionen zur Geltung zu bringen. Dabei erweisen sich Honneths Ausführungen zur sozialen Freiheit (Sittlichkeit) als ambivalent oder uneindeutig. Auf der einen Seite erläutert Honneth den Sittlichkeitsbegriff anhand der von Hegel entlehnten Figur des Bei-sich-Seins im Anderen und geht in diesem Zusammenhang auch auf die (wiederum von Hegel gewählten) Beispiele der Liebe und Freundschaft ein: das heißt auf soziale Beziehungen wechselseitiger Anerkennung, die auf emotionaler Verbundenheit beruhen und den Gesichtspunkt individueller Vorteilsmehrung – und sei sie auch kooperativ vermittelt – überschreiten. Es ist daher nur konsequent, dass Honneth im Zuge seiner normativen Rekonstruktion des Marktes auf die hochintegrativen Milieus der Arbeiterbewegung, das heißt auf gemeinschaftliche Formen der Lebensführung eingeht. Auf der anderen Seite steht die grundlegende Prämisse seines Projekts, dass die ethischen Werte »in den modernen liberaldemokratischen Gesellschaften auf einen einzigen zusammengeschmolzen sind, und zwar auf

---

[15] Wenn Hegel schreibt, es obliege der Korporation, für die Mitglieder der bürgerlichen Gesellschaft »als zweite Familie einzutreten« (R: §252, 227), betont er in erster Linie die Funktion der Subsistenzsicherung. Schon für die Familie im engeren Sinn hielt Hegel fest, dass es neben der Liebe der Ehepartner auch eines dauerhaften Vermögens bedarf, welches das Einkommen der Familie gewährleistet. Dass jedoch die Korporation überhaupt dazu in der Lage ist, eine Aufgabe wahrzunehmen, die eigentlich in den Bereich der ersten Familie fällt, ist darin begründet, dass sich die Mitglieder einer Genossenschaft untereinander verbunden fühlen. Dieser emotionale Aspekt steht bei Hegel sogar im Mittelpunkt, wenn er den Familienbegriff auf den Staat anwendet: »Der Staat ist die selbstbewußte sittliche Substanz, – die Vereinigung des Princips der Familie und der bürgerlichen Gesellschaft; dieselbe Einheit, welche in der Familie das Gefühl der Liebe ist, ist sein Wesen, das aber zugleich durch das zweite Princip des wissenden und aus sich thätigen Wollens die Form gewusster Allgemeinheit erhält« (Hegel 1992: §535, 507).

den der individuellen Freiheit in der Vielzahl der uns vertrauten Bedeutungen.« (Honneth 2011: 9) Soziale Freiheit sei eine dieser Bedeutungen. Für ihre Verwirklichung sei es erforderlich, dass ein Akteur A seine Interessen nicht alleine, sondern nur durch die ergänzende Leistung von Akteur B befriedigen kann, der wiederum für die Erfüllung seiner individuellen Wünsche auf die Leistung von Akteur A angewiesen ist (vgl. Honneth 2011: 85f.). Offenbar ist das Kriterium der Ergänzungsbedürftigkeit weit weniger anspruchsvoll als die Figur des Bei-sich-Seins im Anderen, welche das Prinzip der Subjektivität mit dem Prinzip der affektiv besetzten, sich selbst Zweck seienden Kommunalität vermitteln sollte. Der Verdacht, dass sich Honneth vom hegelschen Vorbild entfernt, erhärtet sich, wenn er sein Verständnis sozialer Freiheit anhand der reziproken Ergänzung auf dem *Warenmarkt* erläutert. Obgleich Honneth den Markt nicht als ein Instrument der Selbstsucht verstanden wissen will, sondern als eine Vermittlungsinstanz für Personen, die ihr Eigenwohl in kooperativer Weise verfolgen, steht weiterhin das *individuelle* Interesse im Mittelpunkt, sodass noch der am Modell des Marktes gebildete Begriff *sozialer* Freiheit in Hegels Terminologie auf der Ebene der Allgemeinheit *besonderer* Willen verbleibt. Bei den sozialen Institutionen, die Honneth zufolge an die Stelle der hegelschen Korporation treten sollen (Arbeitgeberverbände, Gewerkschaften, Nichtregierungsorganisationen etc.), handelt es sich folglich auch eher um interessegeleitete Zusammenschlüsse, die unter ihren Mitgliedern keine besondere Bindung und keine geteilte Lebenswelt voraussetzen: *Kooperation tritt an die Stelle der Korporation*. Sich zu vergegenwärtigen, dass Hegel mit Sittlichkeit im Allgemeinen und den Korporationen im Besonderen durchaus mehr im Sinn hatte, ist jedoch die Voraussetzung für eine kritische wie produktive Auseinandersetzung mit Hegel: *kritisch*, weil sie nichts verschweigt, nichts beschönigt, und *produktiv*, weil sie den Blick auf soziale Phänomene richtet, die sich unter individualistischen Vorzeichen gar nicht angemessen begreifen ließen.

Literatur

Siglen
R: Hegel, Georg W.F. (2013), *Grundlinien der Philosophie des Rechts*, in: *Gesammelte Werke*, Hamburg: Meiner.

NR: Hegel, Georg W.F. (1968), »Ueber die wissenschaftlichen Behandlungsarten des Naturrechts, seine Stelle in der praktischen Philosophie, und sein Verhältniß zu den positiven Wissenschaften«, in: *Gesammelte Werke*, Bd. 4, Hamburg: Meiner.

VGP: Hegel, Georg W.F. (1996), *Vorlesungen über die Geschichte der Philosophie. Teil 3. Griechische Philosophie II. Plato bis Proklos*, in: ders., *Vorlesungen. Ausgewählte Nachschriften und Manuskripte*, Bd. 8, Hamburg: Meiner.

Rep: Platon (2013), *Politeia*, in: *Sämtliche Werke*, Bd. 2, Reinbek bei Hamburg: Rowohlt.

Aristoteles (1995a), *Politik*, in: *Philosophische Schriften*, Bd. 4, Hamburg: Meiner.
– (1995b), *Metaphysik*, in: *Philosophische Schriften*, Bd. 5, Hamburg: Meiner.
– (1995c), *Nikomachische Ethik*, in: *Philosophische Schriften*, Bd. 3, Hamburg: Meiner.
Düsing, Klaus (2012), »Politische Ethik bei Plato und Hegel«, in: *Aufhebung der Tradition im dialektischen Denken. Untersuchungen zu Hegels Logik, Ethik und Ästhetik*, München: Fink.
Ellmers, Sven (2015), *Freiheit und Wirtschaft. Theorie der bürgerlichen Gesellschaft nach Hegel*, Bielefeld: transcript.
Hegel, Georg W.F. (1974), »Philosophie des Rechts. Nach der Vorlesungsnachschrift von K.G.v. Griesheim 1824/25«, in: *Vorlesungen über Rechtsphilosophie. 1818–1831*, Bd. 4, Stuttgart-Bad Cannstatt: frommann-holzboog
– (1980), *Phänomenologie des Geistes*, in: *Gesammelte Werke*, Bd. 9, Hamburg: Meiner.
– (1983a), *Philosophie des Rechts. Die Vorlesung von 1819/20 in einer Nachschrift*, hrsg. v. Dieter Henrich, Frankfurt am Main: Suhrkamp.
– (1983b), »Vorlesungen über Naturrecht und Staatswissenschaft. Heidelberg 1817/18 mit Nachträgen aus der Vorlesung 1818/19. Nachgeschrieben von P. Wannenmann«, in: *Vorlesungen. Ausgewählte Nachschriften und Manuskripte*, Bd. 1, Hamburg: Meiner.
– (1986a), »Rechts-, Pflichten- und Religionslehre«, in: *Werke*, Bd. 4, hrsg. v. Eva Moldenhauer/Karl M. Michels, Frankfurt am Main: Suhrkamp.
– (1986b), *Grundlinien der Philosophie des Rechts*, in: *Werke in zwanzig Bänden*, Bd. 7, Frankfurt am Main: Suhrkamp.
– (1987), *Jenaer Systementwürfe 3. Naturphilosophie und Philosophie des Geistes*, Hamburg: Meiner.
– (1989), »Jetzt braucht die Menge«, in: *Gesammelte Werke*, Bd. 1, Hamburg: Meiner.
– (1992), *Enzyklopädie der philosophischen Wissenschaften im Grundrisse (1830)*, in: *Gesammelte Werke*, Bd. 20, Hamburg: Meiner.
– (1993), *Vorlesungen über die Philosophie der Religion I*, Hamburg: Meiner.
– (1998), »System der Sittlichkeit [Critik des Fichteschen Naturrechts]«, in: *Gesammelte Werke*, Bd. 5, Hamburg: Meiner.
– (2005), *Die Philosophie des Rechts. Vorlesung von 1821/22*, Frankfurt am Main: Suhrkamp.
– (2006), »Oberklasse Philosophische Enzyklopädie: System der besonderen Wissenschaften, Diktat 1810/11 mit Überarbeitungen 1811/12, 1812/13, 1814/15 und 1815/16«, in: *Gesammelte Werke*, Bd. 10.1, Hamburg: Meiner.
Hesiod (1996), *Werke und Tage*, übers. u. hrsg. v. Otto Schönberger, Stuttgart: Reclam.
Honneth, Axel (2001), *Leiden an Unbestimmtheit*, Stuttgart: Reclam.
– (2011), *Das Recht der Freiheit. Grundriß einer demokratischen Sittlichkeit*, Berlin: Suhrkamp.
Horstmann, Rolf-Peter (1974), »Über die Rolle der bürgerlichen Gesellschaft in Hegels politischer Philosophie«, in: *Hegel-Studien*, Bd. 9, 209–240.
Kant, Immanuel (1968), *Grundlegung zur Metaphysik der Sitten*, in: *Kants Werke*, Akademie-Textausgabe, Bd. IV, Berlin/New York: De Gruyter.

Kersting, Wolfgang (2006), *Platons »Staat«*, Darmstadt: Wissenschaftliche Buchgesellschaft.
Kuch, Hannes (2016), »Ökonomie, Subjektivität und Sittlichkeit. Hegel und die Kritik des kapitalistischen Marktes«, in: Sven Ellmers/Philip Hogh (Hg.), *Warum Kritik? Begründungsformen kritischer Theorie*, Weilerswist: Velbrück.
Lübbe-Wolff, Gertrude (2016), »Hegels Staatsrecht als Stellungnahme im ersten preußischen Verfassungskampf«, in diesem Band.
Peperzak, Andriaan Th. (2005), »Hegels Pflichten- und Tugendlehre. Eine Analyse und Interpretation der Grundlinien der Philosophie des Rechts (§§142–157), in: Ludwig Siep (Hg.), *G.W.F. Hegel. Grundlinien der Philosophie des Rechts*, Berlin: Akademie Verlag.
Platon (2004a), »Kritias«, in: *Sämtliche Werke*, Bd. 3, Darmstadt: Wissenschaftliche Buchgesellschaft.
– (2004b), »Die Gesetze [Nomoi]«, in: *Sämtliche Werke*, Bd. 3, Darmstadt: Wissenschaftliche Buchgesellschaft.
– (2004c), »Der Sophist [Sophistes]«, in: *Sämtliche Werke*, Bd. 2, Darmstadt: Wissenschaftliche Buchgesellschaft.
– (2013a), »Kriton«, in: *Sämtliche Werke*, Bd. 2, Reinbek bei Hamburg: Rowohlt.
– (2013b), »Menon«, in: *Sämtliche Werke*, Bd. 2, Reinbek bei Hamburg: Rowohlt.
Rawls, John (2003), *Politischer Liberalismus*, Frankfurt am Main: Suhrkamp.
Rechenauer, Georg (1993), »Stachellose Drohnen bei Hesiod, *Erga* 304?«, in: *Quaderni Urbinati di Cultura Classica, New Series* 44(2).
Riedel, Manfred (1982), »Freiheitsgesetz und Herrschaft der Natur«, in: ders., *Zwischen Tradition und Revolution. Studien zu Hegels Rechtsphilosophie*, Stuttgart: Klett-Cotta.
Siep, Ludwig (1979), *Anerkennung als Prinzip der praktischen Philosophie. Untersuchungen zu Hegels Jenaer Philosophie des Geistes*, Freiburg/München: Alber.
Won, Jun-Ho (2002), *Hegels Begriff der politischen Gesinnung. Zutrauen, Patriotismus und Vertrauen*, Würzburg: Königshausen und Neumann.

II. KORPORATION UND SITTLICHKEIT BEI HEGEL

JOHANNES-GEORG SCHÜLEIN

Die Korporation als zweite Familie in Hegels Theorie der bürgerlichen Gesellschaft

Das Allgemeinste, was Hegel in den *Grundlinien der Philosophie des Rechts* über die Korporation innerhalb des sittlichen Ganzen sagt, findet sich in Paragraph 255. Dort liest man, die Korporation mache *neben der Familie* »die zweite, die in der bürgerlichen Gesellschaft gegründete *sittliche* Wurzel des Staats aus.« (GW14,1: §255) Erlaubt man sich für den Moment eine ganz naive Annäherung an diese zweifellos zentrale Aussage, dann klingt sie so, als wären nach Hegel Familie einerseits und Korporation andererseits zwei verschiedene, wenn auch mit einander verbundene Institutionen, die schließlich in den Staat aufgehoben werden. Dieser erste Eindruck ist natürlich keineswegs falsch. In der hegelschen Rechtsphilosophie führt der Entwicklungsgang der Sittlichkeit in der Tat von der Familie über die bürgerliche Gesellschaft bis zum Staat als der Einheit der beiden vorausgegangenen Momente. Hält man sich jedoch allein an diese allgemeine Entwicklung der hegelschen Sittlichkeit, muss eine bemerkenswerte und bislang kaum näher analysierte Kontinuität nicht unbedingt auffallen. Bevor Hegel nämlich davon spricht, dass Familie und Korporation die beiden Wurzeln des Staates bilden, sagt er drei Paragraphen früher, also in Paragraph 252, Folgendes: »Die Korporation hat […] das Recht, […] für die ihr Angehörigen […] als *zweite* Familie einzutreten«. Liest man auch diese Stelle zunächst ganz naiv, dann besagt sie, dass Korporation und Familie nicht etwa grundverschieden, sondern vielmehr *beides Familien* sind: Wir haben demnach eine *erste* Familie, zu der in Gestalt der Korporation eine *zweite* Familie hinzutritt. Bezieht man außerdem den Paragraphen 239 ein, sieht man sich zudem mit der Aussage konfrontiert, dass Hegel zufolge nicht nur die Korporation, sondern auch die bürgerliche Gesellschaft insgesamt als eine »*allgemeine*[] Familie« zu betrachten ist. Genau genommen tritt die Familie somit in drei Formen auf: Hegel zufolge haben wir eine *erste* sowie eine *zweite* und wir sind außerdem Teil einer *allgemeinen* Familie.[1]

Nun ist es trivialerweise klar, dass diese drei Familien nicht einfach dasselbe sein können. Es scheint sich aber, wenn man Hegel hier beim Wort nehmen darf, von der ersten Familie im buchstäblichen Sinn über die bürgerliche Gesellschaft als allgemeiner Familie bis zur Korporation als zweiter Familie zumindest im übertragenen Sinn etwas – sagen wir – »Familienhaftes« durchzuhalten. Diesem Familienhaften, das sich auch in der bürgerlichen Ge-

---

[1] Interessanterweise betont Hegel in der Vorlesung über Rechtsphilosophie von 1818/19: »Der Staat ist keine Familie, eine Einheit nicht des Blutes sondern des Geistes« (GW26,1: §114, 309).

sellschaft noch bemerkbar macht, gilt das Interesse meines Beitrags. Ich möchte in diesem Zusammenhang zwei Fragen verfolgen: Was kann es heißen, dass die bürgerliche Gesellschaft im Allgemeinen und die Korporation im Besonderen für Hegel wenn nicht Familien, so doch zumindest *wie* Familien sind? Und was ist davon zu halten, wenn wir mit Hegel bürgerliche Gesellschaft und Korporation in Analogie zur Familie verstehen: Haben wir es letztlich bloß mit einer vernachlässigbaren Metapher zu tun oder lässt sich aus dem Familienmotiv eine aufschlussreiche Perspektive auf Hegels Theorie der bürgerlichen Gesellschaft sowie deren Aktualität gewinnen?

Die Antwort auf diese Fragen finden wir, wenn wir der Linie der Familiarität durch Hegels Theorie der bürgerlichen Gesellschaft folgen. Entlang dieser Linie möchte ich die erste der beiden Fragen in drei Schritten beantworten. Dazu arbeite ich heraus, worin die Familiarität auf den verschiedenen Niveaus jeweils genau besteht und wodurch die unterschiedlichen Formen von Familiarität untereinander verbunden sind. Das verbindende Element ist, so meine These, dass Familiarität als Chiffre für eine kollektive, nach Maßgabe ihres sittlichen Zwecks auf Dauer gestellte und in diesem Sinn feste Absicherung des Einzelnen gegen die unberechenbaren Widrigkeiten der ökonomischen Wirklichkeit fungiert. Nur als Mitglied solcher quasi-familiärer Gemeinschaften ist nach Hegel ein gelingendes Leben in modernen, nach den Prinzipien des Marktes funktionierenden Gesellschaften möglich. Aufgrund dieses exegetischen Befunds möchte ich in einem vierten Schritt die zweite Frage aufgreifen und die Aktualität der hegelschen Position prüfen. Ich werde dafür argumentieren, dass Hegels zunächst kontraintuitiver Gebrauch des Familienbegriffs für ökonomische Verbindungen aktuell ist, weil er damit einerseits einen grundlegenden Solidaritätsgedanken artikuliert, andererseits und zugleich aber auch eine Problematisierung gesellschaftlicher Exklusionsmechanismen erlaubt.

1. Die erste Familie

Die erste Familie fasst Hegel bekanntlich als eine auf Liebe gegründete, heterosexuelle Ehegemeinschaft, aus der Kinder hervorgehen.[2] Dass er sie in ihrer sittlichen Bedeutung wesentlich als eine auf Absicherung des Einzelnen gerichtete Gütergemeinschaft versteht, ist nicht zu übersehen. So konstituiert sich die erste Familie nach Hegel als eine »*allgemeine* und *fortdauernde* Person«, in der man grundsätzlich »nicht als eine [individuelle] Person für sich, sondern als *Mitglied*« (GW14,1: §158) lebt. In dem Maße wie in der Familie nicht die individuelle Person, sondern vielmehr die Familie selbst als eigene Rechtsperson im Mittelpunkt steht, folgen auch die Individuen nicht mehr ein-

---

[2] Zur ausführlichen Analyse der hegelschen Familientheorie siehe die Studie von Bockenheimer (2013).

fach ihren jeweiligen Eigeninteressen, sondern es treibt sie als Familienmitglieder »die Sorge und den Erwerb für ein *Gemeinsames*« (GW14,1: §170) um. Dieses Gemeinsame besteht für Hegel in einem »*bleibende[n]* und *sicher[en]* Besitz[], eine[m] Vermögen[]« (GW14,1: §170). Im Hinblick auf dieses Vermögen gilt, dass »kein Glied der Familie ein besonderes Eigentum, jedes aber sein Recht an das Gemeinsame« (GW14,1: §171) hat. Insbesondere die Kinder »haben das Recht, aus dem gemeinsamen Familienvermögen *ernährt* und *erzogen* zu werden« (GW14,1: §174). Der Erziehungsauftrag an die Eltern richtet sich insbesondere darauf, die Kinder zu einem selbstständigen sittlichen Leben zu befähigen, sodass sie mit dem Erreichen der Mündigkeit »aus der natürlichen Einheit der Familie [...] treten« (GW14,1: §175) können. In der Sorge für das gemeinsame Familienvermögen verwandelt sich nach Hegel das ursprüngliche Eigeninteresse der Einzelnen in ein sittliches Interesse, d.h. das individuelle Interesse wird nicht unmittelbar, sondern im Rahmen einer sozialen Institution und damit zum Vorteil mehrerer verfolgt. Dass für Hegel gerade der Aspekt der gemeinschaftlichen Absicherung aller Familienmitglieder aufgrund eines gemeinsamen Vermögens im Zentrum steht, wird insbesondere an den Mechanismen ersichtlich, die er gegen die Bedrohung des gemeinsamen Familienvermögens durch Zufall und Willkür anführt.

Die Gefahr, der das Familienvermögen und damit auch die Absicherung der Mitglieder ausgesetzt ist, macht Hegel im Kontext der ersten Familie vor allem an der Rolle des Ehemanns und Familienvaters fest: Der Mann als Haupt der Familie ist mit der Verwaltung des gemeinsamen Vermögens betraut – und eben dadurch ist das Vermögen von den Zufälligkeiten individuellen, willkürlichen Verhaltens bedroht (siehe GW14,1: §171). So kann das Familienoberhaupt z.B. das Vermögen unter Missachtung seiner sittlichen Pflicht gegenüber der Familie, der es vorsteht, seinen Eltern und Geschwistern, also Mitgliedern derjenigen Familie, aus der es selbst einst hervorgegangen ist, zugutekommen lassen. Hegels Position hierzu ist eindeutig: »Durch eine Ehe konstituiert sich [immer] eine *neue Familie,* welche ein für sich *Selbständiges* gegen die *Stämme* oder *Häuser* ist, von denen sie ausgegangen ist« (GW14,1: §172, siehe auch §§177–180). Das Vermögen steht somit klar der neuen Familie und nicht dem Stammhaus des Mannes zu. Im Fall einer scheidungs- oder todbedingten Auflösung der Familie spricht Hegel sich für Sicherungsmaßnahmen wie Eheverträge und eine Begrenzung willkürlicher testamentarischer Vererbung des Familienvermögens aus, sodass die Hinterbliebenen nicht mittellos zurückbleiben. Grundsätzlich gilt: Was auch immer willkürlich verfügt wird, kann »nur höchst beschränkt stattfinden [...], um das Grundverhältnis nicht zu verletzten.« (GW14,1: §180) Deshalb darf im Erbfall die »bloße direkte Willkür des Verstorbenen [...] nicht zum Prinzip für das *Recht zu testieren* gemacht werden«, denn »solche Willkür enthält für sich nichts, das höher als das Familienrecht selbst zu respektieren wäre; im Gegenteil.« (GW14,1: §180) In diesem Zusammenhang wendet Hegel sich auch dagegen, »die Töchter zu Gunsten der Söhne, oder zu Gunsten des ältesten Sohnes die übrigen Kinder von der Erbschaft auszuschließen« – solche Verfügungen beruhen, wie er erklärt, »auf einer Willkür, die an und für sich kein Recht hat, anerkannt zu werden« (GW14,1: §180).

Diese rechtlichen Mechanismen machen deutlich, wie sehr die Institution der ersten Familie bei Hegel mit einem bleibenden Vermögen verschwistert ist und als eine auf die Existenzsicherung ihrer Mitglieder ausgerichtete Vermögensgemeinschaft verstanden werden muss (siehe hierzu auch Vieweg 2012: 258f.). Und genau diese Dimension einer Existenzsicherung der Einzelnen durch Partizipation an einem Vermögen hält sich als ein wesentliches Moment bis zur Korporation durch.

2. Die bürgerliche Gesellschaft als allgemeine Familie

Der Übergang von der ersten Familie zur bürgerlichen Gesellschaft impliziert bei Hegel bekanntlich auf ganz basale Weise, dass die Einzelnen aus ihren ersten Familien heraustreten und ihr Wohl als individuelle Akteure in der Gesellschaft suchen, wo sie mit anderen, gleichfalls individuellen Akteuren zusammentreffen. In der Suche nach dem eigenen Wohlergehen findet sich das Individuum in einem System der Bedürfnisse wieder, in dem die Befriedigung seiner je eigenen Bedürfnisse unmittelbar mit der Befriedigung der Bedürfnisse aller anderen verbunden ist – und zwar letztlich, weil Bedürfnisbefriedigung in der bürgerlichen Gesellschaft nach Hegel vermittelt über Arbeit funktioniert. Hegel stellt hierbei heraus, dass der Einzelne als arbeitender Bürger zwar »jeder für sich erwirbt und genießt«, zugleich aber durch seine jeweilige Arbeit auch »für den Genuß der übrigen produziert und genießt.« (GW14,1: §199) Insofern nimmt das Individuum an einer großen, arbeitsteiligen Ökonomie teil. Es ist festzuhalten, dass Hegel hier wie auch schon im Kontext der ersten Familie von Existenzsicherung durch Partizipation an einem »*allgemeine[], bleibende[n] Vermögen*« (GW14,1: §199) spricht, d.h. hier nun an einer Art Volksvermögen oder Sozialeinkommen, das innerhalb dieser arbeitsteiligen Ökonomie generiert wird. Idealerweise tragen zu diesem Vermögen alle arbeitenden Bürger bei und an ihm haben sie gleichermaßen auch zur eigenen Existenzsicherung teil. In Bezug auf diese Teilhabe betont Hegel mehrfach deren bloße Möglichkeit, wenn er etwa in Sperrdruck von der »*Möglichkeit der Teilnahme* an dem allgemeinen Vermögen« (GW14,1: §199) spricht oder davon, dass »die Subsistenz und das Wohl jedes Einzelnen als eine *Möglichkeit*« (GW14,1: §230) gegeben sei. Die Schwierigkeit ist in Hegels Augen nämlich die folgende: Zwar ist das Wohl aller in der bürgerlichen Gesellschaft möglich; die Frage, ob dieses *mögliche* Wohl aber auch *wirklich* erreicht wird, hängt von mehreren Faktoren ab, die nach Hegel auch, aber nicht ausschließlich in der Willkür des Einzelnen liegen. So hängt das Wohl des Einzelnen von seiner Begabung, Bildung, Gesundheit, aber auch dem Kapital, über das er verfügt, sowie von einer ganzen Reihe äußerer Umstände ab. Da das Auskommen zunächst also nur möglich, nicht aber gesichert ist, sieht sich das Individuum latent in seiner ökonomischen Existenz bedroht. Daraus ergibt sich auch eine Konsequenz für die ersten Familien: Da auch der Ehemann und Vater kraft seiner Arbeit in der bürgerlichen Gesellschaft ein Auskommen für sich und die erste Familie zu finden versucht, der er vorsteht, gerät, so Hegel, »das Bestehen der ganzen [ersten] Familie« in »die Abhängigkeit von ihr [der bürgerlichen Gesellschaft], der Zufälligkeit.« (GW14,1: §238) Wenn Hegel hier von der Abhängigkeit vom Zufall redet, dann geht es um das Problem, dass sich die erste Familie in ihrem Bestehen dem ökonomischen Erfolg ausgeliefert sieht, den das erwerbstätige Familienoberhaupt in der bürgerlichen Gesellschaft hat. Damit wird die erste Familie abhängig von eben den Unwägbarkeiten, denen der erwerbstätige Teil der Familie ausgesetzt ist. Angesichts dieser Abhängigkeit sicherzustellen, dass die Einzelnen und vermittelt über sie auch deren erste Familien tatsächlich am allgemeinen Vermögen teilhaben und so ein Auskommen finden können, darum ist es Hegel in gerade den Hinsichten zu tun, die für die Frage nach der allgemeinen Familiarität der bürgerlichen Gesellschaft ausschlaggebend sind.

Um die familienhafte Rolle der bürgerlichen Gesellschaft in den Blick zu bringen, macht Hegel in der Rückschau deutlich, dass die erste Familie »[z]unächst […] das substantielle Ganze [ist], dem die Vorsorge für [das Individuum] sowohl in Rücksicht der Mittel und Geschicklichkeiten, um aus dem allgemeinen Vermögen sich etwas erwerben zu können, als auch seiner Subsistenz und Versorgung im Falle eintretender Unfähigkeit, angehört.« (GW14,1: §238) Hegel erinnert hier an den Erziehungsauftrag der Eltern, ihre Kinder zu tauglichen Bürgern zu formen, indem sie ihnen jene Eignungen vermitteln, die sie für das Leben in der bürgerlichen Gesellschaft brauchen. Sobald die Individuen aber in der bürgerlichen Gesellschaft als Einzelne auftreten, werden sie laut Hegel »aus diesem Bande [der ersten Familie] heraus[gerissen]« (GW14,1: §238) und untereinander sogar entfremdet. Hegel reflektiert hier zweifellos jene Transformation, der sich die Institution der ersten Familie seit der Neuzeit, v.a. aber in der beginnenden Industrialisierung ausgesetzt sah.[3] Dass sich der Familienverbund Hegel zufolge regelrecht auflöst, macht er daran deutlich, dass an die Stelle »des väterlichen Bodens, in welchem der Einzelne seine Subsistenz hatte« (GW14,1: §238), nun die bürgerliche Gesellschaft selber tritt. Und insofern sie *an die Stelle* der ersten Familie tritt, sagt Hegel, die bürgerliche Gesellschaft habe nunmehr den »Charakter der *allgemeinen Familie*« (GW14,1: §239). Sie übernimmt damit nicht nur wesentliche Aufgaben von ihr, sondern sie ist in diesen Aufgaben der ersten sogar übergeordnet.

---

[3] Dies zeigt sich nicht zuletzt auch darin, dass Hegel die erste Familie in einer besonderen Nähe zum ackerbauenden Stand sieht, wie etwa die Rede vom »väterlichen Boden« (GW14: §238; vgl. außerdem §250) belegt. Siehe auch Bockenheimer (2013: 296–299).

Vor dem Hintergrund, dass die erste Familie ob ihrer Auflösung weder als Erziehungs- noch als Fürsorgehort fungieren kann, leitet Hegel weitreichende ordnungspolitische Aufgaben der Gesellschaft ab, die er unter dem Titel »Polizei« behandelt. Selbstverständlich meint er mit »Polizei« hier nicht das, was wir heute darunter verstehen: das für die öffentliche Sicherheit zuständige Exekutivorgan des Staates. Die hegelsche Polizei übernimmt vielmehr ordnungspolitische Maßnahmen im weitesten Sinn. So hat die gesellschaftliche Polizei nach Hegel nicht nur das Recht, sondern die Pflicht, die Erziehung der Kinder, »insofern sie sich auf die Fähigkeit, Mitglied der Gesellschaft zu werden, beziehet«, zu beaufsichtigen und an ihr mitzuwirken – und das ausdrücklich auch »gegen die *Willkür* und Zufälligkeit der Eltern« (GW14,1: §239). Sie kann auf die Gesinnungen und Einstellungen der Kinder Einfluss nehmen, die sie für ein Leben in der bürgerlichen Gesellschaft brauchen. Ein Familienoberhaupt, das die Existenzgrundlage seiner Familie gefährdet, darf durch die Gesellschaft in Vormundschaft genommen werden (siehe GW14,1: §240). Die bürgerliche Gesellschaft hat darüber hinaus auch für die Familienmitglieder zu sorgen, wenn diese nicht durch ein Versagen der Eltern gefährdet werden. Wenn Menschen aufgrund »zufällige[r], physische[r] und in den äußern Verhältnissen liegende[r] Umstände« bedroht sind, dann »übernimmt [die allgemeine Macht]«, wie Hegel sagt, »die Stelle der Familie bei den *Armen*, eben so sehr in Rücksicht ihres unmittelbaren Mangels, als der Gesinnung der Arbeitsscheu, Bösartigkeit, und der weiteren Laster, die aus solcher Lage und dem Gefühl ihres Unrechts entspringen.« (GW14,1: §241) Die Gesellschaft richtet von Armen- über Krankenhäuser bis zur Straßenbeleuchtung sämtliches ein, was den Individuen zugutekommt. Der Vorlesungsnachschrift Griesheim kann man eine ganze Litanei entnehmen, was in Hegels Augen alles polizeilich reguliert werden kann: »Jedes noch so kleine specielle Interesse, das aber gemeinsam ist, kann von einer gemeinsamen Behörde [wie der Polizei] beschützt, beaufsichtigt, regulirt werden.« (GW26,3: 1384) Nach Hegel fällt der Gesellschaft somit eine Verantwortung in ganz umfassender Weise zu: Immer dort, wo das Individuum in der ökonomischen Wirklichkeit nicht allein zu bestehen vermag und auch nicht auf Schutz und Fürsorge durch die erste Familie zählen kann, genau dort sieht Hegel die bürgerliche Gesellschaft in der Pflicht. Die Gesellschaft übernimmt die Aufgaben, die die erste Familie nicht (mehr) zu leisten vermag, und tritt insofern als *allgemeine Familie* auf. Indem sie gegenüber der ersten Familie über Weisungsbefugnis verfügt, ist sie dieser rechtlich sogar übergeordnet.

Nicht übergangen werden darf in diesem Zusammenhang, wie Hegel die Fürsorgepflicht der bürgerlichen Gesellschaft gegen die Moralität profiliert. Wieder steht dabei das Problem des Zufalls im Brennpunkt, gegen den es sich für Hegel abzusichern gilt. Zwar lehnt Hegel individuelles, moralisch motiviertes Engagement Einzelner nicht ab. Würde man aber den Schutz der Einzelnen vor den zufälligen Widrigkeiten der bürgerlichen Gesellschaft allein einer mitgefühlgesteuerten Fürsorge Einzelner überlassen, dann lieferte man die zu Schützenden erneut dem Zufall aus. Denn ob jemand Unterstützung erfährt oder nicht, wird dann vom Vorhandensein oder Nichtvorhandensein, der Bereitschaft oder Nichtbereitschaft mitfühlender, moralischer Akteure abhängig gemacht und genau dadurch dem Zufall überlassen. Anders als in einer marktliberalen, allenfalls karitativ abgefederten Gesellschaftsordnung ist der »öffentliche Zustand« laut Hegel »für um so vollkommener zu achten, je weniger dem Individuum für sich nach seiner besondern Meinung [...] zu tun übrig bleibt.« (GW14,1: §242) Wenn also Bill Gates beschließt, er wolle Polio ausrotten, dann ist das von einem hegelschen Standpunkt aus ganz unabhängig von seiner der Sache nach zu befürwortenden Seite eben wegen seiner Zufälligkeit, die an der individuellen Entscheidung einer einzelnen begüterten Person hängt, nicht der Idealfall.[4] Grundsätzlich ist festzuhalten, dass Fürsorge und Absicherung gegen den Zufall für Hegel nicht nur der Disposition Einzelner überlassen bleiben können, eben weil sie dadurch selbst zufällig würden. Und von allenfalls zufälliger Fürsorge ist kein wirksamer Schutz vor den Unwägbarkeiten zu erhoffen, die die Möglichkeit einer Partizipation der Menschen am Vermögen einer Gesellschaft bedroht.

Zusammenfassend ist festzuhalten: Die bürgerliche Gesellschaft wird von Hegel als eine *allgemeine Familie* verstanden, insofern sie zwei wesentliche Charakteristika mit der ersten Familie teilt. Wie die erste Familie ist sie erstens eine Gemeinschaft, deren Mitglieder an einem *gemeinsamen Vermögen* partizipieren. In der bürgerlichen Gesellschaft verfügen die Mitglieder dabei zugleich über ein Maß an persönlicher Individualität, das sie im Rahmen der ersten Familie nicht haben, wo sie in erster Linie Mitglieder und nicht selbstständige Personen sind. Die allgemeine Familie ist insofern eine losere Gemeinschaft als die erste. Zweitens tritt die bürgerliche Gesellschaft in doppelter Hinsicht als ein Sicherungsmechanismus gegen zufällige Umstände auf, die die Existenzsicherung des Einzelnen durch Partizipation am gemeinsamen Vermögen der Gesellschaft bedrohen: Sie tritt zum einen für die Individuen ein, insofern diese den Zufällen des Marktes ausgeliefert sind. Sie arbeitet daran mit, dass die Individuen möglichst erfolgreich am System der Bedürfnisse und ihrer Befriedigung teilnehmen können. Zum anderen tritt sie für die Individuen insofern ein, als sie diese vor den Zufälligkeiten individualisierter, kontingenter moralischer Fürsorge bewahrt. Wenn Hegel also von der bürgerlichen Gesellschaft als allgemeiner Familie spricht, dann artikuliert er im Kern einen *sozialpolitischen Anspruch*. Angesichts der Widrigkeiten, denen die Menschen als vereinzelte Akteure in einer marktbasierten Ökonomie begegnen, fungiert die bürgerliche Gesellschaft als Schutz- und Fürsorgegemeinschaft. Dass die bürgerliche Gesellschaft genau das und damit mehr als ein

---

[4] In diesem Kontext ist übrigens ein fast seitenlanges Plädoyer Hegels interessant, das wiederum die Nachschrift Griesheim überliefert, und in dem Hegel für die Impfpflicht von Kindern argumentiert, auch wenn die Eltern sich dagegen sträuben (siehe GW26,3: 1387).

bloßer Markt sei, dafür ist Hegels Gebrauch des Ausdrucks »allgemeine Familie« ein starkes Zeichen.

3. Die Korporation als zweite Familie

Während die Polizei für Hegel »*eine äussere Ordnung und Veranstaltung* zum Schutz und Sicherheit der Massen« ist, »kehrt das *Sittliche* als ein Immanentes in die bürgerliche Gesellschaft *zurück*; dies macht die Bestimmung der *Korporation* aus.« (GW14,1: §249) Was Hegel Korporation nennt, bleibt notorisch unscharf: Er meint damit einerseits Gemeinden im Sinne von Gebietskörperschaften (siehe etwa: GW26,3: 1399); andererseits und vor allem versteht er darunter aber am Modell der Zünfte modellierte, berufsgenossenschaftliche Organisationen, die einen »ganz *konkret[en]*« (GW14,1: §251) Zweck haben.[5] Dieser Zweck liegt jeweils nur im »eigentümlichen Geschäfte und Interesse« (GW14,1: §251) eben dieser Vereinigung. Korporationen in diesem Sinn sind also lokale Verbände, die aus den wirtschaftlichen Interessen derjenigen hervorgehen, die sich in ihnen zusammenfinden. Hegel betont, dass sich im Horizont seiner Ständelehre vor allem die Gewerbetreibenden in korporativen Vereinigungen zusammenfinden, nicht aber die Ackerbauern und Beamten. Insofern ist die Korporation ein charakteristisches Phänomen der modernen bürgerlichen als einer vorwiegend gewerbetreibenden und nicht mehr agrarisch ausgerichteten Gesellschaft. Konkret schließen sich nach Hegel etwa die, die ein bestimmtes Handwerk ausüben oder mit bestimmten Waren handeln, zu einer ihrem Gewerbe entsprechenden korporativen Gemeinschaft zusammen. Diese korporativen Gemeinschaften wählen ihre Mitglieder vor allem nach den Kriterien der Fähigkeit und Rechtschaffenheit im Hinblick auf ihr jeweiliges Geschäftsfeld aus. Auch bei der Korporation ist für Hegel das Fürsorge-Motiv zentral. Die Korporation trägt ihm zufolge »für die ihr Angehörigen die Sorge gegen die besondern Zufälligkeiten, so wie für die Bildung zur Fähigkeit, ihr zugeteilt zu werden« und tritt für ihre Mitglieder »überhaupt […] als *zweite* Familie ein[]« (GW14,1: §252). In ihr »hat die [erste] Familie […] ihren festen Boden als die durch Befähigung bedingte Sicherung der Subsistenz, ein festes Vermögen« (GW14,1: §253). Es liegt auf der Hand, dass hier die bereits bekannten, mit der Familie verschwisterten Sicherungsaufgaben wiederkehren (siehe auch Vieweg 2012: 337–342). Die Korporation schützt und bildet ihre Mitglieder, wie es auch die erste Familie und – ähnlich – die bürgerliche Gesellschaft als allgemeine Familie tut.[6] Sie sorgt für die, die ihr an-

---

[5] Siehe hierzu ausführlicher: Schmidt am Busch (2011: 233f.); Vieweg (2012: 337–342); Ellmers (2015: 71f.).

[6] Vgl. hierzu die treffende Analyse Bockenheimers: »Die Korporation ist damit ›zweite Familie‹ in einem ähnlichen Sinne, wie die Sitte ›zweite Natur‹ ist: Sie erfüllt ähnliche Funktionen wie die natürliche, erste Familie, aber in einer reflektierten, nicht mehr auf natürlich-unmittelbaren Voraussetzungen beruhenden Form.« (Bockenheimer 2013: 304)

gehören, indem sie Vermögen und Existenz sichert. Besonders und neu am korporativen Sicherungsmechanismus ist, dass er aufgrund von Befähigung berufsgruppenspezifisch erlangt wird – eben jener beruflichen Befähigung nämlich, die allererst zur Aufnahme in eine bestimmte Korporation führt.

Als berufsgruppenspezifische Vereinigung umfasst die Korporation offensichtlich eine kleinere Gruppe als die bürgerliche Gesellschaft insgesamt und zugleich eine größere als die erste Familie. Mit diesem zunächst trivialen Punkt hängt indes eine entscheidende Implikation zusammen. Hegel betont, dass die »von den Individuen und ihrer besonderen Notdurft entferntere bürgerliche Gesellschaft unbestimmter bleibt« (GW14,1: §252) als die Korporation. Letztere überwindet jene äußerliche, polizeiliche Fürsorge der bürgerlichen Gesellschaft dadurch, dass sie von einer kleineren, aber direkt mit den Individuen verbundenen Institution übernommen wird. Verglichen mit der zweiten Familie der Korporation ist die äußerliche polizeiliche Ordnung der bürgerlichen Gesellschaft der Nachschrift Griesheim zufolge allenfalls eine Familie »auf gemüthlos äussere Weise« (GW26,3: 1400). Dagegen erweist sich die Korporation, wie es das Vorlesungskolleg 1821/22 übermittelt, als »[e]in Tieferes« (GW26,2: 748), das verglichen mit der ersten Familie zwar »lieblos« (GW26,2: 752) wirkt, aber in dem die Korporationsgenossen untereinander mehr »Zutrauen zu erwarten« (GW26,2: 759) haben als von der bürgerlichen Gesellschaft. Das also heißt, dass die Korporation für Hegel eine Gemeinschaft ist, in der die Mitglieder in einem intimeren Kontakt zu einander stehen als im Gesamt der Gesellschaft. Deshalb kann sie die Sicherungsfunktion für ihre Mitglieder auch besser als die allgemeine gesellschaftliche Familie erfüllen.

Maßgeblich für Hegels Auffassung der Korporation als zweite Familie ist indes auch, dass ihre Bedeutung noch über diese Sicherungsfunktion hinausgeht. Denn die Mitgliedschaft in einer Korporation gewährt nach Hegel mehr als ein Auskommen, eine bestimmte Form von Anerkennung, nämlich Ehre. Hegel geht so weit zu sagen, dass »das Mitglied einer Korporation seine Tüchtigkeit und sein ordentliches Aus- und Fortkommen, daß es *Etwas ist*, durch keine weitere *äußere Bezeigungen* darzulegen nötig hat. So ist auch anerkannt, daß es einem Ganzen [d.h. einer Korporation], das selbst ein Glied der allgemeinen Gesellschaft ist, angehört und für den uneigennützigen Zweck dieses Ganzen Interesse und Bemühung hat: – es hat so *in seinem Stande seine Ehre*.« (GW14,1: §253) In der Anmerkung fächert Hegel die Konsequenzen, die damit zusammenhängen, etwas weiter auf: Ohne korporative Einbindung bleibt der Einzelne und damit auch die erste Familie, der er vorsteht, ehrlos und kann allenfalls versuchen, über impertinente Darlegungen seines Erfolgs Anerkennung zu erfahren.[7] Aber auch gesetzt den Fall, dass er diese Anerkennung bekäme, wird diese Anerkennung es nicht ermöglichen, dass er und seine

---

[7] Zur mäßigenden Funktion der Korporation im Hinblick auf Gewinnsucht und Luxus siehe Schmidt am Busch (2011: 246–265) und Ellmers (2015: 86f.).

erste Familie ein respektables Leben als Mitglied der Gesellschaft führen können. Er bleibt nicht nur aus der Korporation, sondern letztlich sogar aus dem Miteinander der bürgerlichen Gesellschaft ausgegrenzt: »Ohne Mitglied einer berechtigten Korporation zu sein [...], ist der Einzelne ohne *Standesehre*, durch seine Isolierung auf die selbstsüchtige Seite des Gewerbes reduziert, seine Subsistenz und Genuß nichts *Stehendes*.« (GW14,1: §253) Hier zeigt sich, in welchem Maße die Einzelnen nach Hegel darauf angewiesen sind, in die korporative Gemeinschaft integriert zu sein, um ein Leben in Anerkennung führen zu können.

An der Stelle, wo Hegel schließlich sagt, neben der ersten Familie »macht die *Korporation* die zweite, die in der bürgerlichen Gesellschaft gegründete *sittliche* Wurzel des Staats aus«, blickt er nochmals auf die erste Familie zurück und führt einen weiteren Wert an, der sich komplementär zur korporativen Ehre verhält: »Heiligkeit der Ehe, und die Ehre in der Korporation sind die zwei Momente, um welche sich die Desorganisation der bürgerlichen Gesellschaft dreht.« (GW14,1: §255) Die beiden Werte, Heiligkeit der Ehe und korporative Standesehre, stehen für Hegel demnach im Zentrum der bürgerlichen Gesellschaft. Basierend auf der Ehe gilt ihm die erste Familie als eine heilige Institution, während die zweite Familie eine Angelegenheit der Ehre ist. Wer über beides nicht verfügt, weil er keine erste und keine zweite Familie hat, der fällt bei Hegel durch das soziale Raster – bis zu dem Punkt sogar, dass seine Repräsentation und politische Partizipation auch im Staat nicht mehr stattfindet, da er dort nur vermittelt über eine ständische bzw. korporative Einbindung Gehör findet (siehe GW14,1: §311; sowie Ellmers 2015: 89f.).

Für die Frage, was es heißen kann, dass die Korporation eine zweite Familie ist, ist vor diesem Hintergrund erstens festzuhalten, dass sie eben jene verantwortliche Fürsorge übernimmt, die zunächst die allgemeine Familie der bürgerlichen Gesellschaft nach der Auflösung der ersten Familie innehatte. Sie erfüllt diese Fürsorge auf eine intimere Weise als es die Gesellschaft als solche könnte, wenngleich sie es nicht mit jener Liebe tut, die der ersten Familie vorbehalten bleibt. Sie garantiert dem Einzelnen und – sofern er Familienoberhaupt ist – auch seiner Familie ein Auskommen. Zudem ermöglicht erst die Korporation, dass der Einzelne samt der Familie, der er vorsteht, respektable Mitglieder der Gesellschaft sind. Wenn Hegel die Korporation als zweite Familie bezeichnet, dann impliziert dies eine Auszeichnung gegenüber der bürgerlichen Gesellschaft als allgemeiner Familie: Die bürgerliche Gesellschaft ist nicht die zweite, sondern *bloß* eine allgemeine Familie, weil die Gemeinschaft, die sie stiftet, loser und anonymer bleibt als in der Korporation. Erst die Korporation ist eine zweite Familie im emphatischen Sinn, weil sie die Individuen in eine Gemeinschaft integriert, in der sie Sicherheit und darüber hinaus wenn auch keine Liebe, so doch zumindest Anerkennung finden. Damit geht Hegel über den sozialpolitischen Anspruch, den er an die bürgerliche Gesellschaft richtet, hinaus: Indem man Teil einer zweiten Familie ist, beweist man nicht nur, dass man ein wirtschaftliches Auskommen hat, sondern außerdem, dass man als respektables Mitglied der Gesellschaft anerkannt ist.

4. Zur Aktualität des Familienmotivs bei Hegel

Die Analysen entlang der Linie der Familiarität, der wir durch Hegels Theorie der bürgerlichen Gesellschaft gefolgt sind, haben gezeigt, dass der Ausdruck »Familie« von der ersten über die allgemeine bis zur zweiten Familie für eine kollektive vermögensbasierte Absicherung der Individuen gegen die unberechenbaren Widrigkeiten der ökonomischen Wirklichkeit steht. Unter der Voraussetzung, dass die Macht der ersten Familie zur umfassenden Absicherung des Individuums unter den Bedingungen der ökonomischen Moderne nicht zureicht, treten nach Hegel die allgemeine und die zweite Familie ein, um wesentliche Funktionen der ersten zu übernehmen (siehe hierzu auch Bockenheimer 2013: 58). Was ist nun davon zu halten, dass Hegel bürgerliche Gesellschaft und Korporation auf diese Weise in Analogie zur Familie versteht? Ist diese Position heute noch aktuell?

Zunächst mögen heutige Leserinnen sich darüber wundern, dass Hegel den Familienbegriff über die bürgerliche Kleinfamilie aus Eltern und Kindern hinaus ausdehnt. Tatsächlich ist dieses Vorgehen aber weitaus weniger bemerkenswert als es aus der Perspektive der Gegenwart den Anschein haben kann. Erst seit dem 18. Jahrhundert wird der Familienbegriff in Europa für die Gemeinschaft von Eltern und Kindern im engeren Sinn gebraucht; zuvor stand dafür im Deutschen die Phrase »Weib und Kind«. Bis ins 18. Jahrhundert wird der Familienbegriff weitgehend für eine Haus- und Wirtschaftsgemeinschaft gebraucht, zu der nicht nur mehrere Generationen einer Großfamilie, sondern auch Bedienstete, Gesinde usw. gehörten (siehe Frese 1972: 898f.). Die Familie in solcher Art als eine häusliche Wirtschaftsgemeinschaft zu verstehen, lässt sich bis in die griechische Antike zurückverfolgen, wo als Familie eben eine solche wirtschaftende Hausgemeinschaft, ein *oikos*, galt (siehe Schweizer 1972: 895f.). Auf diese Tradition, in der die *Familie als ökonomische Institution* verstanden wird, greift Hegel zweifellos zurück, wenn er zunächst von Eltern und Kindern, dann aber auch von der bürgerlichen Gesellschaft und der Korporation als Familien spricht. Die herausgehobene Rolle, die das Vermögen auf allen Stufen spielt, bezeugt den ökonomischen Charakter dieser erweiterten Familienformen. Wenn Hegel die bürgerliche Gesellschaft eine allgemeine und die Korporation eine zweite Familie nennt, dann sagt er damit im Kern, dass diese Formen ökonomische Gemeinschaften ähnlich wie die erste Familie bilden.[8]

---

[8] Eva Bockenheimer kommt in ihrer instruktiven Studie zu Hegels Familien- und Geschlechtertheorie zu der überzeugenden These: »Wenn es auch heute eher abwegig erscheint, die bürgerliche Gesellschaft als ›allgemeine Familie‹ und berufsständische Organisationen als

Unter dieser Voraussetzung scheint mir Hegels Position in zwei Hinsichten aktuell zu sein. Erstens betont sie auf allen Stufen die soziale und ökonomische Verantwortung, die die Gemeinschaft dem Einzelnen entgegenzubringen hat. Indem Hegel die bürgerliche Gesellschaft als allgemeine Familie präsentiert, nimmt er grundsätzlich an, dass die Individuen von einer ökonomischen Wirklichkeit abhängig sind, in der sie ihr Auskommen unter ungesicherten Bedingungen zu finden versuchen müssen. Hegel erkennt außerdem, dass weder die ersten Familien noch einzelne karitative Wohltäter dazu imstande sind, die Widrigkeiten, die sich aus dieser Unsicherheit für die Einzelnen erheben, zureichend aufzufangen. Deshalb ist für Hegel die Gesellschaft insgesamt gefordert. Die bürgerliche Gesellschaft und dann auch die Korporation in diesem Zusammenhang als Familien zu bezeichnen, heißt, sie im Kern als *Solidargemeinschaften* zu begreifen. Hegel fordert dabei keine Überwindung marktwirtschaftlicher Verhältnisse, sondern im Grunde so etwas wie eine soziale Marktwirtschaft. Diesseits jeder Radikalität erscheint er damit als Vertreter einer gesellschaftspolitischen Position, die zumindest in Westeuropa lange Zeit Konsens war, sich jedoch im Zuge wirtschaftlicher Krisen immer mehr herausgefordert sieht. Indem er die Idee der Solidarität aus wirtschaftlicher Unsicherheit ableitet, kann man Hegels Position als ein großes Plädoyer dafür lesen, diese Idee gerade dann nicht preiszugeben, wenn die Unsicherheit zunimmt.

Hegels Gebrauch des Familienbegriffs zur Kennzeichnung von Gesellschaft und Korporation scheint mir – zweitens – insofern aktuell zu sein, als er damit über das bloße Auskommen hinausgehende Implikationen der Mitgliedschaft in einer quasi-familiären ökonomischen Gemeinschaft aufzeigt.[9] Diese Implikationen lassen sich anhand der Logik sozialpolitischer Alimentierung deutlich machen. Kommt es in der bürgerlichen Gesellschaft dazu, dass man in Armut gerät, tritt nach Hegel die Solidargemeinschaft mit ihren sozialpolitischen Einrichtungen ein. Nun schildert er auf bemerkenswerte Weise ein Problem, das durch die sozialpolitische Fürsorge der bürgerlichen Gesellschaft nicht etwa behoben, sondern vielmehr verursacht wird: Werden die Armen nämlich alimentiert, wird »die Subsistenz der Bedürftigen gesichert, ohne durch die Arbeit vermittelt zu sein« (GW14,1: §245). Weil sie nicht vermittelt über Arbeit erfolgen, stehen solche sozialpolitischen Maßnahmen nach Hegel dem »Prinzip der bürgerlichen Gesellschaft und des Gefühls ihrer Individuen von ihrer Selbstständigkeit und Ehre« (GW14,1: §245) entgegen. Das Problem ist das folgende: Indem ein Individuum nicht arbeitet, sondern alimentiert wird und dadurch zu einem gewissen Maß ein ökonomisches Auskommen findet,

---

›zweite Familie‹ zu bezeichnen, so formuliert Hegel dennoch einen Anspruch an die gesellschaftlichen Verhältnisse, der auch heute immer wieder formuliert wird: dass sie nämlich letztlich nicht allein von Konkurrenzverhältnissen beherrscht sein sollten, sondern auch gesellschaftliche Solidarität erfahrbar machen sollten.« (Bockenheimer 2013: 306)

9 Schmidt am Busch fächert diese Implikationen im Anschluss an Honneth überzeugend als Aspekte einer »sozialen Wertschätzung« auf (Schmidt am Busch 2011: 43–56; 210–226).

sieht es sich des Status beraubt, ein vollwertiges Mitglied der bürgerlichen Gesellschaft zu sein. Denn nur eine arbeitende Person, die einen über das individuelle Eigeninteresse hinausreichenden Beitrag zum allgemeinen Vermögen leistet, kann als Bürger der sittlichen Gesellschaft im vollen Sinn gelten. Der Status- und Ehrverlust in alimentierter Arbeitslosigkeit zeigt sich für Hegel nicht zuletzt auch darin, dass die Arbeitslosigkeit zu »Laster[n], Arbeitsscheue, Bösartigkeit« führen kann: »Ein Mensch, der einmal gebettelt, verliert bald die Gewohnheit zu arbeiten, und er glaubt einen Anspruch darauf zu haben, ohne Arbeit zu leben.« (GW26,2: 752) Dieser Befund ist im Kontext von Hegels berühmten Paragraphen über den Pöbel zu sehen, in denen er sich vor allem mit dem Problem des Pauperismus auseinandersetzt.[10] Der hegelsche Pöbel ist eine verarmte »große[] Masse«, die eben diesen Verlust »des Gefühls des Rechts, der Rechtlichkeit und der Ehre, durch eigene Tätigkeit und Arbeit zu bestehen« (GW14,1: §244), erlitten hat und sich nicht mehr in die bürgerliche Gesellschaft integriert. Hegels Theorie zeigt keine Lösung auf, wie dem Entstehen des Pöbels nachhaltig entgegenzuwirken wäre.[11] Bei allem »Übermaße des Reichtums« ist »die bürgerliche Gesellschaft nicht reich genug […], dem Übermaße der Armut und der Erzeugung des Pöbels zu steuern.« (GW14,1: §245) Den Pöbel kann man in Hegels Augen letztlich nur »auf den öffentlichen Bettel« (GW14,1: §245) anweisen oder in Kolonien ausreisen lassen, wo ihm auf »einem neuen Boden die Rückkehr zum Familienprinzip« (GW14,1: §248) und ein Auskommen in der Landwirtschaft ermöglicht wird.

Die grundsätzliche Problematik, auf die Hegel damit innerhalb der bürgerlichen Gesellschaft hinweist, ist eine mit der sozialpolitischen Versorgung der Armut einhergehende Exklusion, die in der Auswanderung nur ihre radikalste Konsequenz hat. Von elementarer Bedeutung ist bereits Hegels Einsicht, dass der Einzelne genau dann nicht mehr als volles Mitglied einer wesentlich auf Arbeit gegründeten bürgerlichen Gesellschaft gilt, wenn er nicht entsprechend ein Auskommen kraft seiner eigenen Arbeit erzielt. Er wird dann aus dem gemeinsamen Gesellschaftsvermögen versorgt, ohne aber zu diesem Vermögen einen Beitrag zu leisten. Die gesellschaftliche Exklusion der alimentierten Arbeitslosen spitzt sich bei Hegel sogar noch weiter zu, sobald man die Korporation als zweite Familie mit in Betracht zieht.

Insofern Korporationen berufsgruppenspezifische Vereinigungen sind, kann von vornherein nur Mitglied werden, wer einer Arbeit nachgeht. Die korporative Absicherung genauso wie die korporative Standesehre, der Hegel eine so große Bedeutung beimisst, bleibt prinzipiell denen vorbehalten, die sich aufgrund ihres Berufes zur Mitgliedschaft in einer solchen Vereinigung empfoh-

---

[10] Für Hegel ist der Pöbel nicht nur mit Armut verbunden, es gibt auch reichen Pöbel, der sich von den Prinzipien der Ehre entbunden sieht (siehe hierzu Vieweg 2012: 331–336; Ruda 2011: 83–93).
[11] Aus diesem Grund hat Ruda (2011: 23f.; 241–245) dafür argumentiert, dass die hegelsche Rechtsphilosophie am Problem des Pöbels sogar scheitert.

len haben und schließlich auch von ihr ausgewählt wurden. Nicht zuletzt der Umstand, dass die Korporation ihre Mitglieder *auswählt*, markiert deutlich, dass sie eine Grenze zwischen ihren Mitgliedern und denen zieht, die sie nicht aufnimmt.[12] Hegel macht hierzu eine Bemerkung, die Aufmerksamkeit verdient: Wer als Mitglied einer Korporation in Armut gerät, für den sorgt seine Vereinigung – und das bringt nach Hegel den weiteren Vorteil mit sich, dass »[i]n der Korporation [...] die Hilfe, welche die Armut empfängt, ihr Zufälliges, so wie ihr mit Unrecht Demütigendes [verliert]« (GW14,1: §253). Nun verliert die Hilfe, die das Korporationsmitglied erhält, ihr Zufälliges und Demütigendes offensichtlich deshalb, weil es selbst zunächst einen Beitrag zu der korporativen Allgemeinheit geleistet hat, die dann für es sorgt. Man darf darüber hinaus aber vermuten, dass die korporative Fürsorge ihr Demütigendes nicht zuletzt auch dadurch verliert, dass sich die Korporation gewissermaßen diskret um ihre Mitglieder kümmert, ohne deren Arbeitslosigkeit und Armut in der gesamten bürgerlichen Gesellschaft bekannt zu machen. Ist man dagegen nicht korporativ organisiert, bleibt einem nicht nur die Ehre derjenigen vorenthalten, die immer noch in ihrem Beruf aktiv sind und sich dadurch als rechtschaffene, wertvolle Mitglieder von Korporation und Gesellschaft ausweisen; man entbehrt außerdem noch der Möglichkeit, sich im Fall beruflichen Scheiterns vor der öffentlichen Demütigung in die Geborgenheit eines engeren, vertrauteren, ja, quasi-familiären Kreises zurückzuziehen.

Aus Hegels Ausführungen geht klar hervor, dass er der Arbeit einen normativen Wert beimisst: Nur als arbeitendes Individuum kann man letztlich ein vollwertiges Mitglied der sittlichen Gesellschaft sein. Nun mag es heute naheliegen, etwa aus der Perspektive der Diskussion um eine Postarbeitsgesellschaft, diesen normativen, noch ganz am protestantischen Geist des Kapitalismus orientierten Wert der Arbeit kritisch zu sehen. Indes kann kaum ein Zweifel daran bestehen, dass Menschen nach wie vor – worauf etwa Axel Honneth hinweist – »ihre soziale Identität primär von ihrer Rolle im organisierten Arbeitsproze߫ machen und »Arbeitslosigkeit [...] weiterhin als soziales Stigma und ein individueller Makel erfahren« (Honneth 2010: 79) wird. Angesichts des Umstands, dass Arbeit bis heute eine fundamentale Rolle für das Selbstverständnis der Menschen spielt, ist Hegels Position grundsätzlich aktuell. Honneth hebt vor diesem Hintergrund insbesondere Hegels Leistung hervor, in »der kapitalistischen Wirtschaftsorganisation die Elemente einer neuen Form von Sozialintegration zu entdecken« (Honneth 2010: 89), wobei jedoch nicht seine »institutionellen Lösungen im einzelnen« heute noch interessant seien, denn »sowohl das, was er ›Polizey‹ nennt, als auch die ›Korporationen‹ sind organisatorische Gebilde, die [...] viel zu sehr der frühen

---

[12] Da diese Auswahl aufgrund bestimmter berufsbezogener Kriterien erfolgt, darf die mit ihr einhergehende Exklusion nicht mit einer politisch motivierten diskriminierenden Praxis gleichgesetzt werden (siehe hierzu Schmidt am Busch 2011: 235).

Phase der kapitalistischen Industrialisierung angehören« (Honneth 2010: 91).[13] Anders als Honneth meine ich, dass gerade auch Polizei und Korporation aktuelle Konzepte sind – und zwar dann, wenn man von ihnen nicht nur eine sozialintegrative Lösung, sondern vor allem auch eine Problembeschreibung der Verwerfungen in der bürgerlichen Gesellschaft erwartet. Hegels Gebrauch des Begriffs »Familie« auf der Ebene von Gesellschaft und Korporation kann den Blick dafür schärfen, dass sich in der bürgerlichen Gesellschaft tatsächlich Verbindungen herausbilden, die insofern stark Familien ähneln, als sie einerseits für ihre Mitglieder sorgen und insofern integrativ wirken. Andererseits gilt es aber zu sehen, dass eben nicht jeder gleichermaßen Mitglied ist. Das wird gerade am Problem des Pöbels ersichtlich, der nicht nur aus der bürgerlichen Gesellschaft herausfällt, sondern auch keine Aussicht hat, jemals korporativ integriert zu werden. Anders als bei der ersten Familie, die sich aufgrund von Liebe konstituiert, formieren sich die allgemeine und die zweite Familie um das Prinzip der Arbeit herum. Deshalb gehört im vollen Sinne nur dazu, wer Arbeit hat. Und auf die, die keine Arbeit haben und diese nicht erst verloren haben, nachdem sie bereits Mitglied einer Korporation geworden waren, können diese Verbindungen wie Familien wirken, zu denen man gerade nicht gehört. Dass sie auch markiert, wie Solidargemeinschaften *von außen* wirken können, darin liegt meines Erachtens eine genauso aktuelle wie aufschlussreiche Provokation der Rede von der Korporation als einer zweiten Familie. Hegel beschreibt damit ein Problem der Exklusion, das auch sozialpolitische Fürsorge nicht abzustellen vermag – wie das gleichwohl gelingen könnte, darüber lohnt es sich bis heute nachzudenken.

Literatur

Siglen:

GW14,1:	Hegel, Georg W.F. (2009), *Grundlinien der Philosophie des Rechts*, in: *Gesammelte Werke 14,1*, Hamburg: Meiner.
GW26,1:	Hegel, Georg W.F. (2014), *Vorlesungen über die Philosophie des Rechts: Nachschriften zu den Kollegien der Jahre 1817/18, 1818/19 und 1819/20*, in: *Gesammelte Werke 26,1*, Hamburg: Meiner.
GW26,2:	Hegel, Georg W.F. (2015a), *Vorlesungen über die Philosophie des Rechts: Nachschriften zu den Kollegien der Jahre 1821/22 und 1822/23*, in: *Gesammelte Werke 26,2*, Hamburg: Meiner.
GW 26,3:	Hegel, Georg W.F. (2015b), *Vorlesungen über die Philosophie des Rechts: Nachschriften zu den Kollegien der Jahre 1824/25 und 1831*, in: *Gesammelte Werke 26,3*, Hamburg: Meiner.

---

[13] Zu Honneths Rezeption der hegelschen Korporationstheorie siehe Ellmers 2015: 113–134.

Bockenheimer, Eva (2013), *Hegels Familien- und Geschlechtertheorie*, Hamburg: Meiner.

Ruda, Frank (2011), *Hegels Pöbel. Eine Untersuchung der »Grundlinien der Philosophie des Rechts«*, Konstanz: Konstanz University Press.

Schmidt am Busch, Hans-Christoph (2011), *»Anerkennung« als Prinzip der Kritischen Theorie*, Berlin/Boston: De Gruyter.

Ellmers, Sven (2015), *Freiheit und Wirtschaft. Theorie der bürgerlichen Gesellschaft nach Hegel*, Bielefeld: transcript.

Honneth, Axel (2010), »Arbeit und Anerkennung. Versuch einer Neubestimmung«, in: *Das Ich im Wir. Studien zur Anerkennungstheorie*, Frankfurt am Main: Suhrkamp, 78–102.

Vieweg, Klaus (2012), *Das Denken der Freiheit. Hegels Grundlinien der Philosophie des Rechts*, München: Fink.

Schweizer, Hans R. (1972), »Familie, Ehe I.«, in: *Historisches Wörterbuch der Philosophie*, Bd. 2, Basel: Schwabe. 895–898.

Frese, Jürgen (1972), »Familie, Ehe II.«, in: *Historisches Wörterbuch der Philosophie*, Bd. 2, Basel: Schwabe. 898–901.

STEFFEN HERRMANN

Vom Ich im Wir zum Wir im Ich
Einheit und Vielheit in Hegels Theorie der Sittlichkeit

Wie wird in einem Gemeinwesen sozialer Zusammenhalt gestiftet? Hegel denkt die Antwort auf diese Frage von seinem Konzept der Sittlichkeit aus, das sich bekanntlich aus einer antiken und einer modernen Quelle speist. Die antike Quelle des Sittlichkeitskonzepts, darauf hat bereits Karl-Heinz Ilting vor langer Zeit verwiesen, bildet die griechische Polis und das in ihr zur Geltung kommende *Prinzip der Kommunalität* (Ilting 1963/64). Der Einzelne ist hier unmittelbar auf die Gemeinschaft bezogen, insofern er im Leben für das Allgemeine seinen unmittelbaren Zweck findet. Philosophisch kommt diese Idee für Hegel vor allem in den Schriften Platons zum Ausdruck, der die Polis als ein vernünftig gegliedertes Ganzes verstanden hat, in welcher »jedes einzelne Subjekt den Geist, das Allgemeine zu seinem Zwecke, zu seinem Geiste und Sitte habe« (XIX: 113).[1] Die moderne Quelle von Hegels Konzept der Sittlichkeit wiederum, so hat Joachim Ritter in einem klassischen Aufsatz gezeigt, bildet die Französische Revolution und das mit ihr verbundene *Prinzip der Subjektivität* (Ritter 1965: 18ff.). Hier gelangt zum ersten Mal in weltgeschichtlichem Maßstab die Überzeugung zum Ausdruck, dass die individuelle Freiheit der Sinn und Zweck von Gesellschaft und Staat ist. Philosophisch drückt sich diese Idee für Hegel zum ersten Mal in den Schriften Rousseaus aus, weil bei ihm der »freie Wille« zum »Begriff des Menschen« erhoben worden ist (XX: 307).

Das Prinzip der Kommunalität und das Prinzip der Subjektivität scheinen sich nun sowohl historisch wie auch konzeptionell auszuschließen. So hält Hegel zunächst in Bezug auf die Polis fest: »Griechenland beruhte auf der substantiellen, sittlichen Freiheit; das Erblühen der subjektiven Freiheit hat es nicht auszuhalten vermocht.« (XIX: 123) Im Anschluss betont er dann den systematischen Gegensatz: »Das Entgegengesetzte gegen das Prinzip Platons ist das Prinzip des bewußten freien Willens der Einzelnen, was in späterer Zeit besonders durch Rousseau obenangestellt worden ist.« (XIX: 129) Die Aufgabe, die sich Hegel stellt, besteht nun darin, den Gegensatz von Kommunalität und Subjektivität zu überwinden: Weder will er sozialen Zusammenhalt auf eine natürliche Einheit noch auf eine Vereinigung von Einzelwillen zurückführen. Seiner Theorie der Sittlichkeit legt er vielmehr die Idee zugrunde, dass Zusammenhalt in modernen Gesellschaften nur dann erreicht werden kann,

---

[1] Die Werke Hegels werden im Text nach folgender Ausgabe zitiert: Georg Wilhelm Friedrich Hegel: *Werke*, hrsg. v. Eva Moldenhauer und Karl M. Michel, Frankfurt am Main: Suhrkamp 1986. Die römischen Zahlen beziehen sich auf den Band, die arabischen auf die Seitenzahl.

wenn in ihnen *sowohl* das Prinzip der Kommunalität *als auch* das Prinzip der Subjektivität verwirklicht ist.

In meinem Beitrag möchte ich zeigen, wie Hegel die Idee der Einheit der Vielheit in seiner Theorie der Sittlichkeit systematisch verwirklicht. Mein Hauptgedanke wird dabei lauten, dass Hegels Überlegungen eine soziale Transformationslogik vom ›Ich im Wir‹ zum ›Wir im Ich‹ zugrunde liegt, mittels derer er zu zeigen vermag, dass individuelle Selbstverwirklichung das Leben in Gemeinschaft zur notwendigen Voraussetzung hat. In kritischer Auseinandersetzung mit zeitgenössischen Anschlüssen an Hegel (Neuhouser 2000; Honneth 2011) möchte ich dann abschließend zeigen, dass diese Transformation unter den Bedingungen der Gegenwart nur dann erfolgversprechend ist, wenn sie unserem modernen Anspruch auf ethischen Pluralismus gerecht wird. Das, so werde ich argumentieren, ist der Fall, wenn Gemeinschaftlichkeit nicht ausschließlich nach dem Muster der Einheit der Vielheit, sondern auch nach dem Muster der Vielheit der Einheit gedacht wird.

Die genannten Überlegungen werde ich im Folgenden in vier Schritten entwickeln: Zunächst werde ich mich der theoriearchitektonischen Stellung von Hegels Konzept der Sittlichkeit zuwenden, um einen Deutungsrahmen für meine nachfolgenden Überlegungen zu erhalten (1). Im zweiten Schritt werde ich anschließend die Struktur der drei Sphären der Sittlichkeit rekonstruieren, um zu zeigen, wie Hegel die Einheit der Vielheit in Familie, Markt und Staat konzipiert (2). Im dritten Schritt werde ich dann die konzeptuelle Transformationslogik herausarbeiten, die den Kern von Hegels Vermittlung von Einheit und Vielheit bildet (3). Abschließend werde ich mich im Ausgang von Nietzsche kritisch mit Hegel und seiner gegenwärtigen Rezeption auseinandersetzen und zeigen, wie eine zeitgenössische Gemeinschaftskonzeption im Ausgang vom Prinzip der Nicht-Identität den Herausforderungen des ethischen Pluralismus gerecht werden kann (4).

1. Das System der Freiheit

Um einen Deutungsrahmen für meine weiteren Überlegungen zu gewinnen, möchte ich zunächst einige konzeptionelle Überlegungen zu Hegels Sittlichkeitskonzept anstellen: In dessen Mittelpunkt steht der Begriff der Freiheit, wie er in der *Enzyklopädie der philosophischen Wissenschaften* im Abschnitt über den ›subjektiven Geist‹ dargelegt wird. Dort zeigt uns Hegel im Rahmen der Konstitution des Selbstbewusstseins, wie ein Subjekt in der Entwicklung vom *begehrenden* über das *anerkennende* hin zum *allgemeinen* Selbstbewusstsein zum Bewusstsein seiner Freiheit gelangt (X: §424ff.). Ist ihm dieses in der Begierde zunächst dumpf und unmittelbar eigen, wird es im anerkennenden Selbstbewusstsein zum gegebenen Zweck, von dem dann auf der Stufe des allgemeinen Selbstbewusstseins die Einsicht gemacht wird, dass es nur gemeinschaftlich mit Anderen verwirklicht werden kann. Das Resultat der

Entwicklungsgeschichte des Selbstbewusstseins ist daher das Wissen darum, dass Freiheit nicht *gegen* Andere, sondern nur *mit* Anderen verwirklicht werden kann, was in der bekannten Formel vom ›Bei-sich-selbst-Sein im Anderen‹ zum Ausdruck kommt. Hegels Überlegungen zum subjektiven Geist führen uns so zu der Einsicht, dass *individuelle Freiheit* nur als *intersubjektive Freiheit* angemessen verwirklicht werden kann. Ausgehend von diesem Gedanken glaubt Hegel nun die Prinzipien von Subjektivität und Kommunalität miteinander versöhnen zu können: Wenn der Andere nämlich nicht als im Gegensatz zur eigenen Freiheit stehend, sondern in einem grundlegenden Sinn als Bedingung der eigenen Freiheit begriffen wird, dann schließen sich beide Prinzipien nicht aus, sondern verweisen vielmehr wechselseitig aufeinander. Entsprechend wird Hegel zu zeigen versuchen, dass sich Subjektivität nur durch Kommunalität, wie anders herum, Kommunalität nur durch Subjektivität zu verwirklichen vermag.

Wie sich diese Vermittlung konkret gestaltet, wird deutlich, wenn wir uns Hegels Überlegungen zum ›objektiven Geist‹ zuwenden, denen die Aufgabe zukommt, der intersubjektiven Freiheitskonzeption ein sittliches Fundament zu verleihen. Drei Momente an Hegels Sittlichkeitskonzeption lassen sich dabei unterscheiden.[2] (i) Erstens muss diese zeigen, wie der intersubjektiven Freiheit eine konkrete Form geben werden kann. Das geschieht dadurch, dass verschiedene, aufeinander abgestimmten *Handlungssysteme* etabliert werden, in welchen sich die Subjekte in Rollen begegnen, die es ihnen erlauben, ihre Freiheit auf unterschiedliche Art und Weise zu realisieren. (ii) Zweitens muss diesen jeweiligen Handlungssystemen durch *soziale Institutionen* ein objektives Dasein gegeben werden. Das ist dann der Fall, wenn diese Institutionen die Freiheitsbedingungen der jeweiligen Handlungssysteme auf Dauer stellen und ihnen vernünftige, aufeinander abgestimmte Zwecke zugrunde legen. (iii) Drittens schließlich müssen die konkrete intersubjektive Freiheit und die rationalen sozialen Institutionen einander wechselseitig *reflektieren*. Anspruch einer sittlichen Lebenswelt muss es sein, handelnde Akteure und soziale Institutionen so aufeinander zu beziehen, dass jene ihre intersubjektive Freiheit in den institutionellen Arrangements objektiviert sehen, wie umgekehrt die sozialen Institutionen sich im Handeln der Individuen verwirklicht wissen. Erst wenn diese drei Aufgaben erfüllt sind, bildet der objektive Geist jenes sich selbst reproduzierende System, das Hegel als »vernünftigen Organismus« (XII: §286) bezeichnet. Mit dieser Metapher greift er die gängige Rede vom Gesellschaftskörper auf, gibt ihr jedoch eine spezifische Wendung: Ihm geht es nämlich nicht darum, das Bild von der Regierung als lenkendem Kopf und den Bürgern als arbeitenden Händen zu evozieren, als vielmehr darum, dass

---

[2] Ich stütze mich hier weitgehend auf den Gliederungsvorschlag von Neuhouser 1993. Zu den Problemen, die sich bei der Übertragung des Anerkennungsprinzips vom subjektiven auf den objektiven Geist ergeben vgl. Siep 1979: 278ff.

das organische System eine Selbstbezüglichkeit aufweist, in dem ein jeder Teil Mittel und Zweck aller anderen ist.

Sehen wir zunächst vom dritten, reflektierenden Moment ab, legt Hegel seiner Sittlichkeitskonzeption im Wesentlichen zwei Formen sozialer Bindung zugrunde: eine *horizontale* Bindung, die sich auf die Beziehung zwischen den Subjekten bezieht und die der konkreten Verwirklichung intersubjektiver Freiheit dienen soll, und eine *vertikale* Bindung, welche die Beziehung zwischen den Subjekten und ihren Institutionen zum Gegenstand hat und die der Aufrechterhaltung und Verstetigung intersubjektiver Freiheit dient. Das *Gewebe der Sittlichkeit*, das Hegel vor Augen hat, beruht damit auf einer Verflechtung von zwei Bindungsformen, die sich wechselseitig Halt verleihen. Denn ebenso wie horizontale Bindungen ohne vertikale Absicherungen kontingent zu bleiben drohen, bleiben vertikale Bindungen ohne horizontales Fundament lose (Bedorf/Herrmann 2016). Mit der systematischen Unterscheidung von zwei sozialen Bindungsformen ist nun mein Deutungsrahmen für das weitere Verständnis von Hegels Überlegungen aufgespannt: Meine Aufgabe soll es sein, in Bezug auf die jeweiligen Sphären der Sittlichkeit sowohl die horizontale Form als auch die vertikale Form der sozialen Bindung herauszuarbeiten, um dann im Anschluss daran deutlich zu machen, wie in diesem Gewebe der Sittlichkeit sowohl das Moment der Kommunalität als auch das der Subjektivität seinen Platz findet.

2. Das Gewebe der Sittlichkeit

Als Sphären der Sittlichkeit zeichnet Hegel jene sozialen Handlungssysteme aus, die für die Reproduktion der Gesellschaft als Ganzer unverzichtbar sind (Honneth 2011: 17ff.). In der Moderne sind das für ihn die Familie, die bürgerliche Marktgesellschaft und der Staat. Sie verbürgen die Reproduktion der Gesellschaft zunächst einmal in einem ganz elementaren Sinn: Sichert die Familie durch Nachkommenschaft die zeitliche Fortdauer der Gattung, sorgt der Markt durch die Bereitstellung von Gütern für das Leben der Einzelnen und der Staat als Garant von Sicherheit für ein geordnetes Zusammenleben der Gruppe. Hegels Grundidee lautet nun, dass die drei genannten Institutionen nicht nur die Reproduktion der Menschen als Naturwesen sichern, sondern (sofern sie vernünftig organisiert sind) die Individuen durch ihre Teilhabe an diesen Institutionen in Geistwesen verwandeln. Die einzelnen Sphären der Sittlichkeit haben für Hegel daher nicht nur *reproduktiven,* sondern auch *transformativen* Charakter – und auf eben diesen wird es mir im Folgenden ankommen, da mittels seiner deutlich wird, wie sich Einheit und Vielheit miteinander vermitteln lassen.

Die Familie

Das erste Handlungssystem intersubjektiver Freiheit ist die Familie. Hegel hat dabei nicht mehr die traditionelle Großfamilie im Blick, sondern vielmehr die auf der geschlechtlichen Zweierbeziehung basierende Kleinfamilie. Diese untersteht in der Moderne bereits insofern dem Prinzip der subjektiven Freiheit, als die Geschlechterbeziehung nicht mehr durch Rang, Stand und Gruppenzugehörigkeit gestiftet wird, sondern vielmehr durch freie Partnerwahl. Ausgangspunkt der familialen Vereinigung, so Hegel, ist »die freie Einwilligung der Personen« (VII: §162). Das schließt zwar für ihn nicht aus, dass es auch unter den Bedingungen der Freiheit noch arrangierte Partnerschaften gibt, wesentlich ist jedoch, dass ein solches Arrangement letztlich nicht gegen den Willen der Betroffenen durchgesetzt werden kann und an deren freier Einwilligung seine Grenze findet. Insofern das partnerschaftliche Verhältnis in der Moderne also nicht mehr auf Zwang, Gewalt oder Unterdrückung beruht, sondern die wechselseitige Einwilligung der Beteiligten voraussetzt, kann es als Ort der Verwirklichung intersubjektiver Freiheit gelten.

Das Zusammenleben im Handlungssystem der Familie gründet für Hegel im Geschlechterverhältnis und dem mit ihm verbundenen sexuellen Verlangen (Schnädelbach 2000: 252f.). Praktisch, so Hegel, vermag sich dieses Verlangen zwar auch im Konkubinat zu verwirklichen, weil es hier »hauptsächlich auf die Befriedigung des Naturtriebs ankommt« (VII: §163Z), einen sittlichen Gehalt bekommt es jedoch erst in dem Moment, wo die »äußerliche Einheit der natürlichen Geschlechter in [...] selbstbewusste Liebe umgewandelt [wird]« (VII: §161) und sich die natürliche Begierde in ein »geistiges Band« transformiert (VII: §163). Was aber ist unter einem solchen ›geistigen Band‹ zu verstehen? Hegel hat damit keineswegs eine Beziehung im Sinn, die frei von fleischlichen Genüssen ist. Geist stellt für ihn ja keine mentale Entität, sondern vielmehr ein Vermittlungsprinzip dar: Hinter der Rede von der geistigen Liebe verbirgt sich das Prinzip des Bei-sich-selbst-Seins im Anderen, das sich den Subjekten in dem Verlangen zeigt, mit dem jeweiligen Partner »eine Person auszumachen« (VII: §162). Die andere Person ist hier nicht nur ein Mittel zur Befriedigung des Geschlechtstriebes, sondern vielmehr wird die Gemeinschaft mit ihr um ihrer selbst willen gewollt. Für die Liebenden besitzt das Eingehen einer Paarbeziehung einen intrinsischen Wert: Die Verbindung mit Anderen ist hier nicht Mittel zum Zweck, sondern Selbstzweck. Die Liebesgemeinschaft gründet für Hegel daher im Gegensatz zum Konkubinat nicht mehr auf einem Antrieb, der vor und unabhängig von der Beziehung zum Anderen besteht, sondern auf einer der Beziehung zum Anderen innewohnenden Dynamik.

Die Liebesbeziehung besteht nun freilich nicht einfach aus dem bloßen Gefühl der Beteiligten. Das Band, das sie verbindet, ist vielmehr aus konkreten Praktiken gewoben: Wer liebt, für den wird die andere Person zum Gegenstand der Sorge. Hegel selbst spricht diesbezüglich vom »mutuum adjutorium«, der ›gegenseitigen Hilfe‹, die er als Teil des Liebesverhältnisses versteht (Hegel 1983: 130). Diesen Aspekt hat im Anschluss an Hegel vor allem Axel Honneth weiter ausgearbeitet: Die Liebe, so Honneth, ist ein Vertrauensverhältnis, in welchem sich die Beteiligten als bedürftige und verletzbare Subjekte zeigen können, die auf die Zuneigung und die Bejahung ihres Gegenübers angewiesen sind. Zum Paarverhältnis gehören daher Praktiken der Rücksichtnahme, der Fürsorge und der Bestätigung: die Beteiligten sind wechselseitig für ihre Idiosynkrasien sensibel, lassen sich in Situationen der Not und der Bedrängnis unbedingten Beistand zukommen und bejahen sich wechselseitig in ihrer Einzigartigkeit (Honneth 1992). Durch eben diese Praktiken wird die Familie zu einem Ort, an dem es uns möglich ist, ein grundlegendes Vertrauen in unsere Bedürfnisse, Wünsche und Eigenheiten auszubilden und uns dadurch zu einem unverwechselbaren Individuum zu entwickeln. Im Liebesverhältnis werden wir daher nicht nur aufgrund unserer Einzigartigkeit anerkannt, sondern es bildet zugleich auch den Nährboden, auf dem unsere Individualität weiter zu gedeihen vermag.

Nachdem damit geklärt ist, inwiefern die Partnerschaft ein Handlungssystem intersubjektiver Freiheit ist, gilt es in einem zweiten Schritt zu verstehen, wie diese Freiheit für Hegel durch die Ehe objektiviert wird. Als eine rationale Institutionalisierung der intersubjektiven Freiheit kann sie aus drei Gründen gelten: Erstens hat die Ehe verstetigenden Charakter. Sie stellt das Liebesverhältnis auf Dauer und macht es unabhängig von der Zufälligkeit und Willkürlichkeit des Gefühls. Sie hält zwei Individuen auch dann zusammen, wenn diese in Streit geraten oder ihre wechselseitige Zuneigung temporär erkaltet ist. »Die Seite der Empfindung«, so hält Hegel fest, »ist in der Ehe zu einem Objektiven, Befestigten, Sittlichen geworden.« (Hegel 1983: 141) Das zweite vernünftige Moment der Institution der Ehe liegt für Hegel darin, dass sie dafür sorgt, dass ein familiäres Verhältnis nur aus Freiheit eingegangen wird. Denn würde die Familie auf Zwang beruhen, wäre ihr organisierendes Prinzip nicht mehr das der Liebe, woraufhin sie in der Gefahr stünde, zu einer Institution der reinen Bedürfnisbefriedigung herabzusinken und damit ihren sittlichen Charakter zu verlieren. »Die Ehe«, so fasst Hegel daher zusammen, »kann nicht erzwungen werden« (Hegel 1983: 134). Drittens schließlich ist die Ehe für Hegel deshalb eine vernünftige Institution, weil die Individuen hier sowohl als Natur- als auch als Geistwesen Befriedigung zu finden vermögen. Als Naturwesen können sie in der Ehe auf geregelte Weise ihren Geschlechtstrieb befriedigen. Als Geistwesen dagegen können sie durch die kommunikativen Praktiken der Rücksichtnahme, der Fürsorge und der Befürwortung jene Seite ihrer Identität entwickeln, durch die sie sich als einzigartige von allen anderen verschiedene Individuen wissen.

Die bürgerliche Gesellschaft

Hegel hält bei seiner Schilderung des Übergangs von der Familie zur bürgerlichen Gesellschaft fest, dass die Familie durch ihre Reproduktion in eine »*Vielheit* von Familien auseinander[tritt], welche sich überhaupt als selbständige konkrete Personen [...] zueinander verhalten« (VII: §181). Wenn er dann im Anschluss mit derselben Formel davon spricht, dass sich auf dem Markt »konkrete Personen« (VII: §182) zueinander ins Verhältnis setzen, dann hat er offensichtlich Familien bzw. männliche Familienrepräsentanten im Sinn. Die bürgerliche Gesellschaft ist für Hegel daher keine Sphäre, die unvermittelt neben diejenige der Familie tritt, sondern eine Sphäre, in welcher die Familie aufgehoben ist und in der sich Familien mittels ihrer männlichen Repräsentanten zueinander verhalten. Auch hier finden wir nun die zwei Momente der horizontalen und der vertikalen Bindung wieder.

Wo das Zusammenleben im Handlungssystem der Familie für Hegel in der Naturnotwendigkeit des Geschlechtslebens begründet war, geht das Zusammenleben in der bürgerlichen Gesellschaft von den materiellen Bedürfnissen der Einzelnen aus. Zwar können diese ihre Bedürfnisse in einer auf Subsistenz basierenden Gesellschaft allein und ohne Andere sättigen, mit dem Aufkommen der frühindustriellen Gesellschaft geht diese Möglichkeit – das hat Hegel sehr genau gesehen – jedoch unwiederbringlich verloren: Nur in Kooperation mit Anderen können die Einzelnen jetzt ihre Bedürfnisse befriedigen. Die durch die bürgerliche Gesellschaft gestiftete Kooperation ist also – anders als im Fall des Liebesverhältnisses der Familie – prinzipiell artifizieller Natur. Hegel beschreibt das System der Bedürfnisse entsprechend auch als ein auf »Notwendigkeit« (VII: §186) beruhendes System. Freilich jedoch ist innerhalb dieses Systems die Freiheit dann wieder von oberster Bedeutung: Hegel grenzt es daher scharf von dem auf Zwang beruhenden Handlungssystem des »patriarchalischen Verhältnisses« (Hegel 1983: 150) ab. In diesem gründet die Befriedigung der Bedürfnisse auf dem hierarchischen Verhältnis von Herrschaft und Knechtschaft, in welchem der eine vom anderen zur Arbeit gezwungen wird, damit dieser die Früchte von dessen Arbeit genießen kann. In der bürgerlichen Gesellschaft dagegen herrscht das Moment der Freiheit: Aufgrund des Prinzips der freien Berufswahl kann niemand zu einer bestimmten Arbeit gezwungen werden, so dass ein jeder innerhalb des Systems der Notwendigkeit seine Freiheit verwirklichen kann. Das System der Bedürfnisse gilt Hegel entsprechend als »eine Vereinigung von Freiheit und Abhängigkeit« (Hegel 1983: 167).

Entscheidend ist nun, dass das koordinierende Prinzip dieses Handlungssystems nicht Wohlwollen, sondern Eigeninteresse ist. Mit Adam Smith gesprochen: »Nicht von dem Wohlwollen des Fleischers, Brauers oder Bäckers erwarten wir unsere Mahlzeit, sondern von ihrer Bedachtnahme auf ihr eigenes Interesse. Wir wenden uns nicht an ihre Humanität, sondern an ihre Eigenliebe.« (Smith 1973: 30f.) In der bürgerlichen Gesellschaft stehen die Individuen also zunächst in einem instrumentellen Verhältnis zueinander: Der jeweils Andere ist Mittel zum Zweck der eigenen Bedürfnisbefriedigung. Die Einzelnen sind damit zwar aufeinander bezogen, insofern sie zur Befriedigung ihrer eigenen Bedürfnisse die Bedürfnisse von Anderen berücksichtigen müssen, insgesamt bleibt diese Bezogenheit aber eine anonyme, die sich hinter dem Rücken der Akteure abspielt und nicht dazu führt, dass sie sich miteinander identifizieren. Ganz im Gegenteil: Die Kenntnisnahme der Bedürfnisnatur des Anderen dient im Zweifelsfall allein dem Zweck, am Markt den eigenen Vorteil besser erreichen zu können.

Für Hegel ist nun – ähnlich wie in der Paarbeziehung – auch in der Beziehung zwischen Marktakteuren eine Eigendynamik am Werk, welche das instrumentelle Interesse aneinander über sich hinaustreibt. Ihren Ausgangspunkt nimmt diese Dynamik ausgehend von dem Umstand, dass sich im marktvermittelten Tausch nach und nach verschiedene Akteursgruppen herausbilden, die sich in ihren Arbeiten und der Art und Weise ihrer Bedürfnisbefriedigung ähnlich sind (VII: §201). Hegel unterscheidet entsprechend den substanziellen Stand der Bauern, den allgemeinen Stand des Beamtentums und den formellen Stand des Gewerbes, wobei er innerhalb des letzteren noch einmal zwischen dem Stand der Handwerker, der Fabrikanten und des Handels differenziert (VII: §202ff.). Innerhalb dieser unterschiedlichen Akteursgruppen bildet sich nun das heraus, was Hegel die Standesehre nennt. Sie besteht darin, für die Fähigkeiten und Kompetenzen, welche sich die Individuen im Zuge ihrer beruflichen Tätigkeiten angeeignet haben, in »der Vorstellung anderer *anerkannt* zu sein« (VII: §207). Und eben diese Anerkennung sieht Hegel als Grund dafür, dass die Individuen in der bürgerlichen Gesellschaft nicht nur arbeiten, um sich zu reproduzieren, sondern auch, weil sie für ihre Arbeit die Wertschätzung von Anderen bekommen. Das hat zur Folge, dass die bürgerliche Gesellschaft von den Individuen nicht nur als ein Mittel zum Zweck der Bedürfnisbefriedigung gesehen wird, sondern als in sich selbst erstrebenswert.

Dass die Beziehung mit anderen Marktakteuren zum Selbstzweck wird, liegt auch in diesem Fall wieder an den mit dieser Beziehung verbundenen Handlungsmustern. Als anerkanntes Glied eines Standes, so betont Hegel nämlich, darf der Einzelne mit der Unterstützung durch seine Standesgenossen rechnen: »Die Moralität«, so schreibt er, »hat ihre eigentümliche Stelle in dieser Sphäre, wo die Reflexion […] eine zufällige und einzelne Hilfe zur Pflicht macht« (VII: §207). Insofern die hier von Hegel genannte Solidarität aber nicht vollkommen willkürlich ist, sondern an die jeweiligen beruflichen Geschicklichkeiten, Leistungen und Einstellungen zurückgebunden ist, vermag das Individuum durch sie eine positive wertschätzende Beziehung zu seinen eigenen Vermögen aufzubauen. Die Standeszugehörigkeit ermöglicht es jedoch nicht nur, ein Verhältnis der Selbstwertschätzung zu entwickeln, sondern sie ermöglicht dem Individuum ebenso eine bestimmte Seite seiner Identität zu entwickeln. Indem es als Mitglied einer bestimmten Berufsgruppe anerkannt wird, weiß es sich sowohl in seiner Gleichheit als auch in seiner Unterschiedenheit von Anderen, wodurch es das partikulare Moment an seiner Identität verwirklichen kann.

Das instrumentelle Verhältnis der Marktakteure transformiert sich für Hegel also durch die Entdeckung von beruflichen Gemeinsamkeiten in ein solidarisches Verhältnis, in welchem die Beziehungen zu Anderen zum Selbstzweck werden. Eine Institutionalisierung dieser beruflichen Gemeinsamkeiten findet für Hegel durch die *Korporationen* statt. Als eine vernünftige Verkörperung von Freiheit können diese dabei aus dreierlei Gründen gelten: Erstens findet in den genossenschaftlichen Zusammenschlüssen eine Verstetigung jener Wertschätzung statt, durch welche sich die Interessenverbände auszeichnen. Wertschätzung wird dabei insofern objektiviert, als die Korporationen im Zuge von Aufnahmeprüfungen darüber entscheiden, wer ihre Anerkennung verdient hat. Die intersubjektive Wertschätzung erhält daher erst durch ihre Institutionalisierung ihr volles Gewicht.»Ohne Mitglied einer berechtigten Korporation zu sein«, so Hegel, »ist der Einzelne ohne Standesehre« (VII: §253). Als Mitglied einer Korporation ist dann auch die solidarische Haltung nicht mehr von individuellen Zufälligkeiten abhängig, sondern sie wird vielmehr zu einem verbürgten Recht. Als Korporationsmitglied hat der Einzelne Anspruch auf die Unterstützung durch seine Genossenschaft. Zweitens ist die Korporation für Hegel eine vernünftige Institution, weil sie für die Befriedigung des Menschen sowohl als Natur- als auch als Geistwesen sorgt. Einerseits sorgt die Mitgliedschaft in der Korporation für die Befriedigung der Bedürfnisse des Einzelnen entweder dadurch, dass sie ihm im Versicherungsfall Unterstützung gewährt oder dadurch, dass sie ihn am Markt bei der Durchsetzung seiner Interessen unterstützt. Andererseits kann der Mensch als Geistwesen in der Korporation Befriedigung finden, weil er hier durch die Wertschätzung und die Solidarität von Anderen als Teil einer Gruppe anerkannt ist: Der Einzelne zählt hier *als* Bäcker, *als* Schlosser oder *als* Händler, so dass er sich in seiner Partikularität zu verwirklichen vermag. Die zwei genannten Kriterien machen nun deutlich, warum Hegel die »Heiligkeit der Ehe und die Ehre in der Korporation« (VII: §255) als die beiden Momente bezeichnen kann, welche sie sittliche Wurzel des Staates ausmachen: Hier wie dort nämlich wird nicht nur ein intersubjektives Handlungssystem objektiviert und auf Dauer gestellt, sondern ebenso dafür gesorgt, dass der Einzelne seine natürlichen und geistigen Bedürfnisse befriedigen kann. Während die Institution der Ehe nun aber auch noch dazu in der Lage war, jene Voraussetzungen zu sichern, welche eine Teilnahme an ihr erst zu einem Akt der Freiheit werden lassen, geht diese Aufgabe in der Sphäre der bürgerlichen Gesellschaft an die Polizei über: Deren Aufgabe besteht unter anderem darin, die dem Markt vorauslaufende Freiheit der Akteure dadurch zu sichern, dass sie diese erstens dazu anhält, eine bestimmte Geschicklichkeit zu erlernen und zweitens dafür sorgt, dass sie ihren Beruf frei wählen können. Ist das der Fall, kann die bürgerliche Gesellschaft für Hegel als eine institutionalisierte Sphäre der Sittlichkeit gelten.

Der Staat

Der Übergang zum Staat wird von Hegel ähnlich gestaltet, wie derjenige zur bürgerlichen Gesellschaft: Während er dort davon ausging, dass der Markt aus der Vielzahl der konkreten Familien entsteht, geht er in Bezug auf den Staat davon aus, dass dieser aus dem Zusammenschluss verschiedener Korporationen hervorgeht. Auch wenn Hegel dabei mit einer historischen Auslegung kokettiert,[3] hat er hier doch in erster Line einen *logischen* Übergang vor Augen: So wie wir mit dem Übergang von der Familie zur bürgerlichen Gesellschaft von der Sphäre der unmittelbaren Allgemeinheit zur Sphäre der vermittelten Partikularität fortgeschritten sind, schreiten wir mit dem Übergang zum Staat zur Sphäre der konkreten Allgemeinheit fort. Sehen wir uns jetzt auch dieses Handlungssystem etwas genauer in Bezug auf seine horizontalen und vertikalen Bindungen an.

Auch den Staat versteht Hegel wieder ausgehend von Naturanlagen, wenn er ihn in Einklang mit Hobbes zunächst als »Not- und Verstandesstaates« bezeichnet. Die Aufgabe dieses Rumpfstaates besteht nämlich darin, die einzelnen Bürger vor Übergriffen zu schützen und damit ihr Bedürfnis nach Sicherheit und Gerechtigkeit zu befriedigen (VII: §183). Gleichwohl stellt der Not- und Verstandesstaat noch kein sittliches Verhältnis dar, weil die Individuen sich hier nur aus instrumentellem Interesse zusammenfinden und sich dadurch unter Gesetze stellen, die ihnen letztlich fremd und äußerlich bleiben. Eine sittliche Form nimmt der Staat für Hegel daher erst in jenem Moment an, wo die Individuen die Gesetze, unter denen sie stehen, als Ausdruck ihrer Selbstgesetzgebung verstehen können.

Das Motiv der Selbstgesetzgebung taucht in Hegels Überlegungen zunächst mit dem Zusammenkommen der Korporationen im Staat auf. Wenn Hegel festhält, dass der Korporationsgeist die Richtung hat, »sich in seiner Sphäre zu verlieren« (Hegel 1983: 255), indem er sich ausschließlich auf seine besonderen Interessen konzentriert, dann hat man sich das Zusammenkommen verschiedener Korporationen als einen konfliktträchtigen Vorgang vorzustellen, in welchem deren jeweilige besondere Interessen miteinander vermittelt werden müssen. Auch wenn uns Hegel nicht viel darüber sagt, wie er sich diesen Vorgang vorstellt, so sind wir heute dazu geneigt, ihn uns als einen deliberativen Prozess vorzustellen, in welchem sich die Akteure mit Hilfe des zwanglosen Zwangs des besseren Arguments (Habermas 1995) konsensuell verständigen.[4] Das organisierende Prinzip des Handlungssystems des Staates als einer Sphäre der Sittlichkeit wäre dann die Beratschlagung. Gehen die öffentlichen Gesetze nun aus einem solchen Verfahren der gemeinsamen Willensbildung hervor, können sie von den Beteiligten als Ausdruck ihrer Selbstbestimmung

---

[3] »Aus den Korporationen sind häufig Staaten hervorgegangen.« (Hegel 1983: 207)
[4] In diese Richtung: »Auf Gründe führe ich da die Sache zurück, durch die Gründe soll sie die meinige werden oder nicht.« (Hegel 2005: §147)

verstanden werden, so dass sie ihnen nicht mehr fremd gegenüberstehen, sondern als eigene gewusst werden. Was vom Zusammenschluss zwischen den Korporationen gilt, sollte seine Geltung nun eigentlich auch auf der Ebene der Individuen haben: Als Bürger sollten sich die Einzelnen als Autoren der Gesetze, denen sie unterstellt sind, achten können. Das ist aber nur möglich, wenn sie in der Lage sind, in einen öffentlichen Meinungsaustausch zu treten, in dessen Rahmen sie über die Angelegenheiten der Allgemeinheit beratschlagen können. Entsprechend wäre der Ort, an dem das Handlungssystem des Staates seine Verwirklichung findet, die bürgerliche Öffentlichkeit. Und auch wenn Hegel ganz in diesem Sinne festhält, dass die öffentliche Meinung »die ewigen substanziellen Prinzipien der Gerechtigkeit [...] in Form des gesunden Menschenverstandes [enthält]«, spricht er doch auch davon, dass hier die »ganze Zufälligkeit des Meinens« (VII: §317) zu finden ist. Den substanziellen Gehalt der öffentlichen Meinung auszumachen, ist daher für Hegel nicht Sache der Öffentlichkeit selbst, sondern Aufgabe der Regierung.

Dass die hier skizzierte Rolle der Öffentlichkeit prinzipiell in Hegels Systemdenken eingegliedert werden kann, dafür hat Axel Honneth in seiner Aktualisierung der hegelschen Rechtsphilosophie plädiert (Honneth 2011). Ausgehend von ihr lässt sich dafür argumentieren, dass die Partizipation an der Sphäre des Staates für die Bürgerinnen und Bürger von einer zweckrationalen zu einer selbstzweckhaften Angelegenheit wird. Denn dort, wo die Subjekte zusammenkommen, um ausgehend von Konflikten öffentlich über die Gesetzgebung zu beraten, zeigt sich ihnen in diesem Beratungsprozess, dass sie von ihren Mitbürgerinnen und Mitbürgern als autonome moralische Wesen respektiert werden. Eben dieser Respekt erlaubt es den Einzelnen, sich als gleichberechtigte Interaktionspartnerinnen und -partner zu verstehen und so ein Verhältnis der Selbstachtung zu entwickeln. Da diese Selbstachtung aber nur im Zuge eines deliberativen Verfahrens im Austausch mit Anderen erlangt werden kann, wird das Handlungssystem der staatlichen Öffentlichkeit nicht mehr um eines diesem System äußerlichen Zweckes – der Lösung von Konflikten –, sondern um seiner selbst willen gewollt. Entsprechend lässt sich mit Hegel festhalten: »Die Vereinigung geschieht also nicht zu besondern Zwecken, sondern um der Vereinigung selbst willen. Dies macht erst die Sittlichkeit aus.« (Hegel 1983: 210)

Unternimmt man den eben skizzierten Versuch, Hegels Überlegungen im Hinblick auf die Rolle der demokratischen Öffentlichkeit zu aktualisieren, dann gilt es freilich auch hier wieder, deren institutionelle Verankerung in den Blick zu nehmen: In den Mittelpunkt tritt dabei die Institution der *Verfassung*. Aufgabe der gesetzgebenden Gewalt müsste es dabei erstens sein, den Prozess der Deliberation zu verstetigen und unabhängig von Zufälligkeiten zu machen. Eine solche Verstetigung soll bei Hegel durch die Gliederung der gesetzgebenden Gewalt in die drei Instanzen der ständischen Versammlung, der Regierung und des Fürsten gewährleistet werden. Auch wenn Hegels Entwurf einer konstitutionellen Monarchie durchaus als Parteinahme für die Reformseite verstanden werden kann (vgl. Lübbe-Wolf 2016), so gelingt es ihm doch nicht, das Moment der intersubjektiven Freiheit in eine institutionelle Form zu gießen. Deutlich zeigt sich das zum Beispiel dort, wo Hegel die Korporationen zur Gesetzgebung in der zweiten Kammer zusammenkommen lässt. Dieser schaltet er nämlich eine erste Kammer vor, deren Aufgabe darin besteht, über die Interessen der Korporationen zu wachen und den deliberativen Entscheidungsprozess im Zweifelsfall ›von oben‹ zu korrigieren. Als eine vernünftige Institution kann die gesetzgebende Gewalt nun aber zweitens gelten, weil sie es den Einzelnen erlaubt, sich sowohl als Natur- als auch als Geistwesen zu verwirklichen: Zum einen sorgt sie dafür, dass das Bedürfnis nach Sicherheit des Einzelnen befriedigt wird, indem sie mit Gericht und Polizei Institutionen bereitstellt, welche der Sicherung der Person und des Privateigentums dienen. Zum anderen können die Einzelnen im Zuge ihrer Teilnahme an der öffentlichen Meinungsbildung eine weitere Seite ihrer Identität ausbilden, die darin besteht, sich mit allen Anderen gleich zu wissen. Indem sie als Wesen anerkannt werden, die sich nicht von Anderen unterscheiden, können sie die universale Seite ihrer Identität erfahren. Drittens schließlich garantiert die gesetzgebende Gewalt, dass die Bürger die Möglichkeit haben, an der Sphäre der Öffentlichkeit zu partizipieren. Durch die Publizität der Ständeversammlungen und die (zumindest eingeschränkte) Garantie der Pressefreiheit soll es den Einzelnen möglich sein, an der öffentlichen Meinungsbildung teilzunehmen.

Es ist jetzt an der Zeit, nochmal auf den Anfang meiner Überlegungen zurückzukommen, insofern ich dort festgehalten hatte, dass die Sittlichkeit für Hegel die Einheit von intersubjektiver und institutioneller Freiheit darstellt. Wir sind nun in der Lage zu verstehen, wie diese Einheit zustande kommt: Gegenstand der öffentlichen Meinungsbildung waren zunächst die zur Konfliktregelung notwendigen Gesetze des Gemeinwesens. Im Mittelpunkt der Gesetzgebung standen daher vor allem Fragen der Gerechtigkeit. Nun hat Hegel aber selbst herausgestellt, dass Gerechtigkeitsfragen selbst immer wieder auf Fragen nach dem Guten zurückführen, da nur vor dem Hintergrund einer ethischen Konzeption des Guten entschieden werden kann, was im Einzelfall moralisch richtig oder falsch ist. Zum Prozess der öffentlichen Deliberation gehört daher nicht nur die Beratschlagung über universalisierbare Handlungsnormen, sondern auch die Verständigung über rationale soziale Institutionen (vgl. dazu auch Jaeggi 2014). Der Prozess der Deliberation führt also gewissermaßen dazu, dass die sittliche Ordnung als Ganze selbst auf den Prüfstand gerät. Es ist dies der Moment, wo sich die institutionelle Freiheit in ihrer Objektivität erweisen muss und zwar in dem Sinn, dass sich die bisher genannten Institutionen der Ehe, der Korporation und der Verfassung als vernünftig erweisen. Das ist der Fall, wenn sie drei Bedingungen erfüllen: Sie dienen (i) der Verstetigung der jeweils in diesem Handlungssystem verkörperten intersubjektiven Freiheit, insofern sie diese auf Dauer stellen, (ii) der Reproduktion des jeweiligen Handlungssystems, insofern sie sicherstellen, dass Individuen nur aus freien Stücken an ihnen partizipieren und (iii) der Identitätsbildung, insofern sie dafür sorgen, dass die Individuen ihre Identität als Natur- und Geistwesen verwirklichen können. Mehr noch: Auf dem Standpunkt der Vernunft zeigt sich auch, dass die durch die jeweiligen Institutionen ermöglichten Aspekte der Identität nicht kontingent sind, sondern sich zu einem geordneten Ganzen zusammenschließen: Im Zuge der Teilhabe an der Familie, der bürgerlichen Gesellschaft und dem Staat vermag sich der Einzelne sowohl in seiner Singularität, seiner Partikularität und seiner Universalität zu verwirklichen. Insofern alle drei Momente dabei nur in Beziehungen zu Anderen verwirklicht werden können, kann Sittlichkeit als Voraussetzung von gelingender Selbstverwirklichung gelten. Die Theorie der Sittlichkeit hat damit letztlich einen perfektionistischen Grund: Sinn und Zweck ihrer Existenz ist die Selbstverwirklichung des Einzelnen. Und weil der Einzelne diesen Zweck nur im Gewebe der Sittlichkeit verwirklichen kann, werden sich Individuum und Gesellschaft wechselseitig zum Selbstzweck.[5]

3. Von der Subjektivität zur Kommunalität und zurück

Ich möchte nun abschließend meine Ausgangsfrage nach dem Verhältnis von Subjektivität und Kommunalität bei Hegel wieder aufnehmen: Führen wir uns die drei Handlungssysteme *Familie*, *Markt* und *Staat* noch einmal vor Augen, dann zeigt sich, dass der Standpunkt der Sittlichkeit für Hegel im Ausgang vom Bedürfnis nach *Sexualität*, nach *Sattheit* und nach *Sicherheit* erreicht wird. Diese Bedürfnisse sind zunächst in sich selbstsüchtig strukturiert: Sie streben nach Befriedung, ohne dabei Rücksicht auf Andere zu nehmen, weshalb die im Zuge der Bedürfnisbefriedigung eingegangenen Beziehungen daher vorerst instrumentellen Charakter haben. Sie werden nicht um der Anderen willen, sondern um des eigenen Selbst willen gewollt. Ist es den Subjekten nun möglich, diese Bedürfnisse im Zuge von freier Partner-, Berufs- oder Meinungswahl in einer intersubjektiven Beziehung zu verwirklichen, werden sie durch eine ihnen innewohnende Eigenlogik transformiert: Durch die Transformationslogiken der *Liebe*, der *Ehre* und der *Achtung* entwickeln die jeweiligen Beziehungen für die Individuen einen Eigenwert; sie werden nicht mehr zum Zweck der Bedürfnisbefriedigung angestrebt, sondern zur Verwirklichung eines höheren geistigen Prinzips. Hegels Terminologie aufgreifend können wir diesbezüglich vom *Familiengeist*, vom *Korporationsgeist* und

---

[5] Ganz in diesem Sinne fasst auch Axel Honneth den Anspruch von Hegels Sittlichkeitslehre zusammen: »Der Anspruch, den Hegel mit der Darlegung seiner Sphäre der Sittlichkeit verfolgt, ist nämlich kein geringerer, als zugleich mit den sozialen Bedingungen der individuellen Selbstbestimmung auch das gesellschaftliche Institutionengefüge aufzuzeigen, durch dessen Existenz und Aktivität sich die moderne Gesellschaft erhält; insofern müssen die drei Untersphären der Familie, der bürgerlichen Gesellschaft und des Staates sowohl Stationen der individuellen Selbstverwirklichung als auch Subsysteme der gesellschaftlichen Reproduktion bilden.« (Honneth 2010: 47)

vom *Volksgeist* sprechen. Schematisch lässt sich diese transformative Struktur von Hegels Sittlichkeitskonzept folgendermaßen darstellen:

	Familie	*Markt*	*Staat*
Naturtrieb	Sexualität	Sattheit	Sicherheit
Transformationslogik	Liebe	Ehre	Achtung
Geistprinzip	Familiengeist	Korporationsgeist	Volksgeist

Bis zu diesem Punkt scheint es so, als würde Hegels Versöhnung von Subjektivität und Kommunalität darin bestehen, dem Einzelnen auf der Basis seiner Wahlfreiheit ein Leben für das Allgemeine zu ermöglichen. Und tatsächlich argumentiert Hegel in seiner Auseinandersetzung mit Platon genau in diese Richtung, wenn er ihm vorhält, dass er das Prinzip der Subjektivität dadurch ausschließt, dass er »es nicht den Individuen gestattet, sich einen *Stand* zu wählen« (XIX: 124). Die »Subjektivität der freien Willkür« hingegen, so Hegel, »wählt sich einen Stand, bringt sich empor als sittliche Sache« (XIX: 123). Der Punkt den Hegel hier machen möchte, besteht darin, dass Kommunalität sich nur dann voll zu entfalten vermag, wenn sie auf dem Prinzip der Subjektivität aufbaut. Die frei gewählte Zugehörigkeit zu einem Stand vertieft nicht nur die eingegangene Bindung, sondern sie vermag auch eine Eigendynamik freizusetzen, in welcher die Gemeinschaft zum Selbstzweck wird. Eben das aber ist unter Verhältnissen des Zwangs und der Unterdrückung nicht der Fall: Sind Ehe, Korporation oder Verfassung erzwungen, vermögen sie die Individuen zwar immer noch zusammenzubringen, sie vermögen sie jedoch nicht in einem starken Sinn zu binden, da der Zusammenhalt hier rein äußerlich hergestellt ist und keine motivationale Verankerung in den Individuen selbst hat. Erst das Prinzip der Subjektivität, so lautet daher Hegels erstes Argument, vermag eine starke Form der Kommunalität hervorzubringen.

Dieses erste Argument deckt nun aber nur einen Teil dessen ab, was Hegel mit seiner Theorie der Sittlichkeit leisten möchte. Nicht nur will er nämlich zeigen, dass wirkliche Kommunalität aus dem Prinzip der Subjektivität hervorgeht, sondern vielmehr geht es ihm auch darum zu zeigen, wie umgekehrt wirkliche Subjektivität überhaupt erst aus Kommunalität entspringt. In Hegels Überlegungen ist daher eine zweite Transformationslogik enthalten, die in den mit den jeweiligen Geistprinzipien verbundenen Handlungsmustern wurzelt. Die Praktiken der *Fürsorge*, der *Wertschätzung* und des *Respekts* erlauben es den Individuen nämlich nicht nur, sich als Teil einer Gemeinschaft zu begreifen, sondern sie ermöglichen es ihnen darüber hinaus auch, ein Selbstbewusstsein zu entwickeln. Die Anerkennung von Anderen ermöglicht es den Individuen, sich als unvertretbare Einzelne, als Gruppenangehörige oder als Mitglieder der Allgemeinheit zu verstehen. Das Selbstbewusstsein erfährt durch seine Vergemeinschaftung hindurch so eine Konkretisierung: Es ist nicht mehr einfach das abstrakte Ich=Ich, sondern das singuläre, partikulare oder universelle Ich. Hegels zweites Argument lautet daher, dass wirkliche Subjektivität nur aus einer starken Form der Kommunalität erwachsen kann. Dort wo Gemeinschaft lediglich Zweckgemeinschaft ist, werden sich weder Praktiken der Fürsorge, der Wertschätzung noch des Respekts einschleifen, wodurch das Subjekt keine Möglichkeit haben wird, sich als konkretes Selbstbewusstsein zu realisieren. Umgekehrt vermag sich überall dort, wo die Subjekte selbstzweckhaft aufeinander bezogen sind, eine starke und orientiere Subjektivität herauszubilden. Schematisch lässt sich das folgendermaßen darstellen:

	Familie	*Markt*	*Staat*
Geistprinzip	Familiengeist	Korporationsgeist	Volksgeist
Transformationslogik	Fürsorge	Wertschätzung	Respekt
Selbstbewusstsein	Singularität	Partikularität	Universalität

Hegels Überlegungen weisen also zwei Transformationslogiken auf: Die eine führt von der Subjektivität zur Kommunalität und ist mit dem Übergang vom Naturtrieb zum Geist verbunden, die andere führt von der Kommunalität zur Subjektivität und geht mit dem Übergang vom Geist zum Selbstbewusstsein einher. Zusammengenommen bilden diese beiden Transformationslogiken die Bewegung einer *doppelten Negation*, welche in Hegels Formel vom »*Ich, das Wir*, und *Wir, das Ich* ist« (III: 145) enthalten ist. Bekanntlich führt dabei die zweite Negation nicht einfach wieder zur ersten Negation zurück, sondern vielmehr zu einer Aufhebung der Ausgangsposition auf höherer Stufe. Das Ich, das Wir ist, ist daher nicht das Wir, das Ich ist. Diese Gedankenfigur gilt es nun abschließend noch einmal herauszuarbeiten: Die über den Geist vermittelte Aufhebung des Naturtriebs in Selbstbewusstsein lässt sich bei Hegel am Begriff der *Freiheit* nachvollziehen. Während die Freiheit des Subjekts zu Beginn seiner Entwicklungsgeschichte noch ganz und gar *abstrakt* ist, ist sie am Ende seiner Entwicklungsgeschichte *konkrete* Freiheit geworden. Was ist damit gemeint?

Hegel entwickelt seinen Begriff des freien Willens in den *Grundlinien der Philosophie des Rechts* in Abgrenzung zu zwei Positionen: Die erste versteht Freiheit als *negative Freiheit*. Philosophiehistorisch findet sich diese Freiheitskonzeption bei Thomas Hobbes, der Freiheit als die uneingeschränkte Möglichkeit zur Verwirklichung von spontanen Neigungen versteht. Der Grad der Freiheit einer Handlung bemisst sich demzufolge an der Abwesenheit von äußeren Einschränkungen. Die zweite Position versteht Freiheit als *reflexive Freiheit* und findet sich philosophiehistorisch in den Überlegungen von Immanuel Kant, der Freiheit als die Möglichkeit versteht, sich selbst das Gesetz seines eigenen Handelns aufzuerlegen. Im Gegensatz zu Hobbes gelten Kant daher nur Handlungen aus Pflicht und nicht jene aus Neigung als frei, da nur sie dem Prinzip der Selbstgesetzgebung genügen. Für Hegel sind nun sowohl das negative als auch das reflexive Freiheitsverständnis ungenügend: Bleibt das Subjekt in der negativen Freiheit ein Sklave seiner Neigungen, leidet es in der reflexiven Freiheit an Unbestimmtheit (Honneth 2001). Im ersten Fall kann es nicht angeben, *warum* es etwas tun soll, während es im zweiten Fall nicht weiß, *was* es tun soll. Anders gesagt: Die negative Freiheit bezieht ihr Freiheitsverständnis allein auf die Inhalte des Willens, die reflexive Freiheit dagegen ausschließlich auf dessen Form. Konkrete Freiheit muss für Hegel jedoch sowohl der *Form* als auch dem *Inhalt* nach frei sein.

Machen wir uns nun genauer deutlich, wie Hegel die Bewegung der doppelten Negation innerhalb der Sittlichkeit als einen Prozess konzipiert, in welchem die beiden eben angeführten Freiheitsverständnisse in konkreter Freiheit aufgehoben werden: Ausgangspunkt von Hegels Überlegungen ist das Prinzip der negativen Freiheit. Wiederholt grenzt Hegel die Moderne daher vom so genannten ›patriarchalischen Zustand‹ ab, um deutlich zu machen, dass das Schicksal des Einzelnen in Familie, Markt und Staat nicht von außen vorgegeben ist, sondern dass ein jeder hier auf der Basis freier Partner-, Berufs- oder Meinungswahl eine Beziehung zu Anderen eingehen kann. Mit der Transformation des Naturtriebes in ein geistiges Prinzip verändert sich für Hegel dann jedoch dieser Freiheitsbegriff: Frei zu sein bedeutet für das Individuum nun nicht mehr einfach, seinen Neigungen freien Lauf zu lassen, sondern vielmehr in Übereinstimmung mit dem Gesetz der Familie, der Korporation oder des Volkes zu handeln. Hier unterwirft sich der Einzelne nicht seinen spontanen Leidenschaften, sondern er kommt seiner Pflicht als Mitglied einer Gemeinschaft nach. Mit der Transformation des geistigen Prinzips in Selbstbewusstsein verändert sich der Freiheitsbegriff nun aber noch ein zweites Mal: Durch die Praktiken der Fürsorge, der Wertschätzung und des Respekts lernt der Einzelne die Substanz des Gesetzes kennen. Er realisiert, dass frei zu sein nicht nur bedeutet, in Übereinstimmung *mit* dem Gesetz zu handeln, sondern *für* ein Gut zu handeln: Und dieses Gut besteht für Hegel in der Verwirklichung der Singularität, der Partikularität und der Universalität des Selbstbewusstseins. Erst mit der Verwirklichung dieser Momente hat die Freiheit nicht nur ihre Form, sondern auch ihren Inhalt erhalten und ist dadurch zu konkreter Freiheit geworden. Auch dieser Gedankengang lässt sich wieder schematisch festhalten:

	Familie	*Markt*	*Staat*
1. Versittlichung	Freiheit der Wahl	Freiheit der Wahl	Freiheit der Wahl
2. Versittlichung	Freiheit der Selbstgesetzgebung	Freiheit der Selbstgesetzgebung	Freiheit der Selbstgesetzgebung
3. Versittlichung	Freiheit zur Selbstverwirklichung	Freiheit zur Selbstverwirklichung	Freiheit zur Selbstverwirklichung

Im Zuge seiner doppelten Negation in den Sphären der Familie, des Marktes und des Staates ist der Wille für Hegel also sowohl seiner Form als auch seinem Inhalt nach frei geworden. Deutlich wird damit, dass Hegel die Versöhnung von Subjektivität und Kommunalität dadurch zustande bringt, dass er die Realisierung des freien Willens des Einzelnen an seine Teilhabe an der Gemeinschaft bindet. Das Prinzip der Subjektivität gewinnt erst durch das Prinzip der Kommunalität seine Wirklichkeit, wie anders herum das der Kommunalität nur durch das der Subjektivität. Hegel ist damit weit davon entfernt, die beiden Prinzipien dadurch miteinander zu versöhnen, dass er sowohl von der einen als auch von der anderen Seite Zugeständnisse verlangt. Seine Methode folgt nicht der Logik von These, Antithese und Synthese; Ziel seiner Überlegungen ist es nicht, zu einem Kompromiss zu kommen, bei dem sich beide Seiten gleichsam in der Mitte treffen. Die dialektische Methode versucht vielmehr aufzuzeigen, dass sich Subjektivität und Kommunalität nur auseinander zu entwickeln vermögen.

4. Von der Einheit der Vielheit zur Vielheit der Einheit

Bis zu diesem Punkt habe ich mich vor allem der Rekonstruktion jener sozialen Transformationslogik gewidmet, die Hegel seiner Theorie der Sittlichkeit zugrunde legt. Nun lassen sich an diese Theorie freilich eine ganze Reihe von kritischen Rückfragen stellen: Setzt der organische Übergang vom Natur- zum Geistwesen, den Hegel postuliert, nicht einen teleologischen Entwicklungsbegriff voraus, der blind für antagonistische soziale Kräfte ist? Warum soll der entsprechende Übergang zwangsläufig mit einer sozialintegrativen Funktion verbunden sein, stehen dem Menschen als Geistwesen ja auch gerade dadurch neue Formen der Herrschaft, der Unterdrückung und der Ausbeutung zur Verfügung? Muss Hegel nicht entsprechend viel ausführlicher die konkreten sozialen, wirtschaftlichen und politischen Bedingungen angeben, unter denen die Institutionen der Ehe, der Korporation und der Verfassung eine sozialintegrative Kraft entfalten können? Kann ferner soziale Selbstzweckhaftigkeit wirklich als ein Wert in sich verstanden werden, wenn auch undemokratische Kräfte dort, wo sich Exklusionsgemeinschaften zusammenfinden, gleichermaßen von ihr Gebrauch machen?

All diese Fragen verdienten es, ausführlich behandelt zu werden. Das kann ich freilich an dieser Stelle nicht leisten, weshalb ich mich abschließend nur einer kritischen Rückfrage widmen möchte. Hegels Konzept der Freiheit ist in den vergangenen Jahren vor allem durch die einflussreichen Hegel-Interpretationen von Frederick Neuhouser (2000) und Axel Honneth (2011) wieder zu Prominenz gelangt. Beide vertreten dabei im Anschluss an Hegel einen Begriff ›sozialer Freiheit‹, der sich im Wesentlichen mit dem von mir im letzten Abschnitt dargestellten Begriff der konkreten Freiheit deckt. Meine abschließende Diskussion soll sich daher auf ein Problem beziehen, das beide Denker meines Erachtens mit Hegel teilen und das mir einer Aktualisierung seines Denkens im Wege zu stehen scheint: Es handelt sich dabei um die Frage, wie die Einheit der Vielheit konzipiert wird. Ich hatte diese Bewegung mit Hegels Formel vom ›Ich, das Wir, und Wir, das Ich ist‹ gefasst. Problematisch scheint mir nun zu sein, dass diese Bewegung sowohl bei Hegel als auch bei Neuhouser und Honneth als ein Prozess verstanden wird, in dessen Zuge sich die Einzelnen wechselseitig zu einem Ganzen zusammenfügen: Sei es der Gleichklang der Begierden und Affekte in der Paarbeziehung, die Übereinstimmung der Interessen und Tätigkeiten in der Genossenschaft oder das Teilen von Gründen in der demokratischen Öffentlichkeit – stets wird sozialer Zusammenhalt durch das Prinzip der wechselseitigen Ergänzung der im jeweiligen Handlungssystem Zusammengeschlossenen erklärt.[6] Damit aber wird Sozialität ganz und gar auf das *Prinzip der Identität* gegründet. Gehen wir dagegen von der Annahme aus, dass wir uns heute in einem Zeitalter befinden, das sich durch eine Vervielfachung von Lebensweisen auszeichnet, dann gilt es dem Faktum dieses ethischen Pluralismus Rechnung zu tragen. Unter den Bedingungen der Gegenwart ist daher ein Gemeinschaftsdenken notwendig, das sich auf das *Prinzip der Nicht-Identität* zu gründen vermag: Nicht die Einheit der Vielheit, sondern umgekehrt, die *Vielheit der Einheit* – so meine The-

---

[6] Exemplarisch hierfür hält Honneth in Bezug auf Intimbeziehungen fest: »Die zwei Individuen ergänzen und vervollständigen sich einander nicht nur darin, daß sie sich in ihrer ethischen Formierung wechselseitig fördern und unterstützen, sondern auch und vor allem in der reziproken Befriedigung von körperlichen Bedürfnissen [...].« (Honneth 2011: 270) Ähnlich heißt es in Bezug auf den Markt: »Generalisieren wir diesen Gedankengang [...] noch einen Schritt weiter, so läßt sich ihm die Idee entnehmen, daß innerhalb der Marktwirtschaft überall dort Stützpunkte ihrer moralischen Einhegung zu finden sind, wo sich Gruppen oder Körperschaften herausgebildet haben, deren Zweck es verlangt, perspektivisch auf die Belange der anderen Marktteilnehmer Rücksicht zu nehmen; und je mehr derartige diskursive Mechanismen der Perspektivübernahme im Marktverkehr verankert sind, desto größer dürfte die Chance sein, ein kooperatives Bewußtsein sich ergänzender Verantwortlichkeiten wachzuhalten.« (Honneth 2011: 350f.). Und auch für die Sphäre der Politik hält er fest: »Die Entstehung dieser Sphäre einer allgemeinen Willensbildung ging Hand in Hand mit der Ausdifferenzierung von sich wechselseitig ergänzenden Rollenmustern [...].« (Honneth 2011: 484)

se –, gilt es zu denken, wenn Hegels Denken für die Gegenwart anschlussfähig gehalten werden soll.

Dass bereits Hegel dieses Motiv in seiner Sittlichkeitskonzeption nicht angemessen zu berücksichtigen vermag, scheint mir seine Ursache in den Grundprämissen seines Denkens zu haben. Um diese deutlich zu machen, müssen wir noch einmal zum ›subjektiven Geist‹ zurückkehren und dort jenes bekannte Lehrstück ins Auge fassen, das die Grundlage von Hegels intersubjektiver Freiheitslehre bildet: der Kampf um Anerkennung. Ausgangspunkt dieses Kampfes ist bekanntlich, dass hier zwei Individuen nach der Anerkennung ihrer individuellen Freiheit durch den jeweils Anderen streben, um so Gewissheit von ihrem eigenen Selbstsein zu erlangen. Nun ist aber keines der beiden Individuen zunächst dazu bereit, die Freiheit des jeweils Anderen anzuerkennen, weil es darin eine Einschränkung seiner jeweils eigenen Freiheit erblickt. So würde beispielsweise die Akzeptanz der Willkürfreiheit des Anderen über die Welt der Dinge die eigene Willkürfreiheit in der Welt beschränken. Die Freiheit des Einen scheint daher zunächst einmal mit der Freiheit des Anderen zu kollidieren. Hegels Protagonisten versuchen diesen Konflikt nun dadurch zu lösen, dass sie den jeweils Anderen durch die Darstellung ihrer Überlegenheit dazu zu bringen versuchen, sich ihnen zu unterwerfen. Die Individuen treten so in den *Kampf um Anerkennung* ein, in welchem sie ihre Superiorität zu erweisen versuchen. An diesem Punkt verleiht Hegel seiner Argumentation eine entscheidende Wendung, wenn er davon spricht, dass es »allein das Dransetzen des Lebens [ist], wodurch die Freiheit […] bewährt wird« (III: 149). Damit will er zum Ausdruck bringen, dass das Subjekt die Bedeutung, welche die Freiheit für es hat, am eindrücklichsten dadurch zum Ausdruck bringen kann, dass es diese gegen sich selbst wendet. Indem es sein Leben aufs Spiel setzt, zeigt das Subjekt, dass ihm seine Freiheit mehr gilt als seine eigene Natur – im Dransetzen des Lebens erhebt sich das Subjekt daher über seine Existenz als Naturwesen und zeigt sich als wahrhaftes Freiheitswesen. Der Kampf um Anerkennung muss für Hegel daher notwendig zu einem »Kampf auf Leben und Tod« (III: 149) werden.

Ich denke, dass Hegel dadurch, dass er den Kampf um Anerkennung in einem Kampf auf Leben und Tod aufgehen lässt, gänzlich die mit dem Kampf verbundenen Bindungskräfte aus den Augen verliert. Deutlich wird das, wenn wir den Kampf um Anerkennung nicht mehr als Kampf auf Leben und Tod, sondern als Wettkampf verstehen. Zu diesem Zweck ist es freilich notwendig über die hegelsche Theorie hinauszugreifen und sich einem jener Denker zuzuwenden, die das Prinzip des Wettkampfes in das Zentrum ihrer Theorie gestellt haben. Ich möchte diesbezüglich auf Friedrich Nietzsche und seinen kurzen Text »Homer's Wettkampf« zurückgreifen. Im Anschluss an die von Hesoid zu Beginn seines Lehrgedichts *Werke und Tage* getroffene Feststellung, dass zwei Erisgöttinnen auf der Erde weilen – eine böse, die Krieg stiftet, und eine gute, die den Neid fördert – unterscheidet Nietzsche zunächst zwischen dem Kampf auf Leben und Tod auf der einen und dem Wettkampf auf der anderen Seite (Nietzsche 1988b: 786). Letzterer, so argumentiert er dann, sei ein essenzieller Bestandteil des griechischen Lebens gewesen. Der Wettkampf samt der mit ihm einhergehenden Emotionen von Eifersucht und Groll wird von den Antiken nämlich nicht als Last erfahren, sondern als Möglichkeit, sich auszuzeichnen und die eigene Tugendhaftigkeit zur Schau zu stellen. Daher handelt es sich beim Wettkampf auch um eine ohne Schädigungsabsicht ausgetragene Form der Agonalität, in welcher sich die Beteiligten nicht zu vernichten, sondern lediglich zu übertrumpfen und in ihrer Vortrefflichkeit zu erweisen versuchen. Die Pointe von Nietzsches Überlegungen besteht nun darin, dass der Wettkampf, auch wenn er mit einer rivalisierenden Haltung gegenüber Anderen verbunden ist, das soziale Band zu ihnen nicht auflöst, sondern ganz im Gegenteil stärkt. Das hat seinen Grund darin, dass sich die Individuen im Wettkampf nur dadurch voneinander unterscheiden können, dass sie sich einander zuwenden. Nur indem sie sich *aufeinander* beziehen, vermögen sie sich voneinander zu unterscheiden. Diese bindende Kraft des Wettbewerbs zeigt sich besonders deutlich im *agonalen Respekt*, den die Wettkampfpartner sowohl über- als auch unterlegenen Gegnern zollen: Jeder Einzelne wird hier für seine jeweils individuelle Leistung, die ihn von den Anderen unterscheidet, anerkannt. Nun wird zwar der Zusammenhalt einer Gruppe von Wettkämpfern sicher auch dadurch gestiftet, dass sie sich alle der gleichen Herausforderung verschrieben haben (wie etwa dem Gesangswettstreit). Was sie miteinander verbindet ist jedoch nicht allein ihre Tätigkeit, sondern vielmehr ihre durch diese Tätigkeit hervorgebrachte Verschiedenheit. Im Wettkampf wird soziale Bindung daher nicht nur durch das Prinzip der Identität, sondern auch durch das Prinzip der Nicht-Identität hervorgebracht.

Freilich nun weiß Nietzsche darum, dass die Bindung durch Nicht-Identität fragil ist. Er betont daher, dass der griechische Wettkampf in Gymnastik, Handwerk und Dichtung diese Funktion nur dann gut zu erfüllen vermag, wenn er lebendig und dynamisch bleibt. Zustimmend zitiert er daher auch die Äußerung der Ephesier »Unter uns soll Niemand der Beste sein« (Nietzsche 1988b: 788). Gemeint ist damit, dass in dem Moment, in dem ein Individuum eine dauerhafte, unübertreffliche Vorzüglichkeit erlangen würde, der Wettkampf versiegen und damit das ganze Organisationsprinzip der hellenischen Gesellschaft zugrunde gehen würde. Auch wenn es daher die Aufgabe des Wettkampfs ist, die Gesellschaft zu stratifizieren, sollen dabei doch keine dauerhaften Unterscheidungen zwischen den Individuen hervorgebracht werden. Es muss daher, so Nietzsche weiter, immer »*mehrere* Genies [geben], die sich gegenseitig zur That reizen, wie sie sich auch gegenseitig in der Grenze des Maaßes halten« (Nietzsche 1988b: 789). Der Wettkampf ist für Nietzsche also nur vor dem Hintergrund eines Kräftegleichgewichts sinnvoll, das dessen Ausgang prinzipiell unvorhersehbar macht.

Sicherlich kann man nun den Einwand erheben, dass bei Nietzsches Idealisierung des Wettkampfs die Anerkennung der Freiheit des Anderen, die bei Hegel erst errungen werden muss, bereits vorausgesetzt wird. Und tatsächlich gibt Nietzsche unumwunden zu, dass der Wettkampf im antiken Griechenland einer aristokratischen Klasse vorbehalten bleibt, die sich auf der Basis der für sie arbeitenden Menge den Luxus des Ehrenwettkampfes überhaupt erst leisten kann: »Damit es einen breiten tiefen und ergiebigen Erdboden für eine Kunstentwicklung gebe, muss die ungeheure Mehrzahl im Dienste einer Minderzahl über das Maaß ihrer individuellen Bedürftigkeit hinaus, der Lebensnoth sklavisch unterworfen sein.« (Nietzsche 1988a: 767) Ziel meiner Ausführungen war es jedoch auch gar nicht zu behaupten, dass Nietzsches Konzeption des Wettkampfs Hegels Kampf um Leben und Tod systematisch zu ersetzen vermag. Mir ging es vielmehr darum, dass Hegel mit seiner Deutung des Kampfes um Anerkennung als eines Kampfes auf Leben und Tod die bindenden Potentiale dieses Kampfes aus den Augen verliert. Und nicht zuletzt das mag einer der Gründe dafür sein, dass Hegel sozialen Zusammenhalt nur nach dem Prinzip der Identität zu denken vermag.

Kehren wir nun wieder zum Ausgangspunkt der Überlegungen dieses letzten Abschnitts zurück, dann wird klar, dass die eben skizzierten Überlegungen auf den Begriff sozialer Freiheit zurückwirken. Die Sozialität, die zum Ausgangs- und Zielpunkt dieses Freiheitsbegriffs gemacht wird, soll nun nämlich nicht mehr nach dem Prinzip der Identität, sondern nach dem Prinzip der Nicht-Identität gedacht werden. Den sozialen Transformationsprozess vom ›Ich im Wir‹ zum ›Wir im Ich‹ mittels eines agonalen Wir zu denken, bedeutet daher nicht, die hegelsche Gedankenfigur der doppelten Negation von Subjektivität und Kommunalität aufzugeben, sondern vielmehr, diese neu zu durchdenken: Sie fordert uns auf, Gemeinschaft nicht nur nach dem Muster der Einheit der Vielheit zu denken, sondern auch nach dem Muster der Vielheit der Einheit. Dafür müsste nun freilich genauer angegeben werden, wie sich dieses Prinzip institutionell verwirklichen lässt. Die eigentliche Herausforderung im Anschluss an Nietzsche besteht daher darin, deutlich zu machen, ob und wie das Konzept einer agonalen sittlichen Gemeinschaft ausgestaltet werden kann. Gezeigt werden müsste dafür, wie die Handlungssysteme der Familie, des Marktes und des Staates nach agonalen Prinzipien organisiert werden können. Verschiedene Ansätze in diese Richtung sind in Einzelstudien bereits unternommen worden.[7] Hiervon eine systematische Gesamtschau zu liefern und diese in das hegelschen Systemdenken zu integrieren, ist die Aufgabe eines zukünftigen Gemeinschaftsdenkens, welches die Identität von Identität und Nicht-Identität zur Grundlage unseres Zusammenlebens macht.

---

[7] Ich denke hier etwa an die Studien zur agonalen Demokratie (Connolly 1992, Honig 1993, Hatab 1995), an die Ansätze zum agonalen Gabentausch (Hénaff 2009, Herrmann 2016) oder an komparative Modelle des Marktes (Nullmeier 2000).

Literatur

Siglen:

III: Hegel, Georg W.F. (1986), *Phänomenologie des Geistes,* in: *Werke,* Bd. 3, hrsg. v. Eva Moldenhauer/Karl M. Michel, Frankfurt am Main: Suhrkamp.

VII: Hegel, Georg W.F. (1986), *Grundlinien der Philosophie des Rechts oder Naturrecht und Staatswissenschaft im Grundrisse,* in: *Werke,* Bd. 7, a.a.O.

X: Hegel, Georg W.F. (1986), *Enzyklopädie der philosophischen Wissenschaften III,* in: *Werke,* Bd. 10, a.a.O.

XII: Hegel, Georg W.F. (1986), *Vorlesungen über die Philosophie der Geschichte,* in: *Werke,* Bd. 12, a.a.O.

XIX: Hegel, Georg W.F. (1986), *Vorlesungen über die Geschichte der Philosophie II,* in: *Werke,* Bd. 19, a.a.O.

XX: Hegel, Georg W.F. (1986), *Vorlesungen über die Geschichte der Philosophie III,* in: *Werke,* Bd. 20, a.a.O.

Bedorf, Thomas/Herrmann, Steffen (2016), »Das Gewebe des Sozialen. Geschichte und Gegenwart des sozialen Bandes«, in: dies. (Hg.), *Das soziale Band. Geschichte und Gegenwart eines sozialtheoretischen Grundbegriffs,* Frankfurt am Main: Campus 2016, 11–50.
Connolly, William (1992), *Identity/Difference: Democratic negotiations of political paradox,* Ithaca: Cornell University Press.
Habermas, Jürgen (1995), *Theorie des kommunikativen Handelns,* 2 Bde., Frankfurt am Main: Suhrkamp.
Hatab, Lawrence (1995), *A Nietzschean defence of democracy. An experiment in postmodern politics,* Chicago: Open Court.
Hegel, Georg W.F. (1983), *Philosophie des Rechts. Vorlesungen von 1819/20 in einer Nachschrift,* hrsg. v. Dieter Henrich, Frankfurt am Main: Suhrkamp.
– (2005): *Die Philosophie des Rechts. Vorlesung von 1821/22,* Frankfurt am Main: Suhrkamp.
Hénaff, Marcel (2009), *Der Preis der Wahrheit. Gabe, Geld und Philosophie,* Frankfurt am Main: Suhrkamp.
Herrmann, Steffen (2016), »Agonale Vergemeinschaftung. Normative Grundlagen des Gabentausches nach Marcel Mauss«, in: ders./Thomas Bedorf (Hg.), *Das soziale Band. Geschichte und Gegenwart eines sozialtheoretischen Grundbegriffs,* Frankfurt am Main: Campus 2016, 120–142.
Honig, Bonnie (1993), *Political theory and the displacement of politics,* Ithaca: Cornell University Press.
Honneth, Axel (1992), *Kampf um Anerkennung. Zur moralischen Grammatik sozialer Konflikte,* Frankfurt am Main: Suhrkamp.
– (2001), *Leiden an Unbestimmtheit. Eine Reaktualisierung der Hegelschen Rechtsphilosophie,* Stuttgart: Reclam.
– (2010), »Das Reich der verwirklichten Freiheit. Hegels Idee einer ›Rechtsphilosophie‹«, in: *Das Ich im Wir. Studien zur Anerkennungstheorie,* Berlin: Suhrkamp.

– (2011), *Das Recht der Freiheit. Grundriß einer demokratischen Sittlichkeit*, Berlin: Suhrkamp.
Ilting, Karl-Heinz (1963/64), »Hegels Auseinandersetzung mit der aristotelischen Politik«, in: *Philosophisches Jahrbuch*, Bd. 71 (1963/64), 38–58.
Jaeggi, Rahel (2014), *Kritik von Lebensformen*, Berlin: Suhrkamp.
Lübbe-Wolf, Gertrude (2016), »Hegels Staatsrecht als Stellungnahme im ersten preußischen Verfassungskampf«, in diesem Band.
Neuhouser, Frederick (2000), *Foundations of Hegel's Social Theory. Actualizing Freedom*, Cambridge, Mass.: Harvard University Press.
– (2008), »Hegel's Social Philosophy«, in: Frederick C. Beiser (Hg.), *Hegel and Nineteenth-Century Philosophy*, Cambridge: Cambridge Univ. Press.
Nietzsche, Friedrich (1988a), »Der griechische Staat«, in: Giorgio Colli und Mazzino Montinari (Hg.), *Kritische Studienausgabe*, Bd. 1, München: De Gruyter, 764–777.
– (1988b), »Homer's Wettkampf«, in: Giorgio Colli und Mazzino Montinari (Hg.), Kritische Studienausgabe, Bd. 1, München: De Gruyter, 783–792.
Nullmeier, Frank (2000), *Politische Theorie des Sozialstaats*, Frankfurt am Main: Campus.
Owen, David (1995), *Nietzsche, politics, modernity. A critique of liberal reason*, London: Sage.
Ritter, Joachim (1965), *Hegel und die französische Revolution*, Frankfurt am Main: Suhrkamp.
Schnädelbach, Herbert (2000), *Hegels praktische Philosophie. Ein Kommentar der Texte in der Reihenfolge ihrer Entstehung*, Frankfurt am Main: Suhrkamp.
Siep, Ludwig (1979), *Anerkennung als Prinzip der praktischen Philosophie. Untersuchungen zu Hegels Jenaer Philosophie des Geistes*, Freiburg: Alber.
Smith, Adam (1973), *Eine Untersuchung über Natur und Wesen des Volkswohlstandes*, Gießen: Achenbach.

GIANFRANCO CASUSO

Kooperation und Exklusion
Zur Aktualität von Hegels Korporationsbegriff

Der Zusammenhang zwischen Hegels praktischer Philosophie und dem Problem der Exklusion liegt nicht auf der Hand. Hegel wird oftmals für einen Verteidiger antidemokratischer Regierungsformen gehalten, der zu aktuellen Debatten um Exklusion wenig beizutragen hat. Seine verbittertsten Kritiker argumentieren sogar, dass er Exklusion gar nicht als problematisch begreift und sie als Teil des geschichtlichen Verwirklichungsprozesses des Geistes versteht. Viele dieser Kritiken sind auf die Mehrdeutigkeit von Hegels Erwägungen über die Freiheit zurückzuführen, deren Realisierungsbedingungen zwischen der bewussten Teilhabe der Individuen an verschiedenen sozialen Institutionen und ihrer Identifizierung mit einer die individuelle Autonomie negierenden, transsubjektiven staatlichen Vernunft zu schwanken scheinen (vgl. Neuhouser 2000: 36–54; Cohen/Arato 1992: 91–116). Ich möchte hier jedoch weder auf die Einzelheiten dieser Mehrdeutigkeit noch auf die möglichen Schwächen von Hegels Staatstheorie eingehen. Vielmehr werde ich mich mit einem weniger diskutierten Aspekt seines Denkens befassen: seiner Sozialphilosophie.

Eine angemessene Art und Weise, Hegels Sozialphilosophie gerecht zu werden, besteht darin, seine Überlegungen zur Exklusion in der bürgerlichen Gesellschaft zu rekonstruieren. Im Unterschied zu den meisten seiner (und sogar unserer) Zeitgenossen durchdringt er dieses Thema in seiner ganzen Komplexität, insofern er Exklusion als ein intrinsisches Merkmal der bürgerlichen Gesellschaft versteht, welches auf die Tatsache zurückzuführen ist, dass die moderne Gesellschaft in ihrem Funktionieren ihren eigenen Grundsätzen widerspricht. Dieser Widerspruch erschwert eine vollständige Verwirklichung von Freiheit: Exkludiert zu sein, bedeutet nämlich, dass es den Individuen nicht mehr gelingt, an jenen gesellschaftlich relevanten Praktiken und Institutionen teilzunehmen, die das Zusammenspiel zwischen *persönlicher* Entwicklung und *gesellschaftlicher* Integration absichern und so zur Freiheitsrealisierung beitragen (vgl. Hardimon 1994: 236f.). Und dies – so glaube ich – bedeutet einfach, am *objektiven Geist* nicht ausreichend teilhaben zu können. Exklusion ist demnach kein dem hegelschen Denken äußerliches Thema, sondern diesem vielmehr immanent. Es verdient daher einige Überlegungen.

Im Folgenden gehe ich zunächst auf die Bedeutung der Exklusion im Rahmen der hegelschen Philosophie des objektiven Geistes ein. Ich werde dabei deutlich machen, inwiefern sie ein Hemmnis für die Freiheitsverwirklichung darstellt (1); anschließend erläutere ich, welche gesellschaftlichen Maßnahmen für Hegel erforderlich sind, um die negativen *Auswirkungen* der Exklusion zu kontrollieren und ihre *Ursachen* zu bekämpfen (2); und schließlich systematisiere ich die Hauptmotive von Hegels Korporationslehre, um zu zeigen, was an ihr fruchtbar für die aktuelle Exklusionsanalyse ist (3).

1. Die bürgerliche Gesellschaft und das moderne Exklusionsproblem

Dass Hegel die Sphäre der privaten Interessen als notwendigen Teil der systematischen Entwicklung der Idee der Freiheit versteht, bedeutet keinesfalls, dass er alle Auswirkungen der kapitalistischen Marktwirtschaft auf das soziale Leben akzeptiert (vgl. Avineri 1971: 148f.; Williams 2000: 227). Er kritisiert ganz im Gegenteil, dass die einseitige Verfolgung von partikularen Interessen die vollständige Verwirklichung von Freiheit hemmt und zum Ausschluss weiter Bevölkerungsteile führt.

Der Abschnitt über die bürgerliche Gesellschaft wird von Hegel in drei Teile gegliedert. Die ersten zwei – »Das System der Bedürfnisse« und »Die Rechtspflege« – beschreiben jeweils die verschiedenen Formen, in denen sich die moderne Gesellschaft organisiert, um die notwendigen Mittel für die Erfüllung der Bedürfnisse ihrer Mitglieder herzustellen; und die Bedingungen unter denen das Recht, durch die Anerkennung und Gewährung von bestimmten Eigentumsrechten, diesem Zweck dient. Das Bedürfnis stellt also auf dieser Stufe das besondere Merkmal und den Antrieb der bürgerlichen Gesellschaft dar. Beim dritten Moment – »Die Polizei und Korporation« – handelt es sich um diejenigen Institutionen, die die Gesellschaftsmitglieder vor den Zufälligkeiten und Gefahren der Marktwirtschaft schützen und sie für das gemeinschaftliche Leben erziehen sollen (vgl. PhR: §188). Bei seiner Analyse der negativen Auswirkungen, welche die moderne Gesellschaft mit sich bringt und die die Verwirklichung von Freiheit verhindern, beschäftigt sich Hegel mit vier Momenten, die uns mittlerweile sehr vertraut geworden sind; wobei die ersten zwei – nämlich Atomismus und Ungleichheit – als Ursachen der übrigen – Exklusion und sozialer Konflikt – betrachtet werden können.

(1) Das erste Moment kann mit Hegel als *Prinzip der Atomistik* bezeichnet werden. Nach diesem Prinzip handelt jedes Individuum nur nach seinen eigenen Interessen und sucht, seine eigenen Bedürfnisse zu befriedigen.[1] Diese egoistische Neigung des *Bourgeois* spaltet die Gesellschaft und transformiert sie in ein mechanisches und potentiell zerrissenes Gebilde, dessen Glieder sich zueinander nur in dem Maße in Beziehung setzen, wie sie daraus Nutzen ziehen können. Die bürgerliche Gesellschaft geht zwar vom Prinzip der Atomistik aus; als *System* der Bedürfnisse fordert sie aber, dass die besonderen Interessen »allgemein« befriedigt werden. Um dies zu erreichen, benötigt sie das Privatrecht. Im Prinzip unterscheidet die Gesellschaft also nicht, wessen Inte-

---

[1] Hegel 1983a: §121: »daß jeder bloß für sich sorge und sich um ein Gemeinsames nicht bekümmere«.

ressen befriedigt werden müssen; sie behauptet nämlich *in abstracto*, dass alle und jeder die *gleiche Chance* dazu haben müssen (vgl. PhR: §209). Die Gesellschaft darf sich dann für *gerecht* halten, wenn sie dieses abstrakte Ziel erreichen kann. Hegel stellt aber fest, dass die Beteiligung an den gesellschaftlichen Vorteilen, Ressourcen und Reichtümern für viele Menschen tatsächlich nur eine *Möglichkeit* bleibt (vgl. PhR: §230)[2], und gerade darin liegt der zufällige und widersprüchliche Charakter der bürgerlichen Gesellschaft (vgl. PhR: §237). Obgleich sich die Gesellschaft also das Ziel setzt, den Wohlstand ihrer Mitglieder *rechtlich* und *universell* zu gewährleisten, vermag sie nicht zu garantieren, dass die Bedürfnisse von allen und jedem *de facto* befriedigt werden.

Für Hegel liegt das Problem dieser Sphäre darin, dass das *Recht* nur die Anerkennung der *abstrakten Gleichheit* berücksichtigt, und diese Anerkennungsform einen starken Widerspruch beinhaltet. Im Prinzip *müsste* das Recht nämlich für alle die gleiche Chance anerkennen, an den verschiedenen sozialen Partizipationsformen dieser Sphäre und ihren Vorteilen teilzuhaben. Was aber *eigentlich* anerkannt wird, ist (i) das *Vermögen* und das *Eigentum*, das man tatsächlich besitzt; (ii) die bestimmten *Tätigkeiten*, die aus der Perspektive der Gesellschaft als nützlich beachtet werden; und (iii) die faktische, individuelle *Fähigkeit*, am Markt und anderen funktionalen Aktivitäten teilzunehmen. Das (abstrakte) Recht nimmt demnach an, dass alle *schon* über gleiche Ressourcen und Fähigkeiten für die Partizipation an der bürgerlichen Gesellschaft verfügen. Dies bedeutet, dass aus dieser Perspektive die bereits bestehenden Unterschiede, Besonderheiten und Ungleichheiten zwischen den Gesellschaftsmitgliedern einfach übersehen werden. Dadurch wird die ursprüngliche Benachteiligung aber nicht überwunden, sondern vielmehr zu einer extremen »Ungleichheit der Geschicklichkeit, des Vermögens und selbst der intellektuellen und moralischen Bildung« verschärft (PhR: §200). Die Existenz dieser von der Gesellschaft selbst verschärften sozialen *Ungleichheiten* ist das zweite Moment, das die bürgerliche Gesellschaft charakterisiert.

(2) Das *Allgemeine* der bürgerlichen Gesellschaft besteht für Hegel nicht in der Anerkennung des Menschen als solchem, in seiner Gesamtheit und Besonderheit, d.h. insofern er durch eine heterogene Reihe von Praktiken und Beziehungen gesellschaftlich konstituiert wird, sondern nur in der Tatsache, dass er über Kapital und Vermögen verfügt und den Zweck der gesellschaftlichen Selbsterhaltung verfolgen kann. Durch diese Reduktion und ausschließende Homogenisierung wird vielen Menschen die reale Möglichkeit entzogen, an den Vorteilen der Gesellschaft teilzuhaben. Dabei ebnet man den Weg für die Marginalisierung und die Ausgrenzung einer großen Anzahl der Bevölkerung,

---

[2] Dazu auch Hegel 1973: §185: »Das Elend hat in diesem Kreise seinen Sitz weil hier alles zufällig ist, die Befriedigung ist zufällig, hängt vom äußeren Zufall ab«; Hegel 1983b: 150: »Jeder Einzelne hat durch seine Tätigkeit dafür [die Sicherung der Subsistenz, G.C.] zu sorgen. Aber diese Tätigkeit bleibt immer nur eine Möglichkeit, [ist] nicht eine Wirklichkeit.«

nämlich all derjenigen, die nicht fähig sind, diese anspruchsvollen *Bedingungen* zu erfüllen und sich so vom Standpunkt der bürgerlichen Gesellschaft aus als überflüssig entpuppen. Wenn also die dieser Sphäre zugehörige Anerkennungsform auf das *Eigentum* und auf die *Befähigung* der Erhaltung der Gesellschaft zu dienen verweist, dann wird klar, dass das Individuum ohne solche *Ressourcen* und *Fähigkeiten* vom sozialen Leben schlichtweg *ausgeschlossen* wird – es existiert also nicht für die Gesellschaft (vgl. PhR: §49). Diese zwei Elemente stellen in der Tat die *Möglichkeitsbedingung* der Anerkennung dar, wobei die Individuen ständig gezwungen sind, durch äußerliche Darstellungen ihres Erfolgs und ihr regelmäßiges Einkommen zu beweisen, dass sie *etwas sind* (vgl. PhR: §253). In diesem Sinne führen die sozialen Ungleichheiten, die aus der Dynamik der bürgerlichen Gesellschaft entstehen, das Individuum zunächst zur Armut und danach zur Unsichtbarkeit (vgl. PhR: §241).

In diesem Kontext ist es wichtig anzumerken, dass die Armut, auf die sich Hegel bezieht, nicht nur in ihrem materiellen Sinne verstanden werden darf, d.h. als Mangel an Gütern für die Befriedigung physischer Bedürfnisse, sondern im Allgemeinen als die Entbehrung *aller* von der modernen Gesellschaft versprochenen Vorteile: »Erwerbsfähigkeit von Geschicklichkeiten und Bildung überhaupt, auch der Rechtspflege, Gesundheitssorge, selbst oft des Trostes der Religion usf.« (PhR: §241) Hegel geht darauf in seinen *Vorlesungen* von 1817/18 ausführlicher ein, wo er die materielle und geistig-seelische Armut mit der Unmöglichkeit, sich in den verschiedenen Sphären des sozialen Lebens aktiv zu beteiligen, eng verbindet. Der Ausgeschlossene ist für Hegel derjenige, der »entweder kein Kapital besitzt oder keine Geschicklichkeit«. Und er sagt weiter:

> »In Staaten, wo sich des Armen nicht angenommen wird, kann er in großes Elend verfallen. [...] Durch die formelle Justiz – nur vor Gericht zu stehen – sein Recht zu erhalten, ist ihm durch die Kosten die an die formelle Rechtspflege gebunden sind, unmöglich. In der Religion und Justiz, auch in der Medizin hat er großen Nachteil [...].« (Hegel 1983a: §118)

(3) Als drittes Moment der bürgerlichen Gesellschaft macht Hegel eine extreme Form von *Exklusion* aus, die zusammen mit dem Wohlstandsversprechen der Moderne entsteht und deren Ursprung im Individualismus und der Unfähigkeit, die Differenz und die Ungleichheit in ihren wirklichen Dimensionen anzuerkennen, wurzelt. Dieses Moment ist für Hegel der Idee der bürgerlichen Gesellschaft inhärent; oder anders gesagt: Exklusion findet nicht statt, wenn es Mängel in der Gesellschaft gibt, sondern auch oder gerade wenn diese funktioniert. Und eben darin liegt ihr paradoxaler Charakter (PhR: §243). Dieselben strukturellen Bedingungen, die die bürgerliche Gesellschaft aufrechterhalten, sind auch diejenigen, die zur Desintegration führen. Ihre Natur ist daher tragisch. Aber nicht nur weil sie in sich selbst einen scheinbar unlösbaren Widerspruch trägt, sondern auch, weil ihr Schicksal sowie das ihrer Mitglieder, durch die Eventualität und den Zufall bestimmt werden. Unter diesen Bedin-

gungen wird das Individuum seinem Schicksal überlassen und alles hängt von der Zufälligkeit und den äußeren Umständen ab. Diese Zufälligkeit zeugt darüber hinaus von der dem Menschen innewohnenden Verletzbarkeit und Hilfsbedürftigkeit, welche, wie schon gesagt, nicht nur auf materielle Bedürfnisse verweist, sondern vor allem auf die Dringlichkeit, menschliche Bindungen einzugehen, die die Teilnahme am sozialen Leben und dadurch die Realisierung des Menschen als freiem Wesen garantieren.

Ohne die Ressourcen, die notwendig sind, um in der Sphäre der bürgerlichen Gesellschaft anerkannt zu werden, fehlt den Ausgeschlossenen die Möglichkeit, innerhalb gesellschaftlicher Institutionen und Assoziationen zu interagieren. Das universelle Freiheitsversprechen der bürgerlichen Gesellschaft wird so von sich selbst gebrochen, da es nur von einigen Wenigen eingelöst werden kann. Als Ausgeschlossene können also diejenigen verstanden werden, die ihre Freiheit nicht zu realisieren vermögen. Sie sind also diejenigen, deren Handlungen weder Sinn noch Relevanz für die Gesellschaft haben; diejenigen, auf denen das Prinzip der Atomistik lastet und diejenigen, für die Elend keine nur vorläufige Situation ist, sondern permanent und strukturell.

(4) Insofern die bürgerliche Gesellschaft als »äußerer Staat« begriffen wird, ist sie der Ort, an dem allgemeine Anerkennung einerseits und Missachtung und Exklusion andererseits zusammenstoßen. Aufgrund ihrer eigenen Dynamik schließt die Gesellschaft bestimmte Individuen aus, die ihr nicht nützlich sind. Der Agent der Exklusion und der Missachtung ist dabei die Gesellschaft selbst. Sie begeht die Untat, die Individuen zur Selbstständigkeit zu zwingen und ihnen zugleich die Möglichkeit zu verwehren, die notwendigen Fähigkeiten für eine effektive Beteiligung zu entwickeln (vgl. Williams 2000: 249). Ihr gegenüber empört sich dann dieses *Andere:*, den die Gesellschaft erzeugt und ausschließt. In den Ausgeschlossenen entsteht das, was Hegel *Pöbelhaftigkeit* nennt. Dieser Zustand bezeichnet nicht nur die Tatsache, arm zu sein, sondern auch die Fatalität, (i) die Anerkennung und die Ehre verloren zu haben (vgl. PhR: §253), (ii) durch die eigene Tätigkeit und Arbeit nicht bestehen zu können (vgl. PhR: §244); sowie (iii) nicht als ein aktives Mitglied an der Gesellschaft teilzuhaben. In den Ausgeschlossenen entsteht so das Gefühl, Unrecht zu erleiden, was seinerseits eine Empörung gegen die Gesellschaft als Ganze auslöst (vgl. PhR: §244Z). Mit der Entstehung des Pöbels geht daher das Risiko des *sozialen Konflikts* einher – und eben das bildet für Hegel das vierte charakteristische Moment der bürgerlichen Gesellschaft.

Die negativen Auswirkungen dieser von der Gesellschaft verursachten Tragödie will Hegel überwinden, ohne auf äußere Maßnahmen zurückzugreifen. Die Überwindung des Widerstreites in der Gesellschaft soll vielmehr *immanent* geschehen (vgl. Hegel 1973: §251). In Hegels Worten sollen die »Momente, die zunächst in der bürgerlichen Gesellschaft [...] entzweit sind, auf innerliche Weise vereinigt [sein], so dass in dieser Vereinigung das besondere Wohl als Recht [...] verwirklicht ist« (PhR: §255). Für Hegel sollen deswegen keine »äußerlichen« Institutionen an die bürgerliche Gesellschaft herangetragen werden – als eine Art *deus ex machina* –, um den tragischen Widerstreit zu bewältigen. Denn solange die Gesellschaft weiterhin lediglich als eine willkürliche Summe von partikularen Willen aufgefasst wird, ist sie nicht fähig, ihr ursprüngliches Hauptziel, den Wohlstand und die Freiheit aller ihrer Mitglieder, zu garantieren. Daher bedarf es Organisationsformen, die die Mentalität der Gesellschaftsmitglieder auf andere Anerkennungsformen richten als lediglich diejenigen, welche der Verteidigung der Partikularität dienen. Die Struktur der Gesellschaft muss also anders verstanden werden können und das kann nur geschehen, wenn das Bewusstsein und der Willen jedes Individuums beeinflusst werden, ohne dabei das Recht der Subjektivität zu verletzen oder zu staatlichen und totalitären äußeren Steuerungsformen zu greifen. Hegel ist nun der Auffassung, dass es zwei Institutionen gibt, mittels derer einige der *Auswirkungen* und *Ursachen* der sozialen Exklusion bekämpft werden können: die *Polizei* und die *Korporation*.

Mit dem Begriff der *Polizei* bezieht sich Hegel auf die Gesamtheit von Verfahren und Institutionen, die die Produktion und die Handelstätigkeit im Sinne des Gemeinwohls regulieren (vgl. PhR: §235). Im Unterschied zum abstrakten Recht schützen diese nicht nur die individuellen Interessen. Sie regulieren vielmehr das Verhältnis der Teilnehmer am Markt (als Produzenten und Konsumenten), weil es hier »auch einer über beiden stehenden, mit Bewußtsein vorgenommenen Regulierung« (PhR: §236) bedarf, wenn in dieser Sphäre Auseinandersetzungen entstehen. Hegel behauptet darüber hinaus, dass »die Gewerbefreiheit nicht von der Art sein [darf], dass das allgemeine Beste in Gefahr kommt.« (PhR: §236Z) Mit »allgemeinen Besten« verweist Hegel auf dieser Stufe nicht auf eine bestimmte Konzeption des guten, ethischen Lebens. Er bezieht sich vielmehr darauf, dass, insofern eine der Verpflichtungen der bürgerlichen Gesellschaft im Schutz ihrer Mitglieder vor Zufälligkeiten besteht, sie Institutionen bereitstellen muss, die *alle* Individuen an den allgemeinen Vorteilen und Reichtümern tatsächlich beteiligen. Die Polizei muss daher eine komplexe und heterogene Reihe von Funktionen erfüllen, wie z.B.: die »ungestörte Sicherheit der Subsistenz der Person und des Eigentums« (PhR: §230) zu bewirken, »für Straßenbeleuchtung, Brückenbau, Taxation der täglichen Bedürfnisse« (PhR: §236Z) Sorge zu tragen, sowie für die Gesundheit und die Erziehung unter anderem einzustehen (vgl. PhR: §231–239). All diese Funktionen, die Hegel nur im Allgemeinen erwähnt, zielen darauf ab, zu vermeiden, dass extreme Ungleichheiten zur Entstehung einer unzufriedenen Masse führen. In diesem Zusammenhang besteht die Hauptaufgabe der Polizei als Garant der Unversehrtheit und des Wohlstands aller Bürger darin, die *Auswirkungen* der Ungleichheiten und Eventualitäten der marktwirtschaftlichen Gesellschaft zu berichtigen (vgl. PhR: §242).

Keine der von Hegel in Bezug auf die Polizei erwähnten konkreten Maßnahmen gegen die Auswirkungen der Exklusion löst das Problem der Pöbelhaftigkeit *immanent*, d.h. keine von ihnen überwindet den hintergründigen Widerspruch, der die Gesellschaftsmitglieder an ihrer Entfaltung hindert. Obwohl die Subsistenz der *Bedürftigen* durch Almosen, Stiftungen, öffentliche Armenanstalten und ähnliche Institutionen in gewisser Weise gesichert wird, geschieht das weder durch ihre eigene Arbeit, noch durch die Ausübung ihrer Fähigkeiten. Daher werden hier weder die Grundsätze der bürgerlichen Gesellschaft respektiert, noch kommt es zu einer Wiedererlangung von Ehre (vgl. PhR: §244Z). Die Erhöhung der Arbeitsgelegenheiten hält Hegel darüber hinaus auch nicht für eine passende Lösung, weil dadurch nur Überproduktion generiert wird, was weitere Krisen zur Folge haben kann. Anders als man auf den ersten Blick annehmen könnte, hat das Problem der Armut und der Exklusion nicht nur einen wirtschaftlichen Charakter.[3] Der Rückgriff auf *äußere* Regulierungen vermag das eigentliche Problem der sozialen Konflikthaftigkeit daher nicht zu lösen, sondern bietet nur einen Notbehelf gegen die Widersprüche einer lediglich vom Markt aus verstandenen Gesellschaft.

Das eigentliche Problem der bürgerlichen Gesellschaft ist strukturell: Armut und Arbeitslosigkeit auf der einen Seite und Überproduktion auf der anderen sind nur die äußere Erscheinung eines größeren und tieferen Phänomens; nämlich des Widerspruchs einer nach dem Prinzip der Atomistik geleiteten Gesellschaft, die von der *Partikularität* ausgeht, aber zugleich den Wohlstand für alle *universell* sichern will, also nach dem *Allgemeinen* strebt. Aus diesem Grund muss eine Lösung darin bestehen, die Grundlagen, aus denen die Kontradiktion resultiert, zu modifizieren.

2. Die Korporation. Zwischen Markt und Staat

Im Abschnitt »Die Polizei und Korporation« erläutert Hegel die Elendssituation und die Freiheitsbeschränkung in einer bürgerlichen Gesellschaft, die nur durch das Streben nach privaten Zwecken definiert ist. Vom Standpunkt von Hegels System liegt das Hauptproblem wie gesehen daran, dass, im Gegensatz zu dem, was eine solche Gesellschaft fordert, die Freiheit nur eine Möglichkeit für einige Wenige ist. Und das Schlimmste daran ist, dass die Gesellschaft durch ihre eigene Logik dazu beiträgt. Eine solche Gesellschaft führt daher zu systematischer Desintegration und Exklusion (vgl. Hardimon 1994: 236f.). Dieser Widerspruch lässt sich für Hegel nur dann auflösen, wenn ein Medium gefunden wird, das als Vermittler zwischen der bloßen *Möglichkeit* und der *Wirklichkeit* der Freiheit fungiert (vgl. Hegel 1983b: 194, 195). Letzteres erfordert die Teilhabe aller am Allgemeinen, also die Beteiligung an gemeinsamen Zielen und gesellschaftlichen Angelegenheiten.

---

[3] Vgl. PhR: §245: »Es kommt hierin zum Vorschein, daß bei dem *Übermaße des Reichtums* die bürgerliche Gesellschaft *nicht reich genug ist*, d.h. an dem ihr eigentümlichen Vermögen nicht genug besitzt, dem Übermaße der Armut und der Erzeugung des Pöbels zu steuern«. »[W]omit die Unfähigkeit der Empfindung und des Genusses der weiteren Freiheiten und besonders der geistigen Vorteile der bürgerlichen Gesellschaft zusammenhängt.« (PhR: §243)

Diese Beteiligung kann jedoch nicht im Sinne einer direkten Teilhabe von jedem an staatlichen Institutionen verstanden werden. Hegel behält im Auge, dass Staat und bürgerliche Gesellschaft zwei verschiedene Sphären darstellen, denen zwei unterschiedliche Funktionsweisen entsprechen. Er gibt also zu, dass »[i]n unseren modernen Staaten [...] die Bürger nur beschränkten Anteil an den allgemeinen Geschäften des Staates [haben].« (PhR: §255) Das bedeutet allerdings nicht, dass alle zwischenmenschlichen Beziehungen in der bürgerlichen Gesellschaft nur mit der bloßen Befriedigung privater Interessen zu tun haben. Neben der Verfolgung seiner individuellen Zwecke muss das Gesellschaftsmitglied auch in der Lage sein, am Allgemeinen auf bestimmte Weise teilzuhaben. Und »dieses Allgemeine« – so Hegel –, »das ihm der moderne Staat nicht immer reicht, findet er in der Korporation.« (PhR: §255) Es bedarf dieser Art von Mittlerinstitution, um Teilhabe zu sichern, denn das *Sittliche* »muß existieren nicht allein in der Form der Allgemeinheit des Staats, sondern auch wesentlich in der Form der Besonderheit«. Durch diese Institution »*kehrt das Sittliche als ein Immanentes in die bürgerliche Gesellschaft zurück.*« (PhR: §249) Die Individuen können demnach auch im Inneren der bürgerlichen Gesellschaft am »Sittlichen« teilhaben, wobei sich die Gesellschaft als ein Raum entpuppt, der nicht nur durch die Kriterien der *instrumentellen Vernunft* definiert ist.

Wenn das Grundproblem der bürgerlichen Gesellschaft in der durch das Prinzip der Atomistik hervorgebrachten egoistischen Mentalität der Gesellschaftsmitglieder liegt, sollte die entsprechende Lösung in der sittlichen Transformation dieses Prinzips mittels der Förderung alternativer Anerkennungsformen bestehen (vgl. Hegel 1983a: §121).[4] Für Hegel ist es daher Aufgabe der Korporation, dem Individuum jene soziale Anerkennung zu gewähren, die es nicht als isoliertes Subjekt, sondern als Teilnehmer an gemeinsamen Unternehmungen bestätigt (vgl. Hegel 1973: §253). Durch die Korporation wird die Anerkennungsform, die auf dem Eigentum beruht, durch die »Ehre« ersetzt. Es sind also nicht mehr der Besitz von Gütern oder die äußeren Bezeichnungen, die anerkannt werden, sondern die Tatsache, dass das Individuum einem Ganzen angehört, »selbst ein Glied der allgemeinen Gesellschaft ist und für den uneigennützigen Zweck dieses Ganzen Interesse und Bemühungen hat.« (Hegel 1973: §253) Diese *kooperative* Teilnahme wird ein Zweck an sich. Die Korporation scheint zudem viel mehr als nur eine Institution für die externe Behandlung ökonomischer Probleme der Gesellschaft und der Individuen zu sein. Diese Organisationsform konzentriert sich eher auf die bewusste und reflexive Kooperation zum Erreichen gemeinsamer Ziele. Und das steht im Gegensatz dazu, was in einer Marktgesellschaft *de facto* geschieht – hier ist man weder dazu verpflichtet, nach jemanden außer sich selbst zu sehen, noch die Verantwortung für andere zu tragen. Auf diese Weise behauptet Hegel, dass, obwohl

---

[4] Dazu Houlgate 1991: 104–111.

»das Individuum, für sich in der bürgerlichen Gesellschaft sorgend, auch für andere handelt, [...] diese bewußtlose Notwendigkeit [...] nicht genug [ist]: zu einer gewußten und denkenden Sittlichkeit wird sie erst in der Korporation.« (PhR: §255)

Im Unterschied dazu, was in der als »Notstaat« begriffenen Gesellschaft vorkommt, hat das Individuum durch die sozialen Mittlerinstitutionen nicht *unbewusst* oder *zufällig* am Allgemeinen teil, sondern es sorgt sich *freiwillig* um das Gemeinsame, ohne dabei auf seine eigenen Interessen zu verzichten (vgl. PhR: §188). Diese *bewusste Kooperation* stellt in diesem Sinne die Vereinigung des Partikularen mit dem Allgemeinen dar.

Staat und Korporation teilen in der Tat die Aufgabe, die *sittliche* Integration der Gesellschaftsmitglieder durch die Beteiligung an bestimmten Praktiken der gegenseitigen Anerkennung zu fördern.[5] »Korporation und Staat sind eigentlich gleich, aber unterschieden sind sie dadurch, dass die Korporation noch zunächst innerhalb der bürgerlichen Gesellschaft selbst steht.« (Hegel 1973: §250) Aus der Perspektive des sittlichen Organismus ist folglich nicht die bürgerliche Gesellschaft als Notstaat, sondern die Korporation dasjenige, was die mittlere Stufe der sittlichen Freiheitsverwirklichung ausmacht.[6] Das bedeutet, dass durch diese Organisationsform das Ziel der Integration und Inklusion, welche in der Familie in einer unmittelbaren Form begann und in der politischen Gemeinschaft – die die Form des Staats annimmt – ihre reflektierte Form finden wird, auch in der bürgerlichen Gesellschaft verwirklicht werden kann. In der Korporation hat die bürgerliche Gesellschaft ihre Wahrheit, da diese nun nicht länger ausschließlich als die Sphäre der Partikularität und des Atomismus gilt, sondern vielmehr als der Raum, in dem das Besondere und die Differenz mit der Solidarität und der Sorge um andere versöhnt werden kann.

3. Aktualität und Bedeutung der hegelschen Korporationslehre

Hegel lokalisiert die Ursprünge der Exklusion als spezifisch modernes Problem in der bürgerlichen Gesellschaft. Dieses Problem verweist auf komplexe Ausgrenzungsformen bezüglich diverser Modi sozialer Teilhabe und wird von denselben Prinzipien ausgelöst, die der marktwirtschaftlichen Gesellschaft zu-

---

[5] Vgl. PhR: §§249, 255; Hegel 1973: §255; Hegel 1983a: §121; Hegel 1983b: 194f.
[6] Hegel spricht in der Tat über die Korporation als *sittliches* Mittelglied: »Es sind hier zwei Extreme, die durch den Begriff bestimmt sind, erstens die Einzelheit der Individualität [...], zweitens der Staat als solcher [...]. Was so in seinen Gegensätzen existirt muß nach der Vernunft, dem Begriff, durch eine Mitte vermittelt sein, so daß der Begriff sich als Schluß darstellt. Das Mittelglied ist also sittlich wie der Staat, hat einerseits das Interesse der Einzelnen nach ihrer Besonderheit in sich, aber anderseits dieß mit dem Staate gemein, daß auch das besondere Interesse als allgemeines darin bezweckt und bethätigt wird. Dieß ist das große organische Glied, welches wir bei der Verfassung noch näher kennen lernen werden.« (Hegel 1973: §251)

grunde liegen (vgl. PhR: §243). Da Hegel jedoch über keinen angemessenen Begriff der Öffentlichkeit verfügt, der die bürgerliche Beteiligung und die Entwicklung einer demokratischen politischen Kultur fördern könnte, sieht er eine plausible Lösung für einige der Ursachen dieser Probleme in einer Art von Wiederaufbau des Geistes der Körperschaften, insofern diese zwei komplementäre Funktionen erfüllen: die Umgestaltung atomisierter Strukturen und antisolidarischer Praktiken und die Förderung von bürgerschaftlicher und politischer Bildung (vgl. Cohen/Arato 1992: 106). Im Unterschied zur Polizei stellt die Korporation also nicht nur eine »äußere Lösung« dar, sie ist vielmehr ein Medium für die intrinsische Transformation von jenen ausschließenden und missachtenden Verhaltensweisen, die eine lediglich von den Parametern der Marktwirtschaft beherrschte Gesellschaft charakterisieren. Es handelt sich demgemäß nicht nur darum, dass der Staat gewisse Maßnahmen für die Steigerung des materiellen und kulturellen Wohlergehens seiner Bürger beschließt – wie heutzutage die Aufgaben des Wohlfahrtsstaats verstanden werden können. Die Korporation kann vielmehr den notwendigen Raum dafür schaffen, dass die Individuen sich ihre Ziele freiwillig setzen und jene Fähigkeiten entfalten, die ihnen sowohl den Zugang zu den Vorteilen der Gesellschaft als auch die vollständige Ausübung ihrer Würde und Ehre ermöglichen (vgl. PhR: §253). Sie fördert ebenso die Entwicklung sozialer Kooperationsformen und trägt damit dazu bei, dass die privaten Interessen mit dem Gemeinwohl in Einklang kommen (vgl. Hardimon 1994: 200–205). Was zwischen den Individuen und solchen Assoziationen entsteht, sind also organische vertrauliche Beziehungen, durch die andere, auf »äußeren« oder utilitaristischen Verhältnissen basierende Anerkennungsformen ersetzt bzw. ergänzt werden können.

Mit diesen Bemerkungen möchte ich jedoch nicht die These verteidigen, dass die Korporation von Hegel als privilegierte Instanz für die endgültige Lösung aller sich aus den marktgesellschaftlichen Widersprüchen ergebenden Probleme verstanden werden kann. Um eine Erklärung dafür zu liefern, wie der normative Kern und das kritische Potential der Korporationslehre heutzutage von Nutzen sein kann, werde ich in diesem letzten Abschnitt zwei Korporationsverständnisse unterscheiden und anschließend ihren Zusammenhang zu jenem Hegelianischen Exklusionsbegriff erläutern, den ich in den vorangehenden Abschnitten bereits angefangen habe zu systematisieren.

Wie schon gesehen, ist der Ausgeschlossene eine Art von *Teil ohne Anteil*[7], derjenige, der auf Grund seines partikularen Daseins, sowie seines Mangels an gewissen Leistungsfähigkeiten und Ressourcen, keine angemessenen Mittel für die soziale Repräsentation gefunden hat. Da der Ausgeschlossene für die Kohäsion der Gesellschaft als artikulierter Einheit keine bedeutende Rolle spielt, existiert er weder von einem funktionalen Standpunkt aus noch wird er vom Staat – verstanden als Gipfelpunkt der gesellschaftlichen Integrationsprozesse – wahrgenommen. Das ist aber noch nicht alles. Indem sich die Gesell-

---

[7] Ich übernehme diesen Ausdruck von Jacques Rancière (2002). Dazu auch Ruda 2011: 35f.

schaft als ein System mit anspruchsvollen Teilnahmebedingungen konstituiert und dabei einen Anderen erzeugt, der hinter ihr zurückbleibt, stellt dieser Ausgeschlossene die negative Seite und den Schatten dar, der jeden positiven Bestimmungs- und Kategorisierungsprozess der legitimen sozialen Handlungsbereiche begleitet. Das Dilemma besteht darin, dass der Ausgeschlossene trotz seiner Unsichtbarkeit und Überflüssigkeit zwar den Spielregeln einer Marktwirtschaft stillschweigend untergeordnet bleibt, an deren Konstitution jedoch nicht Teil hat und so deren Logik fremd bleibt. Da die bürgerliche Gesellschaft als ein angeblich universelles und ausschließliches System für die Befriedigung von Bedürfnissen und Interessen konzipiert wird, sieht sich der Ausgeschlossene dazu gezwungen, für seine eigene Subsistenz zu sorgen ohne dafür die gesellschaftlich verfügbaren und gültigen Mittel zu besitzen. Da dieser des Weiteren keinem bereits bestehenden »Stand« angehört, ist seine Kondition per definitionem diejenige des *Unbestimmten*. Sein partikulares Dasein hat somit die Form der Allgemeinheit noch nicht erreicht.

Von diesem Exklusionsverständnis ausgehend, könnte man einigen Kritikern darin zustimmen, dass nur diejenigen, die sich bereits am beruflichen Leben beteiligen, Zugang zur Korporation haben und an jenen solidarischen und anerkennenden Praktiken teilnehmen können, die für die Persönlichkeitsentwicklung und die Freiheitsausübung notwendig sind (vgl. PhR: §253).[8] Verstanden als eine rein komplementäre Institution zum Schutz vor den Eventualitäten des Marktes, helfe die Korporation also nur denjenigen, die gewisse *Fähigkeiten* schon *entwickelt haben* und denen es gelungen ist, ihre *Interessen* um eine gemeinsame, sozial anerkannte Tätigkeit zu *artikulieren*. Das heißt, denjenigen, die schon »etwas« für die Gesellschaft sind und zumindest potentiell die Bereitschaft besitzen, an einer der wirtschaftlichen Aktivitäten, die die Ideale der Moderne verkörpern, in ihren eigenen Sprachen und gemäß ihren eigenen Kriterien teilzunehmen. Die Korporation helfe auf diese Weise lediglich *ihren* Armen, während sie diejenigen ausschließt, die ihr nicht angehören. Dies diene selbstverständlich nicht dazu, das Exklusionsproblem in seinen extremsten Formen zu überwinden. Denn: die Korporation selbst könnte für einen sozial legitimierten Ausschlussmechanismus gehalten werden.

Dieser Einwand ist aber nur berechtigt, wenn die Korporationen in ihrer faktischen Dimension als Ergänzungen von bereits bestehenden beruflichen Entitäten verstanden werden, welche die Interessen ihrer Mitglieder und das gute Funktionieren der bürgerlichen Gesellschaft als Bedingungen für die Integration, die materielle Reproduktion und die allgemeine Wohlfahrt begünstigen. Dieser *funktionalistische* und *konservative* Aspekt erschöpft jedoch nicht den normativen Kern des Korporationsbegriffs. Bei Hegel verschwimmen in der Tat zwei Korporationsverständnisse, die teilweise zwei unterschiedlichen Armuts- und Exklusionsformen entsprechen. Neben dem eben

---

[8] Dazu Honneth 2001: 120–127. Eine ähnliche Bemerkung ist auch zu finden in Ruda 2011: 45f.

beschriebenen gibt es ein zweites Verständnis, dass *das konkrete Ziel*, den Benachteiligungszustand mancher *Mitglieder* eines bestimmten Bereiches des zweiten Standes aufzuheben, nicht verfolgt. Dieses zweite Korporationsverständnis bietet den Ausgeschlossenen einen normativen Bezugspunkt an, von dem aus sie ihre Ansprüche artikulieren und äußern können. Gehen wir nun auf diese Idee ausführlicher ein.

Wie schon im ersten Abschnitt gesehen, ist die Entstehung eines Bewusstseins von der eigenen Benachteiligung bei den Ausgeschlossenen auf die *Empörung* und die latenten *Konflikte* in der bürgerlichen Gesellschaft zurückzuführen.[9] Ihr Zustand wird von ihnen als zu gewissen geschichtlich entwickelten Idealen und Werten – wie das universelle Recht auf Entscheidungsfreiheit, Selbstunterhalt, Selbstbestimmung und Selbstverwirklichung – in Widerspruch stehend wahrgenommen, da diese, wenn auch rechtlich gesichert (vgl. Hegel 1973: §244), in den betreffenden bürgerlichen Institutionen nur unvollkommen verkörpert sind. Ihre Ansprüche bemessen sich also an einem der Gesellschaft inhärenten Maßstab, dessen Legitimität mit der *Aufdeckung* eines strukturellen immanenten *Widerspruches* zusammenhängt, der aufgehoben werden *muss* (vgl. Honneth 2011: 21–31). Daher basieren die Evaluierungskriterien für die Ansprüche der radikal Exkludierten weder auf externen Werten noch auf faktischen Institutionen, sondern auf der Unvereinbarkeit zwischen den gesellschaftlichen Einrichtungen und den gesellschaftlich verfügbaren Idealen. In Bezug auf den Markt kritisieren die Ausgeschlossenen die versagte institutionelle Erfüllung der modernen Versprechen von allgemeiner Wohlfahrt und Selbstverwirklichung, das heißt, die Nichteinlösung eines konstitutiven *moralischen Versprechens* (vgl. Honneth 2011: 327–360).

Im Gegensatz zum ersten Korporationsverständnis, welches für den Markt funktional ist und die radikale Exklusion nicht berücksichtigt, verkörpert und fördert das *zweite Verständnis* gewisse Einstellungen und Praktiken, die auf dem Anspruch basieren, dass die von der bürgerlichen Gesellschaft geweckten Erwartungen angemessenen erfüllt werden (was der bloßen, auf das Eigeninteresse orientierten instrumentellen Vernunft nicht gelingt).[10] Es verkörpert jene Forderungen (nach solidarischen Kooperationsformen, der Berücksichtigung

---

[9] »Somit entsteht im Pöbel das Böse, daß er die Ehre nicht hat, seine Subsistenz durch seine Arbeit zu finden, und doch seine Subsistenz zu finden als sein Recht anspricht. Gegen die Natur kann kein Mensch ein Recht behaupten, aber im Zustande der Gesellschaft gewinnt der Mangel sogleich die Form eines Unrechts, was dieser oder jener Klasse angetan wird.« (PhR: §244Z)

[10] Es ist hier zu erwähnen, dass Hegel eine besondere Art der Korporation verteidigt, die – anders als die mittelalterlichen Zünfte – freien Zu- und Austrittsbedingungen gehorcht (vgl. PhR: §255Z), auf nicht-hereditären Kriterien basiert und keine Beschränkung individueller Rechte kennt (vgl. Cohen/Arato 1992: 106). Es ist hier auch wichtig anzumerken, dass Hegel die Korporation in einem umfassenden Sinne versteht: »Hegel does not restrict the corporate organization to that [economic] sphere: Learned bodies, churches, and local council are also included in the concept.« (Cohen/Arato 1992: 106) Dazu auch Knox, T.M, Anmerkung des Übersetzers zu: Hegel 2008: 354, Fn. 215.

des Gemeinwohls usw.), die durch die Marktwirtschaft (dem Gesetz von Angebot und Nachfrage, der Nutzenmaximierung usw.) nicht erfüllt werden können.[11] In diesem Sinne hat es eine viel größere Reichweite als das Erste. Sein Ziel ist es nämlich nicht, lediglich den Zustand derjenigen, die an der bürgerlichen Gesellschaft bereits teilhaben, zu verbessern, sondern vielmehr (i) die Ausgeschlossenen mit normativen Ressourcen auszustatten, die es ihnen erlauben, in der Gesellschaft Gehör zu finden, und dadurch (ii) eine strukturelle Transformation zu begünstigen, die die Entstehung von neuen – mit modernen Idealen wie Solidarität, Freiheit und Kooperation übereinstimmenden – Praktiken und Institutionen ermöglicht, in denen sich die Ausgeschlossenen wiederfinden können, insofern sie an deren Konstitution beteiligt waren.

Durch ihre Erfahrungen sind die Ausgeschlossenen dazu in der Lage festzustellen, wann eine auf dem Markt basierende Gesellschaft die Realisierung ihres wahren moralischen Ziels zu verfehlen droht. Die Kriterien, auf die sie sich beziehen, wohnen dabei der Gesellschaft selbst inne. Indem die Ausgeschlossenen soziale Hindernisse thematisieren, geht ihre Kritik über die Forderung nach der bloßen Befriedigung von besonderen Interessen hinaus. Sie zielt vielmehr auf die Aufdeckung von gesellschaftlichen unsichtbaren Widersprüchen. Dank ihres gesellschaftlichen Leidens sind die Ausgeschlossenen in der Regel die Ersten, die diese Probleme herausfinden. Aus diesem Grund kann man sagen, dass sie eine Weltperspektive haben, über die andere (noch) nicht verfügen. Ein wichtiger Gewinn, den die zeitgenössische Sozialtheorie aus dem hier Dargelegten erzielen könnte, ist die Feststellung, dass die Überwindung von Exklusion nicht einfach die *Eingliederung* in eine bereits bestehende und implizit gültige Struktur bedeuten kann. Die Ausgeschlossenen weisen uns mittels ihrer epistemisch privilegierten Perspektive zur Aufdeckung von gesellschaftlichen Ungereimtheiten vielmehr darauf hin, dass es um die *Übereinstimmung* zwischen legitimen sozialen *Erwartungen* und der *Wirklichkeit* gesellschaftlicher Praktiken und Institutionen zu tun ist.

Dass die hegelschen Korporationen – verstanden im konservativen Sinne – nicht in der Lage sind, die radikalsten Exklusionsprobleme endgültig zu lösen, sollte nicht als Versagen ihres begrifflichen Potentials gedeutet werden. Ihr

---

[11] Wie Honneth andeutet, beruht ein solcher moralischer, außervertraglicher normativer Anspruch nicht nur auf den funktionalen und sozial-integrativen Ansprüchen des Marktes, sondern auf der der Moderne innewohnenden *Rechtfertigungsnotwendigkeit* der Teilnehmer an den betreffenden sozialen Praktiken (vgl. Honneth 2011: 342f.). Eine Folge davon ist, dass die kollektive Akzeptanz des Marktes nur dann zu Stande kommt, wenn Handlungsregeln angenommen werden, die von denen der reinen ökonomischen Effizienz verschieden sind. Neben der impliziten Zustimmung der Akteure (die vom Markt begünstigt sein können oder nicht) wird auf einer grundlegenden Ebene verlangt, dass die regulierenden Normen ausdrücklich als gültig und legitim angenommen werden (sogar von denjenigen, die von ihnen benachteiligt werden). Diese reflexive Akzeptanz der Anerkennungsformen des sozialen Lebens stellt nach Hegel eine wichtige Bedingung für die Freiheitsausübung und die Selbstverwirklichung dar: Wer in der Welt handelt, ohne sich ihre Spielregeln bewusst angeeignet zu haben, kann nicht wirklich frei sein (vgl. Pippin 2008: 262).

normativer Inhalt, der in Form einer funktionalen Ergänzung der wirtschaftlichen Einrichtungen des zweiten Standes immer unvollendet ist, kann durch die konkreten Lösungsversuche für soziale Probleme, die noch nicht deutlich *bestimmt* worden sind, nicht erschöpft werden. Indem dieser nicht erschöpfte normative Kern berücksichtigt wird, werden die radikal Exkludierten als Agenten des sozialen Wandels, das heißt, als Erzeuger *neuer* sozialer Kohärenzräume anerkannt. Es geht darum, dass diejenigen, die in der Gesellschaft gar nicht repräsentiert sind, an dieser durch die Herausbildung von neuen Teilhabeformen partizipieren können. Das soll ihnen erlauben, ihre Ansprüche zu Gehör zu bringen und damit jene sozialen Strukturen herauszufordern, die sich als inkonsistent entpuppt haben. Der dadurch erzielte Gewinn an sozialer *Konsistenz* bzw. *Rationalität* (vgl. Honneth 2007: 42f.) zielt auf die Herausbildung eines möglichst kohärenten Systems – ein System, das immer wieder aufs Neue herausgefordert werden sollte, sollte es sich im Laufe der Zeit aus der Perspektive der Akteure als unzureichend erweisen.

Da die Ausgeschlossenen eine unbestimmte Masse darstellen – vereinigt nur durch die Tatsache, dass ihre vielfältigen Interessen in der offiziellen Sprache und den Codes der *wirklichen* Gesellschaft nicht ausgedrückt werden –, orientieren sich ihre Ansprüche an der Erfüllung von etwas, das nur *in potentia* »existiert«. Solange noch keine angemessenen Sozialkategorien existieren, um ihre Anliegen zu Gehör zu bringen, können diese von den bestehenden Institutionen nicht zulänglich wahrgenommen oder erfüllt werden. Die Ausgeschlossenen sind demgemäß nicht (nur) diejenigen, die sich »außerhalb« der sozialen Ordnungen befinden und an ihren anerkannten Errungenschaften nicht teilhaben können. Sie sind in der Situation, einer Gesellschaft anzugehören an deren Konstitutionsprozessen sie keinen bewussten Anteil haben. An ihnen lassen sich daher soziale Widersprüche aufdecken, die andernfalls unbemerkt bleiben würden. Den Ausgeschlossenen kommt somit eine entscheidende Rolle für das kritische Verständnis unserer gemeinsamen sozialen Welt zu.

Literatur

Sigle:

PhR: Hegel, Georg W.F. (1986), *Grundlinien der Philosophie des Rechts oder Naturrecht und Staatswissenschaft im Grundrisse*, in: *Werke*, Bd. 7, hrsg. v. Eva Moldenhauer/Karl M. Michel, Frankfurt am Main: Suhrkamp.

Avineri, Shlomo (1971), *Hegel's Theory of the Modern State*, Cambridge: Cambridge University Press.
Cohen, Jean/Arato, Andrew (1992), *Civil Society and Political Theory*, Cambridge, Mass.: MIT Press.

Hardimon, Michael (1994), *Hegel's Social Philosophy: The Project of Reconciliation*, Cambridge: Cambridge University Press.
Neuhouser, Frederick (2000), *Foundations of Hegel's Social Theory: Actualizing Freedom*, Cambridge, Mass: Harvard University Press.
Hegel, Georg W.F. (1973), *Vorlesungen über Rechtsphilosophie 1818–1831*, Bd. 4 (Griesheim Nachschrift 1824/25), hrsg. v. Karl-Heinz Ilting, Stuttgart: frommann-holzboog.
– (1983a), *Vorlesungen über Naturrecht und Staatswissenschaft* (Wannenman Nachschrift 1817/18), Hamburg: Meiner.
– (1983b), *Philosophie des Rechts. Die Vorlesung von 1819/20 in einer Nachschrift*, hrsg. v. Dieter Heinrich, Frankfurt am Main: Suhrkamp.
– (2008), *Outlines of the Philosophy of Right*, übers. v. T. M. Knox., überarbeitet, hrsg. u. eingel. v. Stephen Houlgate, Oxford: Oxford University Press.
Honneth, Axel (2001), *Leiden an Unbestimmtheit*, Stuttgart: Reclam.
– (2007), *Pathologien der Vernunft. Geschichte und Gegenwart der Kritischen Theorie*, Frankfurt am Main: Suhrkamp.
– (2011), *Das Recht der Freiheit. Grundriß einer demokratischen Sittlichkeit*, Berlin: Suhrkamp.
Houlgate, Stephen (1991), *Freedom, Truth, and History: An Introduction to Hegel's Philosophy*, London: Routledge.
Pippin, Robert (2008), *Hegel's Practical Philosophy*, Cambridge: Cambridge University Press.
Rancière, Jacques (2002), *Das Unvernehmen. Politik und Philosophie*, Frankfurt am Main: Suhrkamp.
Ruda, Frank (2011), *Hegels Pöbel. Eine Untersuchung der »Grundlinien der Philosophie des Rechts«*, Konstanz: Konstanz University Press.
Williams, Robert 2000), *Hegel's Ethics of Recognition*, California: University of California Press.

III. ANSCHLÜSSE AUS DER WIRTSCHAFTSPHILOSOPHIE

TIMO JÜTTEN

Kann Hegel Wettbewerb und Solidarität versöhnen?

Einleitung

Marktinstitutionen gelten als unverzichtbar, weil sie in komplexen Gesellschaften Anreiz- und Informationsfunktionen erfüllen, die keine anderen Institutionen erfüllen können. Markt*wettbewerb* gilt als unverzichtbar, weil nur Wettbewerb eine effiziente Verteilung der produzierten Güter und Dienstleistungen ermöglicht. Generell steigert Wettbewerb zwischen Produzenten die Produktivität und forciert Innovation, weil der Konkurrenzdruck jedem Produzenten Anreize bietet, seine Produktionsabläufe zu optimieren und seine Produkte zu verbessern oder neue Produkte zu erfinden, um seine Wettbewerber im Konkurrenzkampf zu schlagen. Gesamtgesellschaftlich gilt die Effizienz von Märkten und Wettbewerb als unbestritten; als Konsumenten profitieren wir alle von dem Reichtum, den sie schaffen.

Die Frage nach der Moralität des Wettbewerbs tritt auf, weil Marktinstitutionen das individuelle Eigeninteresse der Marktteilnehmer instrumentalisieren, um den gesellschaftlichen Nutzen des Marktwettbewerbs zu ermöglichen, und weil sie die Marktteilnehmer dazu anhalten, davon abzusehen, welche Folgen ihr individuelles Handeln für ihre Mitbewerber oder Dritte hat. Joseph Heath drückt das sehr gut aus, wenn er sagt, »The problem is that the beneficial consequences of a competition arise necessarily as a byproduct of the competitive activity, while the objectives that the participants themselves seek often seem morally objectionable prima facie« (Heath: 2014: 98). Dieses Phänomen ist uns natürlich seit Mandeville und Adam Smith bekannt: »private vices« führen zu »public benefits«, und die »invisible hand« des Marktes sorgt dafür, dass Eigeninteresse und gesellschaftliches Interesse Hand in Hand gehen.

Ich möchte mich im vorliegenden Text mit diesen »private vices« beschäftigen. Insbesondere möchte ich untersuchen, wie Befürworter der Marktwirtschaft versuchen, das egozentrische Verfolgen des individuellen Eigeninteresses mit den Anforderungen der gesellschaftlichen Kooperation und Solidarität zu versöhnen. Meine These ist, dass die Versöhnung von individuellem Eigeninteresse und gesellschaftlicher Solidarität deswegen problematisch ist, weil es uns schwerfällt, die *Sphärentrennung* zu leben, die philosophische Gesellschaftstheoretiker von Hegel bis Habermas und Honneth beschreiben. Wir können die Verhaltensmuster, die wir im marktwirtschaftlichen Handeln verinnerlichen, nicht einfach abstreifen, wenn wir in persönlichen oder politischen Beziehungen handeln. Die Gefahr ist, dass Konkurrenz und Rivalität am Ende unsere Persönlichkeiten prägen und daher auch unser Verhalten außerhalb des Marktwettbewerbs.

In meinem Beitrag möchte ich zunächst kurz klären, worin die Besonderheit des Marktes als sozialer Sphäre besteht und zeigen, dass Hegel, wie nach ihm Habermas und Honneth, diese Besonderheit explizit anerkennt (1). Als nächstes möchte ich zeigen, dass die Konstitution der Marktsphäre Gefahren für die Gesamtgesellschaft birgt (2). Hegel sieht diese Gefahren der Entgrenzung, des Zwangs und der Korruption unserer Handlungsmotive, und er glaubt, dass die Korporation diese Gefahren eindämmen kann. In der zweiten Hälfte meines Beitrags möchte ich untersuchen, inwieweit die Korporation dazu tatsächlich fähig ist (3), und ein aktuelles Beispiel diskutieren, das die Gefahr der Vermarktlichung einer korporativ verfassten Praxis aufzeigt (4).

1. Die Besonderheit des Marktes

In vielen Wettbewerben können die gegnerischen Seiten sich Schaden zufügen. Die Regeln der Alltagsmoralität scheinen hier entweder gar nicht zu gelten, daher die Rede vom Markt als moralfreier Zone (Gauthier 1986: Kap. IV), oder zumindest nur in abgeschwächter Form (»deontic weakening«, Heath 2014: 9). Philosophen sprechen dann von einer »ethics for adversaries« (Applbaum 1999), einer Ethik also, die sich spezifisch an Gegner richtet und regelt, wie diese sich gegeneinander zu verhalten haben. Manche Kommentatoren nehmen auch das Spiel oder den sportlichen Wettkampf zum Vorbild, um die Inhalte und Grenzen der Moral im Wettbewerb abzustecken (Carr 1968, kritisch: Hamington 2008; Bröckling 2014). So wird zum Beispiel der Wettbewerb in der Marktwirtschaft oft als Spiel konzipiert, das seine eigenen Regeln hat, die sich von der Alltagsmoral unterscheiden, aber von allen Wettbewerbsteilnehmern anerkannt werden. Manches, was im Alltag verboten ist, ist im Spiel erlaubt (bluffen beim Pokern, grätschen im Fußball), aber eben nicht alles (Betrug, Foulspiel).

Die Marktwirtschaft, als eine bestimmte und beschränkte Sphäre innerhalb der modernen Gesellschaft, hat die Struktur eines solchen Wettbewerbs; sie funktioniert nach ihren eigenen Regeln und übernimmt bestimmte Aufgaben der gesellschaftlichen Reproduktion. Markt und Wettbewerb sind dann dadurch gerechtfertigt, dass die Institutionalisierung dieser Regeln im Markt die Aufgaben, die ihm übertragen worden sind, am effizientesten erledigt. Dieses Verständnis des Marktwettbewerbs ist in vielen Gesellschaftstheorien implizit vorhanden, einschließlich Hegels *Rechtsphilosophie*, Habermas' *Theorie kommunikativen Handelns*, und Honneths Theorie sozialer Freiheit in *Das Recht der Freiheit*, so sehr sie sich auch in ihrem Gesamtverständnis des Marktes unterscheiden.

In Hegels Rechtsphilosophie ist der Markt ein Teil der bürgerlichen Gesellschaft, die zwischen Familie und Staat angesiedelt ist. Als solcher ist es eine seiner Aufgaben, der »Besonderheit« zu ihrem Recht zu verhelfen, also es den einzelnen Subjekten zu ermöglichen, ohne Rücksichtnahme auf Andere ihre

Interessen zu verfolgen und ihre Fähigkeiten zu entwickeln. Wie es in der Nachschrift Hotho heißt, »[i]n der bürgerlichen Gesellschaft ist jeder sich Zweck, alles Andere ist ihm nichts« (Hotho: 946, §182). In diesem Sinne ist der Markt eine freiheitsverbürgende Institution, weil er den Subjekten diese Möglichkeit individueller Interessenverfolgung einräumt. Gleichzeitig führt diese individuelle Interessenverfolgung bekannterweise zu einem »System allseitiger Abhängigkeit«, in dem der »selbstsüchtige Zweck« letztendlich dem »Wohl und Recht aller« dient (PhR: §§183, 199). Weil die Subjekte sowohl auf die Bedürfnisse als auch auf die Fähigkeiten Anderer angewiesen sind, um ihre eigenen Bedürfnisse befriedigen zu können, dient der Markt als »System der Bedürfnisse«; die Bedürfnisbefriedigung aller vermittelt durch die Arbeit aller (PhR: §188). Subjekte sind auf die Bedürfnisse Anderer angewiesen, weil sie ihr eigenes Auskommen durch Arbeit sichern müssen, die ihren Wert dadurch erhält, dass sie die Bedürfnisse Anderer befriedigt. Gleichzeitig sind sie auf die Fähigkeiten Anderer angewiesen, weil deren Arbeit diejenigen ihrer Bedürfnisse befriedigt, die sie nicht selbst befriedigen können. Nun sagt Hegel aber auch ausdrücklich, dass die Einheit von individueller Interessenverfolgung und kollektiver Bedürfnisbefriedigung keine *sittliche* Einheit ist (PhR: §186). Sie ist notwendig, aber nicht frei, in dem Sinne, dass es nicht Zweck der individuellen Interessenverfolgung ist, die kollektive Bedürfnisbefriedigung zu ermöglichen. Das Sittliche kehrt in die Wirtschaft erst durch die Korporation ein (PhR: §249). Dazu später mehr. Trotzdem ist die scheinbare Harmonie individueller und kollektiver Interessen das versöhnende Moment des Marktes (PhR §189). Fest steht also bisher, dass der Markt bei Hegel eine Handlungssphäre ist, die sich dadurch auszeichnet, dass das einzelne Subjekt seine individuellen Interessen verfolgt, und dass Erfolg in diesem Unterfangen an bestimmte Handlungsweisen gebunden ist, die in anderen Sphären unmoralisch wären: weder in der Familie, noch in staatlichen Institutionen hat die individuelle Interessenverfolgung ohne Rücksichtnahme auf Andere einen moralisch gerechtfertigten Ort.

Eine ähnliche Sphärentrennung im Bezug auf wirtschaftliches Handeln finden wir auch in neueren Gesellschaftstheorien, die sich mehr oder weniger explizit an Hegel orientieren.[1] So deutet Habermas die Entkopplung von System und Lebenswelt, die er in der *Theorie kommunikativen Handelns* rekonstruiert, als Ergebnis eines Lernprozesses, der eine Lösung für die Über-Komplexität moderner Gesellschaften bietet, und somit als Fortschritt. Insbesondere erkennt Habermas, dass Akteure im funktionalen Handlungssystem des Marktes von den Rechtfertigungsforderungen entbunden sind, die intersubjektives Handeln in der Lebenswelt charakterisieren, weil das die sprachliche Konsensbildung entlastet und damit die gesellschaftliche Effizienz erhöht (Habermas 1981: Bd. 2, 275). Und obwohl er es in der *Theorie kommunikativen*

---

[1] Habermas wird meistens als Kantianer charakterisiert, aber seine Gesellschaftstheorie in der *Theorie kommunikativen Handelns* hat auch starke hegelianische Züge.

Handelns nicht explizit thematisiert, ist diese Entbindung von Rechtfertigungsforderungen auch freiheitsverbürgend, weil sie es dem Subjekt ermöglicht, sein individuelles Interesse zu verfolgen, ohne sich auf Begründungsdiskurse einlassen zu müssen.

Schließlich verteidigt Axel Honneth in seiner großen Rekonstruktion der hegelschen Rechtsphilosophie, *Das Recht der Freiheit* (Honneth 2011), eine moralische Ökonomie, deren systematischer Ort wie bei Hegel zwischen Familie und politischer Willensbildung angesiedelt ist. Auch er schreibt dem Markt freiheitsverbürgende und effizienzerhöhende Eigenschaften zu. Insbesondere argumentiert er, dass die Marktwirtschaft die soziale Freiheit der Subjekte verwirklichen kann, die darin besteht, an sozialen Praktiken teilzunehmen, in denen die Handlungen Anderer Voraussetzungen ihrer Freiheit sind, so wie die Handlungen der Subjekte Voraussetzungen der Freiheit der Anderen sind. Diese Rekonstruktion legt nahe, dass die Sphäre der Marktwirtschaft immer schon eine sittliche Sphäre ist. Allerdings muss auch Honneth denken, dass wirtschaftliches Handeln auf der individuellen Ebene der Verfolgung individueller Einzelinteressen dient, denn wenn individuelle Marktentscheidungen moralischen Prinzipien anstatt dem Eigeninteresse der Handelnden folgten, könnte der Markt nicht die Anreiz- und Informationsfunktionen erfüllen, für die auch Honneth ihn in Anspruch nimmt.

So sehen alle drei Philosophen ökonomisches Handeln als eine spezifische Handlungsform für Marktinstitutionen, deren bestimmendes Merkmal darin besteht, dass sie nicht an die Normen der Alltagsmoral gebunden ist, sondern an spezielle Regeln, die die Freiheit der Marktteilnehmer und die Effizienz und Stabilität der Marktinstitutionen sicherstellen sollen. Und in allen drei Theorien ist der Markt von komplementären Institutionen eingehegt, die die nichtökonomischen Rahmenbedingungen ökonomischer Effizienz schaffen. In Hegels *Rechtsphilosophie* stellt die Korporation sicher, dass die Ehrbarkeit und Solidarität der Marktteilnehmer nicht von der Konkurrenz des Marktwettbewerbs untergraben wird, bei Habermas sorgt der Wohlfahrtsstaat für die soziale Sicherheit der Marktteilnehmer, und auch laut Honneth soll der Markt in ein dichtes Netz nicht-marktbasierter sozialer Beziehungen eingebunden sein, die die soziale Freiheit der Marktteilnehmer verwirklichen. Wie genau diese Beziehungen gestaltet sein sollen, bleibt jedoch unklar. Darauf werde ich noch zurückkommen.

2. Drei Gefahren

Während die Konzeption des Marktes als einer sozialen Handlungssphäre, die nach eigenen Regeln funktioniert, und in der die Alltagsmoralität bestenfalls eingeschränkt wirksam ist, auf den ersten Blick überzeugt, offenbaren sich auf den zweiten Blick Probleme mit der Sphären*trennung*, die dieser Konzeption wesentlich ist. Es zeigt sich nämlich, (i) dass der Marktwettbewerb entgrenzend wirkt, (ii) die Marktteilnahme auf Zwang basiert, und (iii) zur Korruption von Handlungsmotiven führen kann. Hegels Diskussion des Marktes ist so interessant, weil sie diese Gefahren sehr klar zur Schau stellt und die institutionellen Konsequenzen, die daraus folgen müssen, in die Diskussion einbezieht.

(i) Die Konzeption des Marktes, die hier zur Diskussion steht, sieht den Markt als eine bestimmte und beschränkte Handlungssphäre. Die Konsequenzen des Marktwettbewerbs hingegen dringen trotz der Sphärentrennung in andere Lebensbereiche ein, nicht nur, weil Erfolg und Misserfolg im Markt sich direkt auf die Fähigkeiten der Subjekte auswirkt, ihre Bedürfnisse zu befriedigen, sondern auch weil sich die Bedürfnisse selbst verändern, sobald ihre Befriedigung durch den Markt organisiert wird. Schon Hegel hat gesehen, dass das Anwachsen menschlicher Bedürfnisse in Verbindung mit der Zufälligkeit ihrer Befriedigung (siehe (ii)) zu Ausschweifung und Elend führt (PhR: §185). Er geht davon aus, dass menschliche Bedürfnisse im Grunde unbegrenzt sind und sich im Laufe der Zeit vervielfältigen und differenzieren, genau wie sich auch die Mittel ihrer Befriedigung vervielfältigen und differenzieren (PhR: §§190, 191). In einem Zusatz zu §191 lesen wir dazu:

>»Das, was die Engländer *comfortable* nennen, ist etwas durchaus Unerschöpfliches und ins Unendliche Fortgehendes, denn jede Bequemlichkeit zeigt wieder ihre Unbequemlichkeit, und diese Erfindungen nehmen kein Ende. Es wird ein Bedürfnis daher nicht sowohl von denen, welche es auf unmittelbare Weise haben, als vielmehr durch solche hervorgebracht, welche durch sein Entstehen einen Gewinn suchen.« (PhR: §191Z)

Diese Passage ist sehr aufschlussreich, denn sie zeigt wie genau die Bedürfnisbefriedigung durch den Markt die Natur der Bedürfnisse beeinflusst, die Subjekte entwickeln. Es ist das Profitstreben der Produzenten, das neue Bedürfnisse schafft, die auf dem Markt befriedigt werden können und müssen. Und diese Bedürfnisse strukturieren zunehmend das Leben der Subjekte als Ganzes.

Heute wird die Tendenz des Marktwettbewerbs sich räumlich und zeitlich über die Grenzen der ökonomischen Sphäre hinaus auszubreiten durch die neoliberale Ideologie weiter verstärkt. Auf der einen Seite verstärkt die Einführung oder Intensivierung des Wettbewerbs innerhalb von Organisationen die eben beschriebenen Phänomene und belastet die Betroffenen in allen Lebensbereichen. Auf der anderen Seite propagiert der Neoliberalismus die Ausweitung des Marktwettbewerbs im Allgemeinen durch die Ökonomisierung des Sozialen und im Besonderen durch die Privatisierung öffentlicher Dienste. Das Resultat ist, dass es weniger und weniger gesellschaftliche Sphären gibt, die nicht marktwirtschaftlich organisiert sind.

(ii) Selbst wenn die Marktsphäre begrenzt wäre, würde diese Sphärentrennung nicht bedeuten, dass man sich dem Markt entziehen kann. Die Teilnahme am Marktwettbewerb ist weder für Individuen noch für Firmen freiwillig. Menschen müssen arbeiten und daher auf dem Arbeitsmarkt bestehen und sich in ihren Berufen oft dem Wettbewerb mit anderen stellen. Firmen müssen mit Wettbewerbern konkurrieren. Natürlich kann man als Individuum den Arbeitgeber wechseln und als Firma die Branche. Aber man muss irgendetwas arbeiten, produzieren oder verkaufen. Konkurrenzdenken und Statuskämpfe enden nicht mit dem Erfolg beim Bewerbungsgespräch, sondern strukturieren oft das Berufsleben als Ganzes. Siege und Niederlagen in diesen Kämpfen haben Konsequenzen für das ganze Leben, die emotional, finanziell oder körperlich sein können. Bei Niederlagen drohen Verlust von Selbstwertschätzung, Einkommen und Gestaltungsfreiheit, aber die Permanenz des Wettbewerbs sorgt dafür, dass auch die Sieger sich nicht auf ihren Lorbeeren ausruhen können.

Hegel ist sich diesen Gefahren sehr wohl bewusst.[2] Es ist ein Prinzip der bürgerlichen Gesellschaft, dass jedes Subjekt sich seinen Lebensunterhalt (und gegebenenfalls den seiner Familie) verdienen muss (PhR: §199). Die bürgerliche Gesellschaft ist eine »ungeheure Macht, die ihn [den Menschen] an sich reißt, von ihm fordert für sie zu arbeiten, alles durch sie zu sein, vermittels ihrer zu thun« (Hotho: 993, §238). Arbeit zu haben, bedeutet, Teil der bürgerlichen Gesellschaft zu sein und ihre Vorteile zu genießen, Arbeitslosigkeit und Armut bedeuten, aus ihr ausgeschlossen zu sein (PhR: §241). Sven Ellmers drückt das sehr gut aus, wenn er schreibt, dass arm ist, »wer seine Bedürfnisse in der bürgerlichen Gesellschaft ausgebildet hat, ohne sie in ihr befriedigen zu können« (Ellmers 2015: 60). Dabei ist Hegel sich im Klaren darüber, dass es hier nicht nur um materielle, sondern auch um symbolische Güter geht. Subjekte arbeiten nicht nur, um ihre materiellen Bedürfnisse zu befriedigen, sondern auch um Ehre und Status in der bürgerlichen Gesellschaft zu haben (PhR: §207). Ebenso sieht Hegel aber, dass der Ursprung der Armut im Wesentlichen in der Ungleichheit liegt, die wiederum zwei Momente hat. Denn die Fähigkeit seinen Lebensunterhalt zu sichern hängt davon ab, dass man einerseits über eigenes Kapital und andererseits über »Geschicklichkeit« verfügt. Allerdings hängt Geschicklichkeit selbst zum einen vom eigenen Kapital und zum anderen von den eigenen »natürlichen körperlichen und geistigen Anlagen« ab (PhR: §200). Ungleichheit hat also natürliche und gesellschaftliche Momente, die allerdings miteinander vermittelt sind, weil eine Anlage entwickelt werden muss, um Wert zu haben, und weil sich der Wert einer Anlage nach den Bedürfnissen Anderer richtet, die sie befriedigen kann.

Diese Überlegungen zeigen ein Problem auf, das Hegel in der *Rechtsphilosophie* mit Begriffen wie Zufälligkeit und Willkür bezeichnet (z.B. PhR: §§185, 239, 241). Die Möglichkeit der Subjekte ihre Bedürfnisse befriedigen zu können, hängt von Bedingungen ab, die sie nicht kontrollieren können, und die nichts mit ihrer Fähigkeit oder Leistung zu tun haben. Der zufällige Charakter der Bedürfnisbefriedigung ergibt sich wohl daraus, dass Angebot und Nachfrage sowohl die Produktion benötigter Güter als auch die Sicherung des

---

[2] Allerdings schreibt Hegel zu einer Zeit, zu der sich die moderne Lohnarbeit noch nicht als das typische Arbeitsverhältnis durchgesetzt hatte. Vgl. hierzu Ellmers (2015: 83–85).

Lebensunterhalts durch Arbeit prägen. Und ihre Willkür bezieht sich dann wohl auf die Tatsache, dass Bedürfnisbefriedigung letztendlich von freien Entscheidungen Anderer abhängt, die Angebot und Nachfrage als Ganze bestimmen. Es fehlt dem Markt an Mechanismen der bewussten gesellschaftlichen Koordination.

Subjekte kommen also mit verschiedenen Erfolgsaussichten auf den Arbeitsmarkt und werden dort in Konkurrenz mit anderen gezwungen, die andere, und möglicherweise bessere, Ausgangsbedingungen haben. Das gleiche gilt für ihre Arbeitgeber, die im Wettbewerb bestehen müssen. Dieser Zwang zu Konkurrenz und Wettbewerb ist natürlich kein Nebenprodukt in der Marktwirtschaft, sondern der Mechanismus dank dem sie funktioniert. Joseph Heath macht das sehr anschaulich, wenn er davon spricht, dass die Situation der konkurrierenden Marktteilnehmer ein Gefangenendilemma darstellt, in dem kooperative Strategien unzulässig sind (Heath 2014: 96). Während das *race-to-the-bottom*, das dadurch stattfindet, in vielen Situationen ein suboptimales Ergebnis zur Folge hat, führt es im Marktwettbewerb zu Effizienz, weil die Konkurrenz der Marktteilnehmer Wohlfahrtsverluste (*deadweight losses*) verhindert, die Produktivität steigert und Innovationen motiviert. Das strukturiert das Verhalten der Unternehmer, Manager und Angestellten. Sie müssen sich dem Konkurrenzzwang stellen und entsprechende Verhaltensformen internalisieren, oder nach Beschäftigungen suchen, in denen kooperative Praktiken dominieren. Das Problem mit der zweiten Strategie ist, dass die neoliberale Marktideologie zunehmend auch in die sozialen Sphären eindringt, in denen Kooperation bisher wichtiger war als Wettbewerb.

Insgesamt wird der freiheitsverbürgende Charakter des Marktwettbewerbs dadurch unterminiert, dass die Kehrseite der Freiheit, sich im Markt verwirklichen zu können, der Zwang ist, sich im Markt verwirklichen zu müssen. Und da die Bedingungen des Markterfolgs nicht auf Marktverhalten beschränkt sind, wird die Sphärentrennung auch hier unterwandert. Natürliche Veranlagung, Bildung und der Status der Eltern beeinflussen individuelle Marktchancen ebenso wie gesellschaftlicher Status und politisches Geschick. Je wichtiger Markterfolg wird, desto mehr geraten die Familie und das politische System unter Druck, sich den wirtschaftlichen Imperativen zu unterwerfen.

(iii) Für Hegel ist der Marktwettbewerb sowohl Mittel zum Zweck als auch selbst eine wertvolle Aktivität. Mittel ist er zur individuellen materiellen Existenzsicherung oder Profitmaximierung und gesellschaftlich zur effizienten Bedürfnisbefriedigung. Seinen Eigenwert hat der Marktwettbewerb dadurch, dass er es Subjekten ermöglicht ihre Freiheit zu verwirklichen.[3]

---

[3] Der Marktwettbewerb kann auch ein kooperatives Element haben, wenn Marktteilnehmer als Kollegen zusammenarbeiten, um gemeinsam Unternehmensziele zu erreichen. Diese Form der Kooperation, die eine wichtige Ergänzung zum Wettbewerb in der Marktwirtschaft ist und handfeste wirtschaftliche Vorteile bringt, ist ein wesentlicher Grund dafür, dass Marktteilnehmer ihre Arbeit auch als Zweck an sich sehen können. Viele Menschen erfahren gesellschaftliche Kooperation als intrinsisch wertvoll. Allerdings ist dieses kooperative Element im

Hegel äußert sich nicht ausführlich dazu wie der Marktwettbewerb die Motive der Marktteilnehmer beeinflusst. Er weist lediglich darauf hin, dass die marktförmige Bedürfnisbefriedigung sowohl Nachahmung als auch ein Bedürfnis nach »Auszeichnung« hervorbringt (PhR: §193). In der Nachschrift Griesheim wird das am Beispiel der Mode erläutert:

> »Man ahmt nach, das ist der Ursprung der Moden, man will es haben wie es die Anderen haben, hat man dieß erreicht, so ist man damit nicht zufrieden, man will etwas Besonderes haben, dann ahmen die Anderen wieder nach und so geht es ins Unendliche fort.« (Griesheim: 1318, §193)

Hier handelt es sich um einen Wettbewerb in der Konsumsphäre, in dem es um Status geht. Ein ähnliches Phänomen gibt es jedoch auch im Arbeitsleben. Dort kann Marktwettbewerb zum Selbstzweck werden, wenn Marktteilnehmer die Erfolgskriterien ihrer Arbeit so verinnerlichen, dass es ihnen immer mehr ums Gewinnen selbst geht, egal worin. Frank Knight hat dieses Phänomen bereits 1923 in seinem berühmten Aufsatz »The Ethics of Competition« beschrieben (Knight 1923). Wirtschaftlicher Erfolg dient insbesondere Managern und leitenden Angestellten als eine wichtige Quelle von Selbstwertschätzung und Bestätigung ihrer Fähigkeiten, und sie haben daher gute Gründe dafür, die Konkurrenz mit anderen zu suchen und betriebliche Prozesse kompetitiv zu gestalten. Knight schreibt:

> »Industry and trade is a competitive game, in which men engage in part from the same motives as in other games or sports. This is not a matter of want-satisfaction in any direct or economic sense; the »rewards« of any successful participation in the game are not wanted for any satisfying power dependent on any quality which they possess as things, but simply as insignia of success in the game, like the ribbons, medals, and the like which are conferred in other sorts of contests.« (Knight 1923: 586)

Diese Tendenz gefährdet den moralischen Status des Marktwettbewerbs, weil sie die Motive zur Marktteilnahme korrumpiert. Es geht nicht länger um die Verwirklichung individueller Freiheit oder gesellschaftliche Bedürfnisbefriedigung, sondern um »Auszeichnung«, also einen sozialen Status, der Superiorität im Vergleich zu Anderen ausdrückt. Das wird besonders dadurch deutlich, dass die »Preise« des Marktwettbewerbs zu Erfolgsabzeichen herabgesetzt werden. Sowohl der intrinsische, freiheitsverbürgende Wert des marktwirtschaftlichen Handelns, als auch der instrumentelle Wert der Bedürfnisbefriedigung werden dem Kampf um sozialen Status untergeordnet.

Wirtschaftsethiker versuchen zu zeigen, dass es im Marktwettbewerb darum gehen muss, Erfolg im Einklang mit den informellen und formellen Regeln zu erzielen, weil dies in der Marktwirtschaft die Bedingung dafür ist, dass Märkte effizient funktionieren. Wirtschaftsethische Normen sollen dann ana-

---

Konflikt mit der neoliberalen Marktideologie, die interne Märkte oder quasi-Märkte forciert, um die Kooperation innerhalb von Organisationen effizienter zu gestalten.

log zu den Normen verstanden werden, die unter Begriffen wie »sportlicher Einstellung« oder »fair play« verstanden werden. Genau diese Selbstkontrolle gerät aber in Gefahr, wenn Wettbewerb zum Selbstzweck wird, weil Gewinnen dann wichtiger wird als alles Andere, und für die Marktteilnehmer wesentlich mehr auf dem Spiel steht, als nur das Spiel, das sie auf dem Markt spielen.

3. Markt, Moral, Korporation

Wie sollen wir die moralische Qualität des Marktwettbewerbs bewerten? Wir haben gesehen, dass Marktwettbewerb entgrenzend ist. Das ganze Leben wird zum Wettbewerb. Aber während die Teilnahme am Wettbewerb nicht freiwillig ist, müssen wir auch einsehen, dass Wettbewerb verlockend ist. Marktwettbewerb, wie alle funktionierenden sozialen Institutionen, wird deshalb als legitim erfahren, weil er psychologische Motivationen moderner Subjekte für sich einspannt und so gesellschaftlich nützlich macht. Die Frage ist: Um welche Motivationen genau handelt es sich hier eigentlich?

Eine gängige Antwort ist, dass es sich um Gier und Angst handelt. Diese Antwort geht wohl ursprünglich auf einen alten Wall Street Spruch über Finanzmärkte zurück, wird aber auch auf den Marktwettbewerb als Ganzen angewendet. G.A. Cohen macht diese Analyse der Motivation zum Wettbewerb zu einem zentralen Element seiner normativen Kritik am Kapitalismus. Er schreibt:

> »The immediate motive to productive activity in a market society is [...] typically some mixture of greed and fear, in proportions that vary with the details of a person's market position and personal character. It is true that people can engage in market activity under other inspirations, but the motives of greed and fear are what the market brings to prominence, and that includes greed on behalf of, and fear for the safety of, one's family. Even when one's concerns are wider than those of one's own mere self, the market posture is greedy and fearful in that one's opposite number marketeers are predominantly seen as possible sources of enrichment, and as threats to one's success. These are horrible ways of seeing other people, however much we have become habituated and inured to them, as a result of centuries of capitalist civilization.« (Cohen 2009: 39–41)

Verteidiger des Kapitalismus können Cohen natürlich mit (Michael Douglas' *Wall Street* Charakter) Gordon Gekko antworten, dass Gier gut sei (und Angst wahrscheinlich auch, denn sie treibt uns ja an und stellt sicher, dass wir unser Bestes geben). Doch geben wir wirklich unser Bestes, wenn wir von Gier und Angst getrieben werden? Und welche Konsequenzen hat die Valorisierung dieser »niederen Motive«, wie Cohen (2009: 76) sie auch nennt, für unser Leben als Ganzes?

Diese Fragen stellen sich insbesondere, wenn wir uns an die Einsicht erinnern, dass *jede* funktionierende soziale Institution psychologische Motivationen für sich in Anspruch nimmt, um bestimmte gesellschaftliche Ziele zu erreichen. Cohen könnte recht haben, wenn er schreibt, dass der Kapitalismus Gier und Angst dafür einspannt, um wirtschaftliche Effizienz zu erzielen. Ein ausführliches Argument für diese These müsste freilich zeigen, wie das genau funktioniert. Ein anerkennungstheoretisches Argument, das an Rousseau und Hegel anschließt, kann hier helfen. Der natürliche Anknüpfungspunkt für dieses Argument ist die Einsicht, dass die bürgerliche Gesellschaft eine Statusordnung schafft, in der sowohl Gleichheit als auch Auszeichnung hohen symbolischen Wert besitzen (PhR: §193). Sowohl Gier als auch Angst können in Bezug auf diese Statusordnung verstanden werden. Beide sind *Reaktionen* auf die Statusunsicherheit, die den Marktwettbewerb charakterisiert. Gier ist der Versuch, Status zu gewinnen, Angst hat man davor, ihn zu verlieren. Marktinstitutionen nutzen diese Emotionen, um uns zur Leistung anzutreiben, aber auch, um uns zu disziplinieren.

Das zeigt sich besonders auf dem Arbeitsmarkt, wo das Subjekt seinen Anspruch auf Anerkennung durch die Ausübung eines Berufs und der damit verbundenen Standesehre begründet:

> »Die sittliche Gesinnung in diesem Systeme ist daher die *Rechtschaffenheit* und die *Standesehre*, sich, und zwar aus eigener Bestimmung, durch seine Tätigkeit, Fleiß und Geschicklichkeit zum Gliede eines der Momente der bürgerlichen Gesellschaft zu machen und als solches zu erhalten und nur durch diese Vermittlung mit dem Allgemeinen für sich zu sorgen sowie dadurch in seiner Vorstellung und der Vorstellung anderer *anerkannt* zu sein.« (PhR: §207)

Diese Standesehre wird dann in der Korporationsmitgliedschaft weiter konkretisiert, in der sich Gewerbetreibende auf der Basis von Beruf und Branchenzugehörigkeit zusammenschließen. Die Korporation hat generell die Aufgabe, die Interessen ihrer Mitglieder zu verteidigen und den Berufsstand, den sie vertritt, zu regulieren (PhR: §252). Ich möchte mich hier jedoch nicht damit beschäftigen, welche genaue Funktionen die Korporation in diesem Bereich übernimmt. Stattdessen geht es mir um die Frage, wie die Korporation ihren Mitgliedern soziale Anerkennung verschafft.

Hegel schreibt, dass das »Mitglied einer Korporation seine Tüchtigkeit und sein ordentliches Aus- und Fortkommen, daß es *etwas ist*, durch keine weiteren *äußeren Bezeigungen* darzulegen nötig hat« (PhR: §253). Und er kontrastiert diesen Status des Anerkanntseins mit dem eines nicht korporativ organisierten Arbeiters.

> »Ohne Mitglied einer berechtigten Korporation zu sein [...], ist der Einzelne ohne *Standesehre*, durch seine Isolierung auf die selbstsüchtige Seite des Gewerbes reduziert, seine Subsistenz und Genuß nichts *Stehendes*. Er wird somit *seine Anerkennung* durch die äußerliche Darlegung seines Erfolgs in seinem Gewerbe zu erreichen suchen, Darlegungen, welche unbegrenzt sind, weil seinem Stande gemäß zu leben nicht stattfindet, da der Stand nicht existiert [...].« (PhR: §253A)

Hegel versteht die Form des Luxuskonsums, den Thorstein Veblen »conspicuous consumption« genannt hat, also als defensives Manöver im Kampf um Anerkennung und Ehre von dem Subjekte Gebrauch machen, die ihre Anerkennung und Ehre nicht auf ihren Stand und ihre Korporationsmitgliedschaft zurückführen können. So gesehen ist die Gier nach Reichtum und Luxus die Kehrseite der Angst davor *ein Niemand* zu sein. Die Korporationsmitgliedschaft zähmt diese Gier und Angst, weil sie die Standesehre der Subjekte sichert und sie so davor bewahrt, sich ihre Anerkennung durch exzessives Verfolgen des individuellen Eigeninteresses erkämpfen zu müssen.

Die Korporation verschafft ihren Mitgliedern soziale Anerkennung, weil die Korporationsmitgliedschaft sowohl ihren Genossen als auch Außenstehenden demonstriert, dass sie über die fachlichen und sittlichen Eigenschaften verfügen, die Genossen der jeweiligen Korporation auszeichnet. Hegel scheint weiterhin davon auszugehen, dass Subjekte, die in korporativen sozialen Beziehungen sozialisiert worden sind, solidarische Handlungsorientierungen ausgebildet haben, die ihr individuelles Eigeninteresse immer schon zähmen. So sollen Marktwettbewerb und korporationsbasierte Solidarität versöhnt werden können. Die Korporation schränkt den Statuswettbewerb ein, der Subjekte dazu antreibt, ihr individuelles Eigeninteresse um jeden Preis zu verfolgen. Diese Lösung des Konflikts wirft aber eine neue Frage auf. Es ist nicht klar, wie die Korporation das subjektive Verlangen nach individueller Auszeichnung stillt. Die soziale Anerkennung, die sie ihren Mitgliedern verschafft, scheint diese vor Allem in ihrer Gleichheit zu bestätigen und ist daher auch die Quelle der Solidarität unter Genossen. Aber es ist nicht klar, wie solidarische Handlungsorientierungen im marktwirtschaftlichen Handeln selbst realisiert werden können, also in nicht korporativ verfassten Beziehungen mit Wettbewerbern, die Hegel, wie wir gesehen haben, als von Konkurrenz und Rivalität geprägt sieht. Die plausibelste Antwort ist, dass sie dort gar nicht realisiert werden, und dass das marktwirtschaftliche Handeln gerade der Ort ist, wo Subjekte ihrem Verlangen nach Auszeichnung nachgehen. Allerdings muss Hegel dann glauben, dass Subjekte problemlos zwischen Konkurrenz im Markt und Solidarität in der Korporation hin und her wechseln können.

Aber die drei im zweiten Abschnitt dieses Textes angesprochenen Gefahren stellen genau diese Fähigkeit in Frage. Probleme entstehen, wie bereits angedeutet, weil es uns schwerfällt, die Sphärentrennung, die Theorien wie die Hegels (aber auch Habermas' oder Honneths) auf gesellschaftlicher Ebene beschreiben, auf psychologischer Ebene aufrecht zu erhalten. Die Investition des eigenen Selbst, die der Marktwettbewerb von uns verlangt, macht es schwierig für uns, den Wettbewerb gleichzeitig als beschränkt, freiwillig und als Mittel zum Zweck zu sehen, dessen Ergebnisse auf der individuellen Ebene moralisch willkürlich sind, und der wenig über unseren sozialen Status und Wert insgesamt aussagt.⁴ Dieses Problem ist durch Studien wie die von Boltanski und Chiapello (2006), und von Richard Sennett (2006) klar aufgezeigt.

Wenn ich über die Entgrenzung des Wettbewerbs spreche, meine ich also nicht nur die Tendenz des Marktes selbst, sich in andere Lebensbereiche auszubreiten, wie etwa Lukács befürchtete. Diese Tendenz ist zwar wichtig und durch die neoliberale Ideologie in den letzten Jahrzehnten forciert worden, sie hat aber auch ihre Grenzen. Wir schätzen nicht-ökonomisierte soziale Beziehungen, und es gibt sicher keinen Automatismus, der zu einer durchgehenden Kommerzialisierung des Lebens führt (Radin 1996: Kap. 1). Stattdessen geht es mir um die psychologischen Verhaltensmuster, die durch Marktwettbewerb geformt, bzw. verstärkt werden. Die Frage ist, ob diese Verhaltensmuster nicht mehr und mehr unsere Persönlichkeiten prägen, unabhängig davon, ob wir uns in konventionellen Wettbewerbssituationen befinden oder nicht. Und wir wissen schon lange, dass moderne Subjekte ihre Identitäten und Lebenswege durch soziale Konkurrenz und Statuskämpfe formen. Viele soziologische Arbeiten deuten darauf hin, von den bekannten Phänomenen komparativen Konsumverhaltens, die unter dem Slogan »keeping up with the Joneses« zusammengefasst werden können, bis zu neueren Untersuchungen über Gefühle in Zeiten des Kapitalismus, die sich unter anderem mit Phänomenen wie der Online-Partnersuche beschäftigen (vgl. Illouz 2007). In allen diesen Phänomenen können wir die Tendenz wahrnehmen, dass der Wettbewerb selbst valorisiert wird, dass Konkurrenz und Rivalität im Mittelpunkt stehen. Es geht darum, besser zu sein als Andere, erfolgreicher zu sein als Andere, und sich besser und erfolgreicher darzustellen als Andere. Warum sollten diese Phänomene auf den Markt begrenzt bleiben? Ist es nicht wahrscheinlicher, dass sie auch die solidarischen Beziehungen innerhalb der Korporation gefährden würden?

Ich möchte nicht behaupten, dass diese Tendenz nur durch Marktwettbewerb hervorgebracht wird, vielleicht liegt es tatsächlich in der menschlichen Natur, oder zumindest in unserer sozialen Natur, für sie anfällig zu sein (wie Rousseau argumentiert hat). Aber ich stimme mit Hegel (PhR: §191Z) überein, dass Marktwettbewerb sie verstärkt, weil er uns dazu anhält unsere egoistischen und kompetitiven Motivationen zu entwickeln und zu schätzen. Wenn wir fragen: was kostet uns Wettbewerb, sollten wir also nicht nur fragen, welche Kosten dadurch entstehen, dass Wettbewerb Gewinner und Verlierer hat, und dass dadurch Armut und Ungleichheit entstehen (das bekanntere der Probleme, die Hegel beschäftigt haben, PhR: §§241–245). Wir sollten auch fragen: welche Konsequenzen hat der Marktwettbewerb für unseren Charakter, unsere Handlungsmotive, unsere Handlungsmuster als ganze? Sind die Formen der Gier und der Angst, die viele Menschen heute empfinden, die Konsequenz unserer sozialen Institutionen? Was also verlieren wir, wenn wir Konkurrenz und Rivalität so eine wichtige Rolle in unserem Leben einräu-

---

⁴ Diese Tatsache wird auch von vielen Verteidigern der freien Marktwirtschaft, z.B. F.A. von Hayek, zugegeben.

men? Die Gefahr ist, dass wir die Fähigkeit verlieren, Wettbewerb und Solidarität so zusammen zu leben, wie es Hegel in der *Rechtsphilosophie* vorschwebt.

Zum Schluss lohnt es sich vielleicht noch darauf hinzuweisen, dass diese Frage für Anhänger von Honneths Theorie sozialer Freiheit noch drängender ist als für Hegel, weil es für Honneth entscheidend ist, dass unsere sozialen Interaktionen in der Marktwirtschaft, die durch Gegnerschaft und Wettbewerb charakterisiert sind, nicht unsere soziale Freiheit untergraben. Daher verlangt seine Theorie, dass soziale Freiheit nicht nur in persönlichen und politischen Beziehungen, sondern auch *im Markt selbst* verwirklicht wird. Er geht damit weiter als Hegel, für den die Korporation ja außerhalb des Systems der Bedürfnisse, aber innerhalb der bürgerlichen Gesellschaft angesiedelt ist, so dass solidarisches Handeln in der bürgerlichen Gesellschaft auf korporative Ressourcen zurückgreifen kann und muss.[5] So heißt es dann auch in einem Vorlesungszusatz: »Wir sahen früher, daß das Individuum, für sich in der bürgerlichen Gesellschaft sorgend, auch für andere handelt. Aber diese bewußtlose Notwendigkeit ist nicht genug: zu einer gewußten und denkenden Sittlichkeit wird sie erst in der Korporation« (PhR: §255Z). Um seine Theorie plausibel zu machen, müsste Honneth dagegen zeigen, dass *Wettbewerb selbst* mit substanzieller gesellschaftlicher Kooperation und Solidarität kompatibel ist, und nicht eine Alternative zu ihnen, die gerade deshalb funktioniert, weil substanzielle kooperative und solidarische Motive außen vor bleiben. Man darf sicher skeptisch sein, ob das möglich ist.

4. Die Vermarktlichung Öffentlicher Dienste

Die Frage nach der Kompatibilität von Wettbewerb mit substanzieller Kooperation und Solidarität stellt sich besonders eindringlich, wenn wir Entscheidungen über institutionelle Mechanismen treffen müssen. Die bereits angesprochene Privatisierung öffentlicher Dienste im Zuge der neoliberalen Reformpolitik der neunziger Jahre bietet hierfür interessantes Studienmaterial. Zum Beispiel wurde in Großbritannien der bürokratisch organisierte *National Health Service* (NHS) auf ein quasi-Marktsystem (Le Grand 2003) umgestellt, dass seine Patienten zwar weiterhin kostenfrei versorgt, intern aber aus einer komplizierten Kombination von Käufern und Verkäufern von Gesundheitsdienstleistungen auf verschiedenen Organisationsebenen besteht.

Der philosophische Hintergrund dieser Reformen ist aus hegelischer Perspektive sehr interessant. Er wird in Julian Le Grands Buch, *Motivation, Agency, and Public Policy* (2003), anschaulich dargelegt. Le Grand war ein einflussreicher Berater Tony Blairs und konnte viele seiner theoretischen Ideen im britischen Erziehungswesen und in der NHS umsetzen. Seine Aus-

---

[5] Zu diesem Unterschied zwischen Honneth und Hegel vgl. Jütten 2015.

gangsfrage ist, wie sich öffentliche Dienste am effizientesten organisieren lassen. Bezogen auf das Gesundheitswesen, beantwortet er diese Frage damit, dass Effizienz von der Motivationsstruktur der Ärzte, Pflegekräfte und Manager abhängt, die die Gesundheitsdienstleistungen erbringen. Einer Metapher Humes folgend, charakterisiert Le Grand sie idealtypisch als Ritter (*knights*) oder Knechte (*knaves*): während Ritter ihrem Berufsethos nach altruistisch handeln, handeln Knechte stets in ihrem individuellen Eigeninteresse. Diese Charakterisierung lässt die Möglichkeit offen, dass die meisten Menschen sowohl ritterliche als auch knechtische Motive haben. Der Schlüssel zu einer effizienten Gesundheitsversorgung ist, laut Le Grand, ein Anreizsystem das sowohl ritterliche als auch knechtische Motive anspricht, weil ein System, das auf ritterlichen Institutionen alleine beruht, von Knechten ausgenutzt werden würde, die lediglich ihre eigenen Interessen im Auge haben.[6]

Diese Lösung birgt jedoch eine Gefahr, die in der Fachliteratur unter dem Begriff des »motivation crowding-out« diskutiert wird (Frey 1997; Frey und Oberholzer-Gee 1997; Titmuss 1970). *Motivation crowding-out* ist das vielfach beobachtete Phänomen, dass extrinsische Handlungsanreize, wie zum Beispiel leistungsabhängige Bezahlung oder Boni, intrinsische Motivation, wie zum Beispiel Altruismus oder internalisierte professionelle Handlungsnormen, schwächen. Es steht zu befürchten, dass interne Märkte und die damit verbundenen Profitmöglichkeiten langfristig die Motivation von Ärzten, Pflegekräften und Managern in der NHS verringern statt erhöhen würde. Le Grand argumentiert dagegen, dass *motivation crowding-out* kein anhaltendes Problem sei, weil der anfängliche *crowding-out* Effekt durch höhere extrinsische Anreize kompensiert und die Effizienz des Gesundheitswesens insgesamt erhöht werden könne (Le Grand 2003). Es ist unklar, ob diese optimistischen Argumente haltbar sind; neuere Studien legen nahe, dass der *crowding-out* Effekt zumindest in manchen Fällen anhält (Georgellis et al. 2011).

Hegels Theorie der Korporation ermöglicht uns eine anerkennungstheoretische Deutung des *crowding-out* Effekts, die ich hier allerdings nur kurz skizzieren kann. Die Korporation ist der Ort sittlicher Sozialisation für die Mitglieder einer bestimmten Berufsgruppe oder Profession. Sie zähmt das individuelle Eigeninteresse ihrer Mitglieder in der Ausübung ihres Berufs und verschmilzt es mit dem gesellschaftlichen Wohl. Gleichzeitig ist die Korporationsmitgliedschaft Beweis der beruflichen Fähigkeit und damit Grundlage der Standesehre (PhR: §253). Korporationsmitglieder demonstrieren ihre Standesehre dadurch, dass sie im Einklang mit den Normen ihrer Profession handeln. Im Fall der Ärzteschaft bedeutet das zum Beispiel, sich an moralische und

---

[6] Ich diskutiere hier nur eine Hälfte von Le Grands Argument, denn er behauptet, dass sich auch die Klienten öffentlicher Dienste idealtypisch charakterisieren lassen: als Bauern (*pawns*) oder Königinnen (*Queens*), die paternalistisch behandelt oder als autonome Agenten respektiert werden. Und Le Grand argumentiert, dass quasi-Märkte die zweite Tendenz verstärken und daher aus Klientensicht vorzuziehen sind (Le Grand 2003).

ethische Regeln, wie den Eid des Hippokrates, zu halten, und das individuelle Eigeninteresse hintenanzustellen, wenn die beruflichen Pflichten des Arztes in Konflikt mit dem Patientenwohl und der Qualität der gesundheitlichen Versorgung als Ganzer geraten. Solche Konflikte können finanzieller Art sein, sie können aber auch die Organisation der Arbeit oder das Setzen von Prioritäten betreffen. Nun können natürlich auch Anhänger von Hegels Theorie der Korporation nicht erwarten, dass die Korporation jedes Fehlverhalten effektiv unterbinden kann. Einige Korporationsmitglieder werden immer wieder in Versuchung geraten, ihrem individuellen Eigeninteresse Vorrang einzuräumen (d.h., knechtisch zu handeln). Dieses Verhalten, das sowohl auf das Verlangen nach individueller Auszeichnung, als auch auf die Möglichkeit des *free-riding* zurückgeführt werden kann, führt Le Grand zu seiner Ausgangsfrage nach der effizienten Organisation öffentlicher Dienste.

Seine Antwort, die Einführung von quasi-Märkten, die sowohl ritterliche als auch knechtische Motive ansprechen sollen, muss jedoch von den moralisch handelnden Ärzten, Pflegekräften und Managern als Angriff auf ihr korporatives Selbstverständnis und ihre Standesehre verstanden werden. Individuelle Handlungsanreize unterstellen ihnen implizit, nicht im Interesse ihrer Patienten zu handeln, solange sie nicht davon profitieren. Gleichzeitig untergräbt diese Individualisierung die korporative Selbstverwaltung der Professionen, die wiederum einen unverzichtbaren Bestandteil des korporativen Geistes ausmacht (PhR: §252). Nun haben wir gesehen, dass Hegel die korporative Standesehre als eine Art soziale Anerkennung betrachtet, die ihre Träger davon befreit, sich solcher sozialen Anerkennung anderweitig durch selbstsüchtiges Verhalten im Markt versichern zu müssen (PhR: §253A). Genau diese Gefahr entsteht aber, wenn die Einführung von quasi-Märkten die korporative Standesehre untergräbt. Quasi-Märkte würden Mediziner dazu zwingen, ihren sozialen Status über ihr Einkommen, ihre Reputation, oder die Reputation ihres Arbeitgebers (z.B. die Platzierung ihres Krankenhauses in Rankings) zu definieren. Das würde erklären, warum die Einführung von individuellen Anreizen die Leistungsbereitschaft der Mediziner zunächst senkt. Intrinsische Handlungsmotive, die ihre Quelle in der Standesehre haben, fallen weg. Allerdings können die Mediziner dann in einen Wettbewerb um Einkommen und Status eintreten, der sie extrinsisch motiviert und so die Effizienz des Gesundheitssystems wieder erhöht. Der Preis für diese Effizienzsteigerung durch Wettbewerb ist aber der Verlust korporativer Handlungsformen in der NHS und das Ende des egalitären Ethos, der sie seit ihrer Gründung definiert hat.

***

Die anerkennungstheoretische Deutung des crowding-out Effekts zeigt die Gefahr auf, die der Marktwettbewerb für Kooperation und Solidarität darstellt.

Die hegelische Perspektive demonstriert, wie wichtig die in der Korporation gewonnene Standesehre ist, um das besondere des individuellen Eigeninteresses mit dem Allgemeinen Wohl zu versöhnen (PhR: §255). Dennoch bleibt Hegels Lösung instabil, solange kein Weg aufgezeigt werden kann, durch den Subjekte individuelle Auszeichnung erlangen können, ohne Kooperation und Solidarität zu untergraben.

Literatur

Siglen:

Griesheim: Griesheim, Gustav Julius von ([1824/25]2015), »Philosophie des Rechts vorgetragen vom Prof. Hegel«, in: *Gesammelte Werke*, Bd. 26.3, hrsg. v. Klaus Grotsch, Hamburg: Meiner.

PhR: Hegel, G.W.F. ([1820/21]1986), *Grundlinien der Philosophie des Rechts*, in: *Werke*, Bd. 7, hrsg. v. Eva Moldenhauer/ Karl M. Michel, Frankfurt am Main: Suhrkamp.

Hotho: Hotho, Heinrich Gustav ([1822/23]2015), »Philosophie des Rechts. Nach dem Vortrage des H. Prof. Hegel«, in: *Gesammelte Werke*, Bd. 26.2, hrsg. v. Klaus Grotsch, Hamburg: Meiner.

Applbaum, Isaak (1999), *Ethics for Adversaries*, Princeton: Princeton University Press.
Boltanski, Luc/Chiapello, Eva (2006), *Der neue Geist des Kapitalismus* Konstanz: UvK.
Carr, Albert Z. (1968), »Is Business Bluffing Ethical?«, *Harvard Business Review* 46(1): 143–153.
Bröckling, Ulrich (2014), »Wettkamp und Wettbewerb: Semantiken des Erfolgs zwischen Sport und Ökonomie«, *Leviathan* 42(29): 92–102.
Cohen, Gerald A. (2009), *Why Not Socialism?*, Princeton: Princeton University Press.
Ellmers, Sven (2015), *Arbeit und Wirtschaft. Theorie der bürgerlichen Gesellschaft nach Hegel*, Bielefeld: transcript.
Frey, Bruno (1997), »A Constitution for Knaves Crowds Out Civic Virtues«, *The Economic Journal* 107(July): 1043–1053.
– /Oberholzer-Gee, Felix (1997), »The Cost of Price Incentives: An Empirical Analysis of Motivation Crowding-out«, *The American Economic Review* 87(4): 746–755.
Gauthier, David (1986), *Morals by Agreement*, Oxford: Oxford University Press.
Georgellis, Yannis et al. (2011), »Crowding Out Intrinsic Motivation in the Public Sector«, *Journal of Public Administration Research and Theory* 21(3): 473–493.
Habermas, Jürgen (1981), *Theorie kommunikativen Handelns*, 2 Bände, Frankfurt am Main: Suhrkamp.
Hamington, Maurice (2008), »Business is not a Game: The Metaphoric Fallacy«, *Journal of Business Ethics* 86(4): 473–484.
Heath, Joseph (2014), *Morality, Competition, and the Firm*, Oxford: Oxford University Press.

Honneth, Axel (2011), *Das Recht der Freiheit. Grundriß einer demokratischen Sittlichkeit*, Berlin: Suhrkamp.
Illouz, Eva (2007), *Gefühle in Zeiten des Kapitalismus*, Frankfurt am Main: Suhrkamp.
Jütten, Timo (2015), »Is the Market a Sphere of Social Freedom?«, *Critical Horizons* 16(2): 187–203.
Knight, Frank H. (1923), »The Ethics of Competition«, *The Quarterly Journal of Economics* 37(4): 579–624.
Le Grand, Julian (2003), *Motivation, Agency, and Public Policy: Of Knights and Knaves, Pawns and Queens*, Oxford: Oxford University Press.
Radin, Margaret J. (1996), *Contested Commodities*, Cambridge MA: Harvard University Press.
Sennett, Richard (2006), *The Culture of the New Capitalism*, New Haven: Yale University Press.
Titmuss, Richard (1970), *The Gift Relationship. From Human Blood to Social Policy*, London: Allen & Unwin.

HANNES KUCH

Die Sozialisierung des Marktes
Soziale Freiheit und Assoziationen bei Axel Honneth

Mit seinem Konzept der sozialen Freiheit hat Axel Honneth in seinen jüngeren Schriften wertvolle Einsichten, die in der hegel-marxschen Traditionslinie immer wieder artikuliert wurden, begrifflich neu erschlossen und revitalisiert.[1] In der Debatte um die Idee der Freiheit als eines zwanglosen solidarischen Füreinanders standen bislang vor allem normative und methodologische Fragen im Zentrum, die sich um Honneths eigentümliche Verknüpfung von Sozialkritik, Geschichtsphilosophie und normativer Theorie drehten (Schaub 2015; Zurn 2016). Unter der Voraussetzung, dass soziale Freiheit einen elementaren und vielversprechenden Wert darstellt, soll in diesem Aufsatz das Augenmerk hingegen viel stärker auf Fragen der *Institutionalisierung* der sozialen Freiheit in der ökonomischen Sphäre gelegt werden. Die soziale Freiheit ist zwar den sozialen Strukturen moderner arbeitsteiliger Kooperation immer schon latent eingeschrieben, zugleich jedoch generiert die markt-kapitalistische Form der Kooperation Blockaden und Pathologien der sozialen Freiheit (Jütten 2015). Angesichts dieser Ambivalenz drängt sich die Frage auf, wie die Ansprüche der sozialen Freiheit in der ökonomischen Sphäre angemessen institutionalisiert werden könnten.

Ich werde im Folgenden die Unterscheidung einer ›externen‹ und einer ›internen Versittlichung‹ einführen, um zwei grundlegende Möglichkeiten in der institutionellen Ausgestaltung des Marktes zu erläutern. Diese Unterscheidung gibt es so bei Honneth nicht, doch wie sich zeigen wird, lassen sich mit ihrer Hilfe wertvolle konzeptuelle, normative und politische Einsichten gewinnen. Mit ›externer Versittlichung‹ ist dabei grundsätzlich der Versuch gemeint, den Markt über Elemente, die ihm äußerlich, nachträglich oder fremd sind, auf ein höheres normatives Niveau zu stellen: Hier wird der Markt durch sozialstaatliche Eingriffe, Schutzmechanismen und Umverteilungsmaßnahmen ›gezähmt‹ oder ›domestiziert‹. Mit ›interner Versittlichung‹ sind hingegen jene institutionellen Veränderungen gemeint, die den Markt in seinen sozialen Prozessen selbst so umstrukturieren, dass er aus sich heraus die Normen sozialer Freiheit zum Ausdruck bringt. Für eine solche interne Versittlichung des Marktes spie-

---

[1] Im Zentrum dieses Aufsatzes steht Honneths voluminöse Studie *Recht der Freiheit* (2011), eine anspruchsvolle Sozialtheorie und Zeitdiagnose moderner Gesellschaften, verfasst im Geiste der hegelschen *Rechtsphilosophie*. Im Folgenden wird dieses Buch mit der Sigle RF zitiert. – Für wertvolle Hinweise und Rückfragen danke ich Sven Ellmers und Steffen Herrmann, den Teilnehmerinnen und Teilnehmern der Tagung »Von der Kooperation zur Korporation« sowie Hans-Christoph Schmidt am Busch und den Teilnehmerinnen und Teilnehmern seines Seminars zur Aktualität der Kritischen Theorie an der Technischen Universität Braunschweig.

len in Honneths Überlegungen zivilgesellschaftliche Assoziationen, also Berufsvereinigungen oder ökonomische Interessenverbände, eine zentrale Rolle, wobei Honneth diese Vereinigungen als legitime Erben von Hegels Korporationen versteht. Meine Überlegungen zielen auf den Nachweis, dass die interne Versittlichung im Vergleich zur externen Versittlichung die vielversprechendere Strategie darstellt.[2] Letzten Endes wird sich zeigen, dass die interne Versittlichung die Umrisse einer weitreichenden »Vergesellschaftung des Marktes« (RF: 428) andeutet, die die Pathologien der kapitalistischen Form des Marktes überwindet, ohne jedoch unbedingt alle Formen des Marktes zu verabschieden.[3] Dabei wird die normative Ausrichtung des Übergangs von der externen zur internen Versittlichung wichtige Einsichten dafür liefern, was eigentlich eine Sozialisierung des Marktes bezwecken sollte.

Zunächst rekonstruiere ich den allgemeinen Begriff der sozialen Freiheit und rücke eine starke Konzeption der sozialen Freiheit in der ökonomischen Sphäre in den Vordergrund, deren Spezifik mit Hilfe einer Ausdifferenzierung von drei unterschiedlichen Aspekten der sozialen Freiheit verdeutlicht wird (Teil 1). Nachdem im ersten Teil zudem einige grundlegende Pathologien der sozialen Freiheit im kapitalistischen Markt herausgearbeitet wurden, wird die Strategie der externen Versittlichung als eine mögliche Reaktion auf diese Pathologien eingeführt (Teil 2). Anschließend wird gezeigt, inwiefern die interne Versittlichung über die externe Versittlichung hinausgeht, und es soll deutlich werden, in welchen Hinsichten Honneth mit seinem Bezug auf die beruflichen Assoziationen auch über Hegels eigenes Modell der Korporation hinausweist (Teil 3). Es wird sich allerdings auch herausstellen, dass die interne Versittlichung durch die Assoziationen nicht tiefgreifend genug ist, weshalb noch eine weitere, besondere Form der internen Versittlichung berücksichtigt werden muss, die Honneth eher andeutet als ausformuliert. Diese Form der internen Versittlichung des Marktes werde ich als ›konstitutive sittliche Transformation‹ des Marktes bezeichnen (Teil 4), wobei sich erweisen wird, dass auch hier wiederum unterschiedliche Optionen offenstehen, in welche Richtung genau eine solche konstitutive sittliche Transformation des Marktes gehen könnte.

---

[2] Im Gegensatz dazu hat Jütten in der jüngeren Diskussion für eine striktere externe Regulierung des Marktes plädiert: »If we value social freedom, we […] must restrict the market from the outside.« (Jütten 2015: 202)

[3] In der Zwischenzeit hat sich Honneth, mit dem Erscheinen der *Idee des Sozialismus* (2015a), relativ klar für eine stärker marktsozialistische Argumentationslinie entschieden (einschließlich einer prinzipiellen Aufgeschlossenheit gegenüber unterschiedlichen Formen der demokratischen Planung des Wirtschaftens).

1. Potentiale und Pathologien der sozialen Freiheit im Markt

1.1. Die Idee der sozialen Freiheit

Honneth entfaltet sein Konzept der sozialen Freiheit innerhalb einer dreiteiligen Unterscheidung von negativer, reflexiver und sozialer Freiheit. Negative Freiheit meint die in der Tradition von Hobbes bis Isaiah Berlin betonte Willkürfreiheit, eigene Vorstellungen eines guten Lebens unter Abwesenheit von äußerlichen Hindernissen verfolgen zu können, geschützt durch das elementare Rahmenwerk des Rechts (RF: 129–146). Die reflexive Freiheit meint die Fähigkeit zur inneren Selbstbestimmung des eigenen Willens nach Maßgabe guter Gründe (RF: 173–190). Dieses in der kantischen Traditionslinie akzentuierte Freiheitsverständnis, das in der Sphäre der Moralität verwirklicht wird, bezieht sich auf die selbstbestimmte Durcharbeitung der eigenen Neigungen, Triebe und Bedürfnisse im Lichte verallgemeinerungsfähiger Normen. Beide Freiheitsformen kennzeichnen sich durch eine Abgrenzung, eine Distanzierung vom Sozialen: Im Fall der negativen Freiheit sind es die moralischen Forderungen anderer, die unter Berufung auf die Privatheit ethischer Entscheidungen abgelehnt werden können, im Fall der reflexiven Freiheit sind es sogar noch die politisch-rechtlichen Institutionen, die unter Berufung auf moralische Gründe zurückgewiesen werden können.

Die negative und die reflexive Freiheit sind für Honneth wichtige und unverzichtbare Facetten der Freiheit, doch sie sind nicht der gewöhnliche oder basale Hauptmodus der Freiheitsverwirklichung. Das ist nämlich die soziale Freiheit, die Verwirklichung individueller Freiheit in sozialen Beziehungen, Rollenmustern und Institutionen (RF: 81–94). Während in der negativen und der reflexiven Freiheit das Soziale meist als Bedrohung von individueller Freiheit figuriert, ist die soziale Freiheit konstitutiv auf soziale Kontexte der Freiheitsverwirklichung angewiesen. Damit sind nicht einfach nur die sozialen Bedingungen der tatsächlichen Freiheitsverwirklichung gemeint; damit ist die Forderung angesprochen, dass andere Subjekte oder soziale Institutionen das Individuum in dem Bestreben der eigenen Freiheitsverwirklichung fördern und unterstützen. Soziale Freiheit verwirklicht sich umso mehr, je eher die Subjekte »den Eindruck haben können, daß ihre Zwecke von denjenigen unterstützt, ja getragen werden, mit denen sie regelmäßig zu tun haben« (RF: 113). Hier bedarf es für die eigene Freiheitsverwirklichung »eines entgegenkommenden, das eigene Ziel bestätigenden Subjekts« (RF: 123). Umgekehrt wird diese soziale Unterstützungsleistung vom Subjekt durch eine moralische Rücksichtnahme erwidert: Mit der reziproken Verwiesenheit aufeinander geht eine besondere Form der Verpflichtung einher, »der im allgemeinen die Widrigkeit des bloß Gesollten fehlt, ohne ihm im Grad der moralischen Rücksichtnahme auf den anderen jedoch nachzustehen.« (RF: 225) Die soziale Freiheit stützt sich daher auf institutionalisierte Rollenmuster, die eine Abstimmung der Wünsche und Ziele der unterschiedlichen Subjekte leisten, wobei diese

Rollenmuster zumindest partiell durch die Forderungen der negativen und der reflexiven Freiheit hinterfragbar und durch die soziale Freiheit in Gestalt der kollektiven *politischen* Autonomie veränderbar sind.

1.2 Soziale Freiheit im Markt

Neben der Sphäre der persönlichen Beziehungen versteht Honneth nicht nur die politische Selbstbestimmung in der Sphäre des Staates als institutionelle Verkörperungen sozialer Freiheit, sondern auch – und viel umstrittener – die Sphäre marktvermittelter ökonomischer Kooperation. Diese These geht zunächst von der Tatsache der komplexen Arbeitsteiligkeit moderner Gesellschaften aus. Hier konsumieren Menschen nicht, was sie produzieren, und sie produzieren nicht, was sie konsumieren. Aufgrund der arbeitsteiligen Verflechtung fördert die ökonomische Aktivität des einen die materielle Bedürfnisbefriedigung des anderen, und umgekehrt. Die Bäuerin ist auf die Mechanikerin, die Mechanikerin auf den Friseur, und der Friseur wiederum auf die Bäuerin usw. angewiesen. Die arbeitsteilige Kooperation im Markt spannt also ein Netz von Interdependenzen aus, das durch formal freie Beziehungen eröffnet und fortgesponnen wird. Deshalb muss der Markt Honneth zufolge als Institution verstanden werden, »die uns gemeinsam die Möglichkeit eröffnet, in ungezwungener Gegenseitigkeit unsere Interessen zu befriedigen« (RF: 465). Wenngleich die Vertragsbeziehungen am Markt stets auch vom individuellen Eigeninteresse motiviert sind, erfahren die Einzelnen in der Teilnahme an den kooperativen Strukturen ihre wechselseitige Interessenergänzung. Die Anerkennung der wechselseitigen Abhängigkeit in beiderseitiger Freiheit rahmt und prägt daher die freie Interessenverfolgung am Markt, und befördert einen Sinn für solidarische Verpflichtungen in der Realisierung eigener Interessen und Zwecke.

Es ist hilfreich, die Ansprüche der sozialen Freiheit in der ökonomischen Sphäre präziser zu unterscheiden. Genauer betrachtet lassen sich nämlich drei Kriterien der sozialen Freiheit am Markt herausschälen, die Honneth selbst in dieser Weise zwar nicht unterscheidet, die für das genauere Verständnis der sozialen Freiheit jedoch hilfreich sind: Von sozialer Freiheit in der ökonomischen Zusammenarbeit lässt sich sprechen, wenn die Kooperation, *erstens*, freiheitlich erfolgt, das heißt ohne Zwang oder Gewalt zustande kommt. Zwanglosigkeit impliziert dabei insbesondere auch die Abwesenheit von inneren oder äußeren nötigenden Rahmenbedingungen (RF: 352). Das ist das *Freiheitskriterium*. Die Kooperation muss, *zweitens*, dem wirtschaftlichen Wohl aller dienen; sie muss auf das Ziel der »allgemeinen Wohlstandsmehrung« (RF: 448) gerichtet sein. Damit ist nicht einfach nur die Steigerung des aggregierten ökonomischen Outputs gemeint, sondern die effektive Förderung des wirtschaftlichen Wohls aller Einzelnen, insbesondere der schwächeren Gesellschaftsmitglieder. Das nenne ich das *Wohlfahrtskriterium*. *Drittens* muss die wirtschaftliche Zusammenarbeit »intrinsisch Erwartungen einer solidarischen Kooperation« (RF: 357) genügen. Die arbeitsteilige Kooperation soll nicht nur effektiv, in ihrem Resultat dem Wohl aller dienen, sie soll intern, in ihrem Vollzug selbst kooperativ angelegt sein, das heißt: sie soll als wechselseitig förderlich und wohlwollend erfahrbar sein. Das nenne ich das *Solidaritätskriterium*.[4]

Die Ausdifferenzierung dieser unterschiedlichen Aspekte sozialer Freiheit verdeutlicht, wie anspruchsvoll jedes der drei Kriterien für sich genommen ist, und es macht klar, dass die einzelnen Kriterien potentiell in Konflikt miteinander geraten können, so etwa, wenn bestimmte Institutionalisierungen der Wohlfahrtssteigerung das Kriterium der Freiheit auf inakzeptable Weise verletzen. Vor allem aber schärft diese Aufschlüsselung den Blick dafür, wie weitreichend die Forderungen des dritten Kriteriums sind. Denn das Solidaritätskriterium besagt, dass die ökonomischen Praktiken intern, in ihrem bewussten Vollzug so angelegt sein müssen, dass die Teilnehmer die Praxis als kooperative erfahren können, als eine, in der ihre eigene Freiheit gefördert wird, und eine, in der sie selbst die Freiheit anderer fördern. Die ökonomische Kooperation muss deshalb im performativen Akt der Durchführung in bewusster Weise solidarisch sein; sie muss eine wechselseitige »moralische Rücksichtnahme« (RF: 224) der Subjekte zum Ausdruck bringen. Während das Wohlfahrtskriterium den Akzent auf die objektive Fähigkeit einer ökonomischen Ordnung, das Wohl aller zu fördern, legt, muss die Förderung des Wohls anderer gemäß des Solidaritätskriteriums auch subjektiv gewusst und gewollt werden. Das Implizite soll explizit, und das Objektive subjektiviert werden. Mit anderen Worten: Unter den Gesichtspunkten des Wohlfahrtskriteriums soll das effektive Resultat die Förderung des Allgemeinwohls sein, doch gemäß des Solidaritätskriteriums muss auch der praktische Vollzug solidarisch sein, also so, dass die Einzelnen in ihrem Handeln das Wohl anderer auf bewusste Weise fördern. Es ist klar, dass genau diese Idee einer solidarischen Freiheitsverwirklichung sowohl der systemtheoretischen Vorstellung einer »normfreien Sozialität« (Habermas 1981: II, 455) des Wirtschaftssystems wie der libertären Vorstellung einer rein kontraktuell geregelten Interaktion indifferenter Privategoisten radikal entgegengesetzt ist. Denn in beiden Varianten, der systemtheoretischen wie der libertären, müssen andere Marktteilnehmer gerade *nicht* eine bewusste moralische Berücksichtigung finden; im Gegenteil, der ökonomischen Effizienz ebenso wie der individuellen negativen Freiheit sei dann am meisten gedient, so deren Unterstellung, wenn die Akteure im Wirtschaftssystem nur auf strategische Weise ihr Eigeninteresse verfolgen. Das bedeutet also, dass die Ansprüche der sozialen Freiheit sehr weitreichend

---

[4] In der *Idee des Sozialismus* kommt dieses Kriterium noch viel deutlicher zur Geltung als im *Recht der Freiheit*, so etwa, wenn Honneth dafür argumentiert, »die individuelle Freiheit nicht als eine private Interessenverfolgung, sondern als ein solidarisches Sich-Ergänzen« zu verstehen. (Honneth 2015a: 32).

sind; tatsächlich dürfte nämlich die Verwirklichung des Solidaritätskriteriums mit gewissen Einschränkungen der negativen Freiheit einhergehen und unter Umständen auch mit Einbußen in der allgemeinen Wohlfahrt, zumindest im Sinne des aggregierten Outputs.[5]

1.3 Marktinduzierte Pathologien sozialer Freiheit

Die Institution des Marktes im Allgemeinen, und des kapitalistischen Marktes im Besonderen, verwirklicht nun jedoch das Solidaritätskritierum als solches nur implizit; und mehr noch, diese Institution geht mit prinzipiellen Pathologien einher, was die Verwirklichung des Anspruchs der sozialen Freiheit betrifft.[6] So kann der Markt, aufgrund seines institutiontypischen Wertehorizonts, zu der Pathologie führen, dass ein Aspekt der dort verwirklichten Freiheit, eben die negative Freiheit, für das Ganze der Freiheit genommen wird.[7] Der Markt als solcher ist durch eine »konstitutive Erlaubnis zu rein individuellen Nutzenorientierungen« (RF: 348) gekennzeichnet, solange man die

---

[5] Die weitreichenden Ansprüche der sozialen Freiheit können im Hinblick auf ihre normative Rechtfertigung in diesem Aufsatz nicht genauer untersucht werden, worauf wegen des Fokus' auf die genauere institutionelle Ausgestaltung der sozialen Freiheit in der ökonomischen Sphäre verzichtet werden muss. Es besteht allerdings kein Zweifel daran, dass alle drei Kriterien starken Begründungslasten unterliegen, insbesondere das dritte. Honneth wendet, soweit ich sehe, drei unterschiedliche Begründungsverfahren an, nämlich (i) eine perfektionistische Theorie der Freiheit, die in der sozialen Freiheit die vollkommenste und reichhaltigste Freiheitskonzeption sieht; (ii) das Verfahren der normativen Rekonstruktion, das auf die Freilegung der normativen Versprechen gesellschaftlicher Institutionen zielt, unter besonderer Berücksichtigung der zentralen Gründungsdokumente, die für die Herausbildung der jeweiligen Institutionen konstitutiv waren, und unter Berücksichtigung der historisch errungenen Fortschritte in der Ausgestaltung dieser Institutionen; (iii) die Analyseperspektive eines normativen Funktionalismus, demzufolge gesellschaftliche Institutionen in ihrem Bestand und ihrem Funktionieren ganz wesentlich auf die aktive Anerkennung ihrer Legitimität durch die Gesellschaftsmitglieder angewiesen sind. Ich möchte an dieser Stelle lediglich darauf hinweisen, dass in der jüngeren Diskussion an den unterschiedlichen Begründungsvarianten grundsätzliche Kritik geübt wurde, die eine Ergänzung durch weitere, anders geartete Begründungsverfahren erforderlich macht (vgl. Zurn 2016; Schaub 2015; Jütten 2015). Meines Erachtens bedarf es einer Rekonstruktion von Hegels Sittlichkeitstheorie, die viel stärker die Probleme einer sittlichen Desintegration ins Zentrum rückt, die dann zu beobachten sind, wenn die Sphäre des ökonomischen Austausches nicht den weitreichenden Ansprüchen der sozialen Freiheit genügt. Dafür müsste viel stärker in den Fokus gerückt werden, dass, in Honneths Worten, »schwere Folgeschäden in der sozialen Umwelt« (RF: 338) drohen, wenn der ökonomische Austausch sittlich defizitär organisiert ist, und zwar insbesondere in den Sphären der politischen Freiheit und der moralischen Freiheit. Vgl. dazu Kuch (2016).

[6] Vgl. zum Folgenden auch die Überlegungen von Jütten (2015).

[7] Das gesteht Honneth in neueren Veröffentlichungen auch viel stärker zu: »[...] it seems important to consider whether the spheres of social freedom might not be vulnerable to systematic misinterpretation, as they cannot eliminate the possibility of having their principles understood merely in terms of *negative* freedom. In particular, there is the constant possibility of such fundamental misinterpretation in the ethical sphere of the economic market.« (Honneth 2015b: 215)

Grenzen des Rechts nicht überschreitet. Wenn der Markt die negative Freiheit einräumt, die eigenen frei gewählten Interessen ungehindert verfolgen zu können, und zwar insbesondere unter Absehung der moralischen Einsprüche von anderen Akteuren, dann schließt das auch die Verletzung der Standards sozialer Freiheit mit ein, die gerade in der Anerkennung von selbstauferlegten moralischen Rücksichtnahmen besteht. Zur negativen Freiheit, seinen eigenen Nutzen zu verfolgen, gehört eben auch, seinen Nutzen zu maximieren, was dazu führen kann, dass andere nur noch, um mit G.A. Cohen (2010: 41) zu sprechen, »als Quellen der Bereicherung« in den Blick geraten, deren Schwächen rücksichtslos zum eigenen Vorteil ausgenutzt werden. Eine erste Pathologie des Marktes besteht also, wie sich sagen ließe, in einer Lizenz zur ›eigeninteressierten Nutzenmaximierung‹.

Insbesondere in neueren Überlegungen zieht Honneth nun zudem stärker in Betracht, dass die Institution des kapitalistischen Marktes zu intern bedingten Fehlentwicklungen führen kann, die nicht einfach nur mit der (Fehl-)Interpretation von zugrundeliegenden *Werten* zu tun hat, sondern mit den konstitutiven *Strukturen* und *Mechanismen* dieser Institution.[8] In seinem jüngsten Buch *Idee des Sozialismus* argumentiert Honneth in diese Richtung, wenn er die Erträge auf privates Kapital als Verletzungen des solidarischen Prinzips reziproker Leistungserbringung sieht (Honneth 2015a: 108). Auf was eine Kritik an den kapitalismusspezifischen konstitutiven Strukturen und Regeln desweiteren abheben müsste, wäre die privatisierte Form des Eigentums an den Produktionsmitteln. Denn aufgrund dieser Form findet im wirtschaftlichen Prozess konstitutiv eine *private* Aneignung von Reichtum statt, obwohl doch der Prozess der Reichtumserzeugung ein genuin *gesellschaftlicher* ist. Typischerweise geht mit ihr nicht nur eine sich strukturell verfestigende Klassenspaltung zwischen abhängig Beschäftigten und Kapital-Eigentümern einher, und in der Folge ein immer stärker ungleich verteilter Reichtum und asymmetrische Machtverhältnisse, sondern vor allem auch eine sich verselbständige Eigendynamik der Kapitalverwertung. Darin liegt die Pathologie ›kapitalistischer Verwertungsimperative‹. Im *Recht der Freiheit* spricht Honneth an einigen Stellen zwar von den »Verselbständigungstendenzen kapitalistischer Verwertungsimperative« (RF: 354), doch insgesamt nahm Honneth bislang von den Autonomisierungsgefahren kapitalistischer Funktionslogiken nur pe-

---

[8] Gegenüber dem *Recht der Freiheit* ist diese neuere Argumentationslinie bei Honneth eine Veränderung, weil er dort nicht nur nicht über die strukturellen Gründe von Fehlentwicklungen am Markt reflektiert hatte, er hatte seine Begrifflichkeit sogar so angelegt, dass die Ursachen dieser Fehlentwicklungen prinzipiell nicht im Markt selbst verortet werden konnten. Eine der provokantesten, ja unverständlichsten Thesen im *Recht der Freiheit* lautet tatsächlich, dass die Fehlentwicklungen innerhalb der Sphäre des Marktes »keine systeminduzierten Abweichungen« darstellen (RF: 231); es komme zwar zu Fehlentwicklungen, zu Abweichungen von den Normen der sozialen Freiheit, mit dem entscheidenden Zusatz jedoch, dass »deren Quellen woanders zu suchen sind als in den konstitutiven Regeln« dieses Handlungssystems (RF: 231). Wenn ich es richtig sehe, hat Honneth im *Recht der Freiheit* völlig offen gelassen, wo dann eigentlich die Quellen von sozialen Fehlentwicklungen liegen.

ripher Notiz.⁹ Die »rastlose Vermehrung des Werts« (Marx 1962: 168) hat eine wesentliche Ursache, so ließe sich in loser Anknüpfung an Marx formulieren, schon allein in der Trennung von privatem Kapital und Lohnarbeit, weil damit die Kontrolle über Kapital aus dem kommunikativen Verfügungshorizont der gemeinsam Produzierenden entrissen ist; für die einzelnen Kapitaleigentümer bedeutet dies wiederum praktisch, in ihrer Entscheidung über die Verwendung von Kapital letzten Endes auf die qualitative Unbestimmtheit bei gleichzeitiger quantitativer Begrenztheit des Geldes zurückgeworfen zu sein.

Gerade wenn die Perspektive einer ›internen Versittlichung‹, wie sich zeigen wird, aus guten Gründen in eine marktsozialistische Richtung führt, sollte nicht nur der *kapitalistische* Markt, sondern auch die Institution des Marktes *im Allgemeinen* umso kritischer untersucht werden.¹⁰ So ist jedoch ein wesentliches Merkmal des Marktes das Handeln unter Bedingungen privatisierter Entscheidungen und bloß nachträglicher Handlungskoordination. Die einzelnen Akteure am Markt entscheiden über ihr Vorgehen strukturell als atomisierte Einzelne, in prinzipiell unvollständiger Kenntnis der Wünsche, Absichten und Bedürfnisse der potentiellen Kunden oder Mitbewerber, was in tiefgehender Spannung zur Idee einer bewussten solidarischen Kooperation steht, wie sie die Idee sozialer Freiheit nahelegt. Die Zumutung privatisierter Entscheidungen führt zu einer gänzlich anderen Situation als die einer gemeinschaftlichen Vergewisserung über die bestehenden Bedürfnisse und Wünsche der Beteiligten und eine gemeinschaftliche Verständigung über die zu verteilenden Aufgaben und Verantwortlichkeiten, wie wir sie etwa aus der Teamarbeit kennen, und wie sie unter Bedingungen einer demokratischen Planung des Wirtschaftens zumindest prinzipiell möglich wären.¹¹ Das möchte ich die Pathologie der ›Atomisierung‹ nennen. Selbst wenn die Akteure mit den besten Absichten rücksichtsvoll mit anderen Marktakteuren agieren wollen, stellen die atomisierten, isolierten Entscheidungssituationen eine schwer zu überwindende Hürde dar.

Ein weiteres grundlegendes Merkmal der Institution des Marktes ist der Wettbewerb. Jedes kompetitive Verhältnis enthält eine als solche meist unproblematische agonale Relation zum Mitbewerber, doch der Charakter des

---

⁹ Wenn Honneth nicht sogar auf einem fundamentalen grundbegrifflichen Level davor warnt, der marxschen Idee, das Kapital als ein ›automatisches Subjekt‹ zu verstehen, irgendeinen Platz einzuräumen. Vgl. dazu Honneth (2011).

¹⁰ Tatsächlich operieren manche marktsozialistischen Ansätze zwar auf einer kapitalismuskritischen Basis, allerdings bei simultaner Affirmation der Institution des Marktes, etwa David Miller, der seine Überlegungen zum Marktsozialismus auf der Grundlage eines »full-blooded unapologetic commitment to a market economy« (Miller 1989: vii) entwickelt.

¹¹ Vgl. dazu Elson (1988). Siehe auch Laitinen über das *Recht der Freiheit*: »Not much is said about why economic cooperation should take the form of a market at all. Why not some other form of participatory economy, which would guarantee the planned interdependence of the aims of the participants?« (Laitinen 2016: 279) Mit der *Idee des Sozialismus* ist Honneth gegenüber dieser Möglichkeit nun aufgeschlossener (Honneth 2015a: 94).

Wettbewerbs ändert sich, wenn dieser nicht bloß unter spielerischen, sondern den typischen Marktbedingungen stattfindet, in der die Teilnehmerinnen keine ernsthafte Möglichkeit zur Nicht-Teilnahme haben und unter Bedingungen existentieller materieller Unsicherheit agieren (vgl. Jütten in diesem Band). Man kann davon ausgehen, dass dann viel stärker Selbstkonzeptionen und Verhaltensweisen gefördert werden, die missgünstige und unter Umständen sogar feindselige Züge tragen können und damit einer solidarischen Kooperation entgegenstehen. Dies lässt sich als die Pathologie des ›Konkurrenzzwangs‹ auffassen.

Mit all dem soll nicht bestritten werden, dass der Markt, gerade aufgrund seiner Verwebung von individueller Freiheit und allseitiger Abhängigkeit, zumindest ein latentes Potential der sozialen Freiheit in sich birgt; wenn das Ziel aber ist, soziale Freiheit in substantieller Weise zu verwirklichen, muss man die genannten entgegenwirkenden Faktoren im Blick haben und sich über erforderliche institutionelle Veränderungen genau Rechenschaft geben.

2. Die externe Versittlichung des Marktes

Angesichts dessen, dass dem Markt einerseits zwar ein schwaches Potential der Verwirklichung sozialer Freiheit zukommt, dass es andererseits jedoch auch eine Reihe an marktinduzierten Pathologien und Fehlentwicklungen gibt, stellt sich die Frage, wie die Institution des Marktes verändert werden muss, um den Ansprüchen der sozialen Freiheit zu genügen. Die Frage lautet nun also, wie der Markt sittlich gemacht, also *versittlicht* werden kann, und hier lässt sich wiederum die Strategie einer *internen* von der einer *externen Versittlichung* unterscheiden.

2.1 Was heißt ›externe Versittlichung‹?

Die externe Versittlichung des Marktes meint all jene institutionellen Schutzmechanismen und Unterstützungsmaßnahmen des kapitalistischen Sozialstaats, die in den zentralen Bereichen des Marktes im Lauf des 19. und 20. Jahrhunderts eingerichtet wurden. Honneths Rede von der »Einhegung des Marktes« (RF: 345), von einer »markteinschränkenden Gesetzgebung« (RF: 373), von »institutionellen Schutzmechanismen« (RF: 337), durch die der Markt »domestiziert« (RF: 331) wird, zeigt an, dass die externe Versittlichung auf der institutionellen Ebene auf zwingende, markt-externe Maßnahmen angewiesen ist, die im Streitfall mit staatlicher Zwangsbefugnis durchsetzbar sind, um auf diese Weise die Marktkräfte zu bändigen. Der sozialstaatlich eingehegte kapitalistische Markt tritt mit dem Anspruch auf, schwächere Marktteilnehmerinnen durch rechtlich garantierte Regularien und Sicherungsmechanismen zu schützen, etwa durch das Verbraucherschutzrecht oder das Arbeitsrecht, mit seinen Vorschriften zur Sicherheit am Arbeitsplatz, Lohnsicherheit, garantierten Arbeitsplatzsicherheit, zum Mindestlohn oder festen Arbeitszeiten. Die externe Versittlichung bezieht sich auch auf den Abbau und Ausgleich von illegitimen Marktungleichheiten, was durch eine progressive Besteuerung von höheren Markteinkommen und die sozialstaatliche Gewährleistung von Sekundäreinkommen, etwa dem Arbeitslosengeld, erreicht wird. Nicht zuletzt garantieren Institutionen der externen Versittlichung die Sicherung der materiellen Existenz bei Armut, Wohnungsnot, Krankheit oder Unfällen. In gewissem Maß schafft die externe Versittlichung damit ein »soziales Eigentum« (Castel 2005: 41), etwa an Wohnberechtigungen, Rentenansprüchen oder Kinderplatzgarantien, das ein Gegengewicht zur Logik des Privateigentums darstellt, von dem insbesondere vermögende Schichten und die Eigentümerinnen der Produktionsmittel profitieren. Mit der externen Versittlichung werden die soziale Unterstützung und der Schutz des Einzelnen zu einem subjektiven Rechtsanspruch, der an die Stelle der demütigenden Abhängigkeit von Almosen und privater Wohltätigkeit tritt.

Es darf vermutet werden, dass Honneth mit der Bezeichnung einer ›externen‹ Versittlichung kaum einverstanden wäre, denn seinen Überlegungen zufolge dienen die Schutzmaßnahmen lediglich dazu, die *dem Markt selbst eingeschriebenen, internen* Ansprüche zu Institutionalisieren. In den unterschiedlichen Argumentationssträngen im *Recht der Freiheit* schwankt Honneth zwar zwischen Überlegungen, die darauf beharren, dass die institutionellen Schutzvorkehrungen tatsächlich nichts anderes als Verkörperungen der »dem Marktsystem zugrundeliegenden Anspruchlichkeit« (RF: 357) sind, und der schwächeren Argumentation, die geltend macht, dass jede Form des Marktes auf die eine oder andere Art sittlich eingebettet ist, insofern stets auf irgendeine Weise reguliert ist, was als legitimes Tauschobjekt zählen darf und was nicht, wer als Käufer und Verkäufer überhaupt infrage kommt usw. (RF: 382f.; Honneth 2015b: 223). Diese basale sittliche Einbettung wird gesellschaftlich und historisch spezifisch auf unterschiedliche Weise ausgefüllt, doch der entscheidende Punkt ist dann, dass es hier die Prägekraft »*vormarktlicher* Normen und Werte« (RF: 347; Hervorh. H.K.) ist, die den institutionellen Vorkehrungen ihre genaue Gestalt verleiht. Weil diese moralisch wirksamen Normen nicht aus dem Markt, sondern »aus dem allgemein akzeptierten Wertsystem der Gesellschaft stammen« (RF: 341), erweist sich der Markt hier nicht als intern sittlich, vielmehr wird er es erst, nämlich durch die Einwirkungen aus den umgebenden sozialen Sphären, etwa der Familie, Zivilgesellschaft oder Politik. Ich werde der Frage, ob es nun um markt-interne oder markt-externe Normen geht, mittels derer die verschiedenen Schutzvorkehrungen den Markt versittlichen, in diesem Aufsatz nicht weiter nachgehen; ich will lediglich unterstreichen, dass es im einen wie im anderen Fall institutioneller Schutzmechanismen bedarf, die einer Reihe an markttypischen Praktiken, Werten und Eigendynamiken entgegenwirken sollen, die eben nicht als Verwirklichungen von sozialer Freiheit gelten können. Darauf weist ja bereits Honneths Rede von einer ›Einhegung‹ und ›Domestizierung‹ des Marktes hin, und tatsächlich müssen bei genauerem Hinsehen die angesprochenen institutionellen Vorkehrungen (i) ›von *außen*‹, von politischer Seite gegen die Akteure am Markt eingesetzt und mit rechtlichen Mitteln durchgesetzt werden und durchsetzbar sein, wobei diese Vorkehrungen entweder (ii) als *Einschränkungen* und *Begrenzungen* der Marktprozesse gelten müssen, oder (iii) im Verhältnis zu den primären Praktiken am Markt durch eine genuine *Nachträglichkeit* gekennzeichnet sind, etwa wenn Versicherungsleistungen im Bereich der Kranken-, Unfall- oder Arbeitslosenversicherung gegen die Unbilden schützen sollen, denen die Akteure durch eine Teilnahme am Erwerbsleben ausgesetzt sind.

2.2 Die Mängel der externen Versittlichung

Auch wenn diese Strategie der externen Versittlichung des Marktes gewiss besser ist als ein deregulierter Markt, gibt es mehrere Kritikpunkte an dieser Strategie. Honneths eigene Kritik der externen Versittlichung ist dabei nach dem Vorbild seiner allgemeinen Kritik der rechtlichen Freiheit angelegt (vgl. RF: 150–154, 161–167): Weil die staatlichen Regulierungen meist in Form von individuellen Rechtsansprüchen institutionalisiert sind, die rechtlich einklagbar und mit staatlicher Zwangsbefugnis durchsetzbar sind, geht mit dieser Strategie die Gefahr einer Vereinzelung der Akteure einher, die einer gemeinsamen, diskursiven Transformation von Einzelinteressen entgegensteht (RF: 424–427), was sich insbesondere im Vergleich von Verbraucherschutzrechten mit deren historischen Vorläufern, den Konsumgenossenschaften, zeigt. Ebenso wie das Verbraucherschutzrecht dienten auch schon die Konsumgenossenschaften dem Schutz und der Durchsetzung der Interessen der Konsumenten gegenüber den Unternehmen; *intern* gingen mit den Konsumgenossenschaften jedoch auch Prozeduren der kommunikativen Ummodellierung der Konsumpräferenzen einher, durch die die Mitglieder die Fähigkeit eines stärker kooperativen Verhaltens am Markt erwarben (RF: 402). Genau das ist unter Gesichtspunkten der Sittlichkeit freilich der entscheidende Vorzug. Während diese »mikrosozialistischen Gesellschaften« (Esping-Andersen 1998: 40) das Potential hatten, ihre Mitglieder in sittlicher Hinsicht zu bilden, das heißt also, dazu befähigen konnten, allgemeinere Belange in den eigenen Wünschen und Interessen zu berücksichtigen, kommt bei den rechtlich abgesicherten Schutzmechanismen des Sozialstaats die »desozialisierende Wirkung der subjektiven Rechte« (RF: 427) negativ zur Geltung. Anstatt die einzelnen Konsumenten miteinander in Kontakt und in einen diskursiven Austausch um die angemessene Nutzung des Marktes zu bringen, »»entfremden«« die Verbraucherschutzrechte den Einzelnen »von seiner kommunikativen Umwelt und lassen ihn als in sich selbst kreisendes, ›monologisches‹ Rechtssubjekt zurück.« (RF: 427)

Wie überzeugend diese Kritik auch immer sein mag, es gibt einen weiteren Kritikpunkt gegenüber der externen Versittlichung des Marktes, den Honneth so nicht anführt, der aber im Geist seiner Überlegungen liegt: Das Problem der externen Versittlichung liegt in erster Linie darin, so möchte ich geltend machen, dass sie soziale Freiheit nicht *im* und *durch* den Markt verwirklicht, sondern *gegen* den Markt und seine Akteure. Das ist nicht nur *ethisch defizitär*, es lässt auch an der *politischen Tragfähigkeit* zweifeln. In politischer Hinsicht ist nämlich zu befürchten, dass die externe Versittlichung konstitutiv instabil ist: Weil bei der externen Regulierung die Sittlichkeit des Marktverkehrs wenn überhaupt nur äußerlich garantiert werden kann, werden die Marktteilnehmerinnen durch die Marktprozesse selbst weiterhin dazu angespornt werden, bloß eigeninteressiert-strategische Einstellungen der privaten Nutzenmaximierung zu verfolgen. Angesichts eines solchen privaten Egoismus wird die staatlich organisierte Regulierung aller Wahrscheinlichkeit nach als etwas Hinderliches erfahren werden, das von den Akteuren beständig auf Lücken und Schlupflöcher hin untersucht wird. Um auf einer praktischen Ebene einigermaßen effektiv zu sein, muss dann aber die externe staatliche Regulierung mit einer umfangreichen Überwachungs- und Sanktionstätigkeit einhergehen, um den Preis, dass die Marktteilnehmerinnen sich von allen Seiten eingeschränkt fühlen. Das kann dann wiederum eine Art neoliberale Kritik staatlicher Regulierung zur Folge haben, die zu einem Minimalstaat führt, dessen Regulierungen so gering und so nachlässig sind, dass sie praktisch ineffektiv sind. Ein Argument dieser Art kann jedenfalls mit zu einer Erklärung beitragen, weshalb die neoliberale Desorganisation des organisierten Kapitalismus ab den 1980er Jahren über eine gewisse Akzeptanz in der Bevölkerung verfügte.[12]

Der Kern des hier vorgebrachten Arguments liegt also im Verweis auf die durch den Markt induzierten Selbstkonzeptionen und gesellschaftlichen Deutungsmuster, die im Widerstreit zum solidarischen Geist des Sozialstaats ste-

---

[12] Ein ähnliches Argument entwickelt Nance (2014), der die soziale Ursache dieser sittlich defizitären Selbst- und Weltverständnisse jedoch nicht im Markt als solchem sieht, sondern im *kapitalistischen* Markt. Nances Argument ist, dass die Profiterwirtschaftung auf Basis privaten Kapitaleigentums generell ein Bild befördert, demzufolge die Marktsphäre ein Schauplatz strategischer Interessenverfolgung sei. Honneth selbst fragt ebenfalls nach den Ursachen dieser spezifischen Markt- und Selbstverständnisse: Den Ausgangspunkt sieht er in dem durch die Globalisierung verursachten gestiegenen Wettbewerbs- und Renditedruck, der dazu führte, dass das »Paradigma der berechenbaren Renditefähigkeit« (RF: 466) auf viele zuvor nicht-marktförmig organisierte Bereiche übertragen wurde, etwa auf öffentliche Dienste und den Bildungssektor. Die dort Beschäftigen seien in der Folge viel stärker dazu angehalten gewesen, ihre Tätigkeiten »als steigerungsfähige Größen in einer übergreifenden Kosten-Nutzen-Analyse« (RF: 466) zu verstehen, was die Tendenzen zur Wahrnehmung der Gesellschaft als eines Netzwerkes von nur noch auf ihren eigenen Nutzen bedachten Akteuren« (RF: 466f.) steigerte. Dieses Erklärungsmuster verortet den Einstellungswandel in der Deutung des Marktes letztlich in exogenen Variablen, nämlich dem Druck der Globalisierung. Das muss sicherlich nicht falsch sein, doch das hier vorgebrachte Argument sucht viel eher nach einer endogenen Erklärung für den Einstellungswandel gegenüber dem kapitalistischen Wohlfahrtsstaat.

hen und ihn unterhöhlen können. Die Marktinteraktion motiviert zum privaten Gewinn, der Sozialstaat hingegen basiert auf einem Sinn für solidarische Verpflichtung. Während der Sozialstaat davon lebt, dass Menschen in ihren Schwächen und Verletzbarkeiten füreinander einstehen, ermuntert der Markt die Akteure hingegen dazu, die Schwächen anderer auszunutzen, oder zumindest sind die Akteure einer Ausnutzung ihrer eigenen Verletzbarkeit durch andere Marktteilnehmer ausgesetzt. Angesichts der Widersprüchlichkeit zwischen dem »Anreiz eines persönlichen Gewinns« und den Ansprüchen der »öffentlichen Pflicht« (Marshall 1992: 86) haben manche die optimistische These vertreten, dass »in der Welt des Handelns ein kleinwenig gesunder Menschenverstand oft einen Berg von Paradoxa bewegen kann, obwohl in der Welt des Gedankens die Logik unfähig sein kann, ihn zu übersteigen.« (Marshall 1992: 86) Gerade wenn jedoch von der Logik des ›gesunden Menschenverstands‹ ausgegangen wird, müsste man dann nicht stattdessen zum Ergebnis kommen, dass dieser viel eher in der »nächsten Wirklichkeit« (Marx 1974: 355) der marktförmig strukturierten Selbsterhaltung befangen ist, als dass er dazu fähig wäre, die öffentlichen Pflichten, die im ›jenseitigen Reich‹ der Politik und des Staates artikuliert werden, wirklich beachten zu können? Zwischen den Deutungsmustern und Selbstverständnissen, die durch den Markt gefördert werden, und denen, die dem Sozialstaat zugrundeliegen, besteht ein tiefgreifender Konflikt, und da die Akteure in ihrem wirklichen, alltäglichen Leben zunächst und zumeist in der Logik des Marktes handeln, stehen die öffentlichen Verpflichtungen in der Gefahr zu verblassen. Diese interne Konflikträchtigkeit und Widersprüchlichkeit muss zumindest als *eine* wichtige Ursache des neoliberalen Umbaus des Sozialstaats in Betracht kommen.[13]

Aber selbst wenn in einer politischen Hinsicht eine stabile Form der externen Versittlichung gefunden werden könnte, ist es aus *ethischer* Sicht fraglich, ob die externe Regulierung soziale Freiheit auf angemessene Weise verwirklichen kann. Das Ideal der sozialen Freiheit sieht ja eigentlich eine angemessene

---

[13] Eine solche Argumentation müsste sich, wollte sie noch stärker an Überzeugungskraft gewinnen, ohne Zweifel viel eingehender mit dem Einwand auseinandersetzen, dass vielleicht ein idealer sozialstaatlich gezähmter Markt denkbar wäre, der so stark eingehegt wäre, dass tatsächlich Selbstverständnisse und Gesellschaftsbilder produziert würden, die diesen auf einem anspruchsvollen Niveau stabilisieren könnten. Dieser These zufolge könnte eine hinreichend robuste externe Versittlichung dazu in der Lage sein, die Marktprozesse bis in ihre innersten Logiken hinein zu verändern, in einer Weise, dass das schwache, latente Potential der sozialen Freiheit im Markt zum Vorschein käme, während die privategoistischen Anreize zur Vorteilsnahme und Ausbeutung zurückgedrängt würden. Das kann einen wesentlichen Grund darin haben, dass die externe Versittlichung selbst wiederum zur neuerlichen Quelle von Solidarität wird, so ein zentrales Argument von Esping-Andersen: »[A]ll das, wonach ein universalistischer Wohlfahrtsstaat strebt, stellt eine notwendige Voraussetzung für die Stärke und Einheitlichkeit dar, ohne die die kollektive Machtmobilisierung undenkbar ist.« (Esping-Andersen 1998: 29) Umgekehrt lässt sich auf dieser Grundlage erklären, weshalb anti-wohlfahrtsstaatliche Ressentiments und Aktivitäten gerade in jenen Gesellschaften besonders stark waren, in denen die wohlfahrtsstaatliche Einhegung des Marktes ohnehin kaum mehr als einen schwachen, residualen Charakter hatte (USA, England) (Esping-Anderson 1998: 53).

Haltung der Marktakteure selbst vor – eine Haltung, die eine moralische Rücksichtnahme verkörpert und die ein Vertrauen in die Rücksichtnahme anderer beinhaltet. Die externe Regulierung kann die Sittlichkeit des Marktgeschehens jedoch, wenn überhaupt, nur äußerlich garantieren, sodass die Marktteilnehmerinnen, die weiterhin zu Haltungen der privaten Nutzenmaximierung angeregt werden, die markteinhegenden Institutionen als etwas Fremdes, Einschränkendes erfahren, und zugleich werden andere Marktteilnehmerinnen grundsätzlich als potentielle Gefahrenquelle betrachtet, die gerade nicht die eigene Freiheit fördern und unterstützen, sondern eher bedrohen. Diese Logik trifft insbesondere auf das Verhältnis von Kapital und Arbeit zu, wo dem blinden Renditestreben der Kapitalseite – aus guten Gründen – äußerliche Regulationen entgegengesetzt werden müssen, während die abhängig Beschäftigen ihre Tätigkeiten unter der Direktive der Eigentümerinnen und ihrer Vertreter ausführen müssen und deshalb in einer strukturell verletzlichen Position sind. Im sozialstaatlich gezähmten kapitalistischen Markt liefern der Staat und seine Wohlfahrtsagenturen sicherlich Hilfe und Unterstützung, wenn es tatsächlich zu Schädigungen am Markt kommt; doch dies geschieht typischerweise *nachträglich*, etwa wenn abhängig Beschäftigte, die aufgrund ihrer Tätigkeit Burn-out-Symptome entwickeln, eine therapeutische Behandlung von den sozialen Sicherungssystemen ermöglicht wird (vgl. Offe 1984). Das soll nun alles nicht bedeuten, dass die externe Versittlichung prinzipiell kritikwürdig wäre; sie ist ohne Zweifel besser als ein weitgehend unregulierter Markt. Im Folgenden soll sich jedoch zeigen, dass die Strategie der *internen* Versittlichung in bestimmten Hinsichten und Bereichen derjenigen der externen Versittlichung vorzuziehen ist.

3. Die interne Versittlichung des Marktes

3.1 Was heißt ›interne Versittlichung‹?

Bei der internen Versittlichung des Marktes geht es grundsätzlich darum, den Markt *in seinen sozialen Prozessen selbst* so zu verändern, dass er die Normen sozialer Freiheit zum Ausdruck bringt. Honneths These lautet ja, dass soziale Freiheit im Normalfall nicht bloß »»von außen«« implementiert sein sollte (RF: 231); an sich sollte sich die soziale Freiheit bereits »im Vollzug der intersubjektiven Praktiken« (RF: 231) realisieren. Die Strategie der internen Versittlichung zielt also darauf, die Marktprozesse und -strukturen so einzurichten, dass die Handlungsorientierungen der Martkakteure selbst verändert werden, und zwar dergestalt, dass diese in ihren bewussten Haltungen und Absichten – mit Hegel gesprochen: in ihrer ›sittlichen Gesinnung‹ (Hegel 1986: §207) – zu einer solidarischen Rücksichtnahme der Belange und Interessen anderer befähigt werden. Das Ziel ist es, die »Anspruchlichkeit sozialer Freiheit institutionell nach Möglichkeit auch abzubilden und dadurch im Bewußtsein der Beteiligten wachzuhalten« (RF: 349). Der Markt ist demnach zwar nicht als solcher schon sittlich, er muss erst sittlich gemacht werden; aber wenn das gemacht wird, sollte er nicht primär von außen begrenzt und eingeschränkt werden, sondern von innen heraus versittlicht werden.

Das Potential einer internen Versittlichung des Marktes sieht Honneth nun im Anschluss an Hegels Korporationslehre und Durkheims Sozialphilosophie der Berufsgruppen in erster Linie in den professionellen Assoziationen, denen Honneth das Vermögen zuspricht, eine Institutionalisierung der Solidaritätsprinzipien über deren »bewußtseinsbildenden Effekte« (RF: 351) leisten zu können. Assoziationen ermöglichen es ihren Mitgliedern zu lernen, sich nicht nur um sich, sondern auch um andere zu sorgen. Sie überwinden den atomistischen Egoismus ein Stück weit, der den Markt kennzeichnet. Damit kommt den Assoziationen Honneth zufolge das Potential zu, einen Beitrag zur Realisierung von sozialer Freiheit zu leisten. Mit Hegel und Durkheim stimmt Honneth darin überein, dass professionelle Assoziationen zunächst aufgrund der beruflichen Gemeinsamkeiten der Mitglieder entstehen, die sich zu Beginn aus bloßem Eigeninteresse an eine Regulierung ihrer Beziehungen machen. Die Dynamik der Konkurrenz am Markt hat nämlich die Tendenz, dass sich die Produzenten beständig gegenseitig unterbieten müssen, was zentrale Normen und Standards im Bereich der Produktqualität und der Arbeitsprozesse betrifft; um dieser Dynamik der Konkurrenz entgegenzuwirken, versuchen sich die Mitglieder einer Berufssparte mittels der Assoziationen auf Normen und Standards zu einigen. Das geschieht durch Prozesse der Beratschlagung und Aushandlung, durch die die Mitglieder der Assoziationen zu Praktiken der wechselseitigen Perspektivübernahme ermuntert werden. Genau darin liegt Honneth zufolge das sittliche Potential der Assoziationen, die Interessen der Mitglieder in einer Weise zu transformieren, dass die Mitglieder stärker zu einer »Berücksichtigung kooperativer Verantwortlichkeiten« (RF: 350) befähigt werden. Honneth unterstellt also, dass die Neigungen und Interessen der Marktteilnehmer nicht vorweg feststehen, sondern eine gewisse Plastizität aufweisen (RF: 350), und er behauptet, dass das sittliche Potential der professionellen Assoziationen genau darin besteht, eine Verallgemeinerung der individuellen Absichten und Neigungen der Mitglieder zu ermöglichen.

Die professionellen Assoziationen sind damit Teil einer *internen* Versittlichung des Marktes, und dies im dreifachen Sinn: Sie entstehen *erstens* im Markt selbst, als Aktivitäten der Mitglieder des Marktes; sie entstehen nicht auf Initiative von außer-marktlichen Akteuren. *Zweitens* verändern die Assoziationen das *Selbstverständnis* der Akteure; sie führen zu einem gestärkten Solidaritätsbewusstein, das Teil der professionellen Identität der Mitglieder wird. *Drittens* stehen die Assoziationen für eine interne Versittlichung, weil sie darauf zielen, die *Handlungsorientierungen* der Marktakteure »von innen her zu sozialisieren« (Durkheim 1988: 71); die Handlungsspielräume werden nicht durch bloß äußerliche Institutionen eingeschränkt.[14] Was Honneth als zentrale Leistung der Assoziationen hervorhebt, ist ihre Rolle als demokratische, moralische Bildungsinstanzen. Sie sind »Schulen der moralischen Sozialisation« (RF: 370), die insbesondere zur Teilnahme an der politischen Willensbildung befähigen. Das bedeutet nicht, dass sich die Assoziationen der Gefahr der bloßen Stärkung eines Gruppenegoismus vollends entledigen können; immerhin jedoch stellen sie eine vermittelnde Instanz zwischen dem vereinzelten Marktsubjekt auf der einen und den universelleren Ansprüchen der politischen Sphäre auf der anderen Seite bereit.

3.2 Hegels Korporationen und Honneths Assoziationen

Im Vergleich zu Hegels Korporationen sind Honneths berufliche Vereinigungen fraglos in vielerlei Hinsicht schwächer und weniger tiefgreifend konzipiert, was unter anderem darin deutlich wird, dass die Korporationen in Hegels Verständnis nicht als privatrechtliche Vereinigungen angelegt sein sollten, sondern, wenn man so will, als (halb-)öffentliche Institutionen: Hegel legt großen Wert darauf, dass es zu einer institutionell garantierten und genau austarierten wechselseitigen Durchdringung von ökonomischen Vereinigungen und staatlichen Strukturen kommt, insofern einerseits die staatliche Mitwirkung in den Korporationen gesichert und andererseits die politische Selbstbestimmung im Staat ganz wesentlich korporativ angelegt sein sollte (vgl. Hegel 1986: §§252, 289–290, 311).[15] Ein weiterer gewichtiger Unterschied betrifft die Machtbefugnisse der Korporationen beziehungsweise Assoziationen.[16] Für Hegel ist es entscheidend, dass die Korporationen die Befugnis haben, in ihrem jeweiligen Bereich die wirtschaftliche Produktion angesichts von möglichen Angebotsüberhängen zu regulieren und unter Umständen einzuschränken (Hegel 1986: §252). Die Korporationen sind also machtvolle sittliche Institutionen, die zur empirischen Verfassung der Ökonomien zu Hegels Zeit in Kontrast standen und die überhaupt gegenüber dem, was bislang in modernen Marktökonomien empirisch verwirklicht wurde, ziemlich weitreichend und radikal konzipiert sind (vgl. auch Wood 1990: 242). Hegels Korporationen können auch nicht rundweg als antiquiert abgetan werden, denn Hegel arbei-

---

[14] Wie weit soll beziehungsweise darf die Sozialisierung der Intentionen reichen? Die kurz umrissene Antwort darauf lautet: So weit, bis die hinreichenden Bedingungen für eine angemessene Verwirklichung des Wohlfahrtskriteriums geschaffen sind, wobei ›Angemessenheit‹ sich vor allem auch darauf bezieht, dass auch das Freiheitskriterium ausreichend berücksichtigt wird.

[15] Im Übrigen ist es auch für Durkheim entscheidend, dass die Berufsgruppen als »eine öffentliche Einrichtung« (Durkheim 1988: 47) institutionalisiert werden; andernfalls stehen sie in der Gefahr, »eine private Vereinigung, ohne legale Autorität, folglich ohne Ordnungsmacht« (Durkheim 1988: 47) zu verbleiben.

[16] Ellmers (2015: 130–133) arbeitet eine ganze Reihe an grundlegenden Unterschieden zwischen Hegels Korporationen und Honneths Assoziationen heraus.

tete gezielt darauf hin, die Korporationen als genuin moderne Institutionen zu denken, die sich von mittelalterlichen Zünften in vielerlei Hinsicht unterscheiden, etwa im Hinblick auf das Recht der freien Berufswahl (Hegel 1986: §§206, 255). Demgegenüber sind Honneths Assoziationen viel stärker an der empirischen Realität moderner Gesellschaften orientiert, besonders der neokorporativ organisierten Marktökonomien der Nachkriegszeit, mit ihrem typischen Set an Assoziationen wie Gewerkschaften und Unternehmerverbänden, die in institutionalisierten Prozessen wie den kollektiven Tarifverhandlungen rechtlich verbindliche Entscheidungen treffen.

Dennoch gibt es ein spezifisches und bedeutsames Moment, in dem Honneth den Assoziationen ein stärkeres sittliches Potential zuspricht als Hegel den Korporationen. Während Hegels Korporationen in erster Linie *binnen*-orientiert sind, also das *eigene* Interesse der jeweiligen Korporation innerhalb ihrer eigenen Sphäre verfolgen (vgl. Hegel 1986: §§251–252), so sind Honneths Assoziationen auch *außen*-orientiert. In Honneths Konzeption haben die Assoziationen also eine weiterreichende sittliche Kraft: Hier erwerben die Mitglieder einer bestimmten Assoziation auch die Fähigkeit, die Belange der Mitglieder anderer Assoziationen stärker zu berücksichtigen. Im hegelschen Modell der Korporation erlernen die Gruppenmitglieder im Laufe ihrer Partizipation an den korporativen Praktiken zwar ebenfalls eine Haltung der Sorge, die über das eigene Ich hinausreicht und die anderen Mitglieder der eigenen Korporation umfasst. Doch sie reicht nicht weiter. Das gemeinsame Wohl, das die Korporationsmitglieder anzustreben lernen, ist das der *eigenen* Korporation, ohne übergreifenderen Bezug auf andere Korporationen; jede Korporation, so Hegel, hat lediglich die Aufgabe, »ihre eigenen innerhalb ihrer eingeschlossenen Interessen zu besorgen« (Hegel 1986: §252).[17] In Honneths Konzeption hat das gruppenübergreifende Potential der Assoziationen seine Basis im kommunikativen Austausch zwischen unterschiedlichen Assoziationen. So treten im Fall von Interessenkonflikten zwischen unterschiedlichen sozialen Gruppen, zum Beispiel zwischen privaten Eigentümerinnen und abhängig Beschäftigten, die Vereinigungen dieser Gruppen miteinander in diskursiven Austausch. In diesem Austausch kommt es dann zu Praktiken der Beratschlagung und Aushandlung, die notwendigerweise Haltungen der »wechselseitigen Perspektivübernahme« (RF: 353) beinhalten, die ihrerseits das Potential haben, zu einem gesteigerten Bewusstsein wechselseitiger Verpflichtung zu führen. Das sittliche Potential der Assoziationen entfaltet sich demzufolge also nicht nur

---

[17] Dennoch ließe sich geltend machen, dass auch bei Hegel die Korporationsmitglieder mehr als eine bloße Binnenorientierung erlernen. Denn die in die staatlichen Institutionen eingebundenen Delegierten der Korporationen beraten in Auseinandersetzung mit anderen Korporationsdelegierten über staatliche Beschlüsse, und sind diese einmal gefasst, sollen die Delegierten den Genossinnen ›an der Basis‹ deren rationalen Zweck verständlich machen. Gleichwohl ist die damit beförderte Außen-Orientierung indirekter als dies in Honneths Modell der Fall ist, wo die einzelnen Assoziationen direkt miteinander in Austausch treten können und sollen.

im Binnenverhältnis der Gruppenmitglieder zueinander, sondern auch in den in den diskursiven Prozessen zwischen den unterschiedlichen Assoziationen.

3.3 Die Mängel der internen Versittlichung durch die Assoziationen

Bevor auf die Mängel der assoziativen Versittlichung eingegangen werden soll, gilt es in einem Zwischenfazit kurz festzuhalten, welche Stärken den Assoziationen zumindest unter idealen Bedingungen für eine interne Versittlichung des Marktes zukommen.[18] So hat sich erwiesen, dass die Assoziationen das gesellschaftliche Potential haben, zwischen den Mitgliedern einer Assoziation wie auch zwischen denen unterschiedlicher Assoziationen Solidarität zu stiften. Zudem bilden sie Foren für Beratschlagungs- und Aushandlungsprozesse, mittels derer sich unterschiedliche gesellschaftliche Gruppen auf die Festlegung von Normen und Standards, etwa in Bezug auf Produkt- und Arbeitsqualität, einigen können. Mit diesen Potentialen könnten die Assoziationen grundsätzlich einen größeren Teil der oben beschriebenen Pathologien des Marktes wenn nicht überwinden, so doch zumindest abmildern. Die Pathologie der eigeninteressierten Nutzenmaximierung können die Assoziationen potentiell dadurch einhegen, dass die privategoistischen Handlungsorientierungen in stärker solidarische Bahnen gelenkt werden; der Pathologie des Atomismus können sie entgegenwirken, sofern sie Rück- und Absprachen zwischen den unterschiedlichen Marktakteuren ermöglichen und damit einen Weg aus der Isolation atomistischer Entscheidungssituationen bieten; und der Pathologie des Konkurrenzzwangs können sie entgegenarbeiten, sofern sie das institutionalisierte Medium sein könnten, um den Wettbewerbscharakter des Marktes sozial einzuhegen und einer ›race to the bottom‹-Logik Einhalt zu gebieten.

Allerdings können sich diese Potentiale, wenn überhaupt, nur unter idealen Bedingungen entfalten, wohingegen unter gegebenen gesellschaftlichen Bedingungen die Potentiale der Assoziationen von vorgängigen Machtverhältnissen und kontingenten Ungerechtigkeiten beeinträchtigt sind. Das betrifft etwa die schwache Stimme, die Verbraucherinteressen haben, das betrifft insbesondere aber auch die Machtasymmetrie zwischen Kapital und Arbeit, und die damit verbundene Pathologie kapitalistischer Verwertungsimperative. Daraus resultieren spezifische Mängel, die durch die Assoziationen nur unzureichend behoben werden und durch diese eventuell auch verdeckt oder sogar verstärkt werden können.

Ein grundsätzliches Problem der internen Versittlichung des Marktes mit Hilfe der Assoziationen liegt darin, dass die assoziativen Organisationen unter Umständen nicht tiefgehend genug angelegt sind. Das bedeutet zum einen,

---

[18] Worin diese idealen Bedingungen bestehen, und was ihnen zur gesellschaftlichen Wirkmächtigkeit fehlt, ist Gegenstand dieses und des folgenden Abschnitts.

dass die Assoziationen unter materiellen Bedingungen operieren, die tiefgreifende Machtasymmetrien zwischen den unterschiedlichen sozialen Gruppen beinhalten, und das bedeutet zum anderen, dass es im Marktgeschehen selbst tieferliegende, systemisch bedingte Handlungsimperative geben kann, die sich bestimmten Marktakteuren aufdrängen und die zu massiv sind, als dass sie tatsächlich in ausreichendem Maß einer sozialisatorischen Neuformierung zugänglich wären. Diese beiden Gründe können zu unterschiedlichen Problemen führen, die allesamt darauf hinauslaufen, dass die interne Versittlichung mittels der Assoziationen eine bloß ideologische Funktion hat, das heißt also: vorgibt, eine Interessenverallgemeinerung zu bewirken, tatsächlich aber Partikularinteressen zur Durchsetzung verhilft. Drei problematische Folgeeffekte einer unzureichenden internen Versittlichung durch die Assoziationen seien erläutert.[19]

Erstens können die Assoziationen die Generalisierung von partikularen Interessen im Verhältnis zur politischen Sphäre befördern. Die Assoziationen können dazu dienen, partikulare Interessen auf einer höheren Ebene zu verstärken, indem sie den Einzelinteressen eine genau bestimmte Form und deutlich mehr institutionelles Gewicht verleihen: Der ›Bund der Deutschen Industrie‹ hat sicherlich mehr politischen Einfluss als die einzelnen industriellen Kapitalisten zusammenaddiert, und er hat zweifellos auch mehr Einfluss als etwa die Vereinigung der Zeitarbeiterinnen, wenn es diese überhaupt gibt. Das kann schließlich dazu führen, dass der Staat durch einen verallgemeinerten Partikularismus der Marktgesellschaft durchdrungen wird, anstatt in den Assoziationen Verbündete in der Verallgemeinerung von Einzelinteressen zu finden. Honneth sieht diese Gefahr insbesondere seit den 1980er Jahren immer bedrohlicher werden, insofern zunehmend »ein System des verwilderten Lobbyismus« zu beobachten sei, dessen Ziel nur noch darin liege, »in einem regierungsnahen, demokratisch nicht mehr kontrollierbaren Vorfeld von verschwiegenen Absprachen mit den großen Wirtschaftsverbänden direkt zu den erforderlichen Beschlüssen zu gelangen« (RF: 606).

Zweitens können die Assoziationen eine ideologische Funktion ausfüllen, insofern die Prozesse der Beratschlagung dem stärkeren Part lediglich den Deckmantel dafür liefern, um sich am Ende doch einfach durchzusetzen, schlichtweg dadurch, dass dieser über wirkungsvollere Druckmittel verfügt. Die angeblich ernsthafte Bemühung um eine allgemein akzeptable Lösung eines Interessenkonflikts soll hier lediglich kaschieren, dass eine Interessendurchsetzung mittels eines tieferliegenden Machtungleichgewichts vollzogen wird.[20] Dieser Punkt ist insbesondere bei den Verhandlungen zwischen Kapital und Arbeit relevant, die grundsätzlich vor dem Hintergrund stattfinden, dass

---

[19] Vgl. zum Folgenden auch Levine (1995).
[20] Die Verbände und Vereinigungen stehen also in der Gefahr, das ökonomische »Recht des Stärkeren« (Durkheim 1988: 43) einfach auf eine höherstufigere Ebene zu heben und zu verstärken.

der kapitalistische Markt nach wie vor durch tiefgreifende Verwertungsimperative geprägt ist, und dies unter Bedingungen einer strukturellen Machtasymmetrie zwischen der Kapitalseite und dem Faktor Arbeit.

Drittens können die Assoziationen gerade auch dadurch eine ideologische Funktion ausfüllen, dass sie in ihrer Sozialisierungsleistung erfolgreich sind. Während die diskursiven Aushandlungen der Assoziationen im vorherigen Fall lediglich eine Maskierungsfunktion hatten, kann es auch dazu kommen, dass die diskursive Praxis der Assoziationen tatsächlich funktioniert – in einem bestimmten Maß jedenfalls –, allerdings genau dies Teil des Problems ist. Die diskursive Praxis hat dann in der Tat eine solidarisierende Wirkung, wenngleich eine, die nicht angemessen und nicht gerechtfertigt ist. Sie kann zu einer institutionellen Einbindung der schwächeren Assoziationen führen, wo diese doch eigentlich die legitimen Interessen ihrer Mitglieder vertreten sollten, und sie kann zu einer Stillstellung sozialer Kämpfe führen, wo diese unter Umständen angebracht wären. Diese Pazifizierung sozialer Konflikte ist ideologisch, sofern die Konflikte hier nur scheinbar geschlichtet, tatsächlich aber lediglich zum Vorteil des überlegenen Parts stillgestellt sind.

In diesen unterschiedlichen Varianten wird ersichtlich, dass die Assoziationen an einer falschen Sozialisierung des Marktes teilhaben können, und damit, obwohl sie als solche einen fortschrittlichen Beitrag zur Verwirklichung sozialer Freiheit leisten, tatsächlich rückschrittliche Effekte haben. Honneth legt zum Teil die Vorstellung nahe, dass die Verwirklichung sozialer Freiheit einer linearen Logik folgt: Je mehr sozialisierende Instanzen am Markt existieren, desto umfassender wird soziale Freiheit verwirklicht.[21] Nun zeigt sich jedoch, dass dies so nicht richtig ist; denn die Assoziationen tragen vielleicht nicht einfach nur unzureichend zur Verwirklichung von Freiheit bei, sie sind unter Umständen sogar *selbst* Vehikel der Unterminierung von Freiheit. Innerhalb der falschen Rahmenbedingungen können auch fortschrittliche Institutionen zu einem Rückschritt beitragen. Der Grund für diesen ambivalenten, ja paradoxen Charakter der Assoziationen liegt in den vorgängigen gesellschaftlichen Machtverhältnissen und Handlungsorientierungen, die in der Gefahr stehen, durch die Assoziationen nur unzureichend umgestaltet werden zu können. Tatsächlich sind Assoziationen genuin sekundäre soziale Gebilde. Sie sind gegenüber den primären wirtschaftlichen Strukturen, Prozessen und Akteuren nur nachgelagert.[22]

---

[21] Siehe etwa: »[J]e mehr derartige diskursive Mechanismen der Perspektivübernahme im Marktverkehr verankert sind, desto größer dürfte die Chance sein, ein kooperatives Bewußtsein sich ergänzender Verantwortlichkeiten wachzuhalten.« (RF: 351) Vgl. allerdings auch die Überlegungen zu den Paradoxien kapitalistischer Modernisierung in Hartmann/Honneth (2004).

[22] Honneth entwickelt im Kapitel zur demokratischen Willensbildung eine anders angelegte Kritik der Assoziationen, und zwar überraschenderweise eine, die recht fundamental ansetzt. Das ist bemerkenswert, da ja Honneth in seinen Ausführungen zu den Assoziationen im Kapitel über den Markt zu einer positiven Einschätzung kommt, ohne eine nennenswerte Kritik zu artikulieren, schon gar nicht eine derart grundsätzliche, wie ich sie hier formuliere. Während

Angesichts dessen müssten an diesem Punkt weiterführende Überlegungen ansetzen: So müsste systematisch analysiert werden, wie Assoziationen für sich genommen verbessert werden können, und zwar so, dass deren kontingenter, willkürlicher und unfairer Charakter überwunden wird und garantierte Foren für eine umfassende Bandbreite an betroffenen gesellschaftlichen Gruppen geschaffen werden, insbesondere für schwächere Gruppen, etwa die Verbraucherinnen und Verbraucher.[23] Cohen und Rogers (1995) etwa haben den an Hegel erinnernden Vorschlag ausgearbeitet, den Bürgerinnen und Bürgern eine demokratisch ausgestaltete, staatlich gesicherte Möglichkeit der Vereinigung in unterschiedlichen Assoziationen mit Hilfe staatlicher Steuerungsinstrumente zu gewährleisten. Für die staatliche Förderung könnten dem Vorschlag von Cohen und Rogers zufolge unter anderem folgende Kriterien maßgeblich sein: der gesellschaftliche Umfang des Anliegens oder Interessenfeldes; das Ausmaß der Repräsentation der betroffenen Bevölkerungsgruppe; die Machtunterlegenheit im Verhältnis zu anderen Assoziationen; und schließlich die Qualität der Interaktion zwischen den Assoziationen. Auf der Grundlage dieser und weiterer qualitativer Kriterien könnte der Staat mit Hilfe klas-

---

Honneth korporatistische Arrangements im Markt-Kapitel noch als Elemente einer »Aufwärtslinie sozialer Errungenschaften« (RF: 464) versteht, charakterisiert er im Demokratie-Kapitel die Entwicklung des »liberalen Korporatismus« der Nachkriegszeit, wie er sich in Deutschland, Österreich und England herausgebildet hatte, als eine Fehlentwicklung. Vor dem Hintergrund der normativen Prinzipien des demokratischen Rechtsstaats kritisiert er, dass es sich bei diesen korporatistischen Arrangements um »›parakonstitutionelle‹ Instrumente der politischen Steuerung« (RF: 603) gehandelt habe, sofern diese nicht mehr als bloße, »der parlamentarischen Diskussion vorgelagerte Allianzenbildungen« (RF: 603) seien. Aufgrund dieses problematischen Verhältnisses zum Rechtsstaat kommt Honneth zu dem weitreichenden Schluss, dass »die Herausbildung des staatlichen Korporatismus im Lichte der dem Rechtsstaat zugrundeliegenden Prinzipien als eine normative Fehlentwicklung« zu betrachten sei (RF: 604). Soll die Kritik hier lediglich besagen, dass der verfassungsmäßige Status der Korporationen nicht ausreichend geklärt war? Das wäre ein behebbares Problem. Oder soll dies bedeuten, dass vor-staatliche politische Arenen innerhalb der Wirtschaftssphäre immer schon problematisch sind, einfach weil sie dem Bereich staatlicher Institutionen vorhergehen? Die Entschlossenheit der Kritik scheint mir auf die zweite Alternative zu deuten, aber genau dies wäre kaum in Übereinstimmung mit den Überlegungen im Markt-Kapitel zu bringen, weil dort der liberale Korporatismus als ein richtiger, wenn auch unvollständiger und zum Teil defizitärer Schritt in Richtung einer ›Sozialisierung‹ oder ›Demokratisierung‹ der Wirtschaftssphäre galt. Der liberale Korporatismus müsste demnach viel eher als Teil jener »diskursiven Mechanismen« begriffen werden, die im Bereich »des wirtschaftlichen Marktverkehrs« institutionalisiert wurden, »um die Verteilung der reziproken Verpflichtungen von einer reflexiven Erörterung unter allen Beteiligten abhängig zu machen« (RF: 617), wie unzureichend dies historisch bislang auch erst gelungen sein mag.

[23] Im Rückgriff auf juristische Diskussionen der 1970er Jahre denkt auch Honneth über die Möglichkeit nach, »die Rechte der Konsumenten dadurch auszuweiten, daß ihnen nach Möglichkeit direkte Befugnisse zur Mitsprache bei der Preis- und Produktgestaltung eingeräumt werden sollten. Das Spektrum der Alternativen, mit denen in diesem Zusammenhang gedanklich gespielt wurde, reichte von der Idee, den Verbrauchern sanktionsgeschützte Wege zur Verhandlung mit den Anbietern zu eröffnen, bis hin zu der Vorstellung, die Gegenmacht der Konsumenten entweder durch gewerkschaftsähnliche Organisationsformen oder unmittelbar durch gewerkschaftliche Vertretung zu stärken.« (RF: 396)

sischer Steuerungsinstrumente wie Subventionen, Steuern oder rechtlichen Maßnahmen (vergleichbar der Zuerkennung des Befugnisses, an der Festsetzung von Tariflöhnen mitzuwirken) die Bandbreite sowie die interne und relationale Qualität der Assoziationen stärken.

Ein Problem dieses Vorschlags liegt allerdings in der charakteristischen Abhängigkeit der Assoziationen vom Staat, obwohl doch die Assoziationen eigentlich dazu dienen sollen, einen bestimmten Eigensinn gegenüber und ein Gegengewicht zum Staat zu entwickeln (kritisch dazu Hirst 1995). Dass die Assoziationen wesentlich auch durch die staatlicherseits bereitgestellten Ressourcen lebensfähig wären, bedeutet zugleich, dass die Assoziationen letztlich weiterhin in einer materiellen Abhängigkeit von den vorgegebenen gesellschaftlichen Ungleichgewichten wären, da ja der Staat selbst seine eigenen Ressourcen nur durch die vorgegebenen Ressourcen der vorstaatlichen gesellschaftlichen und wirtschaftlichen Akteure generieren kann. Letzten Endes bleibt es eine empirische und nur durch gesellschaftliche Experimente zu klärende Frage, ob die Assoziationen in sich so stark verändert werden könnten, dass deren bloß kontingenter Charakter überwunden werden kann; doch vieles spricht dafür, dass es notwendig ist, zumindest aber hilfreich sein dürfte, sich zugleich einer zweiten Aufgabe zuzuwenden: die vorgängigen gesellschaftlichen Bedingungen, und das heißt die Machtasymmetrien und konstitutiven Regeln, die auf das Verhalten der Assoziationen Einfluss haben, zu untersuchen und über erforderliche Veränderungen zu reflektieren. Tatsächlich hat Honneth auch diese Aufgabe im Blick, was Gegenstand des nächsten, abschließenden Teils dieser Überlegungen ist.

4. Von der internen Einhegung zur konstitutiven Transformation

Die professionellen Assoziationen sind nicht Honneths letztes Wort, was Strategien der internen Versittlichung des Marktes betrifft: Honneth spricht desweiteren von der Notwendigkeit von Maßnahmen, die er einigermaßen zurückhaltend »rechtliche Reformen« nennt (RF: 351). Diese Maßnahmen fasse ich hier als Teil der Strategie der *internen* Versittlichung, auch wenn deren Rechtsförmigkeit auf den ersten Blick auf eine externe Versittlichung hindeuten mag. Die Reformen, um die es an dieser Stelle geht, gehören zur *internen* Versittlichung, insofern es nun um die Transformation der *konstitutiven* Regeln des Marktgeschehens geht: Was jetzt auf der Tagesordnung steht, ist nicht eine äußerliche und nachträgliche Begrenzung bestehender Marktprozesse, sondern vielmehr die Änderung der vorgängigen, konstitutiven Rahmenbedingungen und Spielregeln. Diese konstitutiven Transformationen gehen über die externe Versittlichung hinaus, weil es sich nicht um bloß nachträgliche und äußerliche Einhegungen des Marktes handelt. Die anvisierten konstitutiven Transformationen gehen jedoch auch über jene Art der internen Versittlichung, die die Assoziationen leisten, hinaus; denn deren Versittlichungspotentiale kommen zwar markt-*intern* zum Tragen, aber ebenfalls nur *ex post*, als nachträgliche Versittlichungen von bereits durch die Marktstrukturen und -regeln vorgeprägten Interessenlagen der Akteure. Konstitutive Transformationen zielen hingegen darauf, die Ausgangsbedingungen des Marktgeschehens selbst zu verändern.

Konkret hat Honneth hier zwei unterschiedliche Maßnahmen im Blick: *Erstens* geht es ihm um die für den westdeutschen korporatistischen Kapitalismus charakteristische paritätische Mitbestimmung der Belegschaft in der Unternehmungsführung (RF: 442–454). Eine konstitutive Transformation des Marktgeschehens ist die paritätische Mitbestimmung deshalb, weil hier die Entscheidungsfindungen der Akteure von Grund auf neu strukturiert werden, und dies auf dem gesellschaftlich ganz entscheidenden Feld der Finanzierungsfragen und Investitionsentscheidungen. Honneths *zweiter* Vorschlag hat mit der Herstellung der materialen Bedingungen der Vertragsgleichheit zu tun. Neben der auch schon im Sozialstaat ansatzweise verwirklichten Förderung der Chancengleichheit durch bildungspolitische Maßnahmen plädiert Honneth im Anschluss an Durkheim hier vor allem für eine erst noch zu leistende »radikale Beschränkung des Erbrechts« (RF: 352). Deren Ziel wäre es, Vertragsverhältnisse am Markt zu schaffen, in denen die Verträge »ohne jeden inneren oder äußeren Zwang« (RF: 352) geschlossen werden können. Eine konstitutive Transformation der Grundlagen der Marktvergesellschaftung ist diese Art der Rechtsreform deshalb, weil hier am Ausgangspunkt der Marktprozesse die Bedingungen freier und gleicher Marktinteraktionen sichergestellt werden.

Was allerdings den ersten der beiden Vorschläge betrifft, die paritätische Mitbestimmung, so ist er mit ähnlichen Problemen behaftet wie zuvor auch schon die Assoziationen. Die Gefahr einer ideologischen Sozialisierung bleibt nach wie vor bestehen. Denn die paritätische Mitbestimmung leistet zwar eine rechtliche garantierte Gleichstellung zwischen Kapital und Arbeit in der Unternehmensführung, doch an der zugrunde liegenden Machtasymmetrie kann dies nicht allzu viel ändern: Nach wie vor hat die Kapitalseite ein stärkeres Drohpotential als der Faktor Arbeit, denn Investitionsstreiks kommen einfacher zustande, sind dauerhafter aufrechtzuerhalten und zugleich wirkungsvoller als Arbeitsstreiks. Eine rechtlich institutionalisierte Gleichstellung unter Bedingungen einer materialen Machtasymmetrie kann dann wiederum entweder zur Kaschierung der tieferliegenden Asymmetrie oder als subtiles Mittel der Einbindung und Pazifizierung des Faktors Arbeit dienen.

Nun sieht Honneths zweiter Vorschlag – die egalitäre Reform des Erbrechts – danach aus, als könnten damit genau die angesprochenen Asymmetrien überwunden werden. Wie konkret aber solche Maßnahmen zur radikalen Beschränkung des Erbrechts ausgestaltet werden können, darauf geht Honneth nicht ein; hier kommt es jedoch auf's Detail an. Das praktische Problem besteht vor allem darin, an wen das Produktivvermögen fallen soll, wenn nicht die eigenen Kinder: Wenn ein egalitäreres Erbrecht eine stärkere monetäre Besteuerung vorsehen würde, wäre der jeweilige Betrieb oft derart belastet, dass er nicht mehr rentabel wäre. Angesichts dessen sind eine Reihe an Lösungen denkbar, die das Produktivvermögen nicht besteuern, sondern die Eigentümerschaft übertragen, wobei die unterschiedlichen Lösungen sich vor allem darin unterscheiden, ob es sich um stärker privatisierende oder stärker sozialisierende Ansätze handelt. Der erste Ansatz würde jenen Vorschlägen folgen, wie sie derzeit im Anschluss an Rawls' Idee einer *property owning democracy*, einer Demokratie mit Eigentumsbesitz (Rawls 2003: §§41–42), diskutiert werden, in der eine möglichst breitgestreute, egalitäre Verteilung der Produktivgüter die Voraussetzung sozialer Gerechtigkeit darstellt.[24] Ohne Zweifel könnte damit die für kapitalistische Gesellschaften charakteristische massive soziale Ungleichheit erheblich reduziert werden, und auch die Klassenspaltung in Kapitaleigentümer und abhängig Beschäftigte würde stark abgeschwächt werden. Dennoch gibt es hier nach wie vor privatisierte, atomisierte Strukturen in der Entscheidung über die Verwendung von Kapital. Angesichts dessen besteht eine stärker sozialisierende Lösung darin, das Produktivvermögen kollektiven Subjekten zu übereignen. Durkheim (1988: 74) hatte den recht weitgehenden Vorschlag unterbreitet, das Betriebsvermögen der jeweiligen beruflichen Assoziation zu überschreiben. Prinzipiell wäre auch denkbar, dass das Betriebsvermögen an den Staat übergeht, der damit Anteilseigner werden würde; das könnte in Richtung von Vorschlägen deuten, die für die Einrichtung eines ›Bundesaktionärs‹ argumentieren, mittels dessen der Staat die Mehrheitsbeteiligung an Unternehmen halten würde (Corneo 2015). Die genossenschaftliche Variante wiederum würde vorsehen, das Betriebsvermögen an diejenigen zu übertragen, die es wesentlich erarbeitet haben, nämlich die unmittelbaren Beschäftigten des jeweiligen Unternehmens. In all diesen versittlichenden Varianten wird die Verfügung über Produktivkapital auf die eine oder andere Weise vergesellschaftet, wobei die verschiedenen Strategien, einschließlich der privatisierenden, sich nicht unbedingt ausschließen, sondern prinzipiell auch in Form einer komplementären Ergänzung institutionalisiert werden könnten.

In der Wahl zwischen einer privatisierenden und einer sozialisierenden Politik des Produktiveigentums ist freilich das zugrunde zu legende Kriterium von entscheidender Bedeutung: Welches Ziel soll die vorgängige Änderung der Spielregeln und Ausgangsbedingungen des Marktes überhaupt verwirklichen? Bei genauerer Betrachtung bezwecken die hier angesprochenen konstitutiven Transformationen nämlich zweierlei unterschiedliche Dinge: (i) eine Egalisierung der Relationen, das heißt, den Abbau von vorgängigen Machtungleichgewichten und Asymmetrien, sowie (ii) die Sozialisierung der Intentio-

---

[24] Zur einschlägigen Diskussion im Anschluss an Rawls siehe O'Neill/Williamson (2012). Neben der Demokratie mit Eigentumsbesitz hält Rawls auch einen liberalen (Markt-)Sozialismus, in der die Beschäftigten eines Unternehmens die effektive, demokratische Kontrolle über ihr Unternehmen haben, für eine (und sogar die einzige) Alternative zur Demokratie mit Eigentumsbesitz, die mit den Ansprüchen seiner Gerechtigkeitstheorie vereinbar wäre (vgl. Rawls 2003: §§41–42).

nen, das heißt, eine Restrukturierung der Absichten und Interessenlagen der Marktakteure in einer Weise, dass diese von vornherein dazu befähigt werden, stärker solidarische Bahnen zu nehmen. Mit der Betonung auf die Angleichung der materiellen Ausgangsbedingungen des Marktverkehrs, die zwangsfreie Vertragsverhältnisse ermöglichen sollen, legt Honneth den Akzent auf die erste Variante. Mit der ›Sozialisierung der Intentionen‹ ist nun jedoch viel stärker die spezifische Anspruchlichkeit des Solidaritätskriteriums angesprochen, welches darauf zielt, die Marktinteraktionen nach dem Vorbild einer intrinsisch erfahrbaren solidarischen Kooperation umzugestalten. Genau dies bezweckt die interne Versittlichung. Soll die interne Versittlichung wirklich tief genug greifen, dann muss sie auch auf das Feld der Kapitalbildung und Investitionsentscheidungen ausgedehnt werden. Die Sozialisierung des Marktes erfordert demnach eine wie auch immer geartete Vergesellschaftung der Produktionsmittel. Ob dafür ein Marktsozialismus, in dem tatsächlich alle Produktionsmittel in öffentlicher Hand liegen, nötig wäre, oder ob eine weniger anspruchsvolle Variante genügt, in dem die Unternehmen durch einen Mix aus genossenschaftlichem, öffentlichem und privatem Kapital finanziert werden, muss an dieser Stelle unbeantwortet bleiben. Zunächst ist lediglich von Bedeutung, zu betonen, dass der Anspruch der sozialen Freiheit ganz wesentlich auch in der Forderung einer intrinsischen solidarischen Kooperation liegt, und soll diesem Wert der internen Versittlichung ökonomischer Zusammenarbeit wirklich genüge getan werden, dann muss er sich auch auf den Bereich der Verfügung über die Produktivvermögen beziehen.

Abschließend gilt es festzuhalten, dass alle bislang verhandelten Versittlichungen des Marktes – ob nun extern oder intern, ob nun regulativ oder konstitutiv –, nicht in einem Ersetzungs-, sondern einem Ergänzungsverhältnis zu denken sind. Der Übergang von der externen Versittlichung durch die sozialstaatliche Einhegung des Marktes zur internen Versittlichung durch die Assoziationen ist zwar als normativer Fortschritt zu verstehen, dennoch stehen die beiden Versittlichungsvarianten, wenn es um die Frage der Institutionalisierung sozialer Freiheit geht, eher in einem Verhältnis der Ergänzung als dem der Ersetzung. Wenngleich die Assoziationen manche der Aufgaben, die auch der Sozialstaat erfüllen könnte, übernehmen sollten, wird damit die sozialstaatliche Einhegung der Marktprozesse auch unter Bedingung einer idealen Assoziationsbildung nicht obsolet. Dasselbe trifft auf das Verhältnis der konstitutiven Transformation, die durch eine Sozialisierung des Produktivvermögens vollzogen wird, zur externen Regulation durch den Sozialstaat und der internen Regulation durch die Assoziationen zu. Auch hier geht es viel eher um eine Ergänzung als eine Ersetzung. Vor allem den Assoziationen wird in jedem marktsozialistischen Arrangement ein wichtiger Platz zukommen, weil sie das institutionalisierte Medium wären, um den Wettbewerbscharakter des Marktes sozial einzugehen und einem selbstausbeuterischen Abwärtswettlauf Einhalt zu gebieten. Dabei besteht die Spezifik der assoziativen Umgestaltung des Marktes darin, so hat sich erwiesen, dass die Assoziationen eine *interne*

Einhegung des Marktes leisten, das heißt eine, in der die Marktteilnehmerinnen selbst die Akteure der Umgestaltung sind und auf diese Weise in ihrer Identität eine sittliche Bildung erfahren. Zudem könnte durch egalitär und demokratisch umgestaltete Assoziationen sichergestellt werden, dass nicht nur die Ansprüche von Kapital, Arbeit und Staat politisch zur Geltung kämen, sondern alle betroffenen gesellschaftlichen Gruppen eine Stimme im politischen Diskurs der Gesellschaft fänden. Ob marktsozialistische Transformationen dieser Art jedoch tiefgreifend genug sind, um die marktinduzierten Pathologien der sozialen Freiheit in einem hinreichenden Maße zu überwinden, ist trotz allem eine Frage, die letztlich unbeantwortet bleiben muss. Denn immerhin wäre auch in einem weitgehend sozialisierten Markt das hauptsächliche Medium der Kooperation nichts anderes als der Markt. Dessen Blockaden der sozialen Freiheit sind grundlegend, und deshalb bedürfte es einer viel detaillierteren und ausführlicheren Analyse des genauen gesellschaftlichen Transformationspotentials des Bündels an marktsozialisierenden Maßnahmen, die hier angesprochen wurden, bevor ein Urteil gefällt werden kann.

Literatur

Sigle:

RF: Honneth, Axel (2011), *Das Recht der Freiheit. Grundriß einer demokratischen Sittlichkeit*, Berlin: Suhrkamp.

Castel, Robert (2005), *Die Stärkung des Sozialen. Leben im neuen Wohlfahrtsstaat*, Hamburg: Hamburger Edition.
Cohen, Gerald A. (2010), *Sozialismus: Warum nicht?*, München: Knaur.
Cohen, Joshua/Rogers, Joel (1995), »Secondary Associations and Democratic Governance«, in: dies. (Hg.), *Associations and Democracy*, London: Verso, 7–100.
Corneo, Giacomo (2015), »Investitionsfonds und sozialistische Ziele«, in: *SPW* 207: 44–50.
Durkheim, Emile (1988), »Einige Bemerkungen über die Berufsgruppen«, in: ders., *Über soziale Arbeitsteilung. Studie über die Organisation höherer Gesellschaften*, Frankfurt am Main: Suhrkamp, 41–75.
Ellmers, Sven (2015), *Freiheit und Wirtschaft. Theorie der bürgerlichen Gesellschaft nach Hegel*, Bielefeld: transcript.
Elson, Diane (1988), »Market Socialism or Socialization of the Market?«, in: *New Left Review* 172(1): 3–44.
Esping-Andersen, Gøsta (1998), »Die drei Welten des Wohlfahrtskapitalismus. Zur Politischen Ökonomie des Wohlfahrtsstaats«, in: Stephan Lessenich u.a. (Hg.), *Welten des Wohlfahrtskapitalismus: Der Sozialstaat in vergleichender Perspektive*, Frankfurt am Main/New York: Campus, 19–56.
Habermas, Jürgen (1981), *Theorie des kommunikativen Handelns*, 2 Bde., Frankfurt am Main: Suhrkamp.

Hartmann, Martin/Honneth Axel (2004), »Paradoxien des Kapitalismus«, in: *Berliner Debatte Initial* 15(1): 4–17.
Hegel, Georg W.F. ([1820/21]1986), *Grundlinien der Philosophie des Rechts*, in: *Werke*, Bd. 7, hrsg. v. Eva Moldenhauer u. Karl M. Michel, Frankfurt am Main: Suhrkamp.
Hirst, Paul Q. (1995), »Can Secondary Associations Enhance Democratic Governance?«, in: Joshua Cohen/Joel Rogers (Hg.), *Associations and Democracy*, London: Verso, 101–113.
Honneth, Axel (2008), »Arbeit und Anerkennung. Versuch einer Neubestimmung«, in: *Deutsche Zeitschrift für Philosophie* 56(3): 327–341.
– (2011), *Das Recht der Freiheit. Grundriß einer demokratischen Sittlichkeit*, Berlin: Suhrkamp.
– (2014), »Die Moral im ›Kapital‹«, in: *Leviathan. Berliner Zeitschrift für Sozialwissenschaft* 39(4): 583–594.
– (2015a), *Idee des Sozialismus: Versuch einer Aktualisierung*, Berlin: Suhrkamp.
– (2015b), »Rejoinder«, in: *Critical Horizons* 16(2): 204–226.
Jütten, Timo (2015), »Is the Market a Sphere of Social Freedom?«, in: *Critical Horizons* 16(2): 187–203.
– (2016), »Kann Hegel Solidarität und Wettbewerb versöhnen?«, in diesem Band.
Kuch, Hannes (2016), »Ökonomie, Subjektivität und Sittlichkeit. Hegel und die Kritik des kapitalistischen Marktes«, in: Sven Ellmers/Philiph Hogh (Hg.), *Warum Kritik? Begründungsformen kritischer Theorien*, Weilerswist: Velbrück, im Erscheinen.
Laitinen, Arto (2016), »Freedom's Left? Market's Right? Morality's Wrong?«, in: Giorgio Baruchello u.a. (Hg.), *Ethics, Democracy, and Markets: Nordic Perspectives on World Problems*, Kopenhagen: NSU Press.
Levine, Andrew (1995), »Democratic Corporatism and/or Socialism«, in: Joshua Cohen/Joel Rogers (Hg.), *Associations and Democracy*, London: Verso, 157–166.
Marshall, Thomas H. (1992), »Staatsbürgerrechte und soziale Klassen«, in: ders.: *Bürgerrechte und soziale Klassen. Zur Soziologie des Wohlfahrtsstaates*, Frankfurt am Main/New York: Campus, 33–94.
Marx, Karl ([1867]1962), *Das Kapital I*, in: *Marx-Engels-Werke* (MEW), Bd. 23, Berlin: Dietz.
– (1974): »Zur Judenfrage«, *MEW*, Bd. 1, a.a.O., 347–377.
Miller, David (1989), *Market, State, and Community. Theoretical Foundations of Market Socialism*, Oxford: Clarendon.
Nance, Michael (2014), »Honneth's Democratic Sittlichkeit and Market Socialism«, unveröffentlichtes Ms.
Offe, Claus (1984), »Zu einigen Widersprüchen des modernen Sozialstaates«, in: ders., *Arbeitsgesellschaft. Strukturprobleme und Zukunftsperspektiven*, Frankfurt: Campus, 323–339.
O'Neill, Martin und Thad Williamson (Hg.) (2012), *Property-Owning Democracy: Rawls and Beyond*, Oxford: Wiley-Blackwell.
Rawls, John (2003), *Gerechtigkeit als Fairness. Ein Neuentwurf*, Frankfurt am Main: Suhrkamp.
Schaub, Jörg (2015), »Misdevelopments, Pathologies, and Normative Revolutions: Normative Reconstruction as Method of Critical Theory«, in: *Critical Horizons* 16(2): 107–130.
Wood, Allen W. (1990), *Hegel's Ethical Thought*, Cambridge: Cambridge University Press.

Zurn, Christopher (2016) »The Ends of Economic History: Alternative Teleologies and the Ambiguities of Normative Reconstruction«, in: Hans-Christoph Schmidt am Busch (Hg.), *Die Philosophie des Marktes*, Hamburg: Meiner, im Erscheinen.

THOMAS KLIKAUER

Hegel's Moral Corporation and Corporate Governance

This paper highlights Hegel's moral philosophy of *Sittlichkeit* in relation to two issues: the modern business corporation and the way these corporations are run – known as corporate governance. Linking Hegel's concept of a *sittliche* corporation to the modern business corporation is somewhat of a thought experiment as it asks readers to relate Hegel's moral philosophy of *Sittlichkeit* to the modern business corporation even though the standard response of many Hegel experts is that both are not the same. True, but Hegel's corporation and the modern business corporation still share many striking similarities as both deal with workers, both are concerned with economics and industry and, rather inevitably under Hegel's moral philosophy, both have to exist under Hegel's *Sittlichkeit*, in English commonly known as »moral life«.

With this precursor, the paper follows the Italian Neo-Hegelian philosopher Ferrarin (2011: 435) who noted, »what matters in the study of the ancients [and perhaps Hegel as well, TK] is thus not so much the degree of fidelity and authenticity with which we reconstruct past philosophies, but rather the relation between our own philosophy and its time«. As a consequence, the proceeding chapter is not a detailed reconstruction of Hegel's corporation – as conducted by the *Buchstabenschüler*, Hegel's dogmatic and orthodox letter disciples.[1] Instead, it emphasises what Hegel's moral philosophy of *Sittlichkeit* and corporations mean for today's modern business corporations. In short, it is about our »own philosophy and its time« (Ferrarin). To illuminate the link between Hegel's *Sittlichkeit*, his concept of a *sittliche* corporation, and today's modern business corporations, the first part focuses on *Sittlichkeit* setting moral imperatives for the institution of corporate governance. Hegel delineated four possible institutional forms for corporations as well as specifics for the institutional setup of corporate governance. Part two links both to *Sittlichkeit*. The third part examines the *Sittlichkeit* of modern corporate governance in greater detail while reflecting on many of today's corporate actualities. Before concluding, part four seeks to bring all previously discussed elements together in ›Corporations and *Sittlichkeit*‹. Finally, the conclusion links the aforementioned issues while highlighting several contradictions between Hegelian morality and modern business corporations.

---

[1] schrimpf.com/ph/henrich/dankesrede

1. Corporate Governance as a Moral Institution

Business corporations are governed by ›corporate management‹. Under Hegelian moral philosophy, this should take place inside Hegel's *System of Sittlichkeit* (see: Marcuse 1961; Reed 1996; Schmidt 2007; Neschen 2008; Niji 2014; Klikauer 2015). Hence, corporate governance and *Sittlichkeit* are inextricably linked in Hegel's moral philosophy. Therefore, the managerial concept of corporate governance warrants a detailed examination in the light of Hegel's moral philosophy of *Sittlichkeit* (see: Wood 1990, 2011). Management and its crypto-scholarly field of management studies commonly see corporate governance as a set of processes, customs, policies, and institutions affecting the way corporations and companies are directed, administered, and controlled (see: Dodd 1932; Zeitlin 1974; Korton 1995; Bakan 2004; Clarke/Branson 2012; Talbot 2013). This article focuses more on those aspects of corporate governance that are concerned with how corporations are ›administered and controlled‹ rather than the relationship between corporate boards and shareholders. Corporate control, corporate administration, corporate boards, and shareholder relationships are administered by managers who are paid professionals. As an economic resource, a social class, and as administrators of corporations, these managers often follow their own self interests, which is not always the same interest as that of the corporations (cf. Vartenberg 1981).

In order to prevent managers from making decisions that benefit themselves to the detriment of corporations, a system of checks and balances has been invented. This system is called ›corporate governance‹. In the words of Hegelian philosopher and expert on Hegel's writings on *Die Korporation*, Wolfgang Kersting (cf. 1988: 8), corporate governance can be seen as an instrument of internal regulation [*Innensteuerung*]. At a minimum, such an *Innensteuerung* or corporate governance includes a board of directors that hires, fires, and compensates management. In *Sittlichkeit*, the managers of corporate governance are »members of corporations [that] come together primarily to further their own individual interests – a quite legitimate motive within civil society« (Cullen 1988: 27).

With this, Hegelian philosophy points the finger to one of the first problems of corporate governance, namely the contradiction between managerial ›self-interest‹ and organisational ›corporate-interest‹. While textbook ideology on corporate governance and management tells us that these are always the same, reality appears to indicate otherwise. It is endemic – if not systemic – that the interest of CEOs and top-management supersedes corporate interests. The *Enron Corporation, the AIG Insurance Corporation, the World.Com Corporation*, and *Bernie Madoff* are only the latest newcomers in a sheer endless list of what Managerialism's ideology labels ›bad apples‹, indicating that this is not systemic but down to a few bad apples (cf. Klikauer 2013a). This endless list of ›bad apples‹ indicates that the pretended system of ›checks and balances‹

provides – and this is despite Managerialism's ideology of efficiency – an inefficient system to prevent an ever growing long list of very serious managerial crimes, managerially reframed as misbehaviours. These misbehaviours encompass a wide variety of corporate activities ranging from minor misdeeds such as faked hotel bills to environmental destruction, white collar crime, and the bankruptcies of entire corporations. The internet site *Wikipedia*, for example, has published an incomplete list of corporate bankruptcies that occurred in spite of – or perhaps because of – ›good‹ corporate governance as a system of checks and balances (Young 2015: 163).

In other words, what constitutes corporate governance appears not so much to be a well functioning and efficient system of checks and balances that prevents corporate collapses such as *Lehman Brothers*, *World.Com*, *Enron*, white collar crime, environmental destruction, and the like but a system that produces corporate managers who have successfully isolated themselves from a supposedly efficient system of checks and balances under corporate governance. In sharp contrast to the ideology of corporate checks and balances, *Sittlichkeit* views the role of corporations in the opposite way. It denotes,

> »the isolated, free individual can be integrated into the harmonious social totality only by identifying with a specific estate [the business estate or business community] and by becoming a member of a corporation.« (Cullen 1988: 28)

Corporate top-management and CEOs are members of corporations. However, top-management and CEOs have successfully isolated themselves from their own middle-management, non-managerial staff, and other stakeholders through a number of ideological instruments starting with the infamous but never existing ›open-door-policy‹. In reality corporate management has distanced itself from corporations in communicative terms through strict reporting regimes (cf. Klikauer 2008), through managerially invented hierarchical structures, power relationships, office locations distant to production sites, outsourcing, and others.

This represents the exact opposite of Hegel's *sittliche* corporation. For Hegel, there should not be any isolation inside corporations. Instead, corporate members – and this includes CEOs – should be »integrated into the harmonious social totality« (Cullen 1988: 28) and into a »close-knit *sittliche Harmonie*« (Plant 1980: 71). In other words, CEOs and other corporate members should be able to »identify« themselves »with the harmonious social totality [of] a specific estate«, namely the corporation and as such anyone should be able to do so simply »by becoming a member of a corporation« (Cullen 1988: 28).

Becoming a member of a well-balanced organisation is designed to compensate for the growing deficit of harmony currently created by corporate governance internally and corporate capitalism externally. Corporate governance should not just have faked corporate mission statements and Orwellian features such as ›open-door policies‹. Instead, it should follow an integrative approach moving human beings towards a harmonious organisation. To some extent, this excludes the conversion of market competition into organisational competition as engineered by corporate management which places employees in a competitive relationship with one another. Corporations should also consciously seek to compensate for a growing deficit of harmony inside capitalist economies (see: Harvey 2014; Piketty 2014). This means, that Hegel's *sittliche* corporations are designed to counteract the lack of harmony that exists under capitalist market relationships. In short, *sittliche* corporations should not enhance competitive relationships but create harmony. On the downside, it has been shown that corporations tend to be places where the full extent of competitive relationships exists (cf. Porter 1985). This is exposed in the existence of the extreme form of corporate psychopaths and in non-psychopathological but still highly problematic forms of organisational behaviours depicted by corporate management (cf. Boddy et al. 2015). For Hegel, corporations are *sittliche* institutions like any other institution in his *System der Sittlichkeit* (Schmidt 2007). As such, they are »rational social institutions [that] promote collective well-being« (Neuhouser 2011: 291). Hence,

> »Hegel introduces corporations because he recognises that civil society gives its members the right to form social interest groups to advance jointly their common needs [and] the activity of corporations does comprise a further mode of civil freedom.« (Winfield 1987: 59f.; cf. Franco 1999)

Hegel sees corporations as ›one‹ form of social organisation inside civil society that promotes ›collective well-being‹, a society's ›common needs‹, and the mode of ›civil freedom‹. This is not economic freedom (free market), business freedom (free exchange of commodities), or managerial freedom (the managerial prerogative) but civic- and human freedom. Hegelian philosophy also acknowledges an individual's right of joining a business organisation to ›advance jointly their common needs‹ and interests as long as they are aligned to *Sittlichkeit*. In sum, Hegel sees corporations as organisations that contribute to the ›common‹ good of society, not the sectarian needs of shareholders. Hegelian philosophy rejects today's idea of economic rationalism, econometrics, and the neo-liberal view of economics that reduces every eventuality of human life to simple exchange equations while simultaneously eliminating those who are really concerned, namely human beings:

> »According to Hegel, political economy is a human science, not a science that studies impersonal forces or natural laws, but one that takes ›man‹ as its subject.« […] »For Hegel, the subject matter of economics is not charts and graphs, but human beings, groups, institutions, and nations. What contemporary economists might learn from Hegel is that the economy is moral, legal, and political – in a word, human.« (Gallagher 1987: 172, 180)

It appears that the irrational but ideological quest to be seen as ›scientific‹ has resulted in an artificial objectification of science that has paradoxically eliminated those about whom economic and managerial science was initially concerned, namely human beings. This quest has depersonalised and dehumanised economic and managerial science. The human subject has been sacrificed in favour of an ideological quest of objectivity and positivism. It appears the ideological process of ›scientification‹ – seen as a process that turns management, for example, into the science of management – has been set in motion. As a consequence, Managerialism's prime legitimising agency – management studies – has progressed to an ideological stage where the human subject simply disappears. What is left is pure ideology. The elimination of human beings is damaging to the so-called scientific endeavour and is decisively immoral.

Hegelian philosophy would always insist that human beings remain at the centre of management-, organisational studies, and economics. Hegelian scholars have even argued that his philosophy defines economy not only as a political but more as a social phenomenon. For Hegel, it is a moral-social character that creates organisations such as corporations and their surrounding structure, i.e. an economy. Corporations are socially constructed. In Hegel's social and ethical economy, human beings rather than impersonal, depersonalised, and dehumanised mathematical equations take centre stage. But the managerial use of mathematics and numbers is designed to give management the aura of being scientific while simultaneously engineering a highly political enterprise. Managerialism and management studies have furthered this through the use of so-called rational choice models such as the infamous prisoner dilemma. In engineering-, managerial-, and positivist fashion this serves three functions:

i) it eliminates the human from the managerial equation.
ii) It narrows human freedom to the ideology of free choice enshrined in the simplistic notion of an A-or-B choice. In the words of Greer (1999: 558), »in order to be freely self-determining, an individual human ›will‹ must not choose between arbitrary given ends«. But this is exactly what the managerial prisoner dilemma and management studies' rational choice models demands of individuals; and
iii) it gives the impression of being technical, value-neutral, objective, natural, and ›scientific‹.

Instead of Managerialism's ideology of ›natural‹ laws which can never exist inside the socially constructed reality of management, human beings remain the key subject in Hegel's concept of *sittliche* corporations. Hegel did not see economics in purely economic terms – as, for example, in political economy –, he saw the economy from a philosophical perspective. In his philosophy, *Sittlichkeit* is communicatively and communally established and consequently, economics and management always have a social, communicative, and ethical dimension. Hegel's *sittliche* corporation includes the concepts of civil society, community, and *Sittlichkeit*. These are vitally important for *Sittlichkeit* because Hegel's entire system depends on human beings and their integration into a society that has left feudalism behind. Such a society has distinctively modern features, -institutions, -business organisations, -business communities, and a modern social, political, and economic order that places these institutions inside such a society governed by *Sittlichkeit*. In this structure, corporations and the business community are two elements designed to enhance *Sittlichkeit*.

2. The Institutional Setup of Corporate Governance

Together with families and states, the moral task of civil society, economy, and corporations is to integrate societal members into a social and moral order structured through *Sittlichkeit*. Hegel's philosophy comes from a time that can be seen as a gateway between feudalism and modernity. Particularly in Germany, Hegel's 19th century ›new epoch‹ [*die neue Zeit*] still carried remnants of the old feudalist regime while already showing features of Enlightenment and modernity. Hegel's *›new epoch‹* included modern capitalism and modern organisations such as small companies but no business corporations. This might be the very reason why Hegel's original concept of the corporation carried strong connotations to what in the German language is called *Stand*. As Gallagher explains, *Stand* is »a word that can be translated by ›status‹ or ›class‹, or, in a political-economic context, by ›estate‹; Hegel uses this term to cut across all dialectical phases of *Sittlichkeit* [...] according to Hegel, therefore, the political estates ›still retain in their own function the class distinctions already present in the lower sphere of civil life‹« (Gallagher 1987: 172f.; cf. Greis 1995). Class distinctions have »familial, economic, and political significance« (Fatton 1986: 579). Hegel's corporations« related not only to *Stand* but also to four organisational models of his time.

The Four Institutions Reflective of Hegel's Corporations

	Hegel's German terms	Descriptions, Explanations, and Examples
1	Verbände	associations, employer federations, political lobbying
2	Zünfte	guilds, societies
3	Gewerbestand	business organisations (organisations of internal affairs)
4	Berufsgruppen	professional associations, e.g. chartered accountants

The table above shows the four terms Hegel uses and their descriptions, explanations, and examples. Hegel's list appears rather inclusive so that most members of a society can be members of Hegel's *sittliche* corporations. But

Hegel also excluded some members of civil society from corporate membership. He disqualified those employed in »agricultural estates [...] and the estate of civil servants« (Schmidt am Busch 2011: 79). Hence, »Hegel admits the incompatibility of a peasantry and nobility with the system of needs« (Winfield 1987: 54) – Hegel's term for the economy (cf. Ross 2008a, 2008b).

Nevertheless, in the wake of industrial capitalism many members of the nobility did not survive in their feudalist positions (see: Moore 1966). In the case of France, for example, Hegel's much admired French Revolution successfully ended the reign of the so-called ›nobility‹ through the guillotine. In England, on the other hand, the nobility became part of a growing working class but some also became factory owners or were employed by companies and corporations. But the feudal-to-capitalism transition was not a seamless conversion from feudal- to capitalist elite. Next to peasants, civil servants, and the nobility, Hegel also excluded the rich from corporate membership. Today, when corporations have amassed stratospheric riches and when hedge-fund managers, corporate bankers, corporate CEOs flaunt their wealth in public, it appears inconceivable that these are to be excluded from corporations. Nevertheless, »the rich person who remains solely concerned with his own interest [...] does not participate in the recognition that derives from membership in a corporation« (Stillman 1980: 113; see also: PhR: §254, 255; Honneth 1995; Klikauer 2016). Then as today, perhaps many of those who are rich and even super-rich do not work in corporations.

Excluding nobility, the rich, and the very rich, Hegel's term ›peasantry‹, does not relate to today's modern version of commercial farmers working under ROI (Return of Investment). Originally, it meant *Stand* or class of a feudal- and soil-based peasantry in the understanding of Moore (1966). They have no place in a modern economy as described by *Sir James Steuart* and *Adam Smith*. Modern economies and business corporations are not managed by peasants and nobility. CEOs are not hereditary kings, and top-management is not a medieval court even though it may seem that way to some. In the wake of *The Great Transformation* (Polanyi 1944) class relationships altered completely before, during, and after Hegel. Instead of the two feudal *Stände* or classes of peasants and nobility, Hegel saw a new and fast rising elite based not on land ownership but on their ability to engage in business. He called these new elites ›business estates‹ [*der Stand des Gewerbes*]. Rapidly, these business elites became a signifier of competitive capitalist modernity.

Under the ideology of Managerialism, business people – usually in cutthroat competition with each other – like to present themselves as a united front of a so-called ›business community‹. This is not like the harmonious idyllic community one imagines but rather corporate leaders finding themselves in a competitive struggle. The harmonious idyllic image of a business community serves ideological functions. Nevertheless, like all good ideologies the Managerialism ideology of a business community also contains an element of reality. Business communities exist when it comes to lobbying against corporate tax rises or an increase in the minimum wage because of a unifying external threat that establishes a necessarily always temporal truce capable of over-layering competition. Business communities also make an appearance when, for example, universities have to be converted from truth-seeking establishments into corporate entities closely linked to the needs of business and corporations so that a business community can take over a science community. Ideologically, terms such as business community quite often imply that there is no diversity of opinion inside such a community.

The ideological term ›community‹ sets up what Poole (2006) has termed »Unspeak« – you cannot »unspeak« community – who would want to be anti-community, non-community, or de-community? This marks the ideological triumph of Managerialism. In Hegelian terms, meanwhile, these business estates are institutional reflections of what Managerialism calls business community. Despite the ›community-vs.-competition‹ contradictions, business communities – whenever they make an appearance – are part of a modern economy and perhaps even more importantly, they are part of a political system. Hegel's business estate has never been a singular unified body. Different business estates contain different institutional setups leading to different forms of corporate governance:

Hegel's Three Forms of Corporate Governance

HEGEL'S TERMS	DESCRIPTION	TODAY'S GESTALT	TODAY'S CORPORATE GOVERNANCE
Handwerksstand -craft-	Devoted to craftsmanship	Small and medium-size businesses	none (limitation of size)
Fabrikstand -factory-	Those involved in mass production in factories	Mass manufacturing, service industry, and knowledge creating firms	corporate governance dedicated to *Operations Management* to provide commercial commodities and services
Handelsstand -trade-	Those engaged in commerce	e.g. banking, insurance, corporate finance, stock exchanges & traders	corporate governance dedicated to *Marketing and Finance* commercial exchanges, financial services & banking

The table above shows Hegel's original terminology in column one. These three areas constitute economic activity. The second column (descriptions) indicates their meaning. The third column provides an adaptation to today's economy. And the he last column illustrates their relevance for corporate governance. In the upper right hand corner the term ›none‹ indicates that small and medium firms that are involved in craftsmanship generally do not have sophisticated managerial setups like corporate governance. More importantly however, Hegel saw factory [*Fabrikstand*] and trade [*Handelsstand*] as relevant for corporations. These are the two areas where corporations are formed and corporate governance takes place.

In a certain sense, Hegel's division between *Fabrik-* and *Handelsstand* carry connotations to Aristotle's understanding of making things and trading them. But referring back to Aristotle comes as no surprise. For Hegel, Aristotle remains »the only writer who has anything important to say« (Ferrarin 2011: 433). The *Fabrikstand* indicates what Aristotle has called those who ›make things‹ while for Hegel the »central figure of capitalist development is the *Handelsstand*« (Lukács 1974: 709f.) reflecting »those who do« (Aristotle) things. Equipped with Aristotelian philosophy, Hegel saw the *Fabrikstand* as being responsible for producing commercial goods and services and the *Handelsstand* for distributing and financing these commercial goods and services. Not surprisingly, today we find manufacturing corporations dedicated to the former while the stronger finance corporations are dedicated to the latter.

This is shown in the table above (last column) where Hegelian terminology indicates that corporate governance is dedicated to what today is called operations management as well as marketing and finance. While Hegel's structure appears technical, managerial, and somewhat detailed, it has to be seen in the light of *Sittlichkeit*. In the words of contemporary Irish philosopher Bernard Cullen (1988: 26), »because the business estate [that includes corporations] is essentially devoted to selfish economic pursuits, it stands in special need of moral socialisation«. In other words, Hegel understood that a narrow focus on corporate governance taints the view of those inside the corporation. He was concerned that they lose the overall perspective of *Sittlichkeit*. Therefore, Hegelian philosophy has continuously emphasised that corporations are part of *Sittlichkeit*. They are not to segregate themselves from it by inventing their own *unsittliche* rules and corporate policies, immoral ideologies, narrow purposes, and isolated places.

Nobel Prize Winner Milton Friedman (1912–2006) has advocated the exact opposite of Hegel's ideas. Friedman (1970) had a unique ability to express the role of corporations in today's society as seen by Managerialism when outlining that corporations are not primarily moral institutions and not set up to engage in morality. This is highly supportive to Managerialism because it enables corporate management to focus on the prime objective of corporations – The Real Bottom Line – and thereby avoids the wasting of time on non-productive activities such as morality. Unsurprisingly, Friedman's statement became one of the most quoted ›CSR [Corporate Social Responsibility] →profits‹ phrases.

Contrary to Hegel's *sittliche* corporations, Friedman's corporations are set up to make profits rather than achieve *Sittlichkeit* (Hegel). According to

Friedman and Cohen's (1973) *The Gospel According to the Harvard Business School*, corporations have the one-dimensional goal of The Real Bottom Line (cf. Marcuse 1966). In return, this means that everything that diverts attention away from that is declared unproductive and is exterminated. This signifies two opposing ideologies confronting one another: there is the ideology of shareholder-value, profit-maximisation, and The Real Bottom Line and there is the philosophy of *Sittlichkeit*. This setup positions business corporations against Hegel's *sittliche* corporations.

In the general understanding philosophy includes the concept of *philo-sophia* seen as the ›love of wisdom‹ and truth. Nevertheless, the two opposing ends of ›profit-vs.-morality‹ appear to meet in many human spheres linked to modern society. Among them are market economies and corporations. As a consequence of the one-dimensional Real Bottom Line, neither corporations nor their managers are particularly concerned with philosophy's key interest, namely truth. In historic terms, the quest for truth has been part of philosophy ever since the Greek mythology of Gods became rational philosophy. Greek *philosophia* represents such a quest for truth. For corporate management, however, truth is only relevant when it is able to increase profits (Friedman 1970), contributes to The Real Bottom Line, and ideologically secures the continued existence of business corporations.

In some cases, corporate managers feel that a quest for truth is a futile enterprise while in other cases they can be ›economic with the truth‹ when achieving competitive advantages. Nevertheless, the conflict of ›profit-vs.-morality‹ has been acknowledged in Hegel's *Philosophy of Right* where corporations are positioned. The *Philosophy of Right* makes clear that »Hegel sees the *sittliche* corporation as an economic association representing the interests of employers« (Cullen 1988: 26). But such an interest is linked to the corporation's function as an association [*Zusammenschluß*] for the specific task of socially organised demand-satisfaction. Therefore, corporations should not cut off their social responsibility and instead represent the social truth needed for a healthy society. However, inside Managerialism's paradigm of positivistic science, two elements have been rendered impossible:

  i) an acceptance that everything has two sides, i.e. Hegel's positives and negatives; and
  ii) that truth is not a managerially issued truth but carries universal connotations in a Kantian understanding.

Managerialism's one-dimensional view on truth has been supported by positivism, objectivism, and pure science. Under Hegel's concept of *Sittlichkeit* the interest of the employer must be balanced with the interest of employees. Their interest cannot be excluded as management, Managerialism, management studies, management schools, and management textbooks have it. All five have surprisingly little – actually nearly nothing – to say about those ›who are managed‹, i.e. employees, workers, and labour. They are reduced to what

Harvard's management writer Joan Magretta (2012: 7) calls »we need other people to perform«. The ideological ›we‹ means management exclusively; it does not mean ›we‹ as in employees or all members of a corporation; ›other people‹ actually means workers – a term painfully avoided and never indexed in a management textbook while ›performance‹ is the codeword for profit.

Neither modern and enlightened thinking as enshrined in the philosopher Immanuel Kant's ›Three Critiques‹ (1781, 1788, and 1790), nor eminent management writers themselves such as Morgan (1993) have been able to challenge Managerialism's main ideology of a one-dimensional take on truth that excludes employees. It indicates that corporate management is only capable of providing a managerial and corporate truth, not a real truth. Contrary to Managerialism's one-dimensional truth there is the philosophical truth. It is imperative to remember that Hegel views philosophy as unique because it only exists of itself – it serves nobody. Corporations, management, and Managerialism represent the very opposite. On this, Hegel noted, »by declaring the cognition of truth to be a futile endeavour, this self-styled philosophising has reduced all thoughts and all topics to the same level, in other words, to mere opinions and subjective conditions« (Nakano 2004: 35). This is precisely how management sees ethics – as a matter of mere opinions. But corporate management can never escape from the philosophy of truth. Even when it views ›truth to be a futile endeavour‹, corporate management has to engage with it and this is in spite of the best ideological efforts of Managerialism to achieve exactly the opposite of Hegelian philosophy. Management views truth as a ›futile endeavour‹ because it creates discomforting evidence for corporations such as highlighting the immorality of corporations when they are contrasted to the ethical principles of *Sittlichkeit*.

When viewed from Hegel's philosophy, the managerial and the philosophical truth represent two contradictory sets of ideas. One has a ›quest for truth‹ as its essence while the other pursues a ›quest for profit‹. As a result, everything that philosophy does is geared towards truth while everything that corporations do is focused on shareholder value. This has two structural implications when viewed from, for example, the French philosophical ›*knowledge-vs.-power*‹ perspective: one is dialogical while the other is hierarchical. Dialogical structures include mutual and equal recognition while hierarchical configurations are asymmetrical power structures. One is horizontal while the other is vertical. They either exclude recognition altogether, severely damage it, or blatantly derecognise or misappropriate recognition to serve managerial ends (cf. Anderson 2009). The horizontal recognition is found in philosophy while de- and miss-recognition exist in corporations. Corporate governance frames the de-recognition of employees as human resources, denigrating them to tools, operatives, subordinates, underlings, or assets. The ›people-are-assets‹ ideology is of particular interest because it appears in the managerial ideology of ›people are our most important assets‹. Management equalises human beings to assets, in line with possessions, property, resources, material goods, worldly goods, belongings, and chattels. Simultaneously the corporate ideology of ›people are our most important asset‹ is proclaimed. This understanding of language misuse under an »Organisation of Hypocrisy« can only be possible in Managerialism (cf. Brunsson 2002).

At the same time, management and corporate governance also call human beings simply ›others‹ through which management achieves organisational outcomes and performance. As such corporate management violates Hegel's notion of a *sittliche* corporation that provides for the livelihood of its members and is capable of recognising individuals as human beings. According to Hegel, »the member of the corporation does not fear [...] the lack of recognition« (Bohman 2010: 445). The contradiction of ›corporate de-recognition-vs.-*sittliche* recognition‹ appears to be the reality in corporations where human beings are de-recognised as ›others‹ and framed as resources rather than human beings (cf. Bolton/Houlihan 2008). In addition, while Hegelian philosophy denotes that individuals do not ›fear the lack of recognition‹, some versions of corporate management still reflect Füredi's (2004) *Politics of Fear*.

In managerial regimes it is not totally uncommon that management operates a system called MBF – management by fear (see: Adonis 2010). Inevitably, all managerial systems include elements of fear in the case of ›my way or the highway‹ statements, demotions, the fear of being reprimanded, restructured, ›performance managed out of here‹, the three-strike rule (1st warning → 2nd warning → 3rd warning = out), disciplinary actions, the composing of so-called ›dirt-files‹, and the ultimate fear of being fired. In the Orwellian language of HRM (Human Resource Management) this is framed as ›let go‹ or ›to seek other opportunities‹ and constitutes the ultimate fear and de-recognition, namely the fear of job loss. In addition, workplace bullying, unreasonable workloads, impossible deadlines, negative performance management reviews, and a raft of other managerial techniques exist that show management's ›lack of recognition‹ towards employees. Meanwhile, *Sittlichkeit* denotes something completely different:

> »there is a kind of full recognition in the corporation that makes it like the family, the true recognition and honour owed to its members precisely because of the normative mutuality that the corporation embodies in the shared norms of its practices.« (Bohman 2010: 445)

In business corporations, there is no ›full recognition‹ nor is there ›mutual and equal recognition‹ but asymmetrical and vertical hierarchies and power relationships between management and non-managerial staff, between and inside top-, middle-, and line-management, and among functional divisions (cf. Klikauer 2016). Even the functional divisions of management have been ranked in accordance to their relevance: 1st = marketing, 2nd = finance, 3rd = operations management, and 4th HRM. These hierarchical relationships are more often than not based on power rather than the Weberian ideology of bureaucratic functionality as supported by *The Servants of Power* (Baritz 1960) in management studies. These four managerial functions depict very little synergy with virtually no equilibrium between them. Irrespective of managerial ranking and the contradiction of ›*power-vs.-function*‹, all of this destroys Hegel's mutual and equal recognition. In conclusion, the profit-norm and conflicting structures – functionalism-vs.-power – in corporate governance comprehensively annihilates Hegel's ethics of full recognition.

3. The *Sittlichkeit* of Modern Corporate Governance

The task of this section is not to discuss whether Hegel was correct or not but what Hegelian moral philosophy as found in the *System of Sittlichkeit* in which his ethical corporations exist means for today's corporations. Quite different from contrasting Hegel's corporations to the organisational structure of modern corporations as carried out, for example, by Hancock and Tyler's *Hegel and Organisational Theory* (2002), it contrasts the ethical implications of Hegel's *sittliche* corporation to today's organisations. And therefore, the section relies somewhat less on highlighting the positives of today's corporations as, for example, recently outlined by Urban (2014: 3)

> »see[ing] the benefits [of] corporations [in] bringing lighting, air conditioning, automobiles, jetliners, and clothing, computers, smart phones, plasma screen televisions, video games, and movies«,

even though one of finest corporate leaders – the former General Motor's CEO Alfred Sloan – once said »the point is that General Motors is not in business to make cars, but to make money« (Klikauer 2013a: 18). Instead of celebrating corporations and in order to contrast today's corporations with the ethical implications of Hegelian moral philosophy, a somewhat more critical – some might say to some extent antagonistic – view of corporations is presented, not just to contrast but to sharpen our understating of the ethical implications of Hegel's *System of Sittlichkeit*. This, of course, is undertaken in the awareness that today's corporations are not monolithic but represent a wide spectrum of ethical (see: forbes.com/2013/03/06) and outright unethical (see: huffingtonpost.com/2010/01/28) corporations. This is not new but has a long history.

Historically, Hegel discussed his *sittliche* corporations long before modern corporations took shape. Hegel's original concept of the corporation carried strong connotations to *Stand*, a world that can be translated by status, class and estate. Hegel uses *Stand* to cut across all phases of *Sittlichkeit*. According to Hegel, political estates »still retain in their own function the class distinctions already present in the lower sphere of civil life« (PhR: §304). But Hegel's class distinctions also retain »economic and political significance« (Gallagher 1987: 172f.).

Despite these differences there are also some strong, important, and compelling similarities between Hegel's *sittliche* corporations and modern business corporations (cf. Hancock/Tyler 2002): both are economic entities; both function at the level of civic society; both are part of civil society; both are also part of *Sittlichkeit*; both function under conditions of competitiveness; both include human beings; both have similar internal organisational principles; and finally both are in conflict with the overall moral goals of *Sittlichkeit*. In other words, these eight similarities assist an understanding of Hegelian ethics gained from studying his corporations. This carries connotations to the well known idea that studying, for example, the ancient Greek *polis* still allows us to understand Plato's moral philosophy (Fehr et al. 2015).

Conceivably, the key to all of this is also the key to Hegelian philosophy. This is the ethics of *Sittlichkeit* under which all economic organisations fall irrespective of whether they existed in the 19th or in the 21st century. They all have to be organisations dedicated to *Sittlichkeit*. But still, the ethics emanating from Hegel's *Sittlichkeit* and much of modern corporate behaviour (see: Mander 2001) appears to represent two contradictory sets of ideas. For example, Hegel thought that members of corporations do not fear the lack of recognition (cf. Bohman 2010: 445). The opposite appears to be the reality inside many modern corporations where human beings are de-recognised as subordinates and underlings also framed as resources rather than human beings (cf. Hancock/Tyler 2001: 571). Set against this, Hegel's *System of Sittlichkeit* demands

> »there is a kind of full recognition in the corporation that makes it like the family, the true recognition and honour owed to its members precisely because of the normative mutuality that the corporation embodies in the shared norms of its practices.« (Bohman 2010: 445)

Not surprisingly, the corporation is called the ›second family‹ in Hegel's Philosophy of Right (cf. Hegel 1821; Nakano 2004: 45; Peperzak 2001: 472). But today's corporations hardly resemble family-like entities dedicated to individual family-based morality and this is despite corporate ideologies such as: we are all one big family. Instead, Hegel's ›true recognition and honour‹ does not feature much in today's corporate governance. Instead, corporate governance is based on domination where the honour of one side is reduced to being a – human – resource. According to Berle and Means (1933), the *raison d'être* for having corporate governance is that managers govern corporations on behalf of shareholders – the owners of a corporation (Magretta 2012). This means that some, inevitably, will dominate others, e.g. ›owners-vs.-non-owners‹ as well as ›managers-vs.-non-managers‹ (human resources). In Hegelian terms, structures like these damage mutual and equal recognition (Anderson 2009).

Secondly, there is no normative mutuality inside the modern corporation by which organisational relations are being defined. Instead, these relations are defined through a relationship that reflects Hegel's master-slave dialectics (see: Holz 1968; Carr/Zanetti 1999) in which one side is reduced to a service in exchange for wages while the other side extracts surplus value for shareholder-value. Thirdly, there are no shared norms of its practices inside a corporation because management – quite often rather deliberately – excludes non-managerial staff from accessing its self-assigned managerial privileges. In Hegel's ethical corporations, privileges are not based on managerial power. They exist because corporations are part of *Sittlichkeit* and they are always extended to all members of a corporation.

As a consequence, Hegel's normative mutuality does not play much of a role when corporate policies are invented unilaterally by management. There simply is no mutuality. Instead, non-managerial staff is simply asked to accept corporate policies in a »take-it-or-leave-it«, FIFO (fit in or f*** off!) and »my way or the highway« fashion. This cannot create shared norms that are imperative for a *sittliche* corporation. There can never be a shared norm in which one side is intentionally excluded from its creation. The idea of shared norms as the base for organisational culture becomes mere ideology when reduced to unquestioned compliance.

But the annihilation of normative mutuality also extends to individual will. In Hegel's concept of an ethical corporation, individual will seeks the satisfaction of others as much as that of itself. This establishes normative mutuality which denotes that rights and welfare are united (cf. Peddle 2000: 126). In contrast to that, today's corporate governance does not include the mutual satisfaction of one's own will as much as the will of others. Instead, will-formation inside modern corporations can be seen as a form of one-dimensional will of corporate management. In a Nietzsche-like version of ›strong-vs.-weak‹ (cf. Klikauer 2010: 178), corporate management is able to impose its managerial will on all others inside the corporation. In sum, Hegel did not see the will of organisational members, the will of families, and the will of civil society as strong enough to keep corporate governance in check.

Hegel did not see corporations as organisations that are part of states or as being scrupulously controlled by them. Instead, he granted corporate management the right to regulate the professional life of their members in a relative autonomy. But this has to be linked to *Sittlichkeit* enshrined in the task of corporate governance to »prevent or overcome the poverty. For that the corporation's self-regulation includes the right to elect its own board« (Peperzak 2001: 470–471). In sharp contrast to often pre-engineered electoral approvals given to many company boards by shareholders, Hegelian ethics of self-actualisation would favour the direct election of corporate management by those who are governed by it, i.e. employees. In today's corporate governance, Hegel's ethical demands have only partly and insufficiently become reality.

Finally, today's corporations hardly include versions of Hegelian ethics that unite rights and welfare because many rights in corporate management are unilaterally defined. They are not used to create unity as they do not unite. They remain managerial rights and privileges. Instead of rights as part of the ethics of *Sittlichkeit*, corporate governance tends to operate a one-dimensional right to manage. Similarly true social, human, and ethical welfare is largely excluded from corporations and/or externalised to state agencies. Inside corporations, meanwhile, Hegelian welfare is devalued to simplistic wellness programmes and gym-memberships (cf. Arnold/Randal 2010: 433, 483) and these are disconnected from ethics as well as Hegel's *Sittlichkeit* as they are introduced for reasons of recruitment and selection, motivation, performance management, retention etc. rather than ethics.

4. Corporations and *Sittlichkeit*

It appears as if Hegel's ethical design would demand the reversal of much of what is found in today's corporations. It demands a return to a situation where *Sittlichkeit* occupies the prime position over economics, corporations, management and corporate governance. When the relationship between corporations and *Sittlichkeit* is reversed, *Sittlichkeit* rather than a corporation becomes norm setting. Rather than being defined by *Sittlichkeit*, many of today's corporations have created the exact opposite in the form of economic disparities and adjacent pathologies. In many cases, corporations, corporate governance, and management do not see themselves as part of morality and society but as independent of both. They see themselves separated from both with their own form of internal corporate governance, rather than adhering to a form of ethical governance linked to society. In the age of industry self-regulation and neo-liberalism's ideology of deregulation there is very limited direct control over corporations other than remnants of declining state control.

Unlike society's mutual dependence, striving for human freedom, and *Sittlichkeit*, today's corporations strive for shareholder-value. In this quest, the Hegelian concept of »a kind of institutional dependence of the corporations on the larger whole« (Bohman 2010: 445) does no longer exist if it ever has. What many of today's corporations perceive as »the larger whole« comes mostly in two versions, as external stakeholders such as suppliers, customers, and banks (warranted) and as states, trade unions, and NGOs (unwarranted).

In sharp contrast to Hegel's ethical notion that »through the corporation, citizens regain a connection with the whole understood as national consciousness« (Nakano 2004: 46), many of today's corporations appear to foster the opposite. They create isolated human resources under ideologies such as performance related pay, individual bargaining, competition, promotion, individual employment contracts, and balanced scorecards. As a result, instead of Hegel's ethical civic citizens one finds »Organisation Men« (Whyte 1961) disconnected from society but encapsulated inside a managerially created corporate culture that is designed to support the singularity and particularity of a narrow corporate *esprit de corps* rather than Hegel's universal consciousness [*Weltgeist*].

But Hegel's larger whole of a moral life [*Sittlichkeit*] also includes ethical values such as fairness and justice. As a consequence, Hegel's *sittliche* corporations are guided by the moral imperatives that define *Sittlichkeit*. One such defining element remains not only human freedom but justice. Thus, »Hegel regards economic activities [as conducted by corporations] as part of normative social relations and economic relations as the matter of justice in society« (Nakano 2004: 37; cf. Klikauer 2010: 130ff.). To support the ethical concept of justice inside the *System of Sittlichkeit*, Hegelian corporations remain part of normative social relations. However, the basic principle of justice contradicts many of the basic ideologies of corporations directed towards shareholder-value, not justice.

In sharp contrast to Hegel's ethics of corporations, virtually no modern corporation exists for the enhancement of human justice. Their main activities are neither directed towards what Rawls (2001) called »justice as fairness«, nor towards Hegel's understanding of justice as a concept of *Sittlichkeit*. The hierarchical and asymmetrical power relations that define modern corporations disallow corporate management to treat everyone with fairness. Hence, an issue such as wage justice, for example, cannot exist inside the corporation. Set against this,

> »Hegel implicitly upholds the following two theses: as a member of a functioning corporation a bourgeois [owner, shareholder, CEO, and top-manager] is not interested in attaining an ever-increasing level of personal consumption and personal income.« (Schmidt am Busch 2011: 86)

This cannot be said of many of corporate CEOs and top-managers receiving stratospheric levels of remuneration. Furthermore, the inclusion of women into top-management positions – a closing of the gender wage gap – remains rather elusive. Meanwhile income disparities between top-management and workers continue to widen. Similar to an estrangement through negating ›justice as fairness‹ Hegel's intention of eliminating alienation remains part of *Sittlichkeit*. Not surprisingly, once viewed from an ethical perspective of Hegel's *System der Sittlichkeit*,

> »the most important solution for alienation Hegel considers is the corporation [because] the corporation reintegrates individuals in civil society, protects them against contingencies and educates them. Through the corporation, individuals recover mutual recognition and the sense of belonging to a community. It is not only an economic and social but also an ethical entity which can remedy the alienation generated by overproduction [...] Hegel thinks that the corporation provides the moment of mutual recognition and restrains the unlimited and self-defeating movement of capitalism« (Nakano 2004: 43f.)

Rather than being the solution to the ethical problem of alienation as Hegelian ethics denotes, many of today's corporations continue to produce alienation. If present day corporations would seek to adhere to Hegelian *Sittlichkeit*, they needed to take serious steps towards the avoidance of alienation. While Hegel thought that corporations tend to moralise capital [*Versittlichung des Kapitals*], many of today's corporations do not subscribe to this moral goal. In sum, many of today's corporations have a long way to go to fulfil some of the key ethical obligations that arise from Hegel's *sittliche* corporations. For example, ethical corporations should be moral coordinators between individuals and society; they should be self-regulated which includes the participation of ›all‹ corporate members; corporations should be moral actors and support members in their self-actualisation; and corporations should create and enhance moral knowledge.

5. Conclusion: *Sittlichkeit*, Corporations and Corporate Governance

The aim of what is outlined above is not to present a precise organisational comparison between Hegel's *sittliche* corporations and today's corporations (Hancock/Tyler 2002). Instead, it focuses on the ethics of *Sittlichkeit* and Hegel's *sittliche* corporations. It aims to apply the basic ethical lessons gained from a discussion of Hegel's corporations and his *System of Sittlichkeit* and applies these to modern corporations. The argument presented here is similar to Socrates', Plato's and Aristotle's moral philosophy. Their moral philosophies are not dismissed because Greek city states [the polis] have changed massively during the last two-thousand years. Similarly, the Hobbesian *bellum omnium contra omnes* (see: Hobbes 1651) is not dismissed because we no longer live in the state of civil war. The background (slavery for Plato and Aristotle and feudalism for Hobbes) have truly changed but the lessons of their moral philosophies are still discussed today. Much closer to today, we find Hegel's 1821 writings on moral life [*Sittlichkeit*] offering moral insights even though Hegel's – like Socrates', Plato's, Aristotle's and Hobbes' – time has passed. Given these initial precursors, the following preliminary conclusions can be issued.

The investigation of Hegel's ethical concept of corporations under the ethics of *Sittlichkeit* constructed at the dawn of the modern corporation has shown that Hegelian ethics is applicable to many of today's corporations. Hegel positioned his corporations between the intimate morality established within families and the universal morality represented in the modern state. For Hegel, corporations are part of *Sittlichkeit* and of civil society. In short, his corporations are industrial actors and as such part of the sphere of Hegel's concept of a social-political economy.

Hegel's ethical corporations remain guided by Sittlichkeit. In sharp contrast to that, modern business corporations are quite different as they are dedicated to profits – not moral life [*Sittlichkeit*]. Key elements of the ethics of Hegel's corporations are found in mutual and equal recognition, and mutual employer-employee benefits. These are based on social-moral relationships originating at the family level (first) and on civil rights, democracy, and citizen-to-state relationships (later). However, Hegel's corporations are also part of a market economy and hence follow a different route. While they follow *Sittlichkeit*, i.e. mutual benefit and mutual and equal recognition, they also follow competition and therefore exist in tensions.

As a result, Hegel saw his corporation as ›the odd one out‹. Its essence is not only found in cooperation but also competitive market relationships that do not exist in Hegel's other levels of *Sittlichkeit*, namely families and states. Hence, ethics differs significantly between families and states on the one side and corporations on the other. This is supported by Hegel's argument that competitive markets inevitably create pathologies. At the dawn of industrialism, Hegel saw two main mis-developments ([*Fehlentwicklungen]*, cf. Honneth 2007: 4), an ever widening gap between rich and poor and the creation of a disenfranchised, marginalised, atomised, and alienated underclass. He called them *Pöbel* or rabble (Klikauer 2012; 2013b). Hegel sought to avoid workers from becoming *Pöbel*. He did not want them to drift into the immorality of the *Pöbel*. To secure this he wanted workers to remain strongly linked to moral corporations bound to the overall concept of *Sittlichkeit*. To assure that, Hegel also argues that a purely capitalistic *laisser faire* style – the ultimate idea of neo-liberalism, for example – will creates worse monopolies than the ancient guilds controlling workers. On the other side, Hegel also saw that an economy driven purely by an untamed market alone is also a true plague as it exposed workers to the ill will of market forces. As a consequence, *sittliche* corporations are needed to prevent the poverty of the unskilled and working poor. Nevertheless, Hegel saw that free markets would lead to monopolies and social pathologies of plague-like proportions. He envisaged his ethical corporation as deeply embedded in *Sittlichkeit* counteracting these tendencies.

Finally, once modern corporations are repositioned inside *Sittlichkeit*, they will be able to develop capabilities that enhance moral life [*Sittlichkeit*]. To achieve this, corporate governance needs to radically re-shape its current format. The way this can be achieved, for example, has been outlined in Deetz's *Democracy in an Age of Corporate Colonisation* (1992) and more recently in the *Ten Rules for Ethics Councils* (Klikauer 2010: 193–216; Fryer 2012) consisting of: participation, communicative rationality; communicative rules; time, places, and layouts; moderators and speakers; different skills and levels of knowledge; contract zones and vetoes; speech rules; ideal speech and group thinking; forms of agreements: full, working, mini, and quasi; and conflict resolutions. These basic parameters might establish mechanisms for moving many of today's corporations towards becoming »moral corporations« (French 1979) existing inside and for moral life [*Sittlichkeit*].

References

Abbreviations:

PhR: Hegel, Georg W.F. ([1821]1965), *The Philosophy of Right* (Grundlinien der Philosophie des Rechts), translated with notes by Thomas M. Knox, Oxford: Clarendon Press.

Adonis, James (2010), *Corporate Punishment – Smashing the Management Clichés for Leaders in a New World*, Milton: Wiley.
Anderson, Sybol S.C. (2009), *Hegel's Theory of Recognition – From Oppression to Ethical Liberal Modernity*, London: Continuum.
Arnold, John/Randall, Ray (2010), *Work Psychology – Understanding Human Behaviour in the Workplace*, (5th ed.), London: Prentice-Hall.
Bakan, Joel (2004), *The Corporation – The Pathological Pursuit of Profit and Power*, London: Free Press.
Baritz, Lauren (1960), *The Servants of Power. A History of the Use of Social Science in American Industry*, Middletown: Wesleyan University Press.
Berle, Adolf A./Means, Gardiner C. (1933), *The Modern Corporation and Private Property*, New York: Macmillan.
Boddy, Clive R./Miles, Derek/Sanyal, Chandana/Hartog, Mary (2015), »Extreme Managers, Extreme Workplaces: Capitalism, Organizations and Corporate Psychopaths«, in: *Organization* 22(4): 530–551.
Bohman, James (2010), »Is Hegel a Republican? Pippin, Recognition, and Domination in the Philosophy of Right«, in: *Inquiry* 53(5): 435–449.
Bolton, Sharon C./Houlihan, Maeve (eds.) (2007), *Searching for the Human in Human Resource Management – Theory, Practice and Workplace Contexts*, Basingstoke: Palgrave.
Brunsson, Nils (2002), *The Organisation of Hypocrisy – Talk, Decisions and Actions in Organisations*, (2nd ed.), Abingdon: Marston Books.
Carr, Adrian/Zanetti, Lisa A. (1999), »Metatheorizing the Dialectic of Self and Other: The Psychodynamics in Work Organizations«, in: *American Behavioral Scientist* 43(2): 324–345.
Clarke, Thomas/Branson, Douglas (eds.) (2012), *The Sage Handbook of Corporate Governance*, Thousand Oaks: Sage.
Cohen, Peter Z. (1973), *The Gospel According to the Harvard Business School*, Garden City: Doubleday.
Cullen Bernard (1988), »The Mediating Role of Estates and Corporations in Hegel's Theory of Political Representation«, in: id. (ed.), *Hegel Today*, Aldershot: Avebury Press.
Deetz, Stanley A. (1992), *Democracy in an Age of Corporate Colonization*, Albany: State University of New York Press.
Dodd, E. Merrick (1932), »For Whom are Corporate Managers Trustees?«, in: *Harvard Law Review* 45(7): 1145–1163.
Fatton, Robert (1986), »Hegel and the Riddle of Poverty: The Limits of Bourgeois Political Economy«, in: *History of Political Economy* 16(4): 579–600.

Fehr, Ryan/Yam, Kai C.S./Dang, Carolyn (2015), »Moralized Leadership: The Construction and Consequences of Ethical Leader Perceptions«, in: *Academy of Management Review* 40(2): 182–209.
Ferrarin, Alfredo (2011), »Hegel's Aristotle: Philosophy and its Time«, in: Stephen Houlgate/Michael Baur (eds.), *A Companion to Hegel*, Oxford: Blackwell.
Franco, Paul (1999), *Hegel's Philosophy of Freedom*, New Haven: Yale University Press.
French, Peter A. (1979), »The Corporation as a Moral Person«, in: *American Philosophical Quarterly* 16(3): 207–215.
Fryer, Mick (2012), »Facilitative Leadership: Drawing on Jürgen Habermas' Model of Ideal Speech to Propose a Less Impositional Way to Lead«, in: *Organization* 19(1): 25–43.
Friedman, Milton (1970), »The Social Responsibility of Business is to Increase its Profits«, in: *The New York Times Magazine*, 13th September 1970.
Füredi, Frank (2004), *Politics of Fear*, London: Continuum.
Gallagher, Shaun (1987), »Interdependence and Freedom in Hegel's Economics«, in: William Maker (ed.), *Hegel on Economics and Freedom*, Macon: Mercer University Press.
Greer, Mark R. (1999), »Individuality and the economic order in Hegel's Philosophy of Right«, in: *European Journal of the History of Economic Thought* 6(4): 552–580.
Greis, Friedhelm (1995), *Bürgerliche Gesellschaft zwischen Verstandesstaat und Sittlichkeit: Untersuchungen zur Rechtsphilosophie Hegels*, Mainz: Johannes Gutenberg University.
Hancock, Philip/Tyler, Melissa (2002), »Managing Subjectivity and the Dialectics of Self-Consciousness: Hegel and Organisational Theory«, in: *Organization* 8(4): 565–585.
Harvey, David (2014), *Seventeen Contradictions and the End of Capitalism*, New York: Oxford University Press.
Hobbes, Thomas (1651), *Leviathan*, London: Dent.
Holz, Hans H. (1968), *Herr und Knecht bei Leibniz und Hegel: Zur Interpretation der Klassengesellschaft*, Neuwied: Luchterhand Press.
Honneth, Axel (1995), *The Struggle for Recognition – The Moral Grammar of Social Conflicts*, Cambridge: Polity Press.
– (2007), »The Work of Negativity: A Psychoanalytical Revision of the Theory of Recognition«, in: Jean-Philippe Deranty/Danielle Petherbridge/John Rundell/ Robert Sinderbink (eds.), *Recognition, Work, Politics – New Directions in French Critical Theory*, Leiden: Brill Press.
Kersting, Wolfgang (1988), »Polizei und Korporation in Hegels Darstellung der burgerlichen Gesellschaft«, *Hegel-Jahrbuch*: 373–382.
Klikauer, Thomas (2008), *Management and Communication – Communicative Ethics and Action*, Basingstoke: Palgrave.
– (2010), *Critical Management Ethics*, Basingstoke: Palgrave.
– (2012), »Hegel's Philosophy – Ethics, Recognition, and Oppression«, in: *Philosophy & Social Criticism* 38(6): 651–658.
– (2013), *Managerialism – Critique of an Ideology*, Basingstoke: Palgrave.
– (2013b), »Hegel on Profits, Poverty, and Politics«, in: *Radical Philosophy Review* 16(3): 789–799.
– (2015), *Hegel's Moral Corporation*, Basingstoke: Palgrave.
– (2016), »Negative recognition – Master and Slave in the Workplace«, in: *Thesis Eleven* 132(1): 39–49.

Korton, David. C. (1995), *When Corporations Rule the World*, West Hartford: Kumarian Press.
Lukács, Georg (1974), »Hegels objektiver Idealismus und die Ökonomie«, in: Gerhard Göhler (ed.), *Georg Wilhelm Friedrich Hegel – Frühe politische Systeme*, Frankfurt: Ullstein.
Magretta, Joan (2012), *What Management is – How it Works and why It's Everyone's Business*, New York: Free Press.
Mander, Jerry (2001), »The Rules of Corporate Behaviour«, in: Edward Goldsmith./id. (eds.), *The Case Against the Global Economy – and for a turn towards localisation*, London: Earthscan Press.
Marcuse, Herbert ([1941]1961), *Reason and Revolution – Hegel and the Rise of Social Theory*, Boston: Beacon.
– (1966), *One-Dimensional Man: Studies in the Ideology of Advanced Industrial Societies*, Boston: Beacon Press.
Moore, Barrington (1966), *Social Origins of Dictatorship and Democracy - Lord and Peasant in the Making of the Modern World*, Boston: Beacon Press.
Morgan, Gareth (1993), *Imaginization – the Art of Creative Management*, London: Sage.
Nakano, Takeshi (2004), »Hegel's Theory of Economic Nationalism: Political Economy in the Philosophy of Right«, in: *European Journal of Economic Thought* 11(1) 33–52.
Neschen, Albena (2008), *Ethik und Ökonomie in Hegel's Philosophie und in Modernen Wirtschaftsethischen Entwürfen*, Hamburg: Meiner.
Neuhouser, Frederick (2011), »The Idea of Hegelian ›Science' of Society‹«, in: Stephen Houlgate/Michael Baur (eds.), *The Blackwell Companion to Hegel*, Oxford: Wiley-Blackwell.
Niji, Yoshihiro (2014), »Hegels Lehre von der Korporation«, in: Andreas Arndt (ed.), in: *Hegel-Jahrbuch* 2014(1), Berlin: De Gruyter.
Peddle, David (2000), »Hegel's Political Idea: Civic Society: History, and Sittlichkeit«, in: *Animus – The Canadian Journal of Philosophy and Humanities* 5 (on Hegel): 113–143.
Peperzak, Adriaan T. (2001), *Modern Freedom - Hegel's Legal, Moral, and Political Philosophy*, Dordrecht: Kluwer Academic Publishers.
Piketty, Thomas (2014), *Capital in the twenty-first century* (transl. Arthur Goldhammer), Cambridge: Belknap Press of Harvard University Press.
Plant, Raymond (1980), »Economic and Social Integration in Hegel's Political Philosophy«, in: Donald P. Verene (ed.), *Hegel's Social and Political Thought – The Philosophy of Objective Spirit*, Sussex: Harvester Press.
Polanyi, Karl (1944), *The Great Transformation – The Political and Economical Origins of our Time*, New York: Farrar & Rinehart.
Poole, Steven (2006), *Unspeak: Words are Weapons*, London: Little Brown.
Porter, Michael E. (1985), *Competitive Advantage*, New York: Free Press.
Rawls, John (2001), *Justice as Fairness: A Restatement*, Cambridge: Belknap Press.
Reed, Michael I, (1996), »Rediscovering Hegel: The ›New Historicism‹ in Organisation and Management Studies«, in: *Journal of Management Studies* 33(2): 139–158.
Ross, Nathan (2008a), *On the Mechanism of Hegel's Social and Political Philosophy*, London: Routledge.
– (2008b), »Hegel on the Place of Corporations Within Ethical Life«, in: *Cutting-Edge Issues in Business Ethics* 24, Heidelberg: Springer Press & Issues in *Business Ethics* 24: 47–58.

Schmidt, Steffen (2007), *Hegels System der Sittlichkeit*, Berlin: Akademie-Verlag.

Schmidt am Busch, Hans-Christoph (2011), »The Legacy of Hegelian Philosophy and the Future of Critical Theory«, in: Nicholas H. Smith/Jean-Philippe Deranty (eds.) (2011), *New Philosophies of Labour*, Leiden: Brill-Press.

Stillman, Peter G. (1980), »Person, Property, and Civil Society in the Philosophy of Right«, in: Donald P. Verene (ed.), *Hegel's Social and Political Thought – The Philosophy of Objective Spirit*, Sussex: Harvester Press.

Talbot, Lorraine (2013), *Progressive corporate governance for the 21st century*, London: Routledge.

Urban, Greg (ed.) (2014), *Corporations and citizenship*, Philadelphia: University of Pennsylvania Press.

Vartenberg, Thomas E. (1981), »Poverty and Class Structure in Hegel's Theory of Civil Society«, in: *Philosophy and Social Criticism* 8(2): 169–182.

Winfield, Richard. D. (1987), »Hegel's Challenge to the Modern Economy«, in: William Maker (ed.), *Hegel on Economics and Freedom*, Macon: Mercer University Press.

Whyte, William H. (1961), *The Organisation Man*, Harmondsworth: Penguin.

Wood, Allen W. (1990), *Hegel's Ethical Thought*, Cambridge: Cambridge University Press.

– (2011), »Hegel's Political Philosophy«, in: Stephen Houlgate/Michael Baur (eds.), *The Blackwell Companion to Hegel*, Oxford: Wiley-Blackwell.

Young, Ralph (2015), *Dissent. The History of an American Idea*, New York: NYU Press.

Zeitlin, Maurice (1974), »Corporate Ownership and Control: The Large Corporation and the Capitalist Class«, in: *American Journal of Sociology* 79(5): 1073–1119.

IV. ANSCHLÜSSE AUS DER SOZIALPHILOSOPHIE

CRISTIANA SENIGAGLIA

Gesellschaftliche Beziehungen und Grundformen der Gemeinschaft: Hegel und Tönnies

Prämisse

Hegels philosophische Konzeption hat bekanntlich nicht nur durch seine Darbietung einer dialektisch fortfahrenden Logik und ihre methodologischen sowie systematischen Implikationen die Philosophiegeschichte beeinflusst. Auch seine Behandlung des objektiven Geistes insbesondere durch das vom ihm veröffentlichte Werk *Grundlinien der Philosophie des Rechts* spielt eine eigenständige Rolle in der Rezeption der hegelschen Philosophie, die vor allem Debatten und Theorien von Staatsrechtlern, Staatstheoretikern, Sozialphilosophen und Soziologen nachhaltig geprägt hat. Im Vordergrund steht dabei weniger die dialektische Methode, als vielmehr Themen, Kategorien, Problemstellungen und Entwicklungen der Gesellschaftstheorie.

Zu den Anschlüssen an das hegelsche Denken lässt sich auch die soziologische Theorie und sozialphilosophische Reflexion von Ferdinand Tönnies (1855–1936) rechnen, der hauptsächlich in seinem bekanntesten Werk *Gemeinschaft und Gesellschaft* (1887, und dann ab 1912 in mehreren weiteren Auflagen erschienen), aber auch in anderen bedeutenden Studien (*Die Sitte*, *Die öffentliche Meinung*, etc.) und Aufsätzen Hegels Hauptbegriffe und Themen aufgreift und sich dabei deutlich von ihnen beeinflusst zeigt. Ferdinand Tönnies, Soziologe, Nationalökonom und Philosoph, aus einer großbäuerlichen Familie in dem damals noch zu Dänemark gehörenden Herzogtum Schleswig stammend, erlebt persönlich die Kontraste zwischen einer noch traditionellen gesellschaftlichen Organisation auf dem Land und der Lebensweise der modernen Großstadt mit ihren steigenden individualistischen Tendenzen und ihrem auf eher wirtschaftliche und rechtliche Beziehungen ausgerichteten zwischenmenschlichen Umgang. In den in Kiel, Hamburg und Altona verbrachten Lebensabschnitten und in den kürzeren Aufenthalten in Berlin erfährt er die Unterschiede zwischen dem traditionellen Umfeld seines Heimatortes und dem modernen städtischen Leben deutlich.

Auch die berufliche und wirtschaftliche Mobilität der modernen Gesellschaft erfährt Tönnies aus erster Hand. Wegen seiner der Sozialdemokratie nahestehenden Ideen wird er erst 1909 als außerordentlicher Professor an die Universität zu Kiel berufen; 1913 wird er auf seinen Wunsch emeritiert. Die wirtschaftliche Krise der Nachkriegszeit zwingt ihn, 1921 einen besoldeten Lehrauftrag für Soziologie anzunehmen. 1933 verliert er nach der Machtübernahme des Nationalsozialismus seine Lehrbefugnis, seinen Präsidentenposten in der Deutschen Gesellschaft für Soziologie (deren Mitbegründer er 1909 gewesen war) und letztlich seinen Beamtenstand (sowie seine Pension). Er verstirbt 1936 in Armut.

Viele bedeutende Themen, die in seinen Werken behandelt werden, sind aus Hegels *Rechtsphilosophie* entnommen, nicht weil Tönnies sich in einem hegelschen Umfeld bewegt oder weil er sich als Hegels Nachfolger versteht, sondern weil er die Auffassung vertritt, dass dieses Werk zentrale Themen und Kategorien des zeitgenössischen gesellschaftlichen Lebens aufgreift und problematisiert. Dies betrifft (a) die Sitte und die Sittlichkeit (wobei die Sitte als unmittelbarer Ausdruck von Ethos und Gewohnheit und die Sittlichkeit als ihre idealisierte Theoretisierung und Vorstellung betrachtet werden); (b) die Familie, die bürgerliche Gesellschaft und den Staat, als jeweilige Ausdrücke von Gemeinschaft oder Gesellschaft; (c) das Recht als institutionalisierte Sicherung von Leben und Eigentum; (d) die öffentliche Meinung als von Wissenschaft und Intellektuellen mitgestaltete Angelegenheit bzw. moralische Instanz der Bürger gegenüber Politikern und Institutionen; (e) die soziale Frage und die Betrachtung einer weltoffenen, tendenziell globalen Gesellschaft, die Tönnies in der hegelschen Behandlung der bürgerlichen Gesellschaft wiederfindet und die für ihn Anlass zur weiteren Analyse und Suche nach Lösungen ist. Die genannten Punkte werfen die Frage auf, wie Hegel von Tönnies rezipiert wird und wie sich Tönnies' begriffliche Antithese zwischen Gemeinschaft und Gesellschaft zu Hegels Rechtsphilosophie verhält. Bei der Beantwortung dieser Frage spielt die Korporation eine wesentliche Rolle, da in ihr Tönnies' Begriffe von Gemeinschaft und Gesellschaft konvergieren und ihre Organisation sowohl mit einem sozialpolitischen Vorschlag als auch einem alternativen sozialökonomischen Modell einhergeht.

Tönnies' Hegel-Rezeption

Angesichts der Vielfalt an Themen und Problematiken, mit denen sich Tönnies befasst und die auf die philosophisch-politische Reflexion Hegels zurückbezogen werden können (Gemeinschaft, Gesellschaft, aber auch Sitte, öffentliche Meinung und Naturrecht in einem revidierten Sinne), kann es verwunderlich scheinen, dass sich Tönnies nicht direkter und ausführlicher in seinem Werk *Gemeinschaft und Gesellschaft* mit Hegel auseinandersetzt. Jedoch war es eher sein primäres Anliegen, eine soziologische – wenngleich aus der Philosophie gewonnene – Kategorisierung der menschlichen Beziehungen zu vermitteln und zu konstruieren, als sich auf eine theoretische Argumentation bzw. Konfrontation einzulassen. Darüber hinaus war Tönnies vom Neukantianismus beeinflusst worden[1] und neigte daher mehr zu Antithesen als zu dialektischen begrifflichen Konstellationen, was ihn aber nicht daran hinderte, die von Hegel konzipierte dialektische Entwicklung der Sittlichkeit als doppelte

---

[1] Über das Verhältniss von Tönnies zum Neukantianismus siehe Bickel 1991, zweiter Teil.

Negation der Familie durch die bürgerliche Gesellschaft und den Staat hochzuschätzen, da damit die ›flache‹ Identifizierung von Familie und Staat vermieden sei und die bürgerliche Gesellschaft als die sich autonom machende Sphäre der besonderen Interessen und ihrer geregelten Verhältnisse erfasst werden könne. In der Vorrede zur zweiten Auflage von *Gemeinschaft und Gesellschaft* von 1912 erkennt Tönnies Hegel zu, dass er eine moderne Darstellung der wesentlichen Strukturen des objektiven Geistes verfasst und zugleich ihre Notwendigkeit als aus dem freien Willen entspringende soziale Konfigurationen nachgewiesen habe:

> »Das Bedeutende dieses Systemes war, daß es auch, und sogar vorzugsweise, die *modernen* sozialen Gebilde – Gesellschaft und Staat – als geistig-natürliche zu begreifen, d.i. als notwendig zu erweisen unternahm anstatt sie lediglich als auf theoretischen Verirrungen beruhend zu verwerfen.« (Tönnies 2000a: 88)

Was Tönnies insbesondere an der hegelschen Behandlung des Naturrechts faszinierte, war der Versuch, den Staat auf ein gemeinschaftliches Fundament zurückzuführen und dementsprechend zu gestalten, wobei er selber viel mehr dazu neigte, den Staat als vertragsmäßige Verbindung von sich als unabhängig betrachtenden Individuen (und daher eher als ein zur Gesellschaft gehörendes Gebilde) zu begreifen. Sich in einem Text von 1917 explizit auf Hegels Staatslehre beziehend, hob Tönnies hervor, dass Hegel den Staat als eine Institution verstanden habe, der sowohl die Förderung der besonderen Interessen der Individuen sichere und unterstütze als sich auch als eine vernünftige Organisation mit einem gemeinsamen Zweck ausweise. Tönnies unterstrich die Wichtigkeit dieses Gedankens, betonte allerdings zugleich, dass eine gemeinschaftsbildende, staatliche Organisation nur durch eine genossenschaftliche, selbst geschaffene und frei gewollte Organisation der Bürger ermöglicht werden könne. In dieser Hinsicht waren für Tönnies die Korporationen als sittliche (und Sittlichkeit schaffende) Organisationen für ein autonomes und selbstorganisiertes soziales Gebilde innerhalb des Staates richtungweisend.

> »Der Verfassungsstaat sei ein die genossenschaftliche Grundlage (die Staatsbürgergenossenschaft) und die obrigkeitliche Spitze (die Monarchie) organisch, d.h. nicht als Summe, sondern als eine neue lebendige Einheit verbindendes Gemeinwesen […]. Dazu möge nun bemerkt werden, daß die wahre Entwicklung dieses Begriffs sich erst dann vollziehen kann, und in dem Maße sich vollziehen kann, als eine genossenschaftliche Organisation des Volkes von unten auf sich gebildet, und befestigt hat, und dazu kann der Staat wohl helfen, aber er kann sie nicht hervorrufen.« (Tönnies 2008a: 266)

Tönnies' Auseinandersetzung mit Hegel findet vor allem in zwei Texten von 1931 – einem unveröffentlichten Aufsatz zum »Begriff der Gesellschaft« (Tönnies: 2005b) und einem Artikel »Hegels Naturrecht. Zum Gedächtnis an Hegels Tod« (Tönnies 1998) – statt. Im ersten Aufsatz wird die bürgerliche Gesellschaft als der wissenschaftliche Begriff der gesellschaftlichen Verhältnisse dargelegt, durch den die Auflösung der Familie stattfindet und die Menschen sich in einem »äußerlichen Staat« zusammenfinden, in dem sowohl die Befriedigung ihrer Bedürfnisse und ihre rechtliche Sicherheit gewährleistet werden als auch eine Pflege ihrer besonderen Interessen durch die Verflechtung von Assoziationen, Gesellschaften und Verbänden möglich ist. Hegels Darstellung der bürgerlichen Gesellschaft repräsentiert für Tönnies das anfängliche Stadium der Thematisierung der sozialen Frage unter einer wissenschaftlichen Perspektive, die bewusst von utopischen und rhetorischen Elementen absieht.

Im Aufsatz über Hegels Naturrecht wird die hegelsche Konzeption in einer Tradition der Naturrechtslehre angesiedelt, die von der ursprünglichen Freiheit und Gleichheit der Menschen ausgeht und diese nicht auf eine historische Gegebenheit zurückführt, sondern als Postulate der Vernunft konzipiert. Zugleich wird Hegel von Tönnies als Theoretiker des preußischen Staates eingeordnet. Dabei räumt er aber ein, dass der preußische Staat von Hegel zu seiner Zeit als ausgeglichene staatliche Einheit wahrgenommen worden sei, der das Zusammenschließen von konservativen und bürgerlichen Elementen, vormodernen Körperschaften und modernen Reformen (z. B. die Gewerbeordnung), städtischer Entwicklung und sozialer Not erlaube. Hegel kommt laut Tönnies das Verdienst zu, eine rationale und allgemeingültige Form des Naturrechts dargestellt zu haben, welches seine unterschiedlichen und sich teilweise widersprechenden Elemente durch eine interne dialektische Artikulierung in Einklang bringt. Hegels Behauptung der Vernünftigkeit des Wirklichen wird von Tönnies als Fortbestand einer theologisch-religiösen Komponente beurteilt, die nichtsdestoweniger säkularisiert und weltlich-rationalistisch umgedeutet wird, insofern das Vernünftige mit der sittlichen Substanz des Staates identifiziert wird.

Im Vergleich zur Darstellung im »Begriff der Gesellschaft« wird hier die bürgerliche Gesellschaft als ein komplexes Konstrukt dargelegt, das zuerst (System der Bedürfnisse und Rechtspflege) den liberalen Garantien nachgehe und dann in einem zweiten Moment Armut und Vorsorge thematisiere und damit die soziale Frage aufwerfe. Dadurch wird die Sicherung der Subsistenz und des Wohls problematisiert und die bürgerliche Gesellschaft zu einer Art zweiter Familie erhoben, die sich mit Formen der sozialen Pflege und auch der Erziehung zu beschäftigen hat. Dieser zweiteiligen Darstellung – die auf Tönnies' antithetischer Logik beruht –, wird auch die Korporation zugeordnet, die als Scharnier zwischen Gesellschaft und Staat begriffen wird:

> »Die Korporation sei neben der Familie die zweite in der bürgerlichen Gesellschaft begründete ›sittliche Wurzel‹ des Staates (§255). Der Zweck der Korporation habe seine Wahrheit in dem an und für sich allgemeinen Interesse und dessen absoluter Wirklichkeit.« (Tönnies 1998: 257)

Mit der Korporation werde nach Tönnies von Hegel der Versuch unternommen, die individualistisch-rationalistischen Interessen der Einzelnen auf einer vernünftigen Basis zu befriedigen und sie zugleich in eine gemeinschaftliche

Organisation zu integrieren. Darüber hinaus werde auch ein gemeinschaftliches Naturrecht gegründet, das sich auf die Menschen nicht als a priori freie Individuen, sondern als durch soziale Verhältnisse geprägte Wesen beziehe. Tönnies kritisiert dabei den hegelschen Ansatz als unzureichend, weil dieser die Behandlung der sozialen Frage auf den Bereich der bürgerlichen Gesellschaft beschränkt und damit vom Staat ausgeschlossen habe. Der Staat seinerseits stelle als von oben konzipierte konstitutionelle Monarchie ein Obrigkeitsmodell dar, das eine öffentliche Sphäre durch die öffentliche Meinung und die Öffentlichkeit der Ständeversammlungen zwar gewährleiste und ausbaue, jedoch durch die Art und Weise der Ständevertretung nur vermittelt zur Äußerung bringe. Das hegelsche Anliegen, den Staat als Quelle des Naturrechts und als gemeinschaftliche und Gemeinschaft stiftende Organisation zu betrachten, beurteilt Tönnies zwar positiv, jedoch sind dazu weitere reformerische Maßnahmen erforderlich: der Aufbau von Genossenschaften, eine auf der Typologie der Gemeinschaft basierende Idee des Rechts und der Gerechtigkeit, ein Rechtsverständnis, das das Bürgerrecht zu seinem Modell nimmt und auch auf andere Verhältnisse anwendet, anstatt sich hauptsächlich auf das Privatrecht zu beziehen, und schließlich eine gemeinsame Denkungsart, die auf wissenschaftlichen Kriterien beruht und sich als gereifte öffentliche Meinung herauskristallisiert. Tönnies synthetisierte seinen Standpunkt zur hegelschen Staatslehre daher folgendermaßen:

> »Die Hegelsche Staatsidee ist die Idee der antiken Polis, auf das massenhafte und in unendliche Dimensionen ausgedehnte soziale Leben der heutigen Zeit angewandt und übertragen. Darum setzt diese Anwendung schon eine tiefe Umgestaltung der intellektuellen und moralischen Momente, also der Erziehung und des Unterrichts, voraus. Nur bessere und einsichtigere Menschen werden es vermögen, den besseren Staat, die Verwirklichung des sittlichen Geistes, zu schaffen. Aber Hegels Gedanke kann allerdings dafür als ein Wegweiser dienen.« (Tönnies 1998: 261)

Gemeinschaft und Gesellschaft

Tönnies' Unterscheidung zwischen Gemeinschaft und Gesellschaft basiert auf dem Begriff des Willens und lehnt sich deshalb bereits in ihren Grundbegriffen an die hegelsche Behandlung des objektiven Geistes an. Ihr Verständnis des Willens ist aber ein anderes: Während Hegel sich auf die Grundcharakteristika der Vernunft und des Geistes in ihrem Prozess der Selbstentfaltung in der Objektivität und in der Welt bezieht, bleibt Tönnies' Definition des Willens auf einer menschlich-psychologischen Ebene stehen, obwohl er sich in überindividuellen, vereinigenden sozialen sowie kulturellen Formen herausbildet, die das Leben und das Denken der Einzelnen mitbestimmen und sich beispielsweise in Sitte, Sprache und Gesetz zeigen können.

Sodann wird bei Hegel der Wille als Kraft und Tätigkeit des Geistes ausgedeutet, der seine Freiheit durch seine Selbstbestimmung aufweist und dadurch Bewusstsein erlangt:

> »Der Geist, der sich als frei weiß und sich als diesen seinen Gegenstand will, d. i. sein Wesen zur Bestimmung und zum Zwecke hat, ist zunächst *überhaupt* der vernünftige Wille oder *an sich* die Idee, darum nur der *Begriff* des absoluten Geistes. […] Die Idee erscheint […] nur im Willen, der ein endlicher, aber die *Tätigkeit* ist, sie zu entwickeln und ihren sich entfaltenden Inhalt als Dasein, welches als Dasein der Idee *Wirklichkeit* ist, zu setzen, – *objektiver Geist*.« (Hegel 1970b: §482, 301)

Bei Tönnies impliziert der Wille dagegen die Möglichkeit des Tuns und der freien menschlichen Selbstbestimmung, die in ihrem sozialen Ausdruck die verbindenden und vereinenden oder sogar für die Individuen mitprägenden Aspekte zum Vorschein bringt, welche im sozialen Leben und seinen Ausdrücken verankert sind:

> »Als sozialen Willen überhaupt verstehen wir den für eine Mehrheit von Menschen *gültigen*, d. h. ihre Individual-Willen in gleichem Sinne bestimmenden Willen, insofern als sie selber als Subjekte (Inhaber oder Träger dieses ihnen gemeinsamen und sie verbindenden Willens) gedacht werden.« (Tönnies 2009a: 149)

Nichtsdestoweniger konstatiert Tönnies einen Gegensatz zwischen *Willkür* oder *Kürwillen*[2] (die Willensform der Gesellschaft) und *Wesenwillen* (die Willensform der Gemeinschaft), welcher an Hegels Unterscheidung zwischen Willkür und freiem Geist bzw. Wille erinnert, obwohl die zwei Termini im Gegensatz zu Hegel – und das ist das typische Merkmal von Tönnies' Antithesenlogik – als gleichwertig betrachtet werden. Demnach ist der Wesenwille, auf dem sich die Gemeinschaft gründet, ein Ausdruck der organisch-gemeinschaftlichen Wurzel der Menschen als soziale Wesen, während der Kürwille den freien, auf Denken basierenden Willen des isolierten Individuums kennzeichnet, das sich auf eine kalkulierende Vernunft beruft (welche zweifelsohne auch positive Züge wie Rationalität, Weltoffenheit und Wissenschaftsförderung trägt).

Wenn man sich die wesentlichen Konnotationen der zwei Willensformen und ihre jeweilige Zweiseitigkeit bei Tönnies vor Augen hält, wird auch ersichtlich, dass Tönnies zwei ideelle Typen[3] thematisiert, deren Inhalt in mehrerlei Hinsicht hegelsche Aspekte der bürgerlichen Gesellschaft und der Sittlichkeit zur Geltung bringt und deren Elemente zugleich eine implizite Aus-

---

[2] Der Terminus Willkür ist in der ersten Auflage von *Gemeinschaft und Gesellschaft* nachweisbar. Später wird er systematisch durch den Begriff Kürwillen ersetzt.

[3] Tönnies nähert sich diesbezüglich dem methodologischen Verfahren Max Webers an, der von Idealtypen Gebrauch macht und sie als deskriptive und werturteilend neutrale Begriffe verwendet. Allerdings zieht er vor, von ideellen Typen zu sprechen. Vgl. dazu Tönnies 2005b: 504.

wertung enthalten. Gemeinschaft ist die Bezeichnung für alle sozialen Verbindungen, welche eine positive, organische, sich zusammenfügende und -haltende Ganzheit bilden und zugleich eine verschlossene, tendenziell selbstreferentielle Einheit darstellen: »Alles vertraute, heimliche, ausschließliche Zusammenleben (so finden wir) wird als Leben in Gemeinschaft verstanden« (Tönnies 1972: 3). Gemeinschaftsstiftend sind die Verwurzelung in einer gemeinsamen Sprache, Bildung, Vertrautheit, Gewohnheit und Sitte, wobei die Sitte für Tönnies noch eine stark unbewusste, aus der Gewohnheit entstandene Komponente (Hegel würde sie die ›zweite Natur‹ nennen) aufweist, die erst in der Sittlichkeit als ihre bewusst werdende und rationalisierte Form zu Tage tritt (vgl. Tönnies 2012: 131ff. u. 152ff.). Diese ursprüngliche, nahezu primitivere Form des Zusammenlebens ist durch gemeinschaftliche und auf die Gemeinschaft ausgerichtete Tätigkeiten gekennzeichnet und beruht auf einer Form des Konsenses, die sich auf die etymologische Wurzel einer gemeinsamen Gefühlslage und Gesinnung zurückführen lässt. Auszeichnend ist diesbezüglich die Art der Gleichheit unter den Mitgliedern, welche die Gemeinschaft hervorbringt: Sie sind nämlich alle gleichwertige Subjekte, denen jedoch unterschiedliche Rollen und teilweise ein verschiedenes Maß an Rechten und Pflichten zukommt. Dies lasse zwar – so Tönnies – eine gewisse Ungleichheit zu, welche aber nicht zu groß ausfallen dürfe, da ansonsten die Gemeinschaft dem Risiko zu kollabieren ausgesetzt sei. Ungeachtet der urtümlichen Herkunft der Gemeinschaft, sei sie dennoch rationalitäts- und rationalisierungsfähig, was sich in der allmählichen Regelung der Beziehungen und der Handlungen durch Gesetze und Ordnungen zeige.

Als Gegenbild zur Gemeinschaft stellt die Gesellschaft die Verbindung von separaten Individuen dar, die selbständig aus Interesse und Kalkül auf der Basis im Voraus verrechneter Gegenleistungen bzw. Gegengaben in Interaktionen treten. Sie repräsentiert ein Nebeneinander, das von potentiell negativen und konfliktuellen Verhältnissen geleitet wird, welche jedoch durch Verträge und Abkommen befriedet und geregelt werden können, so dass ein friedlicher und sogar profitabler Umgang möglich ist.

> »Die Theorie der Gesellschaft konstruiert einen Kreis von Menschen, welche, wie in Gemeinschaft, auf friedliche Art nebeneinander leben und wohnen, aber nicht wesentlich verbunden, sondern wesentlich getrennt sind, und während dort verbunden bleibend trotz aller Trennungen, hier getrennt bleibend trotz aller Verbundenheiten. [...] Hier ist ein jeder für sich allein, und im Zustande der Spannung gegen alle übrigen. Die Gebiete ihrer Tätigkeit und ihrer Macht sind mit Schärfe gegeneinander abgegrenzt, so daß jeder dem anderen Berührungen und Eintritt verwehrt, als welche gleich Feindseligkeiten geachtet werden. Solche *negative* Haltung ist das normale und immer zugrunde liegende Verhältnis dieser Macht-Subjekte gegeneinander, und bezeichnet die Gesellschaft im Zustande der Ruhe. Keiner wird für den anderen etwas tun und leisten, keiner dem anderen etwas gönnen und geben wollen, es sei denn um einer Gegenleistung oder Gegengabe willens, welche er *seinem* Gegebenen wenigstens *gleich* achtet.« (Tönnies 1972: 40)

Im Bereich der Gesellschaft überwiegen Interaktionen, die eine verbindende Komponente in der Form eines gemeinsamen Gutes, Wertes und Willens nur zustande bringen, solange eine Transaktion stattfindet. Tönnies' Schilderung der Sphäre der Gesellschaft weist sehr viele Charakteristika und Bereiche auf, die bereits in der hegelschen Behandlung der bürgerlichen Gesellschaft vorhanden waren: Sie ist der Bereich der Arbeit, des Handels und des Austausches, in dem – wie im hegelschen System der Bedürfnisse – letztlich jeder abhängig von den anderen ist und durch diese universelle Abhängigkeit an der Allgemeinheit Teil hat. Sie ist durch Normen und Gesetze geregelt, sodass die Individuen sich auf einen geordneten Ablauf der Beziehungen verlassen können. In ihr tauchen auch die negativen Effekte der auf Vertrag basierenden Transaktionen auf, die die Menschen auf der einen Seite als unabhängige, freie und separate Individuen sozial verbinden und sie auf der anderen Seite Formen der ökonomischen Abhängigkeit unterziehen sowie dem Risiko der Armut und der sozialen Marginalisierung aussetzen. Die vorherrschende Denkweise basiert auf einer abstrakten und formalen Vernunft, die unpersönlich verfährt und auf der Angleichung von unterschiedlichen, austauschbaren Werten basiert. Im Unterschied zu Hegel, stellt die Gesellschaft für Tönnies dennoch nicht bloß einen noch ungenügenden und abstrakten Ausdruck von Freiheit dar, sondern vielmehr die Möglichkeit der Loslösung von gemeinschaftlichen Bindungen:

> »Je weniger aber Menschen, die miteinander in Berührung stehen oder kommen, mit einander verbunden sind in bezug auf dieselbe Gemeinschaft, desto mehr stehen sie einander als freie Subjekte ihres Wollens und Könnens gegenüber. Und diese Freiheit ist um so größer, je weniger sie überhaupt von ihrem eigenen vorher bestimmten Willen, mithin je weniger dieser von irgendwelchem gemeinschaftlichen Willen abhängig ist oder empfunden wird.« (Tönnies 1972: 19)

Die Freiheit ist also für Tönnies nur dadurch zu erringen, dass die Gemeinschaft geschwächt wird. Das führt zu einem dualen Modell, das sich im sozialen Leben auf ganz unterschiedliche Weise ausdrücken kann, wie aus dem folgenden Schema ersichtlich wird:

Gemeinschaft

LEBENSUMFELD	LEBENSWEISE	SUBJEKT	EINSTELLUNG	TÄTIGKEIT
Familienleben	Eintracht	Volk	Gesinnung	Hauswirtschaft
Dorfleben	Sitte	Gemeinwesen	Gemüt	Ackerbau
Stadtleben	Religion	Kirche	Gewissen	Kunst

Gesellschaft

LEBENSUMFELD	LEBENSWEISE	SUBJEKT	EINSTELLUNG	TÄTIGKEIT
Großstadtleben	Konvention	Gesellschaft	Bestrebung	Handel
Nationalleben	Politik	Staat	Berechnung	Industrie
Kosmopolitisches Leben	Öffentliche Meinung	Gelehrten-Republik	Bewusstheit	Wissenschaft

Die Begriffe stellen die kennzeichnenden Aspekte der jeweiligen gemeinschaftlichen und gesellschaftlichen Formen dar, die nach dem Kriterium der allmählichen Abschwächung der geschlossenen organischen Lebensweise geordnet sind. Sie werden zugleich von Tönnies als eine geschichtliche Entwicklung vom ursprünglich gemeinschaftlichen zum modernen gesellschaftlichen Leben verstanden. Diesbezüglich wird von ihm der Übergang von der Stadt zur Großstadt als die entscheidende Umwandlung betrachtet, die die gemeinschaftlichen Bündnisse schwächt bzw. auflöst und das individualistische Lebensmodell durchsetzt.

Trotz der Anerkennung des Wertes der Gemeinschaft werden auch einige relevante Aspekte des gesellschaftlichen und insbesondere des kosmopolitischen Lebens hochgeschätzt. Tönnies' positivere Betrachtung der in der Gesellschaft überwiegenden formalen Rationalität führt gegenüber Hegel zu einer leichten Verschiebung in der Darstellung und Beurteilung sozialer und politischer Sachverhalte. So gilt ihm die öffentliche Meinung, entgegen der von Hegel erwähnten Möglichkeit der Einseitigkeit und Voreingenommenheit, alles in allem als eine Instanz, die mit Hilfe von Wissenschaft und Gerechtigkeitssinn eine sachlich informierte Position hervorzubringen vermag.

> »Öffentliche Meinung erhebt selber den Anspruch allgemeine und gültige Normen zu setzen, und zwar nicht auf Grund eines blinden Glaubens, sondern der klaren Einsicht in die Richtigkeit der von ihr anerkannten, angenommenen Doktrinen. Sie ist in ihrer Tendenz, und ihrer Form nach, die wissenschaftliche und aufgeklärte Meinung.« (Tönnies 1972: 236)

Die Tatsache, dass er den Staat dem ideellen Typus der Gesellschaft zuschreibt, erlaubt Tönnies, die demokratische, individuelle Ausübung des Wahlrechts von Seiten der Bürger sowie ihre Mitbestimmung hinsichtlich politischer Ziele als ›positive Freiheit‹ auszudeuten. Der Staat wird so dem ideellen Typus der Gesellschaft zugeteilt und – im Unterschied zu Hegel – als ein auf hypothetischer und vertragsmäßiger Organisation basierender Verein verstanden.

Von diesem Standpunkt aus wird der Staat hauptsächlich als rechtliche Instanz aufgefasst. Als allgemeine gesellschaftliche Verbindung obliegt ihm der Schutz der Freiheit und des Eigentums seiner Bürger, wodurch er zur fiktiven Person wird, der gegenüber die Bürger auch Klage erheben können (was ihnen im Allgemeinen durch die Verfassung zuerkannt wird). Dies garantiere die

Permanenz der Konvention und des Naturrechts als juristische Instanzen. Darüber hinaus wird der Staat als Ausdruck der sozialen Vernunft erfasst, der »Gewalt, Inhaber und Vertreter aller natürlichen Zwangsrechte« ist und daher »die Gesellschaft in ihrer Einheit, nicht als besondere Person außer und neben die übrigen Personen gesetzt, sondern als die absolute Person, in bezug auf welche die übrigen Personen allein ihre Existenz haben« (Tönnies 1972: 232) ist. Diese doppelte Auffassung des Staates, die aus der doppelten Betrachtung des Vertrags als *pactum unionis* (Vereinigungsvertrag) und *pactum subjectionis* (Herrschaftsvertrag) bzw. aus derjenigen des Naturrechts und des positiven Rechtes resultiert, scheint nur wenig mit der hegelschen Konzeption des Staates verwandt zu sein, die das Vertragsmodell doch entschieden zurückweist.[4] Betrachtet man aber die zwei Standpunkte als miteinander korrelierend, wie es Tönnies selber tut, entdeckt man wieder die Bemühung, die Dimensionen der Gesellschaft und des Staates in einer organischen und artikulierten Einheit zusammenzuhalten. Hinzu kommt die Bestimmung des Staates als sozial ausgleichende sowie sozial und wirtschaftlich engagierte Instanz, die Disparitäten und soziale Not vermindern und potentiell beseitigen soll. In Tönnies' Vorhaben findet sich der Versuch, Genossenschafts- und Herrschaftsverhältnisse so miteinander zu verknüpfen, dass das Wohl der Bürger durch den Staat unterstützt und aufrechterhalten wird. In Anbetracht dieser Perspektive und von Tönnies' späterer expliziten Bezugnahme auf Hegels *Rechtsphilosophie*,[5] ist sein reformerisches Staatsverständnis daher nicht wesentlich unterschieden von Hegels Idee der gleichzeitigen Existenz der Individuen als Bürger und Privatpersonen im Staat:

> »Der Staat ist die Wirklichkeit der konkreten Freiheit; die *konkrete Freiheit* aber besteht darin, daß die persönliche Einzelheit und deren besondere Interessen sowohl ihre vollständige *Entwicklung* und die *Anerkennung ihres Rechts* für sich (im Systeme der Familie und der bürgerlichen Gesellschaft) haben, als sie durch sie selbst in das Interesse des Allgemeinen teils *übergehen*, teils mit Wissen und Willen dasselbe und zwar als ihren eigenen *substantiellen Geist* anerkennen und für dasselbe als ihren *Endzweck tätig* sind, so daß weder das Allgemeine ohne das besondere Interesse, Wissen und Wollen gelte und vollbracht werde, noch daß die Individuen bloß für das letztere als Privatpersonen leben und nicht zugleich in und für das Allgemeine wollen und eine dieses Zwecks bewußte Wirksamkeit haben.« (Hegel 1973: §260, 406f.)

Obwohl Tönnies also in seiner Staatskonzeption die Vertragskomponente und die juristische Konzeption hervorhebt, will er doch in Staat und Gesellschaft

---

[4] Diese Konzeption des Staates ist wahrscheinlich auf Hobbes und seine Vertragstheorie zurückzuführen, da Tönnies sich längere Zeit und bereits während seines Studiums mit dem politischen Denken Hobbes' beschäftigt sowie über das Thema einige Werke verfasst hatte (vgl. Jacoby 2013: 7ff.)

[5] Diesbezüglich wird von Tönnies §268 zitiert, in dem die Staatsgesinnung von Seiten der Bürger dadurch legitimiert wird, dass der Staat sich ausdrücklich um die Herausbildung ihrer besonderen Interessen kümmert und sie bei ihrer Verwirklichung unterstützt.

die gemeinschaftliche Komponente wiederbeleben und verstärken. Dieses Vorhaben wird besonders an seiner Auseinandersetzung mit der Korporation ersichtlich.

Die Vermittlungsinstanz der Korporationen

In Hegels Verständnis war die Korporation eine Form der genossenschaftlichen Organisation, die sich insbesondere nach den unterschiedlichen Arbeitstätigkeiten organisierte. Die genossenschaftliche Organisation sorgte dafür, dass sich eher eine horizontale Struktur der Organisation bildete, in welcher eine bereits in der bürgerlichen Gesellschaft anwesende Form der wechselseitigen Verflechtung und Durchdringung des besonderen und des allgemeinen Interesses stattfand. So war auf der einen Seite das besondere Interesse der einzelnen Mitglieder gewährleistet und auf der anderen Seite erlangte das allgemeine Interesse (wenngleich auf die Ausübung der Arbeitstätigkeit begrenzt) Priorität und wurde von den Mitgliedern gemeinschaftlich (Hegel 1973: §252) verfolgt.

> »Das Arbeitswesen der bürgerlichen Gesellschaft zerfällt nach der Natur seiner Besonderheit in verschiedene Zweige. Indem solches an sich Gleiche der Besonderheit als *Gemeinsames* in der *Genossenschaft* zur Existenz kommt, faßt und betätigt der auf sein Besonderes gerichtete, *selbstsüchtige* Zweck zugleich sich als allgemeinen, und das Mitglied der bürgerlichen Gesellschaft ist, nach seiner *besonderen Geschicklichkeit*, Mitglied der Korporation, deren allgemeiner Zweck damit ganz *konkret ist* und keinen weiteren Umfang hat, als der im Gewerbe, dem eigentümlichen Geschäfte und Interesse, liegt.« (Hegel 1973: §251, 394)

Der Korporation oblagen nach Hegel mehrere nicht nur ökonomische, sondern sozial unterstützende und fördernde Funktionen: für ihre Mitglieder Sorge zu tragen, ihre Ausbildung zu befördern und ihnen im Fall der Not soziale und ökonomische Hilfe zu leisten. In der Korporation sah Hegel die zweckdienliche Lösung gegen das Risiko der Armut und eine effiziente Form der Sicherung der Lebensbedingungen für die Individuen als deren Mitglieder. Dies gestattete es Hegel, die Korporation als die zweite sittliche Wurzel des Staates neben der Familie zu definieren. In ihr werden die Individuen darauf vorbereitet, durch die Wahrnehmung und Unterstützung eines begrenzten allgemeinen Interesses auch im Staat als bewusste Bürger mitzuwirken sowie das allgemeine Wohl zu verfolgen und zu verwirklichen.

Im Vergleich zu Hegel verbreitert Tönnies das Korporationsverständnis und dehnt es auf alle Arten von Verbindungen und Bündnissen aus, die sich in einem sozialen Kontext bilden. Dabei erhält er die hegelsche positive Grundhaltung gegenüber den vermittelnden Formen der Assoziation aufrecht. Seiner üblichen antithetischen Logik folgend, unterscheidet er darüber hinaus zwischen gemeinschaftlichen und gesellschaftlichen Typen der Verbindung, die auf dieser bestimmten Ebene die Hauptunterschiede zwischen Gemeinschaft und Gesellschaft reproduzieren.

Für das gesellschaftliche Modell der Verbindung verwendet Tönnies den Oberbegriff des *Vereins*. Dieser konzentriert sich zwar auf einen bestimmten Zweck, jedoch werden die Mitglieder als ein besonderes Interesse verfolgende Individuen verstanden, deren Beziehungen hauptsächlich durch rechtliche Verhältnisse (Statuten, Verträge, verbindende Normen, Einheit durch eine fingierte Person oder Vertretung durch ein einzelnes Individuum bzw. eine Versammlung) geregelt werden. Zu den gesellschaftlichen Verbindungen zählt er beispielsweise Zweckgesellschaften, Firmen, Vermögensgesellschaften, Aktiengesellschaften, Vereinigungen zu bestimmten Zwecken, etc.

Hingegen werden die gemeinschaftlichen Verbindungen im Allgemeinen als *Genossenschaften* verstanden. Anstatt von Kontrakten, Normen und streng geregelten Arten der Verbindlichkeit kommen hier Formen der Freundschaft und des gemeinsamen oder sogar einheitlichen Willens zum Tragen, in denen die besonderen Interessen und Willen zwar immer noch berücksichtigt, aber auch unzweideutig untergeordnet werden:

> »Die psychologische oder metaphysische Essenz einer Genossenschaft, und folglich eines Gemeinwesens, geht immer darin auf, Wille zu sein, d. h. Leben zu haben und in einem – der Dauer nach unbegrenzten – Zusammenleben seiner Mitglieder zu bestehen. [...] Dieser Inhalt, als Sitte und Recht, hat mithin unbedingte und ewige Gültigkeit für die Mitglieder, welche erst aus ihm ihr eigenes Recht ableiten, das sie in bezug aufeinander und alsdann auch gegeneinander haben, folglich auch in bezug auf und gegen das eigene Selbst der Gesellschaft, insofern als dieses seinen gegebenen Willen nicht nach Willkür verändern kann.« (Tönnies 1972: 228f.)

Insbesondere was die Korporation betrifft, schwankt Tönnies bezüglich der Zugehörigkeit. Auf der einen Seite erkennt er die Tatsache an, dass Korporationen sowohl als gemeinschaftliche als auch als gesellschaftliche Gebilde konzipiert und organisiert werden können, je nachdem ob ihre organische oder mechanische Beschaffenheit und Einheit betont wird bzw. ihr Interesse und Wille als übergreifendes Ganzes oder ob sie als Aggregat von individuellen Komponenten betrachtet wird (wobei der Unterschied zwischen Mechanismus und Organismus wiederum auf die hegelsche Thematik der Natur- und ferner der Sozialphilosophie verweist (siehe hierzu Wahsner 2006)).

> »Es ergibt sich aus allen Vordersätzen dieser Erörterung, daß jede Korporation oder Verbindung von Menschen sowohl als eine Art von Organismus oder organischem Kunstwerk, wie auch als eine Art von Werkzeug oder Maschine aufgefaßt werden kann.« (Tönnies 1972: 228)

Auf der anderen Seite wird von Tönnies auf die etymologische Herkunft des Wortes Korporation (vom lateinischen *corpus* für Körper) hingewiesen (vgl. Tönnies 2008c: 136), was auf eine organische Einheit und eine tiefe und lebendige Verbindung zwischen den Teilen sowie zwischen Teil und Ganzem hinweist. Dadurch wird die Korporation der Anlage nach mit dem spezifisch (aber nicht ausschließlich) sozialökonomischen Gebilde der genossenschaftlichen Organisation gleichgesetzt.

>»Die gemeinschaftlichen ›Bündnisse‹ werden am vollkommensten als Freundschaften aufgefaßt: die Gemeinschaft des Geistes beruhend auf gemeinsamem Werk oder Beruf, und so auf gemeinsamem Glauben. Es gibt aber auch Verbindungen, die selber in der Gemeinschaft des Geistes ihren hauptsächlichen Inhalt haben, und aus freiem Willen nicht bloß gehalten, sondern auch geschlossen werden: von solcher Art sind vorzüglich die Korporationen oder Genossenschaften der Kunst und des Handwerks, die Gemeinden oder Gilden, Zünfte, Kirchen, Orden; in allen diesen bleibt aber Typus und Idee der Familie erhalten.« (Tönnies 1972: 197f.)

Obwohl Tönnies einräumt, dass die Korporation auch aus einem Aggregat von Individuen bestehen kann, die hauptsächlich ihre besonderen Interessen verfolgen und sich zu diesem Zweck zusammenschließen, tendiert er dazu, die Korporation als eine organische Assoziation darzustellen, die gemeinsame Ziele verfolgt und dabei zu einer lebendigen Einheit zusammenwächst. In diesem Verständnis spiegelt sich Hegels Konzeption der Korporation wider, welcher Tönnies die Vorteile einer in der Gesellschaft verankerten, jedoch sittlichen und gemeinschaftsstiftenden Organisationsform zuerkennt und deren Leistung er darin sieht, besondere Interessen in gemeinsame und allgemeine umzuwandeln als auch Sozialpolitik zu betreiben (wie es beispielsweise in den modernen Gewerkschaften geschieht). Dazu kommen aber weitere Bedingungen, die Tönnies in späteren Werken explizit macht. Entscheidend ist beispielsweise, dass er die Korporationen als genossenschaftliche Organisationen versteht, die sich von unten organisieren (vgl. Tönnies 2009b: 545f., 555).[6] Darüber hinaus konzipiert er sie als kooperative Organisationen, die für spezifische ökonomische und soziale Zwecke tätig werden und durch Solidarität und wechselseitige Unterstützung eine Alternative zu dem um die Individuen zentrierten gesellschaftlichen Verein darstellen (vgl. Tönnies 2000b: 417f.; Tönnies2005a: 60). Derart verfasst, gilt ihm die Korporation als ein sozialpolitisches Modell, das sich auch auf höhere Ebenen und damit (zumindest partiell) auch auf den Staat übertragen lässt.

Mit der Frage der Korporation setzt sich Tönnies insbesondere in einem Konferenztext von 1904, ursprünglich auf Englisch unter dem Titel »The Present Problems of Social Structure« verfasst, weiter auseinander. Als philosophischer Soziologe sieht er sich dabei mit der Aufgabe konfrontiert, »ein System sozialer Struktur abzuleiten, das die verschiedenen Vorstellungen von kollektiven Wesenheiten in ihrer gegenseitigen Abhängigkeit und Verbindung enthält« (Tönnies2009b: 538). Die Korporation konzipiert er dabei als die grundlegende Form der sozialen Einheit, die zwar einige Analogien zur biologischen Einheit des Organismus aufweist, sich aber nichtsdestoweniger da-

---

[6] Für die Anwendung dieses Modells auf den Staat siehe Tönnies 2008a: 265f.

durch differenziert, dass sie durch das Bewusstsein und die menschliche Vernunft ihrer Mitglieder erkannt, bewahrheitet und aufrechterhalten wird:[7]

> »Unter diesem Begriff [der Korporation] fallen alle sozialen Einheiten, die das folgende gemeinsame Merkmal aufweisen: Die Daseinsform der Einheit oder des Ganzen ist auf das Bewußtsein seines Daseins gegründet [...]. Dies setzt offenkundig menschliche Vernunft und menschlichen Willen voraus.« (Tönnies 2009b: 541f.)

Diese Strukturen betreffen wesentlich den sozialen Bereich und sind für Tönnies nicht direkt auf die Politik übertragbar. Der moderne Staat – so beobachtet Tönnies – beruhe grundsätzlich auf einer individualistischen Gesellschaft, die sich als Aggregat von Menschen bzw. Willen versteht und daraufhin orientiert ist, dass besondere Interessen wahrgenommen und wirksam geschützt werden. Dennoch schließt Tönnies nicht aus, dass ein von der Korporation inspiriertes soziales System dazu fähig sei, das Verständnis des Staates partiell zu ändern und dabei gemeinschaftliche Komponenten zu integrieren und zu beleben. Voraussetzung dafür bleibt aber nach wie vor, dass die besonderen Interessen (wie auch Hegel bezüglich der Staatsverhältnisses dies mehrmals betont hatte) bei der Betrachtung des allgemeinen Wohls genügend Aufmerksamkeit finden und entsprechend auch systematisch befördert werden. Trotz seines individualistischen Verständnisses der modernen Gesellschaft und des modernen Staates kann Tönnies daher die Möglichkeit einer Verstärkung der gemeinschaftlichen Komponente in Bezug auf sie gutheißen und befürworten:

> »Dieses Verhältnis und das davon abhängende kann sich im Laufe der Zeit wesentlich verändern. Ein organisches *Commonwealth* kann entstehen, das zwar nicht durch eine religiöse Idee sanktioniert wird und keine übernatürliche Würde für sich in Anspruch nimmt, aber doch als Produkt menschlicher Vernunft und bewussten Willens in höherem Sinne für real erachtet werden kann als diese Produkte, solange sie als reine, den Interessen und Zielen der privaten Individuen dienende Instrumente betrachtet werden.« (Tönnies 2009b: 556f.)

Politische und ökonomische Implikationen

Von einem politischen Standpunkt aus spielen die Korporationen für Tönnies im modernen Staat eine eher indirekte Rolle. Er verteidigt dezidiert die Vereinigungsfreiheit, indem er – ganz ähnlich wie Hegel – den Vereinen und Korporationen die Fähigkeit zuspricht, zur Ausbildung einer sozialen Gesinnung und eines Sinnes für die Gemeinschaft beizutragen, was wiederum dazu dienen kann, den Staat als Träger des allgemeinen Interesses und Wohls zu ver-

---

[7] Dadurch sind die Menschen auch innerhalb gemeinschaftlicher Organisationen für Tönnies immer als bewusste Subjekte zu betrachten. Siehe dazu Schneidereit 2010: 90ff.

stehen und sich als Bürger an der politischen Mitbestimmung aktiv zu beteiligen:

> »Zwischen beiden [der ökonomischen und der geistigen Betätigung] steht eine Betätigung, die einen politischen oder wenigstens quasi-politischen Charakter hat, wie denn auch die ökonomischen und die geistigen Betätigungen sich an vielen Punkten damit berühren; das ist die Freiheit der Assoziation, d. i. der Versammlung und namentlich der Vereinigung für irgend welche Zwecke, unter denen der Natur der Sache nach die politischen Zwecke das Staatsleben am nächsten berühren, so dass an dieser Stelle die bürgerliche Freiheit im Begriffe steht, in die politische Freiheit überzugehen, und sich am engsten mit ihr berührt: diese Art der bürgerlichen Freiheit kann daher auch als *staatsbürgerliche* Freiheit ausgezeichnet werden.« (Tönnies 2000c: 225)

Tönnies erwägt auch die politische Funktion, die diesen Vereinigungen und Korporationen beigemessen werden kann, indem sie indirekt auf politische Entscheidungen und genereller auf politische Ziele Einfluss nehmen. Er distanziert sich aber von Hegel in der Hinsicht, dass er der von diesem befürworteten Ständevertretung ein demokratisches politisches Bestimmungsrecht der Bürger als Individuen vorzieht. Dies schließt die Teilnahme an politischen Organisationen natürlich nicht aus, sieht aber explizit vor, dass die einzelnen Bürger durch allgemeine demokratische Wahlen ihre Repräsentanten selber wählen und sich gelegentlich durch Volksentscheid an den Entscheidungsverfahren direkt beteiligen. Dies gilt für ihn auch für die Selbstverwaltung, die als »eine Freiheit der Gemeinden, kommunaler Verbände und Korporationen« verstanden wird, »woran aber der Staatsbürger unmittelbar oder durch Wahlrechte teilnimmt« (Tönnies 2000c: 233).

Weiterhin wird von Tönnies die soziale Funktion der Korporationen in einer weltoffenen und tendenziell globalisierten (und sich globalisierenden) Gesellschaft hervorgehoben. Die offene Gesellschaft hat für Tönnies nämlich zwei unmittelbare Konsequenzen, die miteinander trotz scheinbaren Widerspruchs eng verbunden sind: die Universalisierung des Rechts und den Verfall der Sitten. Korporationen, Genossenschaften, Assoziationen und ähnliche Organisationen scheinen ihm jene Institutionen zu sein, welche die gemeinschaftliche Komponente zu befördern, weiterzuentwickeln und zur Geltung zu bringen vermögen. Darüber hinaus sind die zunehmende Konkurrenz, der weltoffene Markt und die Bildung von Monopolen Formen der wirtschaftlichen Entwicklung, die nicht nur Chancen und neue Potenzialitäten zum Vorschein bringen, sondern auch das Risiko der Armut für einige Individuen und Gruppen in sich bergen. Die Möglichkeit der Verarmung innerhalb der Gesellschaft war von Hegel nicht nur klar geschildert und erläutert, sondern auch in ihren überstaatlichen Dimensionen dargestellt worden. Dennoch habe Hegel, so Tönnies, keine umfassenden Lösungen vorgeschlagen. Er habe auf globaler und internationaler Ebene keine rechtlichen Instanzen oder sonstigen Organisationsformen konzipiert, die das Zusammenleben zu regeln vermögen. Tönnies beabsichtigt diesbezüglich, die von Hegel hervorgehobenen gemeinschaftsstiftenden Züge der Korporationen zu erweitern und dabei – über Hegel hinausgehend – eine neue Ordnung auf höheren Ebenen zu befürworten.[8]

»Je mehr daher die Menschen als ›Menschen schlechthin‹ zusammenkommen oder, was dasselbe ist, je mehr Menschen von allerlei Art zusammenkommen und einander als vernünftige Menschen oder als Gleiche anerkennen, desto wahrscheinlicher, und endlich notwendig, wird unter ihnen die Darstellung und Errichtung einer universalen Gesellschaft und Ordnung.« (Tönnies 1972: 210f.)

Als Gegenmittel gegen Armut und gesellschaftliche Konflikte zieht Tönnies auch die Errichtung des Sozialstaates in Erwägung (vgl. Carstens 2014). Sich auf einen seiner Lehrer, Adolph Wagner, der eine Form von sozialem Staat vertrat (vgl. Bond 2013), beziehend, sieht er im Wohlfahrtstaat einen sozialen Ausgleich zum Rechtsstaat, der im sozialen Bereich zu sehr nach dem Motto »laissez faire« verfahre. Er beruft sich dabei auf Maßnahmen wie bessere Verteilung des Nationalkapitals, bessere Nutzung des Bodens, ein System der öffentlichen Gesundheitspflege, Wohlfahrtseinrichtungen sowohl für Arbeiter als auch für Unternehmer und Arbeiterausschüsse sowie gewerkschaftliche Organisationen. Als bevorzugte Lösung gilt ihm aber eine zumindest partielle Umgestaltung des Produktions- und Konsumsystems, das auf der Basis von Vereinigung in Wettbewerb mit dem Handel und den Monopolen zu treten vermag. Zu der Möglichkeit dieser partiellen Umgestaltung sind Korporationen, Genossenschaften und andere Formen der Verbindung unausbleiblich.

Die unterschiedlichen Formen des Assoziationswesens stellen für Tönnies nicht nur die Möglichkeit in Aussicht, Formen der Solidarität und der Selbsthilfe auszuüben, sondern auch auf die Wirtschaft selbst, und zwar auf die Produktion und den Handel, aktiv einzuwirken. Es handelt sich dabei darum, durch vereinigte Bemühungen produktive Tätigkeiten in Gang zu bringen und Unternehmen zu gründen und gemeinschaftlich weiterzuführen. Tönnies lässt sich dabei vom »Cooperative Movement« in England inspirieren und denkt an Konsumvereine, welche Unternehmen starten bzw. übernehmen und durch gemeinschaftliche Tätigkeiten und ökonomische vereinigte Mittel konkurrenzfähig machen (was die Intervention von fremdem Kapitalen und Investitionen nicht zwangsläufig ausschließt). Darüber hinaus macht er zugleich den Vorschlag, dass sich auch die Inhaber von kleinen und mittleren Unternehmen durch Vereinigungen und Korporationen miteinander verbinden (man könnte in aktuell übertragener Sprache »vernetzen« dazu sagen) und ihre Marktchancen erhöhen sollen. Der Bezug auf Korporationen und ähnliche Vereinigungen erweist sich laut Tönnies dabei als besonders vielversprechend, weil sie auch einzelnen Individuen, Arbeitern und Kleinbetrieben die Möglichkeit bieten,

---

[8] Insbesondere der erste Weltkrieg spielt diesbezüglich eine entscheidende Rolle, denn er hatte verdeutlicht, wie dringlich die Frage übernationaler Instanzen ist, welche politische und zwischenstaatliche Konflikte zu schlichten und auch ökonomische Regelungen einzuführen vermögen. Tönnies erwähnte hier auch die Institution eines Weltparlamentes und weitere internationale ökonomische Einrichtungen (vgl. Tönnies 2008b).

durch Kooperation und Solidarität aktive ökonomische Subjekte zu werden und dabei mit der Konkurrenz von großen Unternehmen und Monopolen Schritt halten zu können.

Im Korporations- und Genossenschaftswesen sieht Tönnies also eine Chance für die Moralisierung der Wirtschaft, da es die Möglichkeit bietet, gemeinschaftlich zu handeln und zweck- und strukturbedingte allgemeine Interessen zu verfolgen. Korporationen wären somit nicht nur Assoziationen, die durch ihre Existenz einen Sinn für die Gemeinschaft vermitteln und daher den Individuen dazu verhelfen, Staatsbürger mit sozialer Verantwortung zu werden, sondern sie würden auch ein weniger individualistisches Verhalten in ökonomischen Tätigkeiten befördern und so dazu beitragen, eine allgemeine Versittlichung der Wirtschaft in die Wege zu leiten.

Fazit

Der Vergleich zwischen Hegel und Tönnies fördert einige gewichtige Unterschiede in deren Grundhaltung zu Tage: (a) Während Hegel die dialektische Methode anwendet und seine Kategorien als sich durch Widerspruch und Negation (bzw. ihre Verdoppelung als Negation der Negation) auseinander entwickelnde Momente ansieht, bevorzugt Tönnies eine Antithesenlogik, welche seine zwei Hauptkategorien Gemeinschaft und Gesellschaft als zwei Pole bzw. dichotomische Entwicklungsrichtungen betrachtet, die gleichzeitig vorhanden sind und unterschiedliche soziale Phänomene (aber auch gewisse Verflechtungen) generieren. (b) Während Hegel den Willen als Bestimmung der Vernunft und des Geistes betrachtet, der die ganze objektive Welt durchdringt und gestaltet, fasst Tönnies den Willen als hauptsächlich menschliche und individuelle Eigenschaft auf, die sich in kulturellen und sozialen Gebilden (Sitte, Sprache, etc.) kristallisiert und dadurch eine soziale und überindividuelle Dimension erhält. (c) Während die höchste Freiheit im objektiven Geist für Hegel durch den (vernünftigen) Staat erlangt wird, in welchem sowohl die besonderen Interessen als auch das allgemeine Wohl positiv berücksichtigt und integriert werden, versteht Tönnies Freiheit als Ergebnis einer modernen und individualisierten Welt, das in einem Spannungsverhältnis zur Gemeinschaft steht und sich nur durch eine Schwächung der gemeinschaftlichen Komponente behaupten und weiterentwickeln konnte.

Was die spezifische Stellungnahme Tönnies' zu Hegels sozialem und politischem Denken betrifft, nimmt er eine kritische Haltung gegenüber einer Theorie ein, die für ihn dem preußischen Staat zu nahe stand (auch wenn dieser gewisse reformerische und moderne Tendenzen aufwies) und der Demokratie mit ihrem individuellen Wahlrecht die Vermittlung durch die Ständevertretung vorzog und die soziale Frage fern von den Kompetenzen des Staates hielt. Nichtsdestoweniger erkennt Tönnies in Hegels Theorie die Präsenz wichtiger Elemente, Begriffe und Problemstellungen an und wird darüber hinaus stark von seiner Begrifflichkeit beeinflusst. Gemeinschaft und Gesellschaft, die Schlüsselkategorien Tönnies', beziehen sich inhaltlich auf Hegels Begrifflichkeiten, wenngleich auch mit einigen Modifikationen. Ebenso wählt Tönnies, da sie als zentrale Themen der zeitgenössischen Reflexion und überhaupt des sozialen Lebens eingestuft werden, Sitte, Sittlichkeit, Familie, Staat und öffentliche Meinung als Schwerpunkte der soziologischen und sozialphilosophischen Analysen. Trotz seiner antithetischen Logik und der mit ihr einhergehenden Polarisierung der Formen des sozialen Lebens, ist Tönnies zudem von der hegelschen dialektischen Entwicklung tief beeindruckt, denn er sieht in ihr eine Möglichkeit der theoretischen Differenzierung und ein Potenzial für die Verstärkung der gemeinschaftlichen Komponente innerhalb der modernen, tendenziell individualistisch geprägten Gesellschaft.

Eine besondere Rolle spielen dabei die Korporationen und weitere Formen der Assoziation und Verbindung, die Tönnies – dem dualen Schema von Gesellschaft und Gemeinschaft folgend – in Vereine oder Genossenschaften unterteilt. Obwohl der Korporation prinzipiell sowohl die Möglichkeit des gesellschaftlichen als auch des gemeinschaftlichen Bündnisses zukommt, Tönnies im Sinne Hegels dazu, die Korporation als Sittlichkeit stiftende vermittelnde Instanz des sozialen Lebens auszulegen. Sich auf Hegel beziehend hebt er nicht nur die Rolle der Korporation hervor, sondern baut sie auch weiter aus, wenn er sie dem kooperativen Modell des Konsumvereins annähert und ihre solidarischen und ökonomischen Leistungen betont. Über Hegel hinaus erweitert Tönnies zudem die Problematisierung und Tragweite der sozialen Frage, die er in Hegels Behandlung der bürgerlichen Gesellschaft das erste Mal umfassend thematisiert und wissenschaftlich begründet findet. Neben dem Modell des Wohlfahrtsstaates und einer noch zu entwickelnden Weltordnung gilt ihm vor allem die Korporation als jene Instanz, durch welche die Individuen ihre wirtschaftlichen Verhältnisse aktiv und partizipatorisch gestalten können.

Literatur

Bickel, Cornelius (1991), *Ferdinand Tönnies. Soziologie als skeptische Aufklärung zwischen Historismus und Rationalismus*, Opladen: Westdeutscher Verlag.

Bond, Niall (2013), *Understanding Ferdinand Tönnies' »Community and Society«*, Wien u.a.: Lit.

Carstens, Uwe (Hg.) (2014), *Ferdinand Tönnies. Der Sozialstaat zwischen Gemeinschaft und Gesellschaft*, Baden-Baden: Nomos.

Hegel, Georg W.F. ([1830]1970b), *Enzyklopädie der philosophischen Wissenschaften III*, in: *Werke*, Bd. 10, hrsg. v. Eva Moldenhauer/Karl M. Michel, Frankfurt am Main: Suhrkamp.

– ([1820/21]1973), *Grundlinien der Philosophie des Rechts oder Naturrecht und Staatswissenschaft im Grundrisse*, in: *Werke*, Bd. 7, a.a.O.

Jacoby, E. Georg (2013), *Die moderne Gesellschaft im sozialwissenschaftlichen Denken von Ferdinand Tönnies*, München/Wien: Profil Verlag.
Schneidereit, Nele (2010), *Die Dialektik von Gemeinschaft und Gesellschaft, Grundbegriffe einer kritischen Sozialphilosophie*, Berlin: Akademie Verlag.
Tönnies, Ferdinand (1972), *Gemeinschaft und Gesellschaft. Grundbegriffe der reinen Soziologie*, Darmstadt: Wissenschaftliche Buchgesellschaft.
– ([1932]1998), »Hegel Naturrecht. Zum Gedächtnis an Hegels Tod«, in: *Gesamtausgabe* (= *GA*), Bd. 22, hrsg. v. Lars Clausen, Berlin/New York: De Gruyter.
– ([1912]2000a) »Vorrede zur zweiten Auflage von Gemeinschaft und Gesellschaft«, in: *GA*, Bd. 15., hrsg. v. Dieter Haselbach, Berlin/New York: De Gruyter.
– ([1914]2000b), »Rechtsstaat und Wohlfahrtstaat", in: ders., *GA*, Bd. 9., hrsg. v. von Arno Mohr in Zusammenarbeit mit Rolf Fechner, Berlin/New York: De Gruyter.
– ([1920, 1.Aufl. 1912]2000c), »Bürgerliche und politische Freiheit«, in: *GA*, Bd. 9, a.a.O.
– ([1919/20]2005a), »Neue Botschaft« (Manuskript), in: *GA*, Bd. 23/II, hrsg. v. Brigitte Zander-Lüllwitz/Jürgen Zander, Berlin/New York: De Gruyter.
– ([1931]2005b), »Der Begriff der Gesellschaft«, in: *GA*, Bd. 23/II, a.a.O.
– ([1934/35]2005c) »Vorrede zur achten Auflage von Gemeinschaft und Gesellschaft«, in: *GA*, Bd. 23/II, a.a.O.
– ([1917]2008a), »Der englische Staat und der deutsche Staat«, in: *GA*, Bd. 10, hrsg. v. von Arno Mohr/Rolf Fechner, Berlin/New York: De Gruyter.
– ([1918]2008b) »Menschheit und Volk«, in: *GA*, Bd. 10, a.a.O.
– (2008c), »Ueber die Grundthatsachen des socialen Lebens«, in: *Soziologische Schriften* (1891–1905), hrsg. v. Rolf Fechner, München/Wien: Profil Verlag.
– ([1897/1906]2009a) »Philosophische Terminologie in psychologisch-soziologischer Ansicht«, in: *GA*, Bd. 7, hrsg. v. Arno Bammé/Rolf Fechner, Berlin/New York: De Gruyter.
– ([1904]2009b), »The Present Problems of Social Structure", in: *GA*, Bd. 7, a.a.O.
– (2012), »Die Sitte«, in: *Studien zu Gemeinschaft und Gesellschaft*, hrsg. v. Klaus Lichtblau, Wiesbaden: Springer.
Wahsner, Renate (2006), *Der Widerstreit von Mechanismus und Organismus. Kant und Hegel im Widerstreit um das neuzeitliche Denkprinzip und den Status der Naturwissenschaft*, Hürtgenwald: Pressler.

HEIKE DELITZ

Durkheims Hegel
Von Korporationen zu kollektiven Affekten, vom Soziozentrismus zum Postfundationalismus

Über Hegel hat Émile Durkheim nur selten geschrieben. Und dennoch zeigt sich vielleicht gerade am Konzept der Korporation, worin die Aktualität Durkheims, und zwar die Aktualität mehrerer, verschiedener ›Durkheims‹, liegt. Dieses Werk bewegt sich – *durch das Konzept der Korporation hindurch* – zwischen zwei gleichermaßen bleibenden Konzeptionen der ›Soziologie‹, es oszilliert zwischen zwei Konzeptionen dessen, was eigentlich die soziologische Grundfrage ist. Diese Bewegung verläuft von der gesellschaftsanalytischen Frage der Spezifik der modernen Gesellschaft (ihrer Organisations- und Differenzierungsweise) zur allgemeinen gesellschaftstheoretischen Frage, was eine jede Gesellschaft eigentlich ›ist‹, wie und aus welchen Elementen sich ein jedes Kollektiv konstituiert. Liegt der Schwerpunkt im ersten Buch 1893 (*Über die Teilung der sozialen Arbeit. Studie über die Organisation höherer Gesellschaften*) ganz auf der Gesellschaftsanalyse der Moderne, und ist Durkheims soziologisches Konzept bis dato ›soziozentrisch‹ (setzt es die Gesellschaft voraus, statt sie für erklärungsbedürftig zu halten), so wird das letzte Werk 1912 (*Die elementaren Formen des religiösen Lebens*) eine Theorie der Konstitution des Sozialen entfalten, in welcher kollektive Affekte, Imaginationen und symbolische Verkörperungen gleichermaßen zentral sind. Dabei interessiert das Konzept der Korporation (und damit die Auseinandersetzung nicht allein, aber auch mit Hegel) vor allem den frühen Durkheim. In den Texten rund um die *Arbeitsteilung*, in der differenzierungstheoretischen Moderneanalyse, taucht die ›Korporation‹ auf, um gegen Ende des Werkes zu verschwinden. Die Korporation oder die *groupe professionell* führt Durkheim dabei genau besehen zunächst eher beiläufig (1897, im Fazit des *Selbstmordes*) ein: als passende institutionelle Organisation funktional differenzierter Gesellschaften, in denen die Einzelnen nämlich kaum noch von einem ›kollektiv geteilten Bewusstsein‹ zusammengehalten werden, da sie spezialisiert sind, und daher einer Berufsethik oder einer Berufsmoral bedürfen. Dieser Vorschlag wird 1902 (im berühmten zweiten Vorwort der *Arbeitsteilung*) ausführlich begründet. Die parallel gehaltene *Vorlesung zur Soziologie* erörtert dann ergänzend, in Auseinandersetzung mit Hegel, das Verhältnis von Korporation und Staat in solch modernen Gesellschaften. Im Spätwerk *Die elementaren Formen des religiösen Lebens* (1912) hingegen ist die Korporation nur noch von marginaler Bedeutung – lediglich eine historische soziale Tatsache neben anderen. Es geht nun weder um eine Theorie der politischen Organisation noch um die Organisation spezifisch moderner Gesellschaften. Stattdessen entwirft Durkheim hier jenes Konzept der religiös-politischen Konstitution einer jeden Gesellschaft, das im Postfundationalismus oder Postfundamentalismus (Marchart 2010, 2013[1]) im impliziten Anschluss an Durkheim weiter entfaltet wird: Durkheims Frage lautet jetzt, was eine *jede* Gesellschaft eigentlich ›ist‹, *wie sie sich konstituiert* – und seine Antwort: Die Religion dient der Selbstbegründung und Selbstfixierung eines jeden Kollektivs (auch der modernen Kollektive). Die von Durkheim nun als kultisch verstandene Korporation ist dafür ein historisches Beispiel, ein Fall einer religiösen oder kultischen Institution von Kollektiven oder Gesellschaften. Während also der eine Durkheim eine Theorie der spezifisch modernen Gesellschaft, ihrer Differenzierungsform und Subjektform entwirft, geht es dem anderen um die Institution von Kollektiven (und Subjekten) überhaupt. Oder: Während der eine die differenzierungstheoretische Grundfigur der soziologischen Erzählung der Moderne und darin der Funktion *der Politik* begründet, buchstabiert der andere *das Politische* im Sinn der ständigen Institution einer jeden Gesellschaft aus (vgl. zu diesem Unterschied Marchart 2010; Bröckling/Feustel 2010). Womöglich erlaubt es mithin das Konzept der Korporation, jene konzeptionelle Bewegung wahrzunehmen, die zwischen beiden Durkheims hin- und herläuft und dazu führt, dass es mindestens zwei Durkheim-Forschungen gibt, mindestens zwei Aktualitäten der durkheimschen Soziologie.

Dieser Text widmet sich – im Blick auf die Korporation, ihr Auftauchen und Verschwinden – beiden Facetten der durkheimschen Soziologie. In einem ersten Schritt geht es um die *thèse* von 1893 mit dem Vorwort von 1902 »über die Berufsgruppen« sowie um die *Selbstmordstudie* von 1897 und die 1890– 1900 gehaltene *Vorlesung zur Soziologie*. Ein Teil der Durkheim-Forschung sieht hier seine bleibende Aktualität: im Denken des modernen Staates und moderner Gesellschaften als funktional differenzierter. Es ist dies ein Haupttheorem der Soziologie insgesamt (vgl. Nassehi 2003, 2006; Luhmann 1988). Im zweiten Schritt interessiert sodann die Gestalt, in der Durkheims Korporation genau besehen auftritt, nämlich weniger als ökonomische oder politische, denn als *religiöse* Institution. Darin steckt bereits Durkheims späte Theorie der Gesellschaft, derzufolge die Religion (und nicht die Ökonomie) die »Matrix des Sozialen« ist (Durkheim 1998: 71). In *Die elementaren Formen des religiösen Lebens* sieht der andere Teil der Durkheim-Forschung dessen Aktualität: in einer Gesellschaftstheorie, die das Symbolische und Affektive/Rituelle als dasjenige denkt, womit sich Kollektive oder Gesellschaften permanent erzeugen. Der dritte Schritt akzentuiert die Aktualität dieses religionssoziologischen Durkheims, indem er in ihm schließlich eine postfundationalistische Theorie *avant la lettre* erkennt. Durkheim greift den gesellschaftstheoretischen Konzepten von Cornelius Castoriadis, Claude Lefort, Marcel Gauchet, Chantal Mouffe und Ernesto Laclau vor, wenn er den ›Kult des Individuums‹, der

---

[1] Vgl. zum *Postfoundationalism* Marchart 2010: 14ff. (zur deutschen Übersetzung *Postfundamentalismus* Marchert 2010: 16, Fn.)

Menschenrechte als das zentrale Imaginäre oder als den entzogenen Grund der modernen Gesellschaft zu denken nahelegt. Insofern Durkheim bereits in der *Arbeitsteilung* vom Kult des Individuums sprach, zu dessen Schutz er das Doppelkonzept Staat-Korporation entfaltet hat, lassen sich die beiden Durkheims nahtlos verbinden – als zwei Aspekte einer klassischen und insofern zeitlosen Soziologie (so Luhmann 1988: 19f.).

1. Die ›Korporation‹ in Durkheims Soziologie der modernen Gesellschaft

Die Hegel-Nähe hat die Durkheim-Forschung beschäftigt (v.a. Kapp 1985; Gangas 2008), auch wenn Hegel kein zentraler Bezugsautor Durkheims war: Louis Carré (2013) hat die Konvergenzen und Divergenzen beider Konzepte der *Korporation* aufgezeigt; Catherine Colliot-Thélène (2010: 89f.) hat zudem vier Konvergenzen beider *Theorien des Politischen* herausgearbeitet (Hegel und Durkheim gingen davon aus, dass die Menschenrechte gesellschaftlich erzeugt seien; beide lehnten die direkte Demokratie ab und sähen im Staat das ›Gehirn‹, das ›Organ des gesellschaftlichen Denkens‹; beide verstünden den Staat als emergente Realität mit eigenen Dynamiken; für beide vermittele die Korporation zwischen Einzelnen und Staat). Tatsächlich versteht Durkheim die Korporation oder die ›sekundäre Gruppe‹ (sekundär gegenüber dem Staat) oder die Berufsgruppe als eines von zwei Hauptelementen einer genuin modernen sozialen Organisation. Da sich eine solche Gesellschaft auf keinerlei traditionelle (territoriale, familiale, ethnische) Elemente mehr beziehe, sondern allein auf arbeitsteilige Differenzierung, sei die Korporation neben dem Staat die *einzige* Institution, die ›Solidarität‹ (Integration, Zusammenhalt) erzeuge. Moderne Individuen gehen im Berufsleben auf; dort allein können sie daher noch ein Gefühl der Verpflichtung sowie Orientierung erhalten. Das historische Verschwinden der Korporationen habe zum Fehlen einer jeden »Berufsmoral« und eines jeden »Professionsrechts« geführt. Dass die moderne Republik die Korporationen nicht wieder hergestellt habe (so heißt es im zweiten Vorwort zur *Arbeitsteilung*), sei vor diesem Hintergrund nicht weniger als ein »Konstitutionsfehler«, eine »Krankheit *totius substantiae*« dieser Gesellschaft (Durkheim 1988: 47, 72).

Zu diesem Schluss kommt Durkheim dabei weniger durch die am Ende der *Arbeitsteilung* erörterten Anachronismen und Unordnungen (Syndikate, Streiks), da diese noch gemeinsame Interessen der Einzelnen voraussetzen. Vielmehr zwingen ihn die Ergebnisse der Studie der gesellschaftlichen Ursachen des *Selbstmords* (1897) dazu, die Korporation einzuführen – die Diagnose eines spezifisch modernen Selbstmordtyps, der auf einen ungeregelten (anomischen) Zustand in den Subsystemen, namentlich der Wirtschaft moderner Gesellschaften zurückgeht. Die mit den Konjunkturschwankungen steigenden Selbstmordzahlen verweisen auf fehlende normative Vorgaben in neu ausdifferenzierten gesellschaftlichen Sphären. Daher schlägt Durkheim bereits im *Selbstmord* vor, die Korporation als die moralische Instanz einzuführen, die sich mit dem Alltagsleben der Einzelnen verbindet und eine berufsspezifische Solidarität und Ethik zu erzeugen imstande ist. 1902 führt Durkheim diesen Vorschlag in einer historischen Analyse der Korporation und ihrer jeweiligen gesellschaftlichen Funktion weiter aus. Explizit taucht Hegel dabei nicht auf; erwähnt wird er nur in der zeitgleichen Vorlesung *Physik der Sitten und des Rechts* (Durkheim 1991).

Erinnern wir uns indes zunächst: Worum geht es Durkheim 1893, was besagt seine Gesellschaftstheorie der Moderne eigentlich? Sie hebt gegen alle Verächter moderner Vergesellschaftung deren gleichzeitige Steigerung von *Abhängigkeit* und *Individualität* hervor.

> »Wie geht es zu, daß das Individuum, obgleich es immer autonomer wird, immer mehr von der Gesellschaft abhängt? Wie kann es zu gleicher Zeit persönlicher und solidarischer sein? [...] Das ist das Problem, das wir uns gestellt haben.« (Durkheim 1988: 82)

Das bedeutet zugleich, die scheinbar genuin ökonomische Tatsache der Arbeitsteilung als *moralische* Tatsache zu entziffern, als eigene Art, Integration zu erzeugen, Solidaritätsgefühle zu schaffen, ein soziales Band zu knüpfen. Die moderne Gesellschaft ist genauer eine, die zwei integrative Quellen besitzt: die Solidaritätsgefühle, die direkt aus der Arbeitsteilung resultieren, versteht Durkheim »als *Hauptquelle* der sozialen Solidarität« (Durkheim 1988: 471, Herv. HD). Daneben gibt es integrative Gefühle, die sich nicht auf einzelne (Berufs-)Gruppen, sondern auf die *Gesamtgesellschaft* richten – und zwar jene kollektive Identität oder jenes kollektiv geteilte Bewusstsein, das sich auf die Überzeugung bezieht, dass die »menschliche Würde« heilig ist (Durkheim 1988: 470). Die »erste Pflicht« sei es heute, diese »neue Moral« zu verbreiten, sie zu erzeugen, so hatte Durkheim geschlossen (Durkheim 1988: 480). Neben der Wiederbelebung der Korporation enthält sein gesellschaftspraktischer Vorschlag also eine zweite, mindestens ebenso wichtige Komponente. Durkheim hat daneben im Übrigen auch Profaneres vor. Es geht in dem Buch (zumindest auch) schlicht darum, die Möglichkeit einer empirischen, positiven, an der Naturwissenschaft orientierten *Wissenschaft der Moral* zu beweisen – der Soziologie als ›*Physik* der Sitten‹. Die moralischen Phänomene sind empirische Tatsachen wie andere auch, sie bieten »sich der Beobachtung dar« und verlangen dieselbe Methode, mit der Physik oder Physiologie operieren (Durkheim 1986: 48f.). Das Buch sei sogar

> »vor allem ein Versuch, Tatsachen des moralischen Lebens entsprechend der Methode der positiven Wissenschaften zu behandeln. [...] Wir wollen die Moral nicht aus der Wissenschaft ableiten, sondern die Wissenschaft der Moral betreiben, was etwas ganz anderes ist.« (Durkheim 1988: 76)

Und er fügt hinzu: »Es ist möglich, daß die Moral ein transzendentes Ziel hat, das die Erfahrung nicht erfassen kann. Damit soll sich der Metaphysiker befassen« (Durkheim 1988: 76f.).

Erinnern wir uns weiter: Wie geht eine ›Physik der Sitten‹, wie geht eine Analyse der Integrationsmechanismen verschiedener Gesellschaften vor? Durkheim unterscheidet im Umweg über eine rechtssoziologische Analyse (die moralischen Tatsachen kristallisieren oder institutionalisieren sich im Recht) zwei divergente Formen der Solidarität und damit zwei Gesellschaftstypen: Eine Gesellschaft kann sich (idealtypisch) integrieren, indem sie die Einzelnen rein durch Ähnlichkeit zusammenhält; dann integriert sie sich durch kollektiv geteilte Überzeugungen, durch die Ähnlichkeit der Gedanken, Gefühle, Bewegungen. Eine solche Gesellschaft muss jede Abweichung sofort sanktionieren, weshalb das Recht überwiegend Repressiv- oder Strafrecht ist. Durkheim hat segmentäre, etwa totemistische Gesellschaften im Blick. Der umgekehrt symmetrische Gesellschaftstyp integriert die Einzelnen, *indem* er sie individualisiert. Beide Gesellschaftstypen unterscheiden sich in der Art ihres Zusammenhalts, der Solidarität. Die eine nennt Durkheim mechanisch, die andere organisch (wobei er beide Begriffe Ferdinand Tönnies entlehnt, und sie anders herum wendet[2]). Die moderne Gesellschaft ist nicht ›künstlich‹ oder ›mechanisch‹, sondern ›organisch‹, weil die Einzelnen durch Spezialisierung voneinander abhängen, ganz wie die Organe eines Organismus. Kurz, moderne Gesellschaften sind nicht weniger integriert als traditionale; die Einzelnen stehen in ihnen nicht allein, sondern sie sind auf *andere* Weise verbunden – durch Differenz, nicht Ähnlichkeit. Dese Gesellschaftsform erzeugt eine ihr eigene Subjektform, sie erlegt dem Einzelnen das Begehren auf, individuell zu sein – das Individuum ist ein moralischer Effekt, ein Imperativ einer bestimmten Gesellschaftsform. Entsprechend heiligt die moderne Gesellschaft den Einzelnen, wird der *Kult* Gottes ersetzt durch den der Menschenrechte, und zwar, um sich selbst, die eigene Organisations- und Differenzierungsform zu heiligen: Der heilige Charakter, den die menschliche Person »gegenwärtig« besitzt, ist nichts, was sich aus sich selbst erklärt. Die Heiligkeit ist der Menschenwürde oder den Menschenrechten »nicht immanent«. Vielmehr hat *die Gesellschaft* sie erzeugt. Der

> »Heiligenschein, der den Menschen umgibt [...], eignet dem Menschen nicht von Natur aus; er ist die Art und Weise, in der die Gesellschaft den Menschen denkt, die nach außen projizierte und objektivierte Hochachtung, die sie ihm gegenwärtig entgegenbringt. So besteht zwischen Gesellschaft und Individuum keineswegs ein Antagonismus [...]; der moralische Individualismus ist in Wahrheit das Werk der Gesellschaft. Sie ist es, die ihn errichtet hat. Sie ist es, die den Menschen zu einem Gott erhoben hat, dessen Dienerin sie geworden ist.« (Durkheim 1967: 112f.)

---

[2] »Wie der Autor glaube auch ich, daß es zwei große Arten von Gesellschaften gibt. [...] Ich glaube [jedoch], daß das Leben von großen sozialen Zusammenballungen genau so natürlich ist wie das von kleinen Aggregaten. Es ist nicht weniger organisch und auch nicht weniger lebendig im Innern. [...] Um das zu beweisen müßte man ein Buch schreiben [...].« (Durkheim 1981: 83f.)

Zusätzlich zur Heiligung der Individualität als solcher hält es Durkheim für nötig, eine berufsspezifische Moral zu schaffen. Bereits im *Selbstmord* wird in diesem Sinne also vorgeschlagen, die *Korporation* wieder einzuführen, als Gruppe, die die Funktion der Familie in funktional differenzierten Gesellschaften übernimmt. Weil eine Korporation als *Gruppe* »hoch genug über dem einzelnen« steht, kann sie »seine Begehrlichkeit zügeln«; weil sie eine *Berufsgruppe* ist, »lebt [sie] dessen Leben [...] mit«, hat an seinen »Nöten teil«, im Gegensatz zu dem, was den Staat auszeichnet (Durkheim 1973: 456). Zugleich erhält dieser ebenfalls eine Solidarität stiftende, integrierende Funktion: Gegen die *partikularistische, desintegrierende* Tendenz der Korporation dient er der Erzeugung jenes minimalen gesamtgesellschaftlichen ›Kollektivbewusstseins‹, dass eben das Individuum heilig ist.

2. Die Korporation als politische Institution (Durkheim versus Hegel)

Insbesondere in der Vorlesung *Physik der Sitten und des Rechts* konzipiert Durkheim den Staat als Gegenbalance zum Partikularismus der Korporation, und diese umgekehrt als ›gegen-staatliche‹ Institution[3] gegen den Totalitarismus des Staats – als selbstorganisierte Praxis der Mitglieder. Louis Carré findet in Durkheim daher ein »nicht staatszentriertes«, im Vergleich zu Hegel demokratischeres Modell (2013: 323). Auf die Selbstregulierung oder ›konstitutive Praxis‹ legt auch Anne Rawls den Akzent:

> »Durkheim hält [...] solche Praktiken zur Schaffung von Gemeinsinn für nötig, die Merkmale einer *konstitutiven* Macht oder Entscheidungsgewalt tragen, das heißt, Differenzen zulassen, Mitbestimmung und Chancengleichheit einräumen. Diese selbstregulierende Sozialform nennt er auch ›*Gerechtigkeit*‹. [...] Zentrale Züge der modernen Philosophie und Sozialethik sind gewissermaßen Ausfaltungen der von Durkheim beschrieben Merkmale, Effekte und Anforderungen konstitutiver Regeln und ihrer Wechselwirkung mit der gesellschaftlichen Moral, die ihn in eine Reihe mit [...] Wittgenstein, Mills, Garfinkel, J. Rawls, Winch und Searle stellen.« (Rawls 2013: 560f.)

Durkheim legt seine Theorie der Politik hier nun ausdrücklich nicht-hegelianisch an. Er schreibt Hegel nämlich eine einseitig autoritäre Theorie, die *Mystifikation des Kollektivs*, den *Kult des Gemeinwesens* oder des *Staates* zu – Hegels Position stelle eine von zwei Extrempositionen dar, zwischen denen Durkheim die Mitte bevorzugt. Ganz im Sinne seiner Soziologie (für die die Gesellschaft mehr als die Summe der Einzelnen ist) richtet er sich auf der einen Seite gegen jede individualistische Fassung der Politik. Der Staat habe in seiner Funktion für die Gesamtgesellschaft »andere Ziele zu verfolgen und andere Rollen zu übernehmen, als nur über die Beachtung der individuellen

---

[3] Sicher nicht in dem starken Sinne, in dem Clastres (1976) von gegenstaatlichen Institutionen spricht.

Rechte zu wachen«. Er habe also nicht die rein negative Funktion, eine bestehende Moral zu schützen, sondern die Politik erzeuge erst *positiv* jene Moral (den Kult des Individuums). Auf der anderen Seite wendet sich Durkheim gegen die »*mystische* Lösung«, die »ihren systematischsten Ausdruck« in Hegels ›Gesellschaftsbegriff‹ gefunden habe. Ihr zufolge besitzt ›die Gesellschaft‹ (der Staat) einen eigenen, den »einzelnen übergeordneten und davon unabhängigen Zweck« (Durkheim 1991: 80), und neige dazu, das Individuum zu unterdrücken. Durkheim stellt Staat und Korporation daraufhin als gegensätzliche Institutionen gegenüber (während Hegel die Korporation als rein legitimierende Institution »unter Aufsicht der öffentlichen Macht« bezeichnet: 1979: §252): Einerseits wirkt der Staat den Schließungstendenzen der Korporation entgegen; er muss dem »Partikularismus der einzelnen Fachorganisationen das Gefühl für die allgemeine Nützlichkeit« entgegensetzen (Durkheim 1973: 456). Auf der anderen Seite dient die Korporation der »Befreiung des Individuums« gegenüber dem Staat (Durkheim 1991: 93). Kurz: Korporationen integrieren die Einzelnen *und* brechen den ›Kult des Staates‹; sie tendieren aber wie Familien zum Partikularismus und bedrohen ihrerseits die Existenz dieser übergreifenden Gesellschaft. Die Korporation verhält sich zu

> »ihren Mitgliedern annähernd so, als wäre sie allein und als gäbe es die übergreifende Gesellschaft gar nicht. Jede dieser Gruppen würde die Individuen [...] an ihrer Selbstentfaltung hindern. [...] Eine Gesellschaft, die aus [...] zahlreichen voneinander unabhängigen Berufsgruppen bestünde, würde die Individualität nahezu ebenso unterdrücken wie eine Gesellschaft, die aus [...] einer einzigen Zunft bestünde.« (Durkheim 1991: 91)

In diesem Zusammenhang ist interessant, dass Durkheim in der *Arbeitsteilung* (1988: 71) von einem *soziologischen Monster* in anderer Hinsicht sprach: »Eine Gesellschaft, die aus einer Unmasse von unorganisierten Individuen zusammengesetzt ist und die sich ein Überstaat bemüht zusammenzuhalten, ist ein wahres soziologisches Monstrum«. Ein Monster ist eine solche Gesellschaft, weil eine unzusammenhängende Masse Einzelner zu *Desintegration* tendiert. Sie braucht eine vermittelnde Gruppe, die aber ihrerseits nicht ohne die Gefahr des gesellschaftlichen Zerfalls (*Partikularismus*) ist – beides wären für Durkheim ›monströse‹, also pathologische gesellschaftliche Zustände. In einer funktional differenzierten Gesellschaft liegt daher die »Funktion des Staates in der Befreiung der individuellen Persönlichkeit«; zu diesem »Zweck hält er die elementaren Gemeinschaften im Zaum und hindert sie daran, den repressiven Einfluß auf den einzelnen auszuüben«, zu dem Korporationen tendieren (Durkheim 1991: 92) – wie *umgekehrt* die Korporationen ein Gegengewicht zum Staat bilden.

Nun begreift Hegel seinerseits die Korporation als ein solches Gegengewicht: um zu vermeiden, dass die »fürstliche Gewalt als *Extrem* isoliert und dadurch als bloße Herrschergewalt und Willkür erscheine«; wie auch um zu vermeiden, dass die »besonderen Interessen der [...] Korporationen und der

Individuen sich isolieren« und die Einzelnen zu »einer *Menge*«, zu einem »*Haufen*« werden, einem »unorganischen Meinen und Wollen, und zur bloß massenhaften Gewalt gegen den [...] Staat« (Hegel 1979: §302). Während Hegel so gesehen das Problem der modernen Gesellschaft letztlich in der *Unordnung der Einzelnen*, der Masse (*foule*) sieht, geht es Durkheim im Blick auf den *Partikularismus* (Korporation) um ein entgegengesetztes gesellschaftliches Bezugsproblem. Bereits bei David Hume und später bei Lévi-Strauss ist dies das eigentliche Problem der Gesellschaft: Die parteilichen *Sympathien* (nicht individuelle *Egoismen* oder affektive Masseneruptionen) müssen überwunden werden, sollen Gesellschaften existieren.

Fassen wir Durkheims Konzept *der Politik* zusammen: Die staatliche Organisation erzeugt die individualistische Moral als quasi-religiöses Bindemittel funktional differenzierter Gesellschaften und schützt diese gegen den Partikularismus der Korporation; die Korporation hegt umgekehrt den Staat zugunsten des Individuums ein, gegen die staatliche, und vielleicht genauer: bürokratische Tendenz zu »Gleichmacherei und Repression« (Durkheim 1991: 93). Staat und Korporation erscheinen beide ebenso als Lösung wie Problem moderner Gesellschaft – in dieser Austarierung, in der Korporation als zivilgesellschaftlicher Verbindung von ›unten‹ (Rawls 2013) wie prinzipiell in der Analyse funktional differenzierter Gesellschaft sieht ein Strang der Soziologie und politischen Philosophie der Moderne Durkheims bleibende Aktualität.

3. Die Korporation als religiöse Institution

Der Ausdruck ›*Kult* des Individuums‹ zeigt es bereits an: Durkheim versteht die Korporation weniger als ökonomische, denn als *religiöse* Institution, wobei er insgesamt das Religiöse mit dem Moralischen gleichsetzt, und dieses mit ›Zusammenhalt‹ (wie ja auch der Begriff der Solidarität synonym mit *vinculum sociale* ist). Hier kündigt sich eine zweite Aktualität Durkheims an. In seiner Theorie des Religiösen verbirgt sich eine Theorie *des Politischen* (im Unterschied zur *Politik*). So bewegt sich Durkheim, indem er die Korporation als vor allem religiöse Tatsache auffasst, von seiner Theorie der Struktur spezifisch moderner Gesellschaften zu einer Konzeption dessen, wie sich Gesellschaften generell konstituieren – was eine jede Gesellschaft eigentlich ›ist‹. Bereits im zweiten Vorwort der *Arbeitsteilung* versteht Durkheim nämlich die *historischen* Korporationen als »vor allem« religiöse Vereinigungen: jede »hatte ihren Gott, dessen Kult in einem gesonderten Tempel gefeiert wurde«, ihre »Feste«, um »fröhlich zusammenzukommen«; auch sei die Genossenschaft ein »Beerdigungsverein« gewesen – kurz, sie habe einen religiösen Charakter gehabt. Dies beweise, dass die Berufsgruppe eine moralische Wirkung zeitige und umgekehrt »jede moralische Disziplin« dazu neige, eine »religiöse Form anzunehmen« (Durkheim 1988: 52). Was Durkheim an der Korporation fortan interessiert, ist also die religiöse Funktion – und diese wird als politische Funktion, das heißt als Funktion der Selbsterzeugung des Kollektivs sichtbar. In den *Elementaren Formen des religiösen Lebens* wird die Korporation dabei nur kurz erwähnt, als eine unter vielen anderen religiösen Institutionen. Die These, die Durkheim stattdessen am australischen Totemismus entfaltet, lautet: Jede religiöse Vorstellung ist eine Selbstidealisierung und Selbstheiligung des Kollektivs. Genauer, erzeugt das religiöse Ritual (gemeinsames, rhythmisches Bewegen, Schreien, Musizieren usw.) intensive Gefühle, Affekte, die sich auf das Kollektiv beziehen und mittels Symbolen kommuniziert und auf Dauer gestellt werden. Jede Religion ist also in erster Linie ein Zeichen- und »Begriffssystem, mit *dessen Hilfe sich die Menschen die Gesellschaft vorstellen*« – das »ist ihre Hauptrolle«. Gott ist so gesehen »nur der bildhafte Ausdruck der Gesellschaft«, die »religiöse Kraft ist nichts als das Gefühl, das die Kollektivität ihren Mitgliedern einflößt, jedoch außerhalb des Bewußtseins der Einzelnen, das es empfindet und objektiviert« (Durkheim 1994: 309, 313). Die Gesellschaft imaginiert sich selbst und heiligt sich dabei zugleich, indem sie sich in Form von Göttern vorstellt!

Erinnern wir uns auch für dieses Werk (von 1912) an die Argumentation: Durkheims Blick verläuft historisch von den totemistischen – die er wie seine Zeitgenossen als ›einfachste‹, ›archaischste‹ Kollektive versteht (was angesichts der Komplexität des totemistischen Systems und der Gleichaltrigkeit der je zeitgenössischen Gesellschaften doppelt missverstanden ist[4]) – über die monotheistischen zu den modernen Gesellschaften. Er verfolgt dabei eine zunehmende Personalisierung der Götter, also des idealisierten und geheiligten Selbstbildes der Gesellschaft. Diese zunehmende Personalisierung – die in der Ersetzung des monotheistischen Gottes durch die heilige menschliche Person, den Kult des Individuums, kulminiert – entspricht je der Differenzierungsform der Gesellschaft. Wesentlich ist dabei für Durkheim, dass jede Religion die Trennung eines Bereichs, der als sakral gilt, vom Profanen vornimmt; und dazu bedarf es immer wieder der erneuten der Erzeugung von Gefühlen der Heiligkeit, der Autorität, der Intensität. Daher also brauchen alle Kollektive Religionen (religiöse, etwas sakralisierende Rituale, Vorstellungen, Symbole): um sich selbst zu erzeugen, vorzustellen, und zu heiligen. Auch in modernen Gesellschaften wird es Feste und Symbole, wird es »Stunden der schöpferischen Erregung« geben (Durkheim 1994: 572). Jede Gesellschaft braucht ›kollektive Erregungen‹ (»Efferveszenzen«), um jene intensiven Gefühle zu erzeugen, die Einzelnen allein nicht möglich sind. Die gemeinsam erzeugten Affekte werden dabei (wie postfundationalistische Autoren sagen werden) *notwendig* nach Außen verlegt, in Transzendentes projiziert. Ein jedes Kollektiv muss ver-

---

[4] Es haben ihm viele vorgeworfen, den Totemismus falsch zu verstehen – den territorialen Charakter verkannt zu haben, wie Arnold van Gennep, oder einer »totemistischen Illusion« aufgesessen zu sein, weil der Totemismus weniger ein Heiratssystem als ein Klassifikationssystem sei (Lévi-Strauss 1965). Zur Rehabilitation Durkheims siehe Seyfert 2011; Désveaux 2013.

leugnen, dass es sich selbst erzeugt. Es heiligt sich, macht sich sakrosankt, indem es sich *von woanders her* – den Totemahnen, Gott – begründet versteht (s.u.).

Die Selbst-Konstitution der Gesellschaft verlangt zudem vielfältige Symbolismen, mit denen sich die Gesellschaft selbst ein Bild gibt – etwa in ›Tierform‹:

> »Denn wir können uns in einer abstrakten Wesenheit, die wir uns nur mit Anstrengung und verworren vorstellen können, nicht den Ursprungsort starker Gefühle denken. Wir können sie uns nur erklären, wenn wir uns auf ein konkretes Objekt beziehen, dessen Realität wir lebhaft fühlen.« (Durkheim 1993: 302)

Die Einzelnen übertragen auf das symbolische Objekt die kollektiv erzeugten, intensiven Gefühle; und dies erklärt, dass Nichtmenschen ebenso wie Artefakte heilig sein können – egal welches Objekt, es verkörpert das Kollektiv in seiner Intensität. Das in die Haut geritzte Totemzeichen oder die Nationalfahne ist dabei »nicht nur ein bequemes Mittel, um das Gefühl zu verdeutlichen, das die Gesellschaft von sich hat; es dient auch dazu, dieses Gefühl hervorzurufen: *es ist dessen konstitutives Element*« (Durkheim 1994: 315; Herv. H.D.). Symbole sind für Durkheim also keine »Art Anhänger, die fertigen Vorstellungen angehängt werden«, sondern »deren integraler Teil«. Die Gesellschaft braucht ihrer Existenz wegen vielfältige Symbolismen. »So ist das soziale Leben unter allen seinen Aspekten und zu allen Augenblicken seiner Geschichte nur dank eines umfangreichen Symbolismus möglich« (Durkheim 1994: 317). Das ist der bereits von Durkheim vollzogene *cultural turn*, die Theorie des »symbolischen Ursprungs der Gesellschaft« anstelle einer »soziologischen Theorie des Symbolismus« (Lévi-Strauss 1989: 18, wie noch 1903 in der mit Marcel Mauss verfassten Wissenssoziologie, derzufolge sich die Gesellschaft in ihren Symbolsystemen nur noch ausdrückt).[5]

In dieser Theorie der Gesellschaft sind aber nicht nur das *Symbolische* und das *Affektive* von Bedeutung, zentraler ist das *imaginative* Element. Jedes Kollektiv muss sich eine ›Vorstellung‹ von sich machen. An der Stelle des Buches, wo (implizit) gesagt wird, was eigentlich eine Gesellschaft ist, beruft sich Durkheim auf Leibniz: Man müsse sich den Begriff der Seele, für die die Monade steht, als Verkörperung der Gesellschaft in jedem denken. Nur als solche, immateriell, als *Vorstellung* ist die Gesellschaft existent. Daher besitze jedes Kollektiv den Begriff der Seele, die sich vom Körper radikal durch ihre Unsichtbarkeit sowie Unsterblichkeit unterscheide. In der Monadologie findet Durkheim also diesen ontologischen Charakter einer jeden Gesellschaft –

---

[5] »Es ist oft behauptet worden, die Menschen hätten ihre Vorstellung von den Dingen ursprünglich am eigenen Vorbild entwickelt. Nach dem Vorstehenden können wir nun präzisieren, worin dieser Anthropozentrismus besteht, den man besser als Soziozentrismus bezeichnen würde. Im Zentrum der ersten Formen eines Systems der Natur steht nicht das Individuum, sondern die Gesellschaft. Die Gesellschaft und nicht der Mensch objektiviert sich in diesen Systemen.« (Durkheim/Mauss 1994: 254f.)

nämlich ihren *imaginären* Charakter: Wie die Monaden singuläre Perspektiven auf eine gemeinsame Realität sind, die nirgendwo anderes als in diesen singulären Repräsentationen existiert, so handelt es sich bei der Gesellschaft um Imaginäres. Dabei »übertreibe« Leibniz, da die Monaden nicht völlig abgeschlossen seien, sondern symbolisch kommunizieren (Durkheim 1994: 367f.).[6] Im Kern ›ist‹ jede Gesellschaft die *imaginäre* Institution ihrer Einheit und Identität, zentriert um je ein zentrales Imaginäres: die Totemahnen, Gott, das Individuum; als solches existiert es zugleich nur in seinem Symbolischen.

Fassen wir erneut zusammen, bevor wir abschließend die Modernität dieses Durkheims weiter verfolgen. Konstitutiv für jede Gesellschaft ist das affektive Moment: die Vorstellung des Kollektivs muss eine besondere Anziehungskraft, eine Intensität besitzen, die über den Alltag und das, was der Einzelne zu erzeugen imstande ist, hinausgeht; daher braucht es Feste, kollektiv erzeugte Affekte oder Erregungen. Konstitutiv sind ebenso das Symbolische und dessen materieller Träger, etwa Artefakte, denn Gefühle müssen kommuniziert werden; und vor allem hat Imaginäres (›diese unsere Gesellschaft‹) nur mittels des Symbolischen Existenz. Was Durkheim an den Korporationen wie jeder anderen religiösen Institution interessiert, sind die intensiven Gefühle, die Affekte, die kollektiv erzeugt und dann in das Andere, das Außen der Gesellschaft projiziert werden und dort fortan als *geheiligter, transzendenter,* und damit dem individuellen Zugriff *entzogener Grund* dieses Kollektivs erscheinen, als das, was diese Gesellschaft geschöpft hat und deren Existenz sichert.

4. Postfundationalistische Theorien der Gesellschaft

Dieselbe gesellschaftstheoretische Konzeption ist es, die Castoriadis, Gauchet und Lefort (sowie Laclau und Mouffe, die sich auf Lefort berufen)[7] teilen und kulturvergleichend im Blick auf die aktuelle Demokratie weiter entfalten. Die These lautet, dass Gesellschaften keinen fixen, bleibenden Grund, keine Einheit und Identität haben, und sich diese (auf dreifache Weise kontrafaktisch) daher imaginieren müssen – wobei sie notwendig dazu neigen, sich diese Selbsterzeugung, die imaginäre Selbst-Institution ihrer Einheit, ihrer Identität und ihres Grundes zu verleugnen. Postfundationalistisch (oder postfundamentalistisch) sind diese Konzepte, weil sie die Unmöglichkeit und zugleich die Notwendigkeit der ›Gesellschaft‹ im Sinne einer kollektiven Identität oder Geschlossenheit denken. Gesellschaften sind nie *einheitlich*, sondern von vielen Differenzen durchzogen. Und sie sind nie mit sich *identisch*, sondern werden

---

[6] Auch der Begriff des sozialen Bandes war bereits Leibniz entlehnt, s.o., Fn. 1.
[7] »Lefort hat gezeigt, wie die ›demokratische Revolution‹ […] eine neue Form der Institution des Sozialen impliziert« (Laclau/Mouffe 1991: 231f.). Lefort seinerseits spricht vom sozialen Imaginären; die Ähnlichkeit der Konzepte ist auch jenseits solcher Belege evident.

ständig und auf unvorhersehbare Weise anders.[8] Gleichwohl müssen sie sich eine Einheit und eine (zeitliche) Identität imaginieren. Sie beruhen nicht auf einem fixen Grund, sondern sind kontingent – und müssen sich dies verbergen. Der einzig reale ›Grund‹, das Soziale, hat den Charakter ständigen Anders-Werdens, der Einzelnen, ihrer Gedanken, Gefühle, Situationen; und zugleich den Charakter des Konflikts, der Spaltungen, der Partikularismen. Eine ›Gesellschaft‹ ist demgegenüber nur existent, wenn sie sich zugleich Identität (Kontinuität) und Einheit fabuliert. Kurz: Sie bedarf eines außerkollektiven Grundes, von dem her sie beides bezieht – und genau dies bezeichnet ›*das Politische*‹: die Bewegung der *Selbstinstitution von Kollektiven oder Gesellschaften*.[9]

Diese vollzieht sich in der Weise der ›Abspaltung der Macht‹ aus der Gesellschaft, welche zuerst die Religion vollzog; in der Weise der ›heteronomen Gesellschaft‹ also, die sich in Gott ihr zentrales Imaginäres gibt, sich die Selbstsetzung ebenso wie die Selbstveränderung derart im Bezug auf Transzendentes verleugnend; sie vollzieht sich in Form des ›Theologisch-Politischen‹. Eine jede Gesellschaft verdankt sich – so werden die postfundationalistischen Autoren auch sagen – einer ›*Schuld des Sinns*‹, sie gründet sich von woanders her, sie muss sich abhängig von einem »Außen und Anderem denken, um sich überhaupt zu denken« (Gauchet 2005: 73, meine Übersetzung). In dieser Hinsicht unterscheiden sich religiöse von politisch instituierten Gesellschaften nur graduell. Oder: *Gott* als das zentrale Imaginäre, worin sich die religiös instituierte Gesellschaft gründet, bedarf selbst keiner weiteren Begründung, es ist unverfügbar; unterliegt allen Konflikten; über es kann es allenfalls sekundär Divergenzen geben; mit einem Netz sekundärer gesellschaftlicher Bedeutungen und auf vielfache symbolische Verweise sich stützend zentriert und strukturiert dieses Imaginäre die gesellschaftliche Institution, und durchdringt das gesamte Leben der Subjekte. Auf dieses Imaginäre bezieht sich die Teilung der Woche in 7 Tage; auf es bezieht sich das »Auseinanderfallen eines sakralen und eines profanen Bezirks; ihm zuliebe werden zahllose gesellschaftliche Tätigkeiten instituiert und Objekte geschaffen, die über sonst keinen ›Seinsgrund‹ verfügen« (Castoriadis 1984: 251). Durkheims implizit gestelltes »Rätsel der Religion« (Castoriadis 2010a), die Frage, warum *alle* bisherigen Gesellschaften Religionen aufweisen – dieses Rätsel verweist auf die Frage, warum sich die Gesellschaft die Selbstsetzung nicht ein-

---

[8] Im Moment ständiger Veränderung, den jede Gesellschaft durch die Vorstellung ihrer Identität verleugnet, steckt im Übrigen ein zutiefst bergsonsches Argument (neben dem französischen Heidegger, den Oliver Marchart hervorhebt, vgl. ders. 2010, 2013); es zeichnet sich dadurch in diesen Theorien ein anderes Bezugsproblem der Soziologie ab, das weder von Unordnung noch Desintegration durch Parteilichkeit ausgeht, sondern vom Anders-Werden, permanenter, kontingenter Veränderung. Vgl. zum bergsonschen Zug in französischen Gesellschaftstheorien: Delitz 2015.

[9] *Theorien des Politischen* denken die »immer aufs Neue anstehende Institution von Gesellschaft« (Marchart 2010: 17) – die nicht notwendig antagonistisch verfasst sein muss, sich immer aber als kontingent erweist.

gestehen kann, *warum sich das Gesellschaft-Geschichtliche die eigene Setzung verbirgt*, und die Antwort lautet: Eine jede Gesellschaft muss ebenso ihre Kontingenz verbergen, ihr mögliches Anderswerden, wie auch ihre ständigen Spaltungen.[10]

Kulturvergleichend fällt also zunächst auf, dass sich die Mehrzahl der Kollektive einschließlich unserer historischen Vorgänger *religiös* instituieren. Die Gesetze kommen von den totemistischen Ahnen oder von Gott. Sie imaginieren sich darin einen Grund, den sie sich dem eigenen Zugriff entziehen, und sich umgekehrt von ihm her eingesetzt verstehen. In dieser Hinsicht bilden auch moderne Gesellschaften zunächst keine Ausnahme: Sofern sie sich etwa auf die Verfassung und damit die Menschenrechte oder auf ›Rationalität‹ gründen (Castoriadis 1984: 268ff.), sind auch diese Gesellschaften heteronom verfasst. Sie geben sich ein Fundament, das sie sich als *unverfügbar* instituieren. Auch insofern moderne Gesellschaften weiterhin den Begriff des Souveräns aufwerfen und Repräsentationen des Gesellschaftskörpers verlangen, haben sie Teil am »Theologisch-Politischen« (Lefort 1999) ihrer historischen Vorgänger. Sie berufen sich auf die Imagination des ›Volkes‹ oder der ›Nation‹ als ›Souverän‹. Demokratien verlieren damit das religiöse Prinzip ihrer politischen Selbstkonstitution nicht. Der ›Ort der Macht‹ ist *weder* allein profan; *noch* wird er ganz in das Transzendente abgespalten. Dies bedeutet nun durchaus (wie Lefort einfügt) ein anderes Gesellschaftsprinzip; eines, das die Heteronomie verlässt. Zwar haben sie, weil der Ort der Macht systematisch leer bleibt oder nur temporär gefüllt wird, keine gültige, unumstrittene »Repräsentation eines Zentrums der Gesellschaft« mehr. Ihre

> »Einheit kann nicht länger die soziale Zerteilung auslöschen. Die Demokratie eröffnet die Erfahrung einer Gesellschaft, die nicht erfaßt oder kontrolliert werden kann, in der das Volk zum Souverän erklärt wird, in der seine Identität aber niemals endgültig festgelegt sein wird, sondern latent bleiben wird.« (Lefort 1981: 173, übersetzt in: Laclau/Mouffe 1991: 231)

Und »abgesehen davon, daß diese Identität von einem Diskurs abhängig ist«, sowie »davon, daß der Subjektstatus nur über Begriffe einer rechtlichen Konstituierung definiert wird, ist das Volk« zudem im Wahlakt, also im »Moment der Manifestierung seiner Souveränität im Element der Zahl aufgelöst« (Lefort 1999: 57f.). Gleichwohl aber stellen sich auch solche Gesellschaften vor, es gälte, den ›Willen des Volkes‹ zu aktualisieren; ihre Einheit zu behaupten; ihre kollektive Identität letztgültig und auf einem festen Grund zu bestimmen (vgl. zur Aktualität dieser Frage Giesen/Seyfert 2016). Eine autonome Gesellschaft wäre demgegenüber eine, die das Heilige vollkommen beseitigt (Castoriadis 2010b: 143f.). So gesehen ist der Unterschied zu religiös zentrierten Gesellschaften graduell – und das Modell einer Gesellschaft ohne Grund, die

---

[10] Die Verweise auf Durkheim bleiben marginal. Castoriadis (2010a: 94) erwähnt, wenn auch kurz, das hier Zentrale: dass Durkheim die soziale Funktion der Religion als Verbergung der Selbstschöpfung der Gesellschaft erahnt habe.

sich genau deshalb ihren Grund imaginieren muss, analytisch vielversprechend.

Reprise

Es ging um das Auftauchen und Verschwinden des Konzeptes der Korporation und darin um die Modifizierung der durkheimschen Gesellschaftstheorie. Fasst Durkheim das Konzept der Korporation zunächst als Institution auf, die als Problem wie Lösung der *politischen* Organisation moderner, funktional differenzierter Gesellschaften auftritt, so fasst er die Korporation von Beginn an auch als *religiöse* Institution. In ihrer Funktion, intensive, auf das Kollektiv bezogene Gefühle und Vorstellungen zu erzeugen, ist sie das soziale Phänomen, das den frühen mit dem späten Durkheim verbindet – den Durkheim der Organisation spezifisch moderner Gesellschaften mit jenem Durkheim, der die affektiven und symbolischen Grundlagen einer jeden Gesellschaft anspricht. Beides ist aktuell:[11] die These der modernen, funktional differenzierten Gesellschaft, in der die Korporation eine Schlüsselstellung erhält, weil Durkheim als deren Kern selbstorganisierte, selbstregulierte Gruppen aufgeklärter Subjekte denkt; *und* die im Doppel-Konzept von Korporation-Staat schon entwickelte, sich indes davon lösende These der Heiligkeit des Kollektivs, weil Durkheim hier eine Theorie der Gesellschaft als imaginärer Institution entfaltet. Von Beginn an, und in jeder Phase des Werkes ist die durkheimsche Position dabei genuin soziologisch. Die Ersetzung des konstituierenden durch das konstituierte Subjekt ist der spezifische Zug der französischen Soziologie – von Durkheim über Lévi-Strauss und Foucault bis zu den postfundationalistischen Autoren. Und insofern auch Hegel gegenüber jedem philosophischen oder methodologisch-soziologischen Individualismus auf der Seite der Kollektivdenker steht, insofern ist Durkheims Nähe zu ihm unleugbar, weit über das Thema der Korporation und die Theorie der Politik hinaus.

---

[11] Man müsste weitere Aktualisierungen Durkheims erwähnen – die Theorie des symbolischen Charakters der Gesellschaft betonen Tarot 1999; Karsenti 2006; die Theorie der kollektiven Affekte wird von Bataille (vgl. Moebius 2006) und Maffesoli sowie Seyfert (2011) weitergeführt. Vgl. zu Durkheims Bedeutung für die französische Ethnologie und Anthropologie Charbonnier 2015.

Literatur

Bröckling, Ulrich/Feustel, Robert (Hg., 2010), *Das Politische denken. Zeitgenössische Konzeptionen*, Bielefeld: transcript.

Carré, Louis (2013), »Die Sozialpathologien der Moderne – Hegel und Durkheim im Vergleich«, in: *Hegel-Jahrbuch*, 318–323.

Castoriadis, Cornelius ([1964/65;1975]1984), *Gesellschaft als imaginäre Institution. Versuch einer politischen Philosophie,* Frankfurt am Main: Suhrkamp.

– ([1978–1980]2010a), »Institution der Gesellschaft und Religion«, in: *Das imaginäre Element und die menschliche Schöpfung. Ausgewählte Schriften* 3, Lich: Edition AV, 87–110.

– ([1981]2010b), »Die Logik der Magmen und die Frage der Autonomie«, in: *Das imaginäre Element und die menschliche Schöpfung. Ausgewählte Schriften* 3, Lich: Edition AV, 109–146.

Charbonnier, Pierre (2015), *La fin d'un grand partage. Nature et société, de Durkheim à Descola*, Paris: CRNS Editions.

Clastres, Pierre ([1974]1976), *Staatsfeinde. Studien zur politischen Anthropologie*, Frankfurt am Main: Suhrkamp.

Colliot-Thélène, Catherine (2010), »Durkheim: une sociologie d'État«, in: *Durkheimien Studies* 16: 77–93.

Delitz, Heike (2015), *Bergson-Effekte. Aversionen und Attraktionen im französischen soziologischen Denken.* Weilerwist: Velbrück Wissenschaft.

Desveaux, Emmanuel (2013), »Von Émile Durkheim zu Carl G. von Brandenstein: Lesarten des australischen Totemismus«, in: Tanja Bogusz/Heike Delitz (Hg.), *Émile Durkheim – Soziologie – Ethnologie – Philosophie*, Frankfurt am Main/New York: Campus, 213–236.

Durkheim, Émile (1893), *De la division du travail social*. Paris: Alcan.

– ([1906]1967), »Bestimmung der moralischen Tatsache«, in: *Soziologie und Philosophie*, Frankfurt am Main: Suhrkamp, 84–116.

– ([1897]1973), *Der Selbstmord*, Frankfurt am Main: Suhrkamp

– ([1889]1981): »Ferdinand Tönnies. Gemeinschaft und Gesellschaft«, in: *Frühe Schriften zur Begründung der Sozialwissenschaft*, Darmstadt: Luchterhand, 77–84.

– ([1917]1986): »Einführung in die Moral«, in: Hans Bertram (Hg.), *Gesellschaftlicher Zwang und moralische Autonomie*, Frankfurt am Main: Suhrkamp, 33–53.

– ([1893]1988): *Über soziale Arbeitsteilung: Studie über die Organisation höherer Gesellschaften,* Frankfurt am Main: Suhrkamp.

– ([1890–1900]1991), *Physik der Sitten und des Rechts. Vorlesungen zur Soziologie der Moral*, Frankfurt am Main: Suhrkamp.

– ([1912]1994), *Die elementaren Formen des religiösen Lebens*, Frankfurt am Main: Suhrkamp.

– (1998), *Lettres à Marcel Mauss*, Paris: Fayard.

– /Mauss, Marcel (1996[1903]) »Über einige primitive Formen von Klassifikation. Ein Beitrag zur Erforschung der kollektiven Vorstellungen«, in: *Schriften zur Soziologie der Erkenntnis*, Frankfurt am Main: Suhrkamp, 169–256.

Gangas, Spiros (2008), »Hegel and Durkheim: Sittlichkeit and organic solidarity as political configurations«, *Hegel-Jahrbuch* 11, 222–226.

Gauchet, Marcel ([1977]2005), »La dette du sens et les racines de l'État. Politique de la religion primitive«, in: *La condition politique*, Paris: Gallimard, 45–90.
- (1985), *Le Désenchantement du monde. Une histoire politique de la religion,* Paris: Gallimard.
Giesen, Bernhard/Seyfert, Robert (2016), »Collective identities, empty signifiers and solvable secrets«, *European Journal of Social Theory* 19(11): 111–126.
Hegel, Georg W.F. ([1820/21]1979), *Grundlinien der Philosophie des Rechts oder Naturrecht und Staatswissenschaft im Grundrisse*, in: *Werke*, Bd. 7, hrsg. v. Eva Moldenhauer/Karl M. Michel, Frankfurt am Main: Suhrkamp.
Kapp, Peter (1985), »The Question of Hegelian Influence upon Durkheim's Sociology«, *Sociological Inquiry* 55(1): 1–15.
Karsenti, Bruno (2006), *La société en personnes. Etudes durkheimiennes*, Paris: Economica.
Laclau, Ernesto/Mouffe, Chantal ([1985]1991), *Hegemonie und radikale Demokratie*, Wien: Passagen.
Lefort, Claude (1981*), L'invention démocratique. Les limites de la domination totalitaire*, Paris: Fayard.
- ([1981]1999), *Fortdauer des Theologisch-Politischen?*, Wien: Passagen.
Lévi-Strauss, Claude ([1962]1965), *Das Ende des Totemismus*, Frankfurt am Main: Suhrkamp.
- ([1950]1985), »Einleitung in das Werk von Marcel Mauss«, in: *Soziologie und Anthropologie 1*, Frankfurt am Main: Fischer, 7–41.
Luhmann, Niklas ([1977]1988), »Arbeitsteilung und Moral: Durkheims Theorie«, in: Émile Durkheim, *Über soziale Arbeitsteilung. Studie über die Organisation höherer Gesellschaften*, Frankfurt am Main: Suhrkamp, 19–40.
Marchart, Oliver (2010), *Die politische Differenz. Zum Denken des Politischen bei Nancy, Lefort, Badiou, Laclau und Agamben*, Berlin: Suhrkamp.
- (2013), *Das unmögliche Objekt. Eine postfundamentalistische Theorie der Gesellschaft*, Berlin: Suhrkamp.
Moebius, Stephan (2006), *Die Zauberlehrlinge. Soziologiegeschichte des Collège de Sociologie (1937–1939),* Konstanz: UVK.
Nassehi, Armin (2003), *Geschlossenheit und Offenheit. Studien zur Theorie der modernen Gesellschaft,* Frankfurt am Main: Suhrkamp.
- (2006), *Der soziologische Diskurs der Moderne*, Frankfurt am Main: Suhrkamp.
Rawls, Anne (2013), »Durkheims Theorie der Moderne: Selbstregulierende Praktiken als konstitutive Ordnung sozialer und moralischer Tatsachen«, in: Tanja Bogusz/Heike Delitz (Hg.), *Émile Durkheim – Soziologie – Ethnologie – Philosophie,* Frankfurt am Main/New York: Campus, 559–577.
Seyfert, Robert (2011), *Das Leben der Institutionen. Zu einer Allgemeinen Theorie der Institutionalisierung,* Weilerswist: Velbrück.
Tarot, Camille (1998), *De Durkheim à Mauss, l'invention du symbolique. Sociologie et science des religions*, Paris: La Découverte.

ANDREAS HETZEL

Transformationen des Naturrechts
Zur Philosophie einer nichtexkludierenden Gemeinschaft bei Hegel und Nancy

Die Gemeinschaft ist in der Moderne zunehmend unter den Verdacht des Antimodernismus geraten. Im Namen ihrer Identität, ihrer Grenzen und Werte, wurden und werden immer wieder Freiheiten beschnitten und Gewalt ausgeübt. Eine Rückkehr zum substantiellen Ethos von Gemeinschaften, welche die Individualisierung und den Sinnverlust im Gefolge des gesellschaftlichen Modernisierungsprozesses zu kompensieren vermöchte, können wir angesichts der Opfer dieser Gewalt nicht mehr unbefangen fordern. Doch sollen und können wir, so ließe sich umgekehrt fragen, auf das Konzept und die Sache der Gemeinschaft deshalb einfach verzichten? Ließe sich eine Theorie sozialer Integration formulieren, die ganz ohne den Begriff der Gemeinschaft auskommt und ihn durch andere Konzepte, etwa das der Gesellschaft, ersetzt? In diesem Beitrag möchte ich im Ausgang einerseits von Hegel, andererseits von Georges Bataille und Jean-Luc Nancy, dafür plädieren, am Gedanken der Gemeinschaft und der Aufgabe der Vergemeinschaftung festzuhalten, das Konzept der Gemeinschaft dabei allerdings zu entsubstantialisieren. Das Ziel wäre ein nichtexkludierendes und enthierarchisiertes Konzept von Gemeinschaft, eine Gemeinschaft, die sich weder durch Akte der Aus- und Abgrenzung definieren muss, noch dadurch, dass der Zugang zu ihr von Eigenschaften oder Fähigkeiten ihrer potentiellen Mitglieder (wie Herkunft, Sprache oder das Teilen bestimmter Werte) abhängig gemacht werden könnte. Die neueren Versuche der Ausformulierung einer »undarstellbaren«, »entwerkten« (Nancy 1988), »uneingestehbaren« (Blanchot 2007), »herausgeforderten« (Nancy 2007) oder »kommenden« (Agamben 2003) Gemeinschaft begreife ich dabei zugleich als Aktualisierung eines naturrechtlichen Erbes.

Ich gehe dazu in vier Schritten vor. In einem ersten Abschnitt deute ich ein Verständnis des antiken Naturrechts als eines Rechtes an, das nicht einfach, wie häufig unterstellt, in einer vorgängigen natürlichen Ordnung verankert ist, sondern das einerseits immer dann wirksam wird, wenn uns Menschen jenseits eines über ein positives Recht definierten institutionellen Rahmens begegnen, und das andererseits für ein unbedingtes Vergemeinschaftetsein aller mit allen steht, die jeder Sozialvertragskonstruktion vorausgeht (1). In einem zweiten Abschnitt zeige ich, wie sich zwei zentrale Motive der praktischen Philosophie Hegels, seine Lehre des Anerkennens und seine Theorie der substantiellen Sittlichkeit, als moderne Transformationen des Naturrechts begreifen lassen (2). Der dritte Abschnitt beschreibt, wie Hegels Philosophie des Anerkennens und der substantiellen Sittlichkeit von Bataille im Kontext einer Theorie »starker Kommunikation« reformuliert wird und wie Nancy, im Anschluss an Bataille, Hegels negativistische Philosophie des Geistes als eine antiessentialistische Theorie des »Wir« interpretiert (3). Der vierte Abschnitt schließlich stellt Nancys Konzept einer »entwerkten« Gemeinschaft in ihrer Aktualisierung naturrechtlicher und hegelscher Motive vor.

1. Das Unabgegoltene des Naturrechts

Die Frage nach der Gemeinschaft kann als zentrale Frage der Praktischen Philosophie gelten. Während sich die antike Philosophie durch einen weitreichenden Konsens darüber auszeichnete, dass das In-Gemeinschaft-Sein den Menschen als Menschen ausmacht, dass die Gemeinschaft dem Individuum logisch wie genealogisch vorausgehe, denkt die Neuzeit eher von einem Individuum her, das sich erst nachträglich mit anderen zu einer Gemeinschaft verbindet. Der Vorrang der Gemeinschaft im Denken der Antike drückt sich am prominentesten in Aristoteles' Charakterisierung des Menschen als *zoon politikón* (Arist. *Pol.*: 1253a) aus. Mit dieser Formulierung vollzieht Aristoteles eine doppelte Operation. Zum einen verortet er das In-Gemeinschaft-Sein auf einer elementaren Ebene, auf derjenigen der *zoé*, des biologischen Lebens. In Gemeinschaft mit anderen zu leben ist für Aristoteles also nicht einfach eine kontingente Form, ein *biós*, die das Leben annehmen kann, aber nicht muss, sondern es definiert das menschliche Leben als solches. Der Mensch gilt ihm als das Tier, das sich über ein In-Gemeinschaft-Sein mit anderen qualifiziert, er ist »von Natur ein geselliges Wesen und auf das Zusammenleben angelegt« (Arist. *EN*: 1169b); das In-Gemeinschaft-Sein ist dabei nicht weiter erklärbar oder auf vorsoziale Bedingungen seiner Möglichkeit rückführbar. Es besteht »von Natur« (Arist. *Pol.*: 1252b), ist nicht von Menschen gemacht, sondern aus sich selbst heraus geworden. Insofern entfaltet die politische Philosophie des Aristoteles Konsequenzen des In-Gemeinschaft-Seins, beansprucht aber nicht, dafür Erklärungen geben zu können. Zum anderen deutet Aristoteles mit der Formulierung des *zoon politikón* aber auch an, dass sich diese Gemeinschaft selbst eine gewisse Form zu geben vermag bzw. zu ihr tendiert. Das In-Gemeinschaft-Sein findet seine Vollendung in der Polis, der politisch verfassten Stadt, in der die Bürger im Medium von Rede und Gegenrede gemeinsam über die gemeinsamen Angelegenheiten befinden. Wenn Aristoteles von Gemeinschaft (*koinonía*) spricht, meint er keine Verbundenheit über substantielle Kriterien wie die Geburt (die Autochtonie des Mythos), gemeinsam verfolgte Interessen oder gemeinsame Fähigkeiten. Die Polis ist eine Gemeinschaft verschiedener, denen gemeinsam ist, dass sie die Gemeinschaft, in der sie immer schon stehen, zu vollenden suchen, indem sie ihr mittels des *lógos* eine politische Form verleihen. Dieser *lógos* sollte dabei nicht im Sinne der neuzeitlichen Vernunft als ein individuelles Vermögen begriffen werden, das als Voraussetzung der Vergemeinschaftung gelten könnte; beim *lógos*, den der

Mensch gemäß der Formel *zoon lógon echon* »bewohnt«, handelt es sich vielmehr um die erste Gestalt der *koinonía*, die dabei hilft, das Zusammenleben der Menschen, das nicht so zu verstehen ist »wie beim Vieh das Weiden auf *einer* Trift« (Arist. *EN*: 1170b), in ein politisches Zusammenleben zu überführen.

Aristoteles unterscheidet die Gemeinschaft der Polis von Familienverbänden und tribalen Gemeinschaften zunächst dadurch, dass sie eine Gemeinschaft von Freien und Gleichen ist. Die aristotelische Gemeinschaft hat insofern bereits einen universalistischen Kern. Zwar formuliert auch Aristoteles Ausschlüsse, verbannt Frauen und Sklaven in den *oikos* und schließt Metöken von der politischen Partizipation aus, diese Ausschlüsse konstituieren die *koinonía* allerdings nicht. Das wird etwa an Aristoteles ambivalenter Darstellung von Sklaven deutlich, denen er einerseits die *lógos*- und damit auch die *pólis*-Fähigkeit abspricht, andererseits aber auch zugesteht, dass viele von ihnen aus kontingenten Gründen, etwa durch Kriegsgefangenschaft (vgl. Arist. *Pol*.: 1255a) in die Sklaverei geraten seien. In seinen Ausführungen zur Freundschaft räumt er sogar ein, dass das Sklaventum ein Status sei, der Menschen von anderen Menschen zugesprochen wird: Auch zum Sklaven ist Freundschaft möglich, »sofern er Mensch ist. Denn jeder Mensch, kann man sagen, steht im Rechtsverhältnis zu jedem Menschen, der Gesetz und Vertrag mit ihm gemeinsam haben kann, und damit ist auch die Möglichkeit eines Freundschaftsbandes gegeben, insofern der Sklave Mensch ist« (Arist. *EN*: 1161b).

Aristoteles interpretiert die *koinonía* nicht so sehr als fertig konstituierte Gemeinschaft, sondern als Streben nach und Aufgabe der Vergemeinschaftung. In diesem Zusammenhang rückt er *koinonía* in eine große Nähe zur *philía*: »Freundschaft ist ja doch Gemeinschaft«, heißt es sowohl in der *Nikomachischen Ethik* (Arist. *EN*: 1171b) wie in der *Politik* (Arist. *Pol*.: 1295b). Gemeinschaft hat für Aristoteles etwas mit Neigungen und Freude zu tun, insofern kritisiert er eine Position für die der Staat »nur der Notdurft und nicht vielmehr des Schönen wegen da« ist (Arist. *Pol*.: 1291a), eine Formulierung, die ihren Reflex in Hegels Kritik an einem »äußeren Staat – Not- und Verstandesstaat« (VII: 340)[1] finden wird.

Die Stoa nimmt den bereits bei Aristoteles angelegten Universalismus des Naturrechts auf und spricht von einer Gemeinschaft, die alle mit allen, über die durch positives Recht gesetzten Grenzen hinweg, verbindet. Dies betrifft auch und gerade den Fremden, den beliebigen Anderen oder ersten Besten, mit dem ich nicht schon einen Vertrag geschlossen habe, mit dem ich auf keinem gemeinsamen Grund stehe. Im Naturrecht verdichtet sich der Anspruch dieses ersten Besten oder Fremden, dem ich etwa Gastfreundschaft zu gewähren ha-

---

[1] Die Werke Hegels werden im Text nach folgender Ausgabe zitiert: Georg Wilhelm Friedrich Hegel: *Werke*, hrsg. v. Eva Moldenhauer und Karl M. Michel, Frankfurt am Main 1986. Die römischen Zahlen beziehen sich auf den Band, die arabischen auf die Seitenzahl.

be. Insofern begreift Aristoteles die »Gastfreundschaft«, die »keine Aussicht auf einen Vorteil gewährt« (Arist. *EN*: 1156a), als wichtige Gestalt der *philía*.

Die klassische Antike verankert das Gebot der Gastfreundschaft bereits auf der Ebene der Mythologie, in der Figur des Zeus Xenios, des Zeus in der Gestalt des Fremden, der an meiner Tür steht und um Beherbergung bittet.[2] Das antike Naturrecht wäre, wie neuerdings Marcel Hénaff anmerkt, das Recht dieses Fremden, der »außerhalb der Nationen und der lokalen Gruppierungen, außerhalb jener Vereinigungen aller Art« steht, desjenigen, »der keine Zugehörigkeit geltend machen kann« (Hénaff 2009: 596). Dem antiken Naturrechtsdenken geht es nicht darum, soziale Verhältnisse in kosmischen Prinzipien zu verankern, sondern eher darum, die Frage zu stellen, was uns jenseits der Verbindlichkeiten einer bereits instituierten Gemeinschaft zu orientieren vermag, was uns verbindet, wenn wir nicht Teil eines bereits definierten und konstituierten *dēmos* sind, wenn die normativen Kriterien des Binnen-Ethos einer Gemeinschaft im Widerfahrnis eines konkreten Anderen selbst zur Disposition gestellt werden.

In den von der Stoa inspirierten Arbeiten Ciceros wird das Recht, welches der Fremde oder der beliebige Andere hat, explizit im Sinne eines Naturrechts ausbuchstabiert. Wie alle Lebewesen habe auch der Mensch einen »Geselligkeitstrieb [*appetitus coniunctionis*]« (Cic. *de off.*: I 11). Dieser verbinde »alle Menschen miteinander zu einer Gemeinschaft der Rede und des Lebens« (Cic. *de off.*: I 12). Cicero denkt dabei weniger an einen *lógos* als Vermögen oder Fähigkeit, sondern an je konkrete Reden, mit denen wir uns aneinander richten können. Diese vereinigen die Menschheit zu einer »unbegrenzten Gemeinschaft [*infinita societas hominum*]« (Cic. *de off.*: I 53), die allen anderen Gemeinschaften wie Staat und Familie vorausgehe und jeden willkürlichen Ausschluss verbiete. Mit allem Nachdruck formuliert Cicero weiter: »Es gibt nämlich eine Gemeinschaft – auch wenn ich es schon oft zu sagen hatte, muß ich es doch noch öfter sagen –, die jedenfalls sehr ausgedehnt ist und die alle mit allen verbindet.« (Cic. *de off.*: III 69). Das Substantiv *natura* in der *lex naturae* wird von Cicero dabei gerade nicht im Sinne einer Wesenseigenart, Echtheit oder kosmischen Ordnung verwendet, die dem Sozialen als Bedingung seiner Möglichkeit zugrunde gelegt werden müsse. Cicero formuliert vielmehr: »*omnium consensus naturae vox est* [die Übereinstimmung aller ist die Stimme der Natur]« (Cic. *tusc. disp.*: I 15, 35). Wir stimmen also nicht auf der Grundlage einer gemeinsamen, von Gott gegebenen[3] Natur überein, sondern ganz im Gegenteil: Wo immer sich zwei Menschen im Modus der Rede aneinander richten und übereinstimmen, dort wird eine gemeinsame Natur im

---

[2] Dieses Motiv findet seine Entsprechung in der christlichen Vorstellung, jeder beliebige Fremde könnte ein Engel sein: »Vergesst die Gastfreundschaft nicht; denn durch sie haben einige, ohne es zu ahnen, Engel beherbergt.« (Hebräer 13, Vers 2)

[3] Die *lex naturae* ist, wie ich gegen Bloch und andere Interpreten einwenden würde, gerade keine *lex divina*, sie kommt ohne theologisches Fundament aus (vgl. Bloch 1983: 26; Hartung 1999: 18f.).

Sinne einer Verbindlichkeit gewesen sein, die uns nicht erlaubt, einen beliebigen Anderen auszuschließen.

Während das antike Naturrecht für den Anspruch einstand, der vom ersten Besten ausgeht – des oder der Beliebigen, zu dem oder der die Art der Beziehung nicht bereits definiert ist – sanktioniert das neuzeitliche Naturrecht eine Ordnung der Ungleichheit und des Besitzes. Für Ernst Bloch, der das neuzeitliche Naturrecht als »die Ideologie der individuellen Wirtschaft und des kapitalistischen Warenverkehrs« (Bloch 1983: 69) bezeichnet und als Versuch begreift, eine liberalistische Marktgesellschaft in einem menschlichen Naturzustand zu verankern, positiviert das antike Naturrecht demgegenüber die »Irrsterne und Ausnahmen, die Einbrüche ohne Maß und Zahl« (Bloch 1983: 71), mit denen sich Gemeinschaften damals wie heute konfrontiert sehen. Insbesondere Hobbes und Locke verkehren die antike Theorie des Naturrechts in ihr Gegenteil. Sie naturalisieren mit ihm das bürgerliche Bedürfnis, Eigentum zu erwerben und Privatbesitz zu legitimieren. »Das aufsteigende Bürgertum«, so Bloch, »hatte in seinem Naturrecht oft nur sich selbst idealisiert« (Bloch 1983: 11), Naturrecht werde somit zur »Draperie« des »Unrechts selber« (Bloch 1983: 11).

Um zusammenzufassen: Die antike Naturrechtstradition versucht Gemeinschaft nicht zu erklären, sondern setzt sie als gegeben voraus, als eine Gemeinschaft, die uns immer schon mit denen verbindet, mit denen wir nichts gemein haben. Zu einem Problem wird dieses jeder von Menschen gemachten Sozialität vorgängige Gemeinsame erst einer Neuzeit, die vom Individuum her denkt, von seiner Selbsterhaltung und seiner Bewährung gegenüber anderen, die nicht mehr als potentielle Freunde, sondern als Konkurrenten um knappe Ressourcen in den Blick geraten. Für die Neuzeit müssen Individuen ein Gemeinsames erst herstellen, klassischerweise mit Hilfe eines Gesellschaftsvertrags.

2. Hegels Sittlichkeit als Transformation eines naturrechtlichen Erbes

Hegels Kritik der Moralität im Namen der Sittlichkeit greift explizit auf ein naturrechtliches Erbe zurück. Seine Praktische Philosophie beerbt das antike Naturrecht in einer doppelten Hinsicht: als anzuerkennenden Anspruch, der vom konkret begegnenden Anderen in seiner Andersheit ausgeht, und als Geist einer Gemeinde oder Gemeinschaft, die sowohl dem Staat als auch einer marktförmigen Gesellschaft als Korrektiv dienen kann. Ich werde zunächst kurz auf Hegels explizites naturrechtliches Erbe eingehen, um dann zu zeigen, wie es sowohl seine Ethik des Anerkennens wie sein Plädoyer für den Wert von Gemeinschaften und Korporationen in einem modernen Staat orientiert.

Im Gegensatz zur deontischen Ethik Kants, die ein unbedingtes, an Prinzipien ausgerichtetes Sollen und ein sich diesem Sollen verpflichtenden guten Willen ins Zentrum einer Theorie der *Moralität* stellt, nimmt Hegel seinen

Ausgang von einer immer schon im Sozialen verkörperten *Sittlichkeit*. Am Ende der Einleitung zu seinen *Grundlinien der Philosophie des Rechts* grenzt er seine Theorie der Sittlichkeit explizit von Kants Moralphilosophie ab: »Moralität und Sittlichkeit, die gewöhnlich etwa als gleichbedeutend gelten, sind hier in wesentlich verschiedenem Sinne genommen. Inzwischen scheint auch die Vorstellung sie zu unterscheiden; der kantische Sprachgebrauch bedient sich vorzugsweise des Ausdrucks Moralität, wie denn die praktischen Prinzipien dieser Philosophie sich durchaus auf diesen Begriff beschränken, den Standpunkt der Sittlichkeit sogar unmöglich machen, ja selbst sie ausdrücklich zernichten und empören« (VII: 88). Unmöglich mache die Philosophie Kants jede Sittlichkeit, weil sie den Eigensinn des Ethischen auf eine »negative Bestimmung« (VII: 80) reduziere, auf eine bloße »Beschränkung« (VII: 80) der Freiheit oder Willkür des Individuums. Der kategorische Imperativ fordere zu nichts anderem auf, als »die Übereinstimmung der Willkür des einen mit der Willkür des anderen« (VII: 80) zu suchen, er verbleibe damit in einem individualistischen Denkhorizont und könne den Eigensinn des Ethischen, der immer nur in und mit einer Gemeinschaft gegeben sei, nicht nur nicht explizieren, sondern bedrohe ihn regelrecht.

In der Frühschrift *Über die wissenschaftlichen Behandlungsarten des Naturrechts* aus dem Jahr 1802/03 wird der (spätere) Gegensatz von (substantieller) Sittlichkeit und (abstrakter) Moralität von Hegel als Gegensatz von Naturrecht und Moralität formuliert (vgl. Horstmann 1999: 8-11). Das »Naturrecht« fungiert hier als Statthalter der »*realen absoluten Sittlichkeit*« einer Gemeinschaft, wohingegen die Moralität Kants die »*Sittlichkeit des Individuums*« (II: 504) umfasse. Diese »Sittlichkeit des Individuums« bleibt für Hegel von der Sittlichkeit der Gemeinschaft abhängig. Eine naturrechtliche Perspektive nehmen wir immer dann ein, wenn wir »das Verhältnis der Sittlichkeit des Individuums zur realen absoluten Sittlichkeit« (II: 504) einer Gemeinschaft als Abhängigkeitsverhältnis verstehen. Unterstützung finde diese Perspektive in der Sprache. Das Substantiv »Sittlichkeit« sträube sich regelrecht gegen die Formulierung »Sittlichkeit des Individuums«, weshalb Kant letztere mit dem Begriff »Moralität« belege: »Wir bemerken hier auch eine Andeutung der Sprache, [...] daß es nämlich in der Natur der absoluten Sittlichkeit ist, ein Allgemeines oder Sitten zu sein; daß also das griechische Wort, welches Sittlichkeit bezeichnet, und das deutsche diese ihre Natur vortrefflich ausdrücken; daß aber die neuern Systeme der Sittlichkeit, da sie ein Fürsichsein und die Einzelheit zum Prinzip machen, nicht ermangeln können, an diesen Worten ihre Beziehung auszustellen; und diese innere Andeutung sich so mächtig erweist, daß jene Systeme, um ihre Sache zu bezeichnen, jene Worte nicht dazu mißbrauchen konnten, sondern das Wort Moralität annahmen, das zwar nach seinem Ursprung gleichfalls dahin deutet, aber weil es mehr ein erst gemachtes Wort ist, nicht so unmittelbar seiner schlechtern Bedeutung widersträubt« (II: 504).

Die Moralität habe ausschließlich individuelle Tugenden zum Gegenstand und reiche nicht an den kollektiven Kern normativer Orientierungen heran, sie verhalte sich zur Gemeinschaft vielmehr bloß »negativ« oder »negierend«. Wir sehen für Hegel, »daß das Verhältnis des Naturrechts und der Moral sich auf diese Weise umgekehrt hat; daß nämlich der Moral nur das Gebiet des an sich Negativen zukommt, dem Naturrecht aber das wahrhaft Positive, nach seinem Namen, daß es konstruieren soll, wie die sittliche Natur zu ihrem wahrhaften Rechte gelangt; dahingegen, wenn sowohl das Negative, als auch dieses als die Abstraktion der Äußerlichkeit, des formalen Sittengesetzes, des reinen Willens und des Willens des Einzelnen, und dann die Synthesen dieser Abstraktionen wie der Zwang, die Beschränkung der Freiheit des Einzelnen durch den Begriff der allgemeinen Freiheit usw. die Bestimmung des Naturrechts ausdrückten, es ein Naturunrecht sein würde, indem bei der Zugrundelegung solcher Negationen als Realitäten die sittliche Natur in das höchste Verderben und Unglück versetzt wird.« (II: 505/506). Hegel wendet gegen Kant ein, dass wir das Moralische nicht *machen*, sondern letztlich nur *voraussetzen* können. Die Erscheinungsform dieser Voraussetzung kann in der vom Naturrecht betonten Sittlichkeit gesehen werden, in den Werten und Normen, die in den Sitten einer Gemeinschaft immer schon verkörpert sind.

Diese Sittlichkeit liegt allerdings nicht einfach vor, wie Werte, die an einen Wertehimmel geheftet wären, sondern aktualisiert sich permanent in den sozialen Interaktionen. Hegels Lehre des Anerkennens versucht genau dies zu explizieren, sie überführt ein identitätslogisches Konzept von Gemeinschaft, wie es heute etwa von neoaristotelischen oder kommunitaristischen Positionen vertreten wird, in einen ebenso offenen wie prekären Prozess der *Vergemeinschaftung*. Hegels Lehre des Anerkennens lese ich insofern als eine moderne Transformation des antiken Naturrechts. Hegel schließt sich mit seiner Lehre des Anerkennens dem Versuch Kants an, Freiheit zu denken, stört sich aber an Kants Identifikation von Freiheit und Gesetz, die für ihn einen Widerspruch enthält. Ein Gesetz schränkt unsere Freiheit immer auch ein, insofern kann die praktische Philosophie nicht in einem höchsten Gesetz begründet werden. Hegel macht dies schon in seiner Frühschrift *Geist des Christentums* (1798/1800) deutlich, die die christliche (insbesondere paulinische) Kritik an der jüdischen Gesetzesreligion (vgl. Hetzel 2011a) auf Kant überträgt: »Moralität ist nach Kant die Unterjochung des Einzelnen unter das Allgemeine, der Sieg des Allgemeinen über sein entgegengesetztes Einzelnes.« (I: 299) Der Unterjochung des Einzelnen unter das Allgemeine in der Gesetzesreligion möchte Hegel eine soziale Praxis entgegenhalten, in der sich Einzelne auf gleicher Augenhöhe und ohne die Subordination unter ein sie einigendes Gesetz begegnen. Dieses Verhältnis charakterisiert Hegel zunächst als eines der Neigung oder Liebe, die von der abstrakten kantschen Moralität gerade ausgeschlossen wird; er rehabilitiert damit die *philía* des Aristoteles und den *appetitus coniunctionis* Ciceros und der Stoa. Die abstrakte Moralität der Gesetzesbefolgung zerstöre mit der Liebe letztlich auch die Substanz des Sozialen. Die kantsche »Sittenrichterei ist der Tod, erkennt nichts für sich Bestehendes, nur alles unter einem Gesetz, unter einer Herrschaft stehend« (I: 309). Was Kant aus der praktischen Philosophie auszuschließen sucht, die Neigung oder die Liebe, rückt beim frühen Hegel in ihr Zentrum.

Seit seiner Jenaer Zeit tritt in Hegels Werken an die Stelle der Liebe ein Konzept des Anerkennens, das sowohl eine *Beschreibung* der Natur des Sozialen leistet, wie auch ein *normatives Ideal* verkörpert, an dem sich soziale Verhältnisse hinsichtlich ihrer Gelungenheit beurteilen lassen. Im Gegensatz zu Kant kann die Quelle der Freiheit für Hegel nicht in einem gesetzgebenden Akt des Selbst liegen; Freiheit kommt dem Selbst für Hegel vielmehr vom Anderen aus zu (vgl. Hetzel 2011b). Es ist, so führt Hegel am Ende des *Geist*-Kapitels der Phänomenologie aus, der mir konkret begegnende Andere, der mir verzeiht und mich im »Wort der Versöhnung« (III: 493) erst frei sein lässt. Anerkennen erscheint somit als eine Praxis, die den Anderen im Auslöschen von Bildern und Aussetzen allen Wissens über ihn in seine unausdeutbare Andersheit entlässt. Nancy spricht in diesem Zusammenhang von einem »(An-) Erkennen, das keine Vorstellung ist und das nichts Vorgestelltes (an-)erkennt« (Nancy 2011: 224). Das Anerkennen bestätigt weder Selbst noch Anderen in ihrem Sosein, sondern verändert sie: »Ich erkenne mich nur insofern als vom anderen anerkannt, als diese Anerkennung des anderen mich verändert: Sie ist die Begierde, das, was in ihm zittert.« (Nancy 2011: 224)

Im Gegensatz zur rationalistischen Aufklärungsphilosophie Kants liegt die Gemeinsamkeit aller Menschen für Hegel nicht in der Partizipation an einer ihnen gemeinsamen Vernunft. Hegel geht vielmehr schon sehr früh davon aus, dass allen Menschen nur die Abwesenheit von Gemeinsamkeiten gemeinsam ist, eine Abwesenheit, die sich konkret als »Nacht der Welt« (Hegel 1974: 204) im Blick des Anderen offenbart. Dieser Erfahrung einer irreduziblen Fremdheit oder Andersheit möchte Hegel begrifflich Rechnung tragen. Die intersubjektive Erfahrung, dass »gerade darin jedes dem andern gleich ist, worin es ihm entgegengesetzt ist« (Hegel 1974: 222), steht am Anfang seiner gesamten Geist-Philosophie.

Die Theorie des Anerkennens liefert den impliziten normativen Maßstab jener Theorie der Gesellschaft, die Hegel in den *Grundlinien der Philosophie des Rechts* vorlegt. »Das Recht«, so führt Hegel bereits in der *Jenaer Realphilosophie* aus, ist »das allgemeine abstrakte Anerkanntsein« (Hegel 1974: 233). Recht als Inbegriff des objektiven Geistes, der den gesamten Bereich des Sozialen und Politischen umfasst, gilt Hegel als »das Recht der Besonderheit des Subjekts« oder als »das Recht der subjektiven Freiheit« welches »den Wende- und Mittelpunkt in dem Unterschiede des *Altertums* und der *modernen* Zeit« (VII: 233) ausmacht. Die Menschen erkennen sich in der Moderne wechselseitig als frei an, die institutionelle Verkörperung dieser Anerkennung *ist* das Recht. Im §209 der *Grundlinien der Philosophie des Rechts* heißt es: »Der

Mensch gilt so, weil er Mensch ist«, und nicht, wie Hegel in Anspielung auf den Galater-Brief[4] weiter ausführt, »weil er Jude, Katholik, Protestant, Deutscher, Italiener usf. ist« (VII: 359), weil er m.a.W. Angehöriger einer Nation oder Träger bestimmter anthropologischer Eigenschaften ist. Im modernen Bewusstsein der unbedingten Anerkennenswürdigkeit eines jeden Individuums vor allen Eigenschaften und Leistungen, die wir ihm zu- oder absprechen können, scheint sich für Hegel die naturrechtliche Einsicht einer verbindlichen Gemeinschaft aller mit allen zu aktualisieren.

Nicht nur in seiner Theorie des Anerkennens nimmt Hegel naturrechtliche Motive auf, sondern auch in seinem Plädoyer für die Bedeutung lokaler Gemeinschaften in der modernen Gesellschaft. Die geschichtliche Wirklichkeit, auf die Hegel mit seinem Werk reagiert, ist nicht nur von der Erfahrung der Freiheit geprägt, wie sie sich in der Französischen Revolution manifestiert, sondern auch durch die Erfahrungen neuer Formen der Unfreiheit in einer zunehmend von Marktgesetzten geprägten bürgerlichen Gesellschaft. Die bürgerliche Gesellschaft gründet vor allem auf den ökonomischen Interessen einzelner Besitzbürger. Mit den Klassikern der Nationalökonomie zeigt Hegel, dass das »Wimmeln von Willkür« (VII: 347), als das er die bürgerliche Gesellschaft beschreibt, nach und nach von einer unsichtbaren Hand geordnet wird, so dass das Streben der Einzelnen nach Bedürfnisbefriedigung und Profitmaximierung zur Etablierung von gesellschaftlichen Verfahren und Institutionen beiträgt, von denen letztlich alle profitieren; andererseits scheint er aber nicht daran zu glauben, dass sich die Gesellschaft aus eigener Kraft von ihren auf Konkurrenz, Bedürfnismanipulation und Entfremdung beruhenden Widersprüchen befreien kann. Insofern verweist die Gesellschaft auf den Staat als höchste Gestalt der praktischen Vernunft oder als höchste »Wirklichkeit der sittlichen Idee« (VII: 398): »Der Staat ist an und für sich das sittliche Ganze, die Verwirklichung der Freiheit« (VII: 403). Hegel begreift den Staat nicht als Selbstzweck, sondern als Korrektiv zur Gesellschaft, das die Individuen vor den entfesselten Kräften freier Märkte zu schützen vermag. In seinen Überlegungen zum inneren Staatsrecht führt Hegel aus, dass sich nur im Staat die »konkrete Freiheit« (VII: 405) der Individuen verwirkliche. Erst in einem staatlichen Rahmen werde ihr Recht, »sich zum *selbständigen Extreme* der persönlichen Besonderheit [zu] vollenden« (VII: 407), anerkannt und garantiert. Nur einer äußerlichen Betrachtung erscheine der Staat als Inbegriff von Notwendigkeiten und Zwängen. Als höchste Gestalt der Sittlichkeit steht der Staat demgegenüber für die gelingende Vermittlung von Allgemeinem und Besonderem, die zugleich eine Vermittlung von »Pflicht und Recht« (VII: 409) sei.

Zugleich monopolisiert der Staat die Mittel der Ausübung von Gewalt. Um der Gefahr eines »Missbrauch[s] der Gewalt« (Hegel 1820: 463) vorzubeugen,

---

[4] »Es gibt nicht mehr Juden und Griechen, nicht Sklaven und Freie, nicht Mann und Frau; denn ihr alle seid ›einer‹ in Christus Jesus.« (Galater 3, 28)

muss sich die Regierungsgewalt im Staat weiter bestimmen und von sich selbst unterscheiden. Eine wichtige Rolle spielen hier, wie Hegel in §295 der *Grundlinien* ausführt, die »Gemeinden« und »Korporationen« (VII: 463), die die »subjektive Willkür« einzelner Beamter hemmen können. Zugleich hindern die Gemeinden und Korporationen das Volk daran, wie Hegel in §302 ausführt, zur »Menge«, zum »Haufen« oder zur »zerstörenden Masse« (VII: 472) zu werden (vgl. Ruda 2011). Gemeinden und Korporationen sorgen dafür, dass sich einerseits das Volk nicht in eine bloße Menge von Individuen auflöst und andererseits diese Individuen nicht einfach abstrakt der Regierung gegenüberstehen. Der organische, sich über Gemeinschaften vermittelnde Staat verhindert, dass das Volk »nur als die Menge – eine formlose Masse, deren Bewegung und Tun eben damit nur elementarisch, vernunftlos, wild und fürchterlich wäre« (VII: 473) in Erscheinung treten kann. Die Gemeinschaft hat für Hegel also auch und gerade in der modernen Gesellschaft ihren Ort. Ein philosophisches Plädoyer für die Gemeinschaft bedeutet für Hegel also, im Gegensatz zum Neoaristotelismus und Kommunitarismus, kein Plädoyer für eine antimodernistische *Rückkehr zur Gemeinschaft*, die sich an die Stelle der Gesellschaft setzen soll.

So wie der Staat als Korrektiv einer marktförmigen Gesellschaft fungiert, benötigt der Staat selbst noch einmal ein Korrektiv, Gemeinschaften oder Gemeinden, die ihn davor bewahren, zu einem bloßen Herrschaftsapparat zu werden. Die Gemeinde ist eine Gemeinschaft, die nicht von einem utilitaristischen Kalkül getragen wird, sondern von Geneigtheit und Liebe. In seiner Religionsphilosophie schreibt Hegel: »Gott ist Geist, und zwar der Geist seiner Gemeinde.« (XVII: 187) In der Gemeinde realisiert sich der Geist in einer Weise, die den Menschen auch als fühlendes, glaubendes und mit Gesinnungen ausgestattetes Wesen einbezieht. Der hegelsche Geist ist mehr als ein bloßes Sich-Begreifen, er ist eine Lebensform, konkret: die Lebensform der Gemeinde. Sittlichkeit wäre von hierher immer auch als Sittlichkeit einer Gemeinde zu verstehen, die weder über die Unterwerfung unter ein gemeinsames Gesetz integriert wird, noch im institutionellen Ensemble des Staates aufgeht, sondern dieses Ensemble überhaupt erst beseelt,[5] die den Staat daran hindert, zu einem »Räderwerk« (I: 235) zu werden.

3. Hegelsche Motive im neueren Gemeinschaftsdiskurs

Die Renaissance des Gemeinschaftskonzepts in der Gegenwartsphilosophie, die vor allem durch Nancy angestoßen wurde, verdankt sich der Aufnahme hegelscher Motive. Eine zentrale Vermittlerrolle kommt hier Georges Bataille zu, der die hegelsche Philosophie in den 1930er Jahren in den Vorlesungen

---

[5] Dazu, dass Religion für Hegel als Statthalter kognitiv nicht einholbarer emotionaler und praktischer Ansprüche fungiert, vgl. Lewis 2011.

Alexandre Kojvès kennenlernte und Hegels Lehre des Anerkennens zur Theorie einer »starken Kommunikation« erweitert hat. Batailles Philosophie, die von Jacques Derrida treffend als ein »rückhaltloser Hegelianismus« (Derrida 1972: 380-421) charakterisiert wurde, lässt sich insgesamt nur als ein ständiges Ringen mit der Philosophie Hegels begreifen (vgl. Bürger 1992).

Bataille gilt vor allem als Philosoph einer Überschreitung, die sich an Erfahrungen der Gewalt, der religiösen Ekstase und des erotischen Exzesses bindet. In der Überschreitung öffnen sich Menschen an- und füreinander und erfahren ein vorgängiges Vergemeinschaftet-Sein, das in einer von Arbeit und Vernunft geprägten modernen Gesellschaft in Vergessenheit geriet. In Ekstase und Exzess erblickt Bataille Manifestationen einer souveränen Existenz, die sich nicht den bürgerlichen Imperativen der Selbsterhaltung und der Arbeit unterstellt. Die moderne bürgerliche Welt der Arbeit und Vernunft interpretiert Bataille als ein System von Verboten und Ausgrenzungsmechanismen. Erst in der Überschreitung dieser Verbote vermögen wir, in einen Weltinnenraum der Immanenz zurückzukehren, eine durch Arbeit und Reflexion verdrängte Kontinuität mit den Anderen wiederherzustellen. Diese Überschreitung fasst Bataille in das Bild einer »starken Kommunikation«, die nicht länger darin bestünde, gemeinsame Situationsdefinitionen auszuhandeln, sondern sich den Anderen (den Kontingenzen ihres Begehrens) rückhaltlos preiszugeben, mit dem Prinzip der Selbsterhaltung zu brechen: »Starke Kommunikation« kann, wie in Hegels Kampf des Anerkennens, »nicht stattfinden zwischen erfüllten und intakten Wesen: sie will Wesen, die ihr eigenes Sein *aufs Spiel gesetzt*, an den Rand des Todes, des Nichts versetzt haben« (Bataille 2005: 52). Dieses Nichts wird von Bataille im Sinne einer Wunde expliziert, eines Mangels, in dem wir uns allererst begegnen können: »Durch das, was man Unvollendung, animalische Nacktheit, Wunde nennen kann, *kommunizieren* die verschiedenen, voneinander getrennten Wesen, gewinnen Leben, indem sie sich in der *Kommunikation* untereinander verlieren.« (Bataille 2002: 39)

Maurice Blanchot rückt Batailles »starke Kommunikation« zu Recht in eine große Nähe zum hegelschen Konzept der Anerkennung, einer »Anerkennung der gemeinsamen Fremdheit, die es uns nicht erlaubt, von unseren Freunden zu sprechen; die uns gebietet, aus ihnen keinen Gesprächsgegenstand [...] zu machen, sondern die Bewegung des Einverständnisses zu vollziehen, in der sie, zu uns sprechend, noch in der größten Vertrautheit die unendliche Distanz aufrechterhalten, jene fundamentale Trennung, in der das Trennende zur Beziehung selbst wird.« (Blanchot 1990: 12/13) Im Motiv eines Trennenden, das zur Beziehung selbst wird, kommuniziert Bataille mit Hegel. Bataille hält einer Philosophie des Mangels und der Arbeit, als die er die akademische Philosophie seiner Zeit begreift, eine »Philosophie der Kommunikation« (Bataille 1999: 114) entgegen, die ohne transzendentalen Rahmen auskommt. Das Medium der Kommunikation wäre hier das Nichts, die Negativität, die »Nacht der Welt«. An das so umrissene Denken einer »starken Kommunikation« bindet Bataille, wie bereits angedeutet, sein antibürgerliches Konzept der Souveränität. Er bezweifelt die Möglichkeit, dass einer allein souverän sein kann: »Für sich allein ist jedes Wesen unfähig [...] bis zum Äußersten des Seins zu gehen.« (Bataille 1999: 62) Die Unverfügbarkeit der Souveränität ist immer auch gekoppelt an die Unverfügbarkeit der Anderen in ihrer Andersheit und damit an eine im radikalen Sinne kontingente Kommunikation: »Es gibt keinerlei Unterschied zwischen der so definierten starken Kommunikation und dem, was ich Souveränität nenne. Die Kommunikation setzt im Augenblick selbst die Souveränität der Kommunizierenden voraus, umgekehrt erfordert die Souveränität Kommunikation.« (Bataille 1987: 182) Die starke Kommunikation geht den kommunizierenden Individuen voraus: »Die Menschheit ist nicht aus Einzelwesen gemacht, sondern aus der Kommunikation zwischen ihnen. Niemals sind wir gegeben, nicht einmal uns selbst, es sei denn in einem Kommunikationsnetz mit den anderen: wir sind in Kommunikation gehüllt, wir sind auf diese unaufhörliche Kommunikation angewiesen, deren Fehlen wir bis in die tiefste Einsamkeit hinein als Suggestion zahlreicher Möglichkeiten, als die Erwartung eines Augenblicks erfahren, in dem sie zu einem Schrei wird, den andere hören« (Bataille 1987: 179).

Für Nancy hat Bataille in seinem Denken der Kommunikation »sicher als erster oder zumindest am intensivsten die [...] moderne Erfahrung der Gemeinschaft gemacht: die Gemeinschaft ist weder ein herzustellendes Werk, noch eine verlorene Kommunion, sondern der Raum selbst, das Eröffnen eines Raums der Erfahrung des Draußen, des Außer-Sich-Sein.« (Nancy 1988, 45). Die batailleschen Kommunikation eröffne die Perspektive einer Entunterwerfung, die nur gelinge, wenn wir uns der Öffnung anvertrauen, die der Andere immer schon war, einer Neigung zu diesem Anderen, zu den Kontingenzen seines Begehrens. Nancy räumt dem Begehren eine zentrale Rolle für den Prozess der Vergemeinschaftung ein: »Im übrigen machen einzelne Atome noch keine Welt. Es bedarf eines *clinamen*. Es bedarf einer Neigung oder einer Zuneigung des einen für den anderen, einer Anziehung des einen durch den anderen, eines gegenseitigen Hingezogenseins.« (Nancy 1988: 16) Er spielt hier auf die Idee eines *clinamen atomorum* im antiken Atomismus an, einer ersten Abweichung der Atome von ihren anfänglich parallelen Bahnen, ohne die sich im Universum keine Struktur ausgebildet hätte, einer Abweichung, zu der es durch die Anziehungskraft zwischen den Atomen kommt, durch eine Art elementare Zuneigung. Nancy interpretiert die räumliche Neigung, von der die Atomisten sprechen, als Sinnbild erotischer Attraktion.

Bataille ist für Nancy ein Denker, für den es »außerhalb der Gemeinschaft keine Erfahrung gibt« (Nancy 1988: 50). Dass einer allein keine Erfahrung *machen* kann, wird von Nancy auch dahingehend gedeutet, dass Erfahrung, wie die Gemeinschaft, kein Werk ist, nicht *érgon* sondern *enérgeia*: »Die Gemeinschaft besteht aus der Unterbrechung der Singularitäten oder aus der Schwebe, welche die singulären Wesen *sind*. Sie ist nicht ihr Werk, sie besitzt jene nicht als ihre Werke, wie auch die Kommunikation kein Werk, noch nicht einmal das Wirken singulärer Wesen ist: Denn sie ist einfach ihr Sein – ihr auf der Grenze der Schwebe gehaltenes Sein. Die Kommunikation ist die Entwerkung des sozialen, ökonomischen, technischen und institutionellen Werkes.« (Nancy 1988: 70)

Zu seiner Philosophie der Gemeinschaft kommt Nancy nicht nur über den Umweg Batailles, sondern auch in direkter Auseinandersetzung mit Hegel, wie insbesondere sein Buch *Hegel. L'inquiétude du négatif* aus dem Jahr 1997 zeigt. Hegel selbst wird hier als Denker einer »starken Kommunikation« und eines »rückhaltlosen Hegelianismus« gelesen. Nancy deutet die Philosophie Hegels konsequent negativistisch. Das Selbstbewusstsein, dessen Geschichte die *Phänomenologie des Geistes* rekonstruiere, sei ein »Bewusstsein der Trennung« (Nancy 2011: 166), es beruhige sich nicht länger in Metanarrativen wie Gott oder der Natur, sondern beziehe sich auf sich selbst in einer »unendlichen Arbeit der Negativität« (Nancy 2011: 167). Der Geist, wie er sich in der Geschichte, den konkreten Gestalten der Sittlichkeit, offenbare, sei keine Substanz, sondern vollziehe eine Bewegung der »Vermittlung des Sichanderswerdens mit sich selbst« (III: 23). So wie sich ein Subjekt, dass eine Erfahrung im Sinne der batailleschen Kontinuität mache, aufs Spiel setze, so begreife auch Hegel die Bewegung des Geistes als eine absolute Entäußerung. Insofern kann Hegel schreiben: »Aber nicht das Leben, das sich vor dem Tode scheut und von der Verwüstung rein bewahrt, sondern das ihn erträgt und in ihm sich erhält, ist das Leben des Geistes.« (III: 36) Der Geist sei, so zitiert Nancy aus der *Enzyklopädie*, »nicht etwas Ruhendes, sondern das absolut Unruhige, die reine Tätigkeit, das Negieren [...] aller festen Verstandesbestimmungen« (X: 12; vgl. Nancy 2011: 168). Als Denker der »Abwesenheit des Beginns und [der] Abwesenheit des Endes, Abwesenheit des Grundes und Abwesenheit der Vollendung« sei Hegel »das Gegenteil« jenes »›totalitären‹ Denkers« (Nancy 2011: 170), als der er auch und gerade in der französischen Philosophie lange Zeit gegolten hat.

Die Negativität der hegelschen Philosophie manifestiere sich vor allem darin, dass sich keine Denkbestimmung in ihr beruhige, sondern auf andere Denkbestimmungen verweise, dass das Ganze des Seins, des Wesens und des Begriffs als eine Unendlichkeit von Beziehungen und Übergängen gedacht werde, die allen Entitäten vorausgingen. »Das Wahre« zeigt sich für Hegel nicht in und an einem abgesonderten Sein, sondern im »bacchantische[n] Taumel, an dem kein Glied nicht trunken ist« (III: 46). Die Idee einer gegebenen und letztlich unhintergehbaren Kontinuität des In-Gemeinschaft-Seins werde von Hegel nicht nur auf dem Feld der praktischen Philosophie in Anschlag gebracht, sondern universalisiert: »Das Negative ist die Vorsilbe des *Un*-Endlichen, als Behauptung, dass alle Endlichkeit (und jedes Sein *ist* endlich) in sich über ihre Bestimmtheit hinausgeht. Sie befindet sich in der unendlichen Beziehung.« (Nancy 2011: 174) Diese unendliche Beziehung antizipiert, was Nancy anderenorts mit dem Begriff der Gemeinschaft belegt. Hegels Philosophie bemühe sich im Namen des In-Beziehung-Seins um eine

»Ent-Setzung jeder Setzung« (Nancy 2011: 179), der Geist sei »die Trennung als Eröffnung der Beziehung« (Nancy 2011: 179) selbst.

Denken heiße für Hegel also In-Beziehung-Setzen und Vergemeinschaften, die Gemeinschaftlichkeit gegenüber allem Abgesonderten in ihr Recht setzen. Nancy zeigt sich hier von Kojève inspiriert, dessen Deutung der hegelschen Dialektik von Herrschaft und Knechtschaft auf den Nachweis einer Inkonsistenz der Position des Herrn hinausläuft, der vergeblich versuche, sich absolut zu setzen: »Die Haltung des Herrn ist«, wie Kojève schreibt, »also eine existenzielle Sackgasse. Einerseits ist der Herr nur deshalb Herr, weil sich seine Begierde nicht auf ein Ding, sondern auf eine andere Begierde richtet und so eine Begierde nach Anerkennung war. Andererseits muß er, nachdem er Herr geworden ist, als Herr anerkannt zu werden begehren; als solcher aber kann er nur anerkannt werden, wenn er aus dem Anderen seinen Knecht macht. Der Knecht aber ist für ihn [...] ein Ding. Er wird also von einem ›Ding‹ anerkannt« (Kojève 1975: 36). Der Herr setzt sich, indem er den Knecht in ein Ding verwandelt, absolut, unterbricht die Vergemeinschaftung, die sich im Kampf des Anerkennens austrägt. Der Herr glaubt sich selbst zu besitzen und sieht nicht mehr, dass sich sein Sein gänzlich der Beziehung zum Knecht schuldet. Hegels Botschaft lautet für Nancy: »Nichts ist eigentlich eigen, ohne stets in dieser Beziehung wieder angeeignet, aufgenommen und wieder in Bewegung gesetzt zu werden.« (Nancy 2011: 206)

Am Ende der Bewegung des Anerkennens wie der hegelschen Philosophie insgesamt steht für Nancy die Erfahrung des Wir. »Hegel wurde oft so gelesen, als behaupte er die Selbstentwicklung eines anonymen Subjekts oder einer anonymen Vernunft, die uns fremd bleibt: als der große Andere eines autistischen Selbst [...]. Doch die *Wahrheit* eines Wissens-um-Sich, welches Wissen der Manifestation, der Begierde des anderen und der Entscheidung sein muss, kann keine Wahrheit sein, die einfach zu sich selbst zurückkommt. [...] Und in diesem Sinne sind *wir* es, zu denen diese Wahrheit zurückkommt. Sie findet sich *wie wir* oder *als wir*, und sie fällt uns zu.« (Nancy 2011: 236) Alle Figuren Hegels »exponieren uns [...] durch ihre Bestimmtheit der Auflösung und der Entortung jedes ›Selbsts‹, jeder Selbstsicherheit. *Wir* sind es, die exponiert sind, die somit *uns* exponiert sind.« (Nancy 2011: 238)

4. Philosophien einer nichtexkludierenden Gemeinschaft

Die naturrechtliche Gemeinschaft ohne Exklusion, »die alle mit allen verbindet« (Cic. *de off.,* III 69) und in der das »Trennende zur Verbindung selbst wird« (Blanchot 1990: 12/13), findet in der zeitgenössischen Sozialphilosophie ihr Echo im Diskurs einer grundlosen Gemeinschaft, der vor allem von Beiträgen Nancys und Blanchots, später auch von Texten Agambens und Espositos angeregt wurde.⁶ Nancy richtet sich mit seinem Gemeinschaftskonzept gegen den Individualismus der neuzeitlichen Philosophie. Das Individuum erweist sich für ihn »als das abstrakte Ergebnis einer Zerlegung« (Nancy 1988: 14). Andererseits verbindet er mit dem von Hegel ausgehenden Gemeinschaftsbegriff, den er in späteren Texten (vgl. Nancy 2004 und 2007) zu einem Begriff des »Mit-Seins« oder einfach des »Mit« erweitert, aber auch eine von Hegel inspirierte Metaphysikkritik. Das metaphysische Denken eines Absoluten gilt ihm als das Denken eines »abgetrennten, abgeschlossenen Seins, das *ohne Beziehung* ist« (Nancy 1988: 16). Ein Individuum oder Absolutes ist letztlich nicht konsistent denkbar. »Um absolut allein zu sein, genügt es nicht, daß ich es bin, es ist vielmehr darüber hinaus notwendig, daß allein ich allein bin. Genau dies ist aber widersprüchlich. Die Logik des Absoluten tut dem Absoluten Gewalt an. Sie verstrickt es in eine Beziehung, die das Absolute seinem Wesen nach zurückweisen und ausschließen muß.« (Nancy 1988: 17) In genau diesem dekonstruktiven Negativismus besteht für Nancy die Botschaft der Philosophie Hegels: Kein Absolutes kann sich selbst genügen, mit der hegelschen Philosophie hebt die Bewegung einer Dekonstruktion an die uns zeigt, dass wir ein Selbst immer nur als das Andere des Anderen verstehen können, dass das Selbst also immer schon vom Anderen heimgesucht wurde. Heidegger und Derrida folgen, ohne es immer zu wissen, Hegel, wenn sie »dem Absoluten eine Beziehung zu seinem Sein auf[erlegen]. Daher gelangt das Sein ›selbst‹ schließlich dazu, sich als Beziehung zu bestimmen, als Nicht-Absolutheit, und wenn man so will [...] als Gemeinschaft« (Nancy 1988: 20). In *Singulär plural sein* bemerkt Nancy: »Was auch immer existiert: Weil es existiert, ko-existiert es« (Nancy 2004: 58).

Naturrechtlich inspiriert zeigt sich Nancys Philosophie der Gemeinschaft zunächst in ihrer zentralen, von Blanchot (vgl. Blanchot 2007: 24) inspirierten These, dass die Gemeinschaft das ist, »woraus man [...] kein *Werk machen* kann« (Nancy 1988: 37). Sie lässt sich, im Gegensatz etwa zur Gesellschaft der Sozialvertragstheorien, nicht herstellen und damit auf intentionale Akte von Individuen zurückführen. Gemeinschaft wird nicht von uns gemacht, sondern begegnet uns als Widerfahrnis, wir finden uns immer schon in ihr vor. Akte der Vergemeinschaftung wie Hegels Anerkennen oder Batailles starke Kommunikation lassen sich nicht nur nicht als Werke beschreiben, sondern verfügen über eine Kraft der Entsetzung alles willkürlich Gesetzten. In diesem Sinne ist die »Kommunikation [...] die Entwerkung des sozialen, ökonomischen, technischen und institutionellen Werkes« (Nancy 1988: 70). Nancy richtet sich in diesem Kontext auch gegen die Metapher des sozialen Bandes. Dieses Band wäre ein Werk (im Sinne der Gesellschaft als Ergebnis von Herstellungsprozessen), das gemacht oder geknüpft wird, von Individuen, die dem Band, mit dem sie sich aneinander binden, vorausgingen. »Die Kommunikation ist unter diesen Bedingungen kein ›Band‹. Die Metapher des ›sozialen

---

⁶ Vgl. Nancy 1988; Nancy 2007; Blanchot 2007; Agamben 2003; Esposito 2004.

Bandes‹ stülpt fataler weise über irgendwelche ›Subjekte‹ (das heißt: Objekte) eine hypothetische Wirklichkeit (die des ›Bandes‹), der man verzweifelt eine fragwürdige ›intersubjektive‹ Natur zuzuweisen sucht, die die Gabe besäße, diese Objekte miteinander zu verknüpfen; und dies wäre dann ebenso das ökonomische Band wie auch das Band der Anerkennung.« (Nancy 1988: 65)

Auch das zweite, weiter oben betonte Moment naturrechtlichen Denkens, die Betonung des Anspruchs des ersten Besten oder beliebigen Anderen, wird von Nancy in seiner Philosophie der Gemeinschaft eingeholt: »Die Gemeinschaft ist das, was stets durch und für den anderen geschieht.« (Nancy 1988: 38) Sie ist immer schon »Gemeinschaft der *anderen*« (Nancy 1988: 38) oder, wie Blanchot schreiben würde, »Gemeinschaft derer, die keine Gemeinschaft haben« (Blanchot 2007: 47). Eine solche Gemeinschaft könnte sich *per definitionem* nicht gegen einen ausgeschlossenen Dritten formieren, die »Gemeinschaft der *anderen*« wäre eine Gemeinschaft ohne Exklusion. Blanchot und Nancy bemühen sich um eine Gemeinschaft, die sich nicht, wie unser heutiges Europa (vgl. Hetzel 2016), mit Grenzen umgibt und gegenüber anderen zu immunisieren sucht.

Roberto Esposito, der die Debatten zusammenfasst, macht darauf aufmerksam, dass die »allererste Bedeutung nämlich, die die Wörterbücher dem Substantiv *communitas* – und dem entsprechenden Adjektiv *communis* – zuschreiben, jene ist, die ihren Sinn aus dem Gegensatz zum ›Eigenen‹ bezieht.« (Esposito 2004: 11) Er beruft sich hier vor allem auf Quintilian, für den als *kommun* gilt, »was nicht eigen ist; das beginnt, wo das Eigene aufhört: *Quod commune cum alio est desinit esse proprium.*« (Quint. *Inst. or.* VII 3, 24) Das *munus* in der *communitas* verweist darauf, dass wir immer schon in der Pflicht Anderer stehen, ihnen alles schulden. Daraus ergibt sich, »daß *communitas* die Gesamtheit von Personen ist, die nicht durch eine ›Eigenschaft‹, ein ›Eigentum‹ (*proprietà*) sondern eben durch eine Pflicht oder durch eine Schuld vereint sind« (Esposito 2004: 11). Für das Naturrecht und das zeitgenössische Denken einer unbedingten Gemeinschaft schulden wir einander, empfangen uns selbst vom Anderen. Das Denken einer unbedingten Gemeinschaft steht also in größtmöglicher Spannung zum Besitzindividualismus, der das Individuum und seinen Besitz zu immunisieren sucht. Für Espositio besteht zwischen *communitas* und *immunitas* ein Verhältnis absoluter Exklusivität: »Während *communis* der ist, der zur Erfüllung eines Dienstes – oder zur Spende einer Gunst (*grazia*) – angehalten ist, ist *immunis* im Gegenteil derjenige, der keinerlei Amt ausfüllt [...] und *ingratus* bleiben kann« (Esposito 2004: 11), der sich selbst besitzt und davon überzeugt ist, anderen nichts zu schulden.

Nancys Denken einer unbedingten Gemeinschaft trifft sich mit der Rechtsphilosophie Hegels in dem Bemühen, das antike Naturrecht zu transformieren und als Korrektiv gegen den Individualismus der Neuzeit geltend zu machen. In einer gewissen Weise scheint mir Nancy aber auch hinter die Differenzierungskraft der hegelschen Rechtsphilosophie zurückzufallen. Während es Hegel vermag, Recht und Geltung der Gemeinschaft gerade in ihrem doppelten Spannungsverhältnis zu staatlicher Herrschaft und zu den Marktmechanismen der Gesellschaft zu erweisen, neigt Nancy zumindest tendenziell dazu, Gemeinschaft zu einem »Mit«, einer »Beziehung«, einer »Ko-Präsenz« oder »Ko-Existenz« (Nancy 2004: 73) zu universalisieren und sie damit selbst absolut zu setzen. Indem er seine Sozialphilosophie auf die These einer »ursprünglichen oder ontologischen [...] Sozialität [...], die ihrem Wesen nach weit über die Idee eines Gesellschaftlich-Sein des Menschen hinausreicht« (Nancy 1988: 63), zulaufen lässt, betreibt er letztlich keine Sozialphilosophie mehr. Sozialphilosophie erweist ihre Kraft, wie im Falle der hegelschen Rechtsphilosophie gut zu sehen ist, immer auch und primär darin, dass sie aus der Mitte einer kontingenten geschichtlichen Situation heraus denkt, dass sie zuvörderst nichts anderes ist als das »Erfassen des Gegenwärtigen und Wirklichen« (VII: 24).

Literatur

Siglen:

I: Hegel, Georg W.F. (1986), *Frühe Schriften*, in: *Werke*, Bd. 1, hrsg. v. Eva Moldenhauer/Karl M. Michel, Frankfurt am Main: Suhrkamp.

II: Hegel, Georg W.F. (1986), *Jenaer Schriften 1801–1807*, in: *Werke*, Bd. 2, a.a.O.

III: Hegel, Georg W.F. (1986), *Phämenologie des Geistes*, in: *Werke*, Bd. 3, a.a.O.

VII: Hegel, Georg W.F. (1986), *Grundlinien der Philosophie des Rechts oder Naturrecht und Staatswissenschaft im Grundrisse*, in: *Werke*, Bd. 7, a.a.O.

X: Hegel, Georg W.F. (1986), *Enzyklopädie der philosophischen Wissenschaften III*, in: *Werke*, Bd. 10, a.a.O.

XVII: Hegel, Georg W.F. (1986), *Vorlesungen über die Philosophie der Religion II*, in: *Werke*, Bd. 17, a.a.O.

Arist. *EN*: Aristoteles (1995), *Nikomachische Ethik*, in: *Philosophische Schriften*, Bd. 3, hrsg. u. übers. v. Eugen Rolfes, Darmstadt: Wiss. Buchgesellschaft.

Arist. *Pol.*: Aristoteles (1995), *Politik*, in: *Philosophische Schriften*, Bd. 4, hrsg. u. übers. v. Eugen Rolfes, Darmstadt: Wiss. Buchgesellschaft.

Cic. *de off.*: Cicero, Marcus T., (1959), *Vom pflichtgemässen Handeln/De officiis*, hrsg. u. übers. v. Karl Atzert, München: Goldmann.

Cic. *tusc. disp.*: Cicero, Marcus T. (1997), *Tusculanae disputationes/Gespräche in Tusculum*, hrsg. u. übers. v. Ernst Alfred Kirfel, Stuttgart: Reclam.

Quint. *Inst. or.*:   Quintilianus, Marcus F. (1995), *Ausbildung des Redners. Zwölf Bücher*, Lateinisch/Deutsch, hg. u. übers. v. H. Rahn, Darmstadt: Wiss. Buchgesellschaft.

Agamben, Giorgio (2003), *Die kommende Gemeinschaft*, übers. v. Andreas Hiepko, Berlin: Merve.
Bataille, Georges (1987), *Die Literatur und das Böse*, übers. v. Gerd Bergfleth, München: Matthes & Seitz.
– (1999), *Die Innere Erfahrung*, übers. v. Gerd Bergfleth, München: Matthes & Seitz.
– (2002), *Die Freundschaft*, übers. v. Gerd Bergfleth, München: Matthes & Seitz.
– (2005), *Nietzsche und der Wille zur Chance*, übers. v. Gerd Bergfleth, Berlin: Matthes & Seitz.
Blanchot, Maurice (1990), »Die Freundschaft. Zum Tod von Georges Bataille«, in: *Georges Bataille: Abbé C.*, München: Matthes & Seitz, 7–14.
– (2007): *Die uneingestehbare Gemeinschaft*, übers. v. Gerd Bergfleth, Berlin: Matthes & Seitz.
Bloch, Ernst (1983), *Naturrecht und menschliche Würde*, Frankfurt am Main: Suhrkamp 1983.
Bürger, Peter (1992), *Das Denken des Herrn: Bataille zwischen Hegel und dem Surrealismus*, Frankfurt am Main: Suhrkamp.
Derrida, Jacques (1972), *Die Schrift und die Differenz*, übers. v. Rodolphe Gasché, Frankfurt am Main: Suhrkamp.
Esposito, Roberto (2004), *Communitas. Ursprung und Wege der Gemeinschaft*, übers. v. Sabine Schulz und Francesca Raimondi, Zürich/Berlin: diaphanes.
Hartung, Gerald (1999), *Die Naturrechtsdebatte. Geschichte der Obligatio vom 17. bis 20. Jahrhundert*, Freiburg: Alber.
Hegel, Georg W.F. (1974), *Jenaer Realphilosophie (1805/06)*, in: *Frühe Politische Systeme*, hrsg. v. Gerhard Göhler, Frankfurt am Main: Ullstein, 200–289.
Hénaff, Marcel (2009), *Der Preis der Wahrheit. Gabe, Geld, Philosophie*, übers. von Eva Moldenhauer, Frankfurt am Main: Suhrkamp.
Hetzel, Andreas (2011a), »Gnade und Gesetz. Paulinische Motive in Hegels Geist-Begriff«, in: *Hegel-Jahrbuch 2011: Geist? Zweiter Teil*, hg. von Andreas Arndt/Paul Cruysberghs/Andrzej Przylebski, Berlin: De Gruyter 174–179.
– (2011b), »Alterität und Anerkennung«, in: Andreas Hetzel/Dirk Quadflieg/Heidi Salaverría (Hg.), *Alterität und Anerkennung*, Baden-Baden: Nomos, 11–36.
– (2016), »Zwischen Dispositiv und Demokratisierungsanspruch. Ein sozialphilosophischer Blick auf die Grenzen Europas«, *Allgemeine Zeitschrift für Philosophie* 41(2): 159–182.
Horstmann, Rolf-Peter (1999), »Kant und der Standpunkt der Sittlichkeit. Zur Destruktion der Kantischen Philosophie durch Hegel«, in: *Revue Internationale de Philosophie* 4, Paris, 557–572.
Kojève, Alexandre (1975), *Hegel, eine Vergegenwärtigung seines Denkens. Kommentar zur Phänomenologie des Geistes*, übers.v. Iring Fetscher und Gerhard Lehmbruch, Frankfurt am Main: Suhrkamp.
Lewis, Thomas A. (2011), *Religion, Modernity, and Politics in Hegel*, Oxford: Oxford University Press.
Nancy, Jean-Luc (1988), *Die undarstellbare Gemeinschaft*, übers. v. Gisela Febel u. Jutta Legueil, Stuttgart: Schwarz.
– (1988), *Singulär plural sein*, übers.v. Ulrich Müller-Schöll, Zürich: diaphanes.

- (2007), *Die herausgeforderte Gemeinschaft*, übers. v. Esther von der Osten, Zürich/Berlin: diaphanes.
- (2011), *Hegel. Die spekulative Anmerkung. Die Unruhe des Negativen*, übers. v. Thomas Laugstien u. Jörg Etzold, Zürich: diaphanes.

Ruda, Frank (2011), *Hegels Pöbel. Eine Untersuchung der »Grundlinien der Philosophie des Rechts«*, Konstanz: Univ. Press.

V. ANSCHLÜSSE AUS DER POLITISCHEN PHILOSOPHIE

Louis Carré

»The shoemaker is my representative«
Marx' critique of the corporate state

Polanyi's alternative

In his 1944 book *The Great Transformation* Karl Polanyi developed a famous thesis on the emergence, by the end of the 18th century, of a new type of society he proposed to call »market society« (Polanyi 2001). At that time, under the influence of both the industrial revolution and the constitution of nation-states, western societies had undergone a major shift in their structure. The progressive commodification of labor, land, and money, led to the disembodiment of the economic sphere of the market *vis-à-vis* other social spheres, especially the political sphere of the state. In Polanyi's view, »market society« is best characterized by the fact that the economic sphere of commodity exchange tends to lose any bond whatsoever with the other parts of human activities. Separating itself from the other social spheres, the institution of the market progressively imposed its own rules upon the rest of society. Among those rules were private ownership of the means of production, a formal and utilitarian type of rationality, self-regulated prices, and the overall concurrence between producers and consumers. Once located at its margins, the market now occupied the core of society.

As the subtitle of *The Great Transformation* makes clear, by showing how the »market society« historically emerged, Polanyi's intention was to offer an explanation for the »political and economic origins of our time«. The disembodiment of a self-regulated market so profoundly affected the shape of society that it threatened its very unity and existence from within. Against the threat of being dislocated by an overruling market, society had to find ways of protecting itself. Hence society since the late 19th century was permanently balanced between economic liberalism, on the one hand, and political state-interventionism, on the other. Society's self-protection against the rules of the free market could embrace different trajectories, going from a democratic one (exemplified by the New Deal in the US or democratic socialism in Western Europe) to an authoritarian one (exemplified by the fascist regimes that spread throughout Italy, Austria, and Germany during the twenties and thirties).

Before publishing his seminal work Polanyi already exposed the political and economic alternative Western societies were facing. In several articles written during the thirties he sketched the alternative as follows: In the context of the crisis provoked by »market society«, the only choice left in order to restore the threatened unity of society was *either* »the extension of the democratic principle from politics to economics« *or* »the abolition of the democratic ›political sphere‹ altogether«. The first branch of the alternative refers to democratic socialism which implies »the abolition of the private means of production, and hence the disappearance of a separate autonomous economic sphere«. The second is that of a fascist corporate state which results from the abolition of the democratic sphere. In the case of democratic socialism »the democratic political sphere becomes the whole of society«; whereas in the case of fascism »capitalism as organized in the different branches of industry becomes the whole of society« (Polanyi 1935: 392). Behind the term fascism Polanyi targeted the state-corporatism (*Ständestaat*) theoretically advocated by Othmar Spann and institutionalized under the dictatorship of Dollfuss in Austria. Far from being their antithesis, the corporative doctrine of the state and its institutional application, Polanyi argued, actually went hand in hand with liberal capitalism. In abolishing the democratic sphere on the political level fascism left plenty of room for industrial capitalism to freely organize itself on the economic level by way of the corporations. Fascism appeared therefore to Polanyi as the realization of the liberal utopia of a »market society" which eventually took the form of a political nightmare.

During the same period Polanyi discovered the commentary Marx wrote on the »state« section of Hegel's *Philosophy of Right* soon after it had been edited in Germany (Polanyi 1936–1937). Reading Marx' manuscript Polanyi considered his own analysis of state-corporatism as a »paraphrase« of the critique the young philosopher addressed 1843 to the Hegelian conception of the state. Notwithstanding the historical epochs in which they appeared he saw a striking parallel between his critique on the state-corporatism in the name of democratic socialism and Marx' rejection of the »estate constitution« (*ständische Verfassung*) in the name of »true democracy«. Although the remnants of the pre-liberal medieval corporations Marx criticized in Hegel had a different shape from that of the post-liberal industrial corporations Polanyi had in view, for him they both shared the premises of »an industrial system hostile to democracy«. Polanyi joined Marx in claiming that conferring any major political role to the corporations constitutes »a peril to popular democracy«. This allowed him to restate the political and economic alternative Western societies were confronted with at that time: »while under socialism the unity of society is restored through the extension of political democracy to the economic sphere, fascism represented the diametrically opposite effort, to unify society by making an undemocratic industry the master of the state« (Polanyi 1936–1937).

Despite all the historical precautions in Polanyi's parallel of the Hegelian state with the corporate state (*Ständestaat*) defended by authors like Othmar Spann or Oswald Spengler, it nevertheless remains highly dubious at some points. It is in no way certain for example whether Hegel actually endorsed the idea promoted by his contemporary Adam Müller of the state being based on the social orders and guilds that characterized the Ancient Regime. As many commentators have clearly shown since then Hegel is more a defender of the modern post-revolutionary state than he is nostalgic about the old premodern and traditional state (Ritter 1957; Weil 1970; Avineri 1972). Yet Polanyi's »paraphrase« of the Marxian critique of Hegel's conception of the state contains relevant issues for us today. Most of the contemporary discussions on corporatism focus on its economic dimension without confronting its political one.[1] In comparison with the question whether or not an economic system based on the corporations is able to organize the branches of production and consumption in a more efficient or more »ethical« way than the free market, the question of its political representation remains largely bypassed.[2] Foregoing the political dimension of corporations certainly has something to do with the catastrophic experiences of fascism during the last century. The problem remains more than ever acute whether a social system in which economic interests are politically represented by means of corporations are democratic or authoritarian in nature. Today we might not be totally convinced by the way in which Polanyi posed the alternative in terms of democratic socialism and state-corporatism some decades ago. It seems nevertheless interesting to revisit the issue of the political side of corporatism by confronting Polanyi's »paraphrase« with the original critique Marx addressed to the Hegelian state. In order to do this I will proceed in three steps. Firstly I will expose the problem of representation Hegel had in view when he endowed corporations with a political role. Secondly I will explain the reasons why Marx diagnosed Hegel's proposal of articulating social and political life by way of corporations as a symptom of »political alienation««. Lastly I will examine whether the conclusions Marx drew from his 1843 critique of the corporate state are really the same as those Polanyi arrived at in the thirties. It will appear then that Polanyi's »democratic socialism« is far from being a simple »paraphrase« of Marx' »true democracy«.

Hegel: articulating social and political life

In his *Philosophy of Right* Hegel confers a political role to the social estates (*Stände*) as he deals with the issue of representation within the state-assemblies.[3] Earlier in the text he saw modern civil society as being divided into three main estates: the »substantial estates« of the peasantry and the landowners, the »estate of trade and industry««, and the »universal estate« of the public servants (PhR: §§203–205). The pre-political organization of modern civil society into estates with each individual sharing the same social status as

---

[1] For an overview on the literature, see Pryor 1988 and Molina/Rhodes 2002.
[2] In the recent literature, the question of the corporation's political representation has been paid no attention, whereas it plays a crucial role in Hegel's systematic account of the modern state. See for example Schmidt am Busch 2011; Herzog 2015; Ellmers 2015.
[3] In the following quotations letters R and A refer to the remarks and the addendums.

the other members of his estate provides in Hegel's view a solution to the enduring and urgent problem of political representation aroused by the French Revolution. After the fall of the Ancient Regime the question was how to politically represent the people in the new context of the modern state. Since every individual has firstly been socialized in civil society as a member of an estate that he has freely decided to endorse, there is no need to appeal in Hegel's view to the »atomistic« principle of »one man, one vote« as it comes to represent the people (*das Volk*) in the state-assemblies. Hegel's criticism of the »atomistic and abstract point of view« of political representation concerns its false premise that »those communities which are already present in the circles referred to above [i.e. the estates of which each *bourgeois* of civil society is a member] can be split up again into a collection of individuals as soon as they enter the sphere of politics« (PhR: §303R). Against the »atomistic« principle saying that the people should be represented in the state-assemblies on the basis of their particular opinions and volitions as a mere »collection of individuals«, he pleads for an »organic« system of representation that starts with the preexisting »element of the estates« (*das ständische Element*) (PhR: §300). Hegel underlines the semantic ambivalence of the term *Stände* in German which can mean the social estates in which civil society is divided as well as the assemblies on which the state's legislative power rests. In contrast to the »atomistic« principle of representation, it is only by way of the estates that »individuals do not present themselves as a *crowd* or *aggregate*, unorganized in their opinions and volition« (PhR: §302). As soon as they receive their »political significance and efficiency« (*politische Bedeutung und Wirksamkeit*) through their representation into the state-assemblies, the social estates function as a »*mediating* organ« between the sphere of particularity (civil society) and the sphere of universality (the state). Only then, Hegel contends, is there »a genuine link between the *particular* which has actuality in the state and the universal« (PhR: §303).

Hegel's advocacy in favor of an »organic« system of representation results in the idea of the state being founded on »the element of the estates«. All in all, he writes, »each member of the state is a member of an estate« (PhR: §308R). This is not to say however that the »element of the estates« already present in civil society remains untouched by their political representation, as if they were simply mirrored in the state-assemblies. In order to truly function as a »mediating organ« between particularity and universality, the particular interests of the social estates need to go through the learning process of participating in the universal life of the assemblies in which their delegates sit. This learning process through public discussions especially concerns the »private estate« by contrast to the »universal estate« of the public servants. Unlike the latter, the interests of the two other private estates – »the substantial estate« and »the state of trade and industry« – are not immediately directed towards the common good of the state and therefore require political mediation by means of public deliberation in the assemblies. By discussing public issues members of the assemblies learn to elevate the particular interests they represent to a higher form of »concrete universality« which is that of the political state.

More specifically Hegel envisages a bicameralist system in which the Upper house of peers represents »the estate of natural ethical life« (PhR: §305) and the Lower house of deputies »the *changing* element in civil society« (PhR: §308). The members of the Upper house are coopted by »the natural principle of the family« (PhR: §307) in that their charges are inherited from one generation to another; the members of the Lower house are chosen by civil society on the basis of the confidence people belonging to the associations, communities, and corporations, have in them, so that in electing its representatives civil society »acts *as what it is*« (PhR: §308). This once again should prevent political representation from falling back into the »atomistic« principle that disaggregates the members of civil society into a mere »collection of individuals« instead of organizing them as moments« of an organic whole. Indeed, on the premises of an »organic« system of political representation, civil society »is not split up into individual atomic units which are merely assembled for a moment to perform a single temporary act and have no further cohesion; on the contrary, it is articulated into its associations, communities, and corporations which, although they are already in being, acquire in this way a political connotation« (PhR: §308). Deputies of the state-assemblies are therefore to be seen not as »*representatives* of *individuals* as a crowd, but of one of the essential *spheres* of society, i.e. of its major interests« (PhR: §312R).

In a remark formulated in the »civil society« section Hegel claimed that next to the »sanctity of marriage« the »honour attaching to the corporation« constitutes one of »the two moments round which the disorganization of civil society revolves« (PhR: §255R). The institutional sphere of civil society in which the principle of free particularity prevails is at some points »disorganized«. It represents – as Hegel famously writes – »the field of conflict in which the private interest of each individual comes up against that of everyone else« (PhR: §289R). Against the inner tendency to »disorganization« the corporations offer *within* the sphere of civil society a stable institutional ground for the political state to rest upon. No wonder therefore that the two »ethical roots« of the modern state – the family and the corporations (PhR: §255) – are represented in the state-assemblies, respectively in the Upper and in the Lower house. Because corporations prefigure in the »disorganized« sphere of civil society the political self-organization of the state, »the spirit of the corporation« is easily transformed »into the spirit of the state«. Hegel even goes as far as to claim that herein lies »the secret of the patriotism of the citizens«, meaning that the political disposition of the state's citizens has its roots in the social dispositions of the corporation's companions:

> »In so far as *the rooting of the particular in the universal* is contained *immediately* in the spirit of the corporation, it is in this spirit that such depth and

strength of *disposition* (*Gesinnung*) as the state possesses are to be found.« (PhR: §289R)

Thereby individuals become disposed not only to satisfy their own particular interests, but also the interests of the other members of their corporation. Moreover, since they belong to »a whole which is itself a member of society in general«, they also develop »an interest in, and endeavour to promote, the less selfish end of this whole« (PhR: §253). Participating as *bourgeois* to the corporations' life and acting as *citoyens* in the state's institutions are two activities in which people share the same subjective »patriotic« disposition towards universal ends. In a word, they do not sacrifice their own particular interests but learn to elevate them to true universality. However, Hegel suggests that the »spirit of the corporation« is but an *immediate* linkage between particularity and universality and that it therefore needs to be truly and concretely *mediated* by the »spirit of the state« and its institutions.

From all this it seems hard to conclude, as Polanyi does, that Hegel is the precursor of the corporate state *à la* Othmar Spann. There are at least two reasons to contest this claim, the first one being that the corporations play but a limited – albeit important – role within Hegel's overall conception of the state. Corporations are represented in the Lower house of the state-assemblies, which as legislature are one of the state's powers next to the sovereign power of the crown and the executive power of the government. Although Hegel raises skepticism about the classical notion of a division of powers, his view on the state's constitution is largely inspired by the idea that the three state's powers can be »organically« interrelated to one another without one taking control over the others. The political power endorsed by the corporations in the state-assemblies remains therefore limited as it is subordinated to the state's constitution as a whole. To some extent the legislative power of the state-assemblies is there to counterbalance the two other powers in that it takes into account the particular interests that flourish in civil society. But in the meantime it is only by participating in the political sphere of the state that those particular interests are elevated to true universality. In any case the Hegelian state cannot be reduced to a political organization in which the corporations govern in their own terms *against* the state. Insofar as they organize civil society from within, corporations always need to be mediated by way of their political representation in the state-assemblies.

The second reason why Hegel's conception of the state cannot be assimilated to state-corporatism is that the »organic« system of political representation is an attempt to articulate social and political life *and not* to abolish the political sphere altogether, as Polanyi suggests. Hegel assumes that, by contrast to traditional ethical life, modernity is characterized by the inner »scission« (*Entzweiung*) of civil society and the state. In his view the separation of social and political life requires their rational mediation rather than the suppression of one of those two institutional spheres. The »atomistic« principle of representation accentuates the »scission« between civil society and the state as it considers the members of civil society entering into the political sphere of the state as a mere »collection of individuals«. The »organic« system of political representation on the other hand helps to »link« the apparently opposite figures of the modern *bourgeois* seeking his own particular interest and the antique *citoyen* offering himself to the universal state. By being politically represented in the state-assemblies, the particular interests of civil society are elevated to true universality which takes them into account instead of abolishing them. Far from promoting the suppression of the political sphere altogether, Hegel calls for the enlargement of the state's basis by integrating civil society as a moment of an »organic whole«. Only then would the modern state rest on a stable institutional ground that has its roots in the corporations, while the political integration of civil society would in return organize its latent »disorganization«. It is precisely at this point that Marx' critique comes into play, since he considers Hegel's attempt of mediating social and political life by »organic« representation as a failure.

Marx: diagnosing »political alienation«

Throughout his critical comments on the »state« section of the *Philosophy of Right* Marx aimed to show how Hegel's attempt to articulate social and political life was condemned to failure (Marx 1970). For Marx, Hegel did not succeed in »linking« the sphere of particularity (civil society) and the sphere of universality (the state) except in a purely »mystical« way. Marx' critique of the Hegelian state works as a sort of clinical analysis. His overall diagnosis is that Hegel suffers from »state-disease« – Marx himself in this instance is speaking of »political alienation« – that leads him to overestimate the role of the state compared to that of civil society in modernity. Like any good clinician Marx proceeds in three steps. He first tries to discover the symptoms Hegel suffers from before analyzing the causes of the disease and finally goes in search of the best cure.

As for the symptoms Marx remarks that the very idea of »linking« (*anknüpfen*) particularity (civil society) and universality (state) presupposes from the start their profound and irreducible heterogeneity. As Marx puts it,

> »the most dissimilar things can be linked. But here we are not dealing with a gradual transition but with a transubstantiation, and it is useless to ignore deliberately this cleft which has been jumped over and yet manifested by the very jump.« (Marx 1970: 79)

For Marx, Hegel's solution of an »organic« system of political representation does not provide the rational mediation of civil society and the state that it aims to. »Organic« representation is only an artificial way of »linking« those separate spheres and keeps intact the »cleft« between them. The fact of receiving a »political significance and efficiency« as soon as these spheres are represented in the state-assemblies already implies that »the element of the estates« in general and the corporations in particular are as such politically insignificant and inefficient. »The significance that civil class distinction acquires in the political sphere« – Marx remarks – »is not its own, but proceeds from the political sphere« (Marx 1970: 83). It is only by entering the sphere of the state that civil society and its institutions *become* political. Thus, the »cleft« Hegel tries so desperately to overcome between social and political life remains wide open. By this Marx seems first and foremost to criticize the vey idea of »political representation«. Indeed the idea of representation appears as the most characteristic symptom of Hegel's »state-disease« that Marx calls »political alienation«. Even in its »organic« form political representation involves a duplication of people being at the same time represented *in* the state-assemblies and representatives *of* civil society. The people must therefore lead an unconcealed double life as members of the estates and the corporations, on the one hand, *and* as citizens of the state, on the other.

Once the symptoms of Hegel's failure to articulate social and political life are revealed (artificial linkage, political insignificance of civil society, duplicated life through representation), Marx goes in search of its deeper etiological reasons. The most evident and discussed one concerns Hegel's so-called »logical mysticism«. In his 1843 manuscript Marx formulates for the first time a famous critique by stating that Hegel's speculative philosophy of the state confounds the »logic of the fact« (*die Logik der Sache*) with the »fact of the logic« (*die Sache der Logik*) (Marx 1970: 18). Hegel's speculative approach to the state is »mystifying« in that it already presupposes what it is supposed to achieve, namely the political integration of civil society as a moment of an »organic whole«. Some commentators have underlined how unfair Marx' critique sounds compared to Hegel's own attempt. After all, they have argued, Hegel is probably one of the rare modern philosophers who have tempted to conceive the modern state as what it really is rather than as what it ought to be from the perspective of the pure concept (Weil 1970: 105–116; Hyppolite 1975; Jackson 1990). The core of Marx' argument consists however in an immanent critique that shows how Hegel failed to achieve what he had proposed to do in his philosophy of the state. By giving the logical idea of the state a priority over its empirical reality, Hegel commits a logical fallacy. The integrative role played by the state on the level of the idea is at odds with the state's empirical subordination to civil society. Yet in Marx' view, Hegel's »logical mysticism« which takes the »cause of the logic« (the idea of the state) for the »logic of the cause« (its empirical reality) is itself only the by-product of the existing »scission« between civil society and the state that aroused within the broader context of modernity. In other words, Hegel's concept of the state and the »organic« system of representation offer a »mystical« solution for the *real* problem faced by modernity, namely the separation of civil society and the state.[4] Whereas in premodern societies social and political life were identical in that the social estates and the corporations had an immediate »political significance and efficiency«, in post-revolutionary societies the modern state rests on the irreducible separation of those two spheres whose »linkage« can therefore only be artificial. The modern separation of civil society and the political state is the main and profound reason why Hegel's desperate attempt to articulate social and political life necessarily failed.

How does Marx describe »political alienation«, a disease suffered not only by Hegel the philosopher but also by modern societies more generally? Being separated from its real ground, the political state is but an »abstraction« of civil society. Its political dimension transcends real social life as something lying outside of it (*ein Jenseitiges*). As such »political alienation« has similarities with »religious alienation«, which Feuerbach already criticized in Hegel by condemning his speculative philosophy as being a disguised theology. In the same way religious life is the alienated version of down-to-earth humane life, the political life of the state constitutes »the ether of civil society«. Political alienation goes together with what Marx calls the »formalism of the state« (*Staatsformalismus*). Instead of incarnating the force capable of integrating civil society into an »organic whole« the modern state is the pure and formal abstraction of social life. As an abstraction the political state ultimately depends upon the contents provided by civil society. As Marx writes,

> »Hegel is everywhere reduced to giving the political state a precarious actuality in a relationship of dependence upon another, rather than describing it as the highest, completely existing actuality of social existence; he is reduced to having it find its true existence in the other sphere rather than describing it as the true existence of the other sphere. The political state everywhere needs the guarantee of spheres lying outside it.« (Marx 1970: 114–115)

At first glance Marx seems here simply to recall Hegel's idea of the state being grounded in the pre-political element of the corporations. But whereas Hegel saw in the state's »ethical root« of the corporations a sign of its strength, Marx interprets it on the contrary as a sign of weakness. The fact of the modern state being »not actualized power (*verwirklichte Macht*), but supported impotence (*gestützte Ohnmacht*)« (Marx 1970: 115) is especially to be seen in the »mystical« way in which »the spirit of corporation« is easily converted into »the spirit of the state«. The weakness of the state becomes indeed clear in the relationships between the corporations and the bureaucracy Marx discusses at length. As seen above the spirit shared by the members of the corporations is supposed to prefigure in Hegel's view the spirit of the state's public servants. If this is true, Marx notes, then the public interests embodied by the bureaucracy are at best purely formal and abstract from any content whatsoever

---

[4] »The abstraction of the state as such belongs only to modern times because the abstraction of private life belongs only to modern times. The abstraction of the political state is a modern product.« (Marx 1970: 32)

and must depend upon the real interests the corporations provide for. In short, the universal ends bureaucracy supposedly embodies are only the counterpart of the corporation's interests artificially »spiritualized« by the state. Thus the rational mediation of civil society and the state Hegel hoped for is missing and particularity tends to prevail over universality, being the »spiritualized« (or falsely universalized) particularity of the state or the »material« particularity of civil society. As a conclusion Marx denies any *mediating* function to the political representation of the corporations in the state-assemblies. If there is any »secret of patriotism« as Hegel calls it, it must be founded in the conflicting interests of civil society and the state. To Marx there are no reasons – except »mystically logical« ones – to suppose that the particular interests of civil society will suddenly be elevated to true universality as soon as they are represented in the assemblies. Consequently the »disorganization« of civil society Hegel pointed out knows no end and endangers modern ethical life as a whole.

In the absence of any *real* mediation – as opposed to the artificial mediation advocated by Hegel through his »organic« representation – between particularity and universality, conflicts are not confined to the »battlefield« of civil society but spread over ethical life at large. They include the relations of civil society and the state as well as the inner state's constitution. Thereby Marx conceives the legislative power as being in an antagonistic relation to the sovereign power of the crown and the executive power of the government. Since the assemblies are the only channel by which the interests of civil society make their way to the political sphere, the legislature rather than being »organically« interrelated to the two other state-powers is »the established revolt« against them (Marx 1970: 91). If Marx acknowledges Hegel for having seen in the legislative power the »democratic« component of the state, he also criticizes him for not having understood how much of a »hostile force« it entails in face of the crown and the government. Marx nevertheless admits how profoundly ambivalent the legislative power can be depending on the relationships of the people to the state and its government. Indeed the »established revolt« of the legislature shows both a conservative side – when it integrates the people into the existing institutional framework of the state – *and* an oppositional side – when it turns the »hostile force« of the people against the government. The ambiguity of the legislature corresponds to two political options available at the time Marx was writing his commentary: *either* constitutional monarchism that gives priority to the state against the people *or* radical democracy that empowers the people against the state's institutions. The last option was undoubtedly favored by Marx (Clochet 2014).

What then are the remedies the young Marx proposed for »political alienation«? Marx begins by arguing in favor of the »atomistic« principle of political representation that had been highly criticized by Hegel. In Marx' view the advanced »modern« (or »French«) model of the »representative constitution« (*repräsentative Verfassung*) marks an undisputable historical progress compared with the belated »medieval« (or »German«) model of the »estates constitution« (*ständische Verfassung*). Indeed some remnants of the old »estates constitution« are somehow to be seen in Hegel, most especially as he determines the membership to the Upper House on the basis of the »natural principle of the family«. Against the »estates constitution«, Marx defends the »representative constitution« as the best way for civil society to politicize and to empower itself in front of the state. Only the modern »representative constitution« makes the inner politicization of society possible. Rather than receiving from the outside its »political significance and efficiency« civil society itself becomes political as soon as it carries out the struggle for the extension of suffrage. It is by defending the »atomistic« principle of »one man one vote« against the »estates constitution« that civil society is able to intensify its conflicts with the state and so to act politically on its own basis.

Until 1843 Marx shared with other Young-Hegelians a radical form of liberalism that stresses the importance of individual rights like the freedom of speech and political representation. During 1843–1844 his political position slightly changed from radical liberalism to socialism, one important aspect of this shift was that this advocacy in favor of the »atomistic« liberal view on political representation became a mere means to attain the higher goal he called »true democracy«.[5] In a crucial passage Marx evoked the two-step process of politicization through which civil society first dissolves the »abstraction« of the state in fighting for suffrage before it abolishes its own existence as separated from the political sphere:

> »In unrestricted suffrage, both active and passive, civil society has actually raised itself for the first time to an abstraction of itself, to political existence as its true universal and essential existence. But the full achievement (*Vollendung*) of this abstraction is at once also the suppression (*Aufhebung*) of the abstraction. In actually establishing its political existence as its true existence civil society has simultaneously established its civil existence, in distinction from its political existence, as inessential. And with the one separated, the other, its opposite, falls. Within the abstract political state the reform of voting advances the dissolution (*Auflösung*) of this political state, but also the dissolution of civil society.« (Marx 1970: 121)

In politicizing itself civil society tends to suppress »political alienation« together with its separation from the political state on which alienation is based. The result of civil society's double-sided process of politicization is what Marx names »true democracy«. »True democracy« consists in abolishing »political alienation« by way of »reconducting« (*zurückführen*) the state to its real

---

[5] Marx makes this clear in one of his 1843 letters to Arnold Ruge published in the *Franco-German Yearbooks*: »By raising the representative system from its political form to a general one and by demonstrating the true significance underlying it the critic will force this party [i.e. the liberal party] to transcend itself – for its victory is also its defeat« (Marx 1974a: 208). In other words, »true democracy« is the dialectical process of political liberalism transcending itself. On Marx and liberalism, see Garo 2001 and Clochet 2014.

basis, namely to the »the people as a whole«, the *demos*. Here Marx seems to apply against »political alienation« a remedy analogous to that advanced by Feuerbach against »religious alienation«.[6] In the same way »religious alienation« is dissolved when the idea of God is »reconducted« to the human being as a species (*Gattungswesen*), »political alienation« is abolished insofar as the state – and civil society as its exact opposite – are »reconducted« to the »actual people«.

Marx remains rather vague about the institutional shapes »true democracy« could take on. One thing is sure however: By making the political state disappear »true democracy« implies a profound transformation of the idea of representation that had appeared as one of the mains symptoms of »political alienation«. Even though Marx began by promoting the modern »representative constitution« against the ancient »estates constitution«, he arrives at the conclusion that within »true democracy« »legislative power altogether loses the meaning of representative power« (Marx 1970: 119). Members of a »true democracy« are no more condemned to lead a double life as represented and representatives but act instead as the mutual representatives of each other as far as they fulfill a social function through their activities. This at least is what Marx suggests with the example of the shoemaker:[7]

> »the shoemaker is my representative in so far as he fulfills a social need, just as every definite social activity, because it is a species activity, represents only the species; that is to say, it represents a determination of my own essence the way every man is the representative of the other. Here, he is representative not by virtue of something other than himself which he represents, but by virtue of what he is and does.« (Marx 1970: 119f.)

The »actual people« to which the state is »reconducted« extends to every single human being inasmuch humans are »socialized« (*der sozialisierte Mensch*) through their activities. A »true democracy« in which the shoemaker is »my representative in so far he fulfills a social need« eventually appears as another way of naming »socialism«, a current of thought Marx discovered in this period through the writings of Moses Hess in the works of French authors like Fourier and Proudhon. Once »political alienation« has been suppressed, society at large – a dimension Marx sometimes designates with the juridical term *Sozietät* meaning the free association of singular persons sharing an equal status – is the ultimate ground on which »true democracy« can be exercised without the interference of the political state and the corporations.

---

[6] »Like Feuerbach's critique of religion, our whole aim can only be to translate religious and political problems into their self-conscious human form.« (Marx 1974a: 209)

[7] By coincidence Hegel also takes the example of the shoemaker as he criticizes the implicit division of labor between jurist and non-jurist in the administration of justice (PhR: §215A).

Democratic socialism or socialism pure and simple?

The confrontation between Hegel and Marx can be summarized as follows: Hegel's »organic« state tends to articulate social and political life by maintaining their very difference, while Marx' socialism aims at abolishing them altogether as the main causes of »political alienation« in order to establish »true democracy«. The Hegel-Marx debate concentrates here on the way the notion of *Aufhebung* should be understood, the same term referring *either* to a process of mediation through which the particular interests of civil society are elevated to true universality in the political state (Hegel) *or* to a radical suppression of the modern split between those two spheres (Marx) (Löwith 1964: 269).[8] In this respect Polanyi's democratic socialism is closer to Hegel's »organic« state than his »paraphrase« of the young Marx intends to suggest. Like Hegel's solution against the latent »disorganization« of civil society, Polanyi's response in front of a »market society« threatening from within the unity of society consists in extending the political sphere to the economic sphere. The main difference between the German philosopher and the Hungarian economist resides in the fact that the former considers the political integration of society from the perspective of the »elements of the estates« in general and the corporations in particular, whereas the latter conceives it from the perspective of popular democracy.[9] In both cases however the economic and political spheres are maintained in their very difference.

By contrast the young Marx saw any attempt to articulate social and political life from the standpoint of the state as condemned to failure. The remedy against »political alienation«, the disease modern societies suffer from, is to be found not in the mediation but in the abolition of the separation of civil society and the state. Such a solution cannot come from the state itself, only from the two-step politicization of civil society that first dissolves alienation before »true democracy« is instituted on the ground of a society emancipated from the state (*as well as* from its direct counterpart civil society).[10] From a Marxian perspective, the idea advanced by Polanyi of a »democratic socialism« therefore seems at best tautological, if not totally absurd. For Marx, socialism as the result of »true democracy« is democratic *per se*.

---

[8] It is not completely false therefore to characterize Marx' critique of Hegel as resting on a »dialectics without mediation« (Grandjean 2008), even though Marx still considers unalienated *social* forms of mediation.

[9] Note that during the thirties, Polanyi also envisaged – in a similar vein as Hegel – the establishment of an economic Chamber in which the organization of the market would be publically discussed among those who represent the »major interests« of society. This seems strangely at odds with his own critique of state-corporatism.

[10] In his 1844 polemic with Ruge Marx calls society's politicization process »a *political revolution* with a *social soul*«: »without revolution *socialism* cannot be made possible. It stands in need of this political act just as it stands in need of *destruction* and *dissolution*. But as soon as its *organizing functions* begin and its *goal*, its *soul* emerges, socialism throws its *political* mask aside« (Marx 1974b: 420).

Still Polanyi was right in interpreting Marx' »true democracy« as containing a strong critique of the corporate state. The democratic self-organization of society in »which the shoemaker is my representative in so far he fulfills a social need« implies the suppression of any »mediating organ« (such as the corporations) between civil society and the state, because any attempt to »link« those spheres only reinforces their irreparable »cleft«. Within »true democracy« individuals participate in public life not because they belong to the corporations (for example that of the shoemakers) but because each of them individually makes part of a universal socialized humanity. If any, mediation occurs on the strictly social basis of the needs they share and the activities they fulfill in order to satisfy them in a conscious and rational way. Yet Polanyi was wrong in conceiving »democratic socialism« – in which popular democracy comes to supplement on the political level for the socialization of the means of production on the economic level – as a mere »paraphrase« of Marx' socialism. »True democracy« involves the dissolution of the corporations *and* of the state as cautioning their legal existence. If this is true, then the alternative sketched by Polanyi some decades ago needs to be redefined. The democratic branch of the alternative has to be further divided into two branches: *Either* the Hegel-Polanyi option of extending the political sphere to the economic sphere of the market *or* the Marx-option of radically abolishing both the state and the market in the name of »true democracy«.

While »paraphrasing« the Marxian critique of Hegel's state Polanyi noted that »what Marx called the separation of the political and economic sphere in society has been now for some time recognized as the incompatibility of liberal capitalism and popular democracy« (Polanyi 1936–1937). He forgot to mention that next to the incompatibility of market capitalism and democracy lies in Marx' view another incompatibility, that of the state and »true democracy« (Abensour 2004; Carré 2015). Today, in the context of a rampant »market society«, critical diagnoses over the incompatibility of »markets and voters« (Streeck 2011) should perhaps learn from the Marxian perspective of »true democracy« by asking whether the political state is actually part of the solution or part of the problem. Otherwise they might simply continue to further dig the modern »cleft« between social and political life instead of trying to overcome it.

References

Abbreviations:

PhR: Hegel, Georg W.F. (1991), *Elements of the Philosophy of Right*, edited by Allen W. Wood, translated by Hugh B. Nisbet, Cambridge: Cambridge University Press.

Abensour, Miguel (2004), *La Démocratie contre l'Etat. Marx et le moment machiavélien*, Paris: Editions du Félin.
Avineri, Shlomo (1972), *Hegel's Theory of the Modern State*, Cambridge: Cambridge University Press.
Carré, Louis (2015), »Hegel penseur de l'Etat contre la démocratie«, *Tumultes* 44: 37–51.
Clochet, Paulin (2014), »Le libéralisme de Marx«, *Actuel Marx* 59: 109–123.
Ellmers, Sven (2015), *Freiheit und Wirtschaft. Theorie der bürgerlichen Gesellschaft nach Hegel*. Bielefeld: transcript.
Garo, Isabelle (2001), »Hegel, Marx et la critique du libéralisme«, in: Étienne Balibar/Gérard Raulet (eds.), *Marx démocrate. Le manuscrit de 1843*, Paris: Presses Universitaires de France, 89–104.
Grandjean, Antoine (2008), »La dialectique sans la médiation: le jeune Marx et l'abîme qui sépare le social du politique«, *Les études philosophiques* 87: 539–554.
Herzog, Lisa (2015), »Two Ways of ›Taming‹ the Market. Why Hegel needs the Police and the Corporations«, in: Andrew Buchwalter (ed.), *Hegel and Capitalism*, New York: SUNY Press, 147–162.
Hyppolite, Jean (1975), »Die Hegelsche Konzeption des Staats und ihre Kritik durch Karl Marx«, in: Manfred Riedel (ed.), *Materialen zu Hegels Rechtsphilosophie II*, Frankfurt am Main: Suhrkamp, 441–461.
Jackson, Michael W. (1990), »Marx's Critique of Hegel's Philosophy of Right«, *History of European Ideas* 12(6): 799–811.
Löwith, Karl (1964), *Von Hegel zu Nietzsche. Der revolutionäre Bruch im Denken des neunzehnten Jahrhunderts*, Stuttgart: Kohlhammer.
Marx, Karl (1970), *Critique of Hegel's »Philosophy of Right«*, edited by. Joseph J. O'Malley, Cambridge: Cambridge University Press.
– (1974a), »Letters from the Franco-German Yearbooks (1843)«, in: *Early Writings, translated by Rodney Livingstone and Gregor Benton*, London: Penguin Books, 199–210.
– (1974b), »Critical Notes on the Article ›The King of Prussia and Social Reform. By a Prussian‹ (1844)«, in: *Early Writings, translated by Rodney Livingstone and Gregor Benton*, London: Penguin Books, 401–420.
Molina, Oscar/Rhodes, Martin (2002), »Corporatism: The Past, Present, and Future of a Concept«, *Annual Review of Political Science* 5: 305–331.
Polanyi, Karl (1935), »The Essence of Fascism«, in: John Lewis/id./Donald K. Kitchin, *Christianity and Social Revolution*, London: Gollancz: 359–394.
– (1936–1937), »Marx on Corporatism«, original manuscript available on http://kpolanyi.scoolaid.net:8080/xmlui/handle/10694/465 (last consultation 30/06/2016).
– (2001), *The Great Transformation. The Political and Economic Origins of Our Time*, Boston: Beacon Press.
Pryor, Frederic L. (1988), »Corporatism as an Economic System: A Review Essay«, *Journal of Comparative Economy* 12: 317–344.
Ritter, Joachim (1957), *Hegel und die Französische Revolution*, Köln: Westdeutscher Verlag.
Schmidt am Busch, Hans-Christoph (2011), »*Anerkennung*« *als Prinzip der kritischen Theorie*, Berlin/Boston: De Gruyter.
Streeck, Wolfgang (2011), »The Crises of Democratic Capitalism«. *New Left Review* 71: 5–29.
Weil, Eric (1970), *Hegel et l'Etat*, Paris: Vrin.

CLAUS LANGBEHN

Beyond the State
Political Culture in Hegel, Marx, and Gramsci

Antonio Gramsci was a political activist whose interest in concepts and theoretical approaches depends on their capacity for contributing to political and social change. Although this need not to be true for each and every facet of his theoretical thought, he basically wrote as an Italian communist, reflecting on the conditions for a successful class struggle in the first third of the twentieth century. His position in the history of Marxism is normally described as one by which the orthodox Marxist focus on economic conditions is overcome by a cultural perspective. Thinking of culture politically is surely fundamental to Gramsci's intellectual enterprise. This thinking evolved over several years, many of them spent in prison where Gramsci was allowed to read and write on various themes. Given the poor conditions under which Gramsci wrote the posthumously published *Prison Notebooks*, it is hardly surprising to find a complex body of literature that requires a systematic reading and interpretation. This is even true of the concept of hegemony, which is commonly said to be Gramsci's key political concept. In this paper, though, I will not focus primarily on Gramsci's idea of hegemony but on culture and one of its political meanings.

Apart from the *Prison Notebooks* and thus beyond his explicit comments on hegemony, there is political thought in the early Gramsci by which culture is specified in terms of *consciousness* and *self-understanding*. My aim is to argue for the general thesis that culture, being interpreted politically by Gramsci in terms of self-understanding, can be made intelligible by approaching it in terms of *political culture*. In the second half of the twentieth century, political scientists have employed this phrase systematically, and it is, as we will see, occasionally used by philosophers like John Rawls and Jürgen Habermas as well. My discussion will draw on this conceptual background. The main purpose of such a step is not to interpret one of Gramsci's political conceptions of culture in light of those contemporary developments. Rather, it is my contention that culture, interpreted as political culture and self-understanding, requires us to answer whether such an approach can reveal a historical line of thinking in which Gramsci's conception of political culture can be placed and made explicit.

I suggest that relevant philosophers prior to Gramsci do not have to employ the *language* of culture where an idea of political culture is to be applied. For political culture can be approached *conceptually* with Hegel's philosophy as our point of reference. Accordingly, Hegel's *Philosophy of Right* (1821) and his conception of political sentiment, namely patriotism, shall be the starting point in the first section. Introducing the idea of political culture into this major work of political philosophy implies the attempt to present a Hegelian conception of political culture, by which we are forced to go beyond the state in a first step. Although Hegel's conception of political sentiment has its conceptual place in his account of the state, I shall argue for the idea that a proper understanding of political sentiment is not limited to the state, not even by the fact that Hegel conceives of political sentiment as patriotism. For patriotism in Hegel has hardly anything to do with what we normally associate with this term, and nationalism in a political-ideological sense is the last thing we should think of. Instead, I shall pursue a philosophical interpretation according to which political sentiment as political culture is another means of integrating the distinct spheres of state and civil society.

In the second section, I shall juxtapose Marx and Gramsci in order to demonstrate that these two thinkers put us at the crossroads. Marx's early reception of Hegel, as it is presented in his *Critique of Hegel's ›Philosophy of Right‹* (1843), allows us to follow the Hegelian conception of political sentiment under the condition of its revaluation. The first part of my second section, then, aims to make this revaluation clear, reading it in due consideration of Marx's economistic reading of Hegel's concept of political sentiment. Having thus shown how Marx blocks the attempt to construe a modern line of political culture, in the second part of the second section I shall discuss the general conditions under which such an attempt seems possible with regard to Gramsci. What Gramsci calls the *integral meaning* of the state, on the one hand, and the *ethical, cultural state* on the other, will be a starting point to develop a concept of culture beyond the nation-state.

The third section makes explicit Gramsci's general idea of culture as practice in terms of self-understanding. In this section, I turn to the early Gramsci, arguing that there is a Socratic conception of culture in his writings that can be subjected to a deeper analysis if we consider his interpretation of Novalis and his concepts of *Bildung* and self-understanding. My aim here is to discuss how Gramsci's political conception of culture can be differentiated into a conception of political culture. With such a conception, we finally leave the nation-state once and for all.

I. Politicizing civil society?
Toward a Hegelian conception of political culture

In the *Philosophy of Right*, Hegel's conception of the state suggests different themes. Whereas the term ›state‹ can be applied even to the sphere of civil society (*bürgerliche Gesellschaft*) in the sense of an »*external state*« (Hegel 1991: §183, 221), the state as the third moment of ethical life (*Sittlichkeit*) next to family and civil society not only represents the idea of ethical life in its highest form. It is also the »*political* state proper and its *constitution*« (Hegel 1991: §267, 288). Moreover, in §267 Hegel distinguishes between *subjective substantiality* and *objective substantiality. Objective* substantiality is given by the strictly political state and its structure; by contrast, *subjective* substantiality is represented by what Hegel calls *politische Gesinnung*, a term variously translated with phrases like »political *disposition*« (Hegel 1991: §267, 288), »political temper of mind« (Hegel 1896: 255) or »political sentiment« (Westphal 1984: 88; Ilting 1984: 104), the last of which I employ in the following. This subjective aspect of the state does not presuppose a subjectivist approach to the political sentiment. In §268, Hegel himself emphasizes that this sentiment should not to be confused with opinion, since it is grounded in truth. The state has its subjective substantiality not by virtue of distinct attitudes of individuals but seemingly by virtue of widely shared dispositions of what I shall call *being-the-state subjectively*.

Whereas §267 introduces the idea of subjective substantiality, §268 develops it in detail. In Hegelian terms, the conception of being-the-state subjectively implies *patriotism*. Patriotism, though, must not be identified with the idea of willingness to make exceptional sacrifices, i.e. actions, for the sake of the state. Hegel certainly acknowledges that patriotism has something to do with such willingness to act; but as a matter of fact, he sees it as a *condition* for such action. Being a result of the existing institutions through which reason really exists, patriotism is a kind of *political consciousness*. It is a »trust« (*Zutrauen*), i.e., a »consciousness, that my substantial and particular interest is preserved and contained in the interest and end of an other (in this case, the state), and in the latter's relation to me as an individual« (Hegel 1991: §268, 288). Political sentiment is a consciousness according to which the »community« (*Gemeinwesen*) is the »substantial basis and end« (Hegel 1991: 289n). §269 then makes clear that political sentiment gets its *content* from the different powers of the state and from the constitution (*Verfassung*).

Interpreters of Hegel's *Philosophy of Right* have understood political sentiment/patriotism in various ways. It is called a »disposition of compliance« of »generally law-abiding citizens«, who »passively identify with the state« (Knowles 2002: 316f.)[1]. Being rather passive, patriotism is hence said to be »fostered during times of conflict« (Brooks 2007: 141). While citizens support the state because it secures the pursuit of private interests, this kind of political sentiment comes to mind and is strengthened when the state faces external threats. Furthermore, patriotism in Hegel is said to provide an »*ethical* homogeny,« i.e., a »shared conception of justice« (Brooks 2007: 140). And if interpreters prefer to define patriotism as a kind of *attitude* (see: Brod 1992: 120ff.; Brooks 2007: 140), political sentiment implies the willingness to participate in

---

[1] Knowles emphasizes that patriotism in Hegel is *not* the »product of careful reflection«; instead, the »patriotic citizen *habitually* complies with the state's demands« (Knowles 2002: 317f.).

everyday life in accordance with the state's laws and institutions.² Hegel himself makes it a part of everyday life when he places the political sentiment »in the normal conditions and circumstances of life« (Hegel 1991: §268, 289). Therefore it seems clearly justified to call patriotism an »everyday attitude« (Westphal 1984: 89) and a »part of daily, unreflective life« (Brod 1992: 120)³.

It is not my intention to challenge these descriptions. Instead, I shall take seriously the term ›attitude‹ as well as the widespread idea among interpreters that patriotism is an attitude in common, everyday life. This characterization, however, cannot be the last word on the nature of political sentiment. Due to the fact that political sentiment is called patriotism, for example, political sentiment in Hegel could lead us to the question of how Hegel's concept of patriotism relates to other conceptions of his time.⁴ However, I will not deal with this question, nor will I discuss the relation between patriotism and cosmopolitanism, an aspect which was of particular importance in 18th century Enlightenment and in the years following the French Revolution (cf. Viroli 1995: 63ff.; Fuchs 1991). We must understand that the language of patriotism changed its meaning during Hegel's lifespan (and, of course, before and after Hegel, too). Pride in one's own country was rarely what patriotism meant in these decades. Rather, patriotism was about taking care of the common good, about virtues and morality, and about the idea that patriotism can be reconciled with universal values and cosmopolitanism. It was also connected with the idea that patriotism is about defending one's nation or country against the flaws of the government and state (corruption, for example), a popular meaning in particular among the English radical patriots (cf. Cunningham 1981). What makes Hegel belong to his time, and where he offers new approaches, though, requires a comprehensive historical discussion which I cannot conduct here. Furthermore, I shall not answer the question of how the concept of patriotism, as given in the *Philosophy of Right*, relates to passages from Hegel's lectures on the philosophy of right between 1817 and 1820.⁵ It is also beyond my interest to debate the problem of whether we have to make a conceptual distinction between patriotism and political sentiment. I assume that we are justified to treat both terms as interchangeable and that there is thus no need to

---

² According to Bourgeois, patriotism is a sentiment which has become a *habit* (*Gewohnheit*); for this reason he calls patriotism a *common sentiment* (*gewöhnliche Gesinnung*) (cf. Bourgeois 1997: 238).

³ Patriotism, Brod adds, is »ordinary and commonplace« (Brod 1992: 120), it is the »normal attitude of the citizens in a well-ordered state« (Brod 1992: 122).

⁴ For such a discussion, cf. Moland 2011: Ch. 2.

⁵ O'Malley argues against Ilting's contention that Hegel adjusted the conception of patriotism, as published in the *Philosophy of Right*, to the Karlsbad Decrees, thus producing differences between the published conception and the ideas on patriotism in the lectures between 1817 and 1820 (cf. O'Malley 1987).

discuss Hegel's concept of sentiment first in order to have access to his concept of patriotism.[6]

While I do not deny the importance of all of these topics, I intend to expose Hegel's concept of patriotism to a language he himself did not employ. Such an approach, I think, is not anachronistic in the sense that it introduces a topic unknown to Hegel. Rather, I consider the introduction of a new language as a *systematic* approach by which we can discuss Hegel's concept of patriotism in light of helpful conceptual distinctions. One good example for such an approach is given by Lydia Moland who applies the language of *political identity* to Hegel, demonstrating how this language offers valuable options for a rich systematic (yet historically informed) discussion of patriotism in Hegel (cf. Moland 2011).

I choose to introduce the language of *political culture* not because I hold this choice to be the better one;[7] instead, I suggest to consider the introduction of the language of political culture as reconcilable with, even complementary to, Moland's philosophical interpretation. Debating commonalities, however, cannot be my aim either. For understandable reasons, I must reduce myself to simply introducing the language of political culture by outlining the conditions under which a discussion of patriotism as political sentiment can be a debate on a Hegelian conception of political culture.

Introducing the language of political culture into Hegel does not seem to be a big challenge given the fact that Hegel calls it a sentiment, disposition, and consciousness, thus a cognitive attitude which interpreters called, for good reasons, an everyday attitude (see above). For if we consider the language of political culture in its current employments, we realize that there is a kind of ›cognitivism‹ in both the social sciences and philosophy, insofar as authors generally define political culture primarily in terms of common citizens' *orientations* – instead of practice.[8] This predominant ›cognitive‹ meaning of po-

---

[6] Won (2000) suggests that sentiment in Hegel is a generic term which, as political sentiment, includes patriotism, confidence (*Zutrauen*), and trust (*Vertrauen*). Although Won provides us with helpful insights into the relevant conceptual framework of sentiment, I agree with Moland that it is not necessary to distinguish between political sentiment and patriotism in the given sense (cf. Moland 2011: 187, n14).

[7] The phrase itself, probably used first by Johann Gottfried Herder, was seemingly unknown to Hegel (at least as far as I can see). But that should not prevent us from introducing this phrase along with some of its current meanings. I examine the history of the language of political culture in Langbehn 2017. – In his »Intellectual History of the Civic Culture Concept«, Almond has given an example of how parts of the philosophical tradition since Plato and Aristotle can be read in terms of political culture beyond the language of political culture (cf. Almond 1980). Hegel's *Philosophy of Right* remains unmentioned in Almond's construction of a philosophical tradition of political culture.

[8] Orientations seem to be of major importance in contemporary discussions. In the social sciences, for example, political culture is a well-known and highly controversial subject. In its classical meaning the term signifies citizens' *subjective orientations* toward the political system, their government, and themselves. Political culture is thus a distribution pattern of psychological, politically relevant orientations of individuals. These orientations are

litical culture seems to make it plausible why the introduction of this language into Hegel does not seem to be a big challenge. If things are not as easy, however, then it is *not* because Hegel cannot be considered a proponent of democracy (as a form of government with which our current discussions of political culture are basically connected). Rather, I suggest the problem concerns the fact that neither Hegel's concept of political sentiment, nor our current meanings of political culture, are purely cognitive in the given sense. We also find *historical* and *practical* aspects on both sides.[9] Therefore, the challenge is to give an adequate account of how *orientation*, *history*, and *practice* can be a part of Hegel's conception of patriotism in terms of political culture.

It is my claim that such an account ought to be divided into two parts: one according to which *orientation and practice* stand together, thereby allowing us to understand their togetherness as another aspect of how Hegel tries to reconcile civil society and state under the idea of ethical life; and another part by which we understand the *historical* dimension of political culture in Hegel. This division, though, is only conceptual; it does not indicate distinct phenomena but structural moments, if you will, of political culture. In what follows, I will outline first the cognitive/practical dimension of political sentiment; some comments on the historical dimension will finish this section.

One of Hegel's basic questions is how modern life, in particular the principle of subjectivity and the new phenomenon of civil society, can be reconciled with the ancient idea of community. Family, civil society, and the state are the three structural moments of ethical life; and with these three moments Hegel attempts to do justice to the modern reality, but frames it in terms of an ancient ideal. Going through ethical life in terms of family, civil society, and state, however, is not a historical inquiry; instead it is the attempt to understand the basic principles of ethical life and the nature of their specific realiza-

---

empirically measured and finally generalized on empirical grounds (the locus classicus is Almond/Verba 1963). Whereas this kind of conception has been criticized for its assumed (unhistorical) *psychological reductionism* (among others: cf. Schuppert 2008: 5, 8, 15f.; Fenner 1991: 514f.; Rohe 1994: 165), three different approaches to political culture have emerged in the social sciences today, many of them categorized within the broader classifications—namely, the *legitimacy approach*, the *communitarian approach*, and the *human development approach* (cf. Inglehart/Welzel 2005: 247ff.). In contrast to the relative importance of the debate on political culture in the social sciences, there is no established debate on the subject in philosophy. However, substantial thought on political culture can be found in John Rawls and Jürgen Habermas. Despite the fact that their conceptions show significant differences, both of them, interestingly, interpret ›culture‹ more or less in cognitive terms, although they provide historical and practical notions, as well. Political culture is thus either a historically grown *shared fund of implicitly recognized ideas and principles* (Rawls) or a historically given *horizon of interpretation*, graspable as a culturally given *stock of knowledge*, being part of the *lifeworld* (Habermas) (cf. Rawls 1993: 8; Habermas 1998; my remarks on Habermas are part of an interpretation which I have presented in Langbehn 2015). And as for its function in democracies, both Rawls and Habermas certainly agree that political culture is an important factor for stability.

[9] With regard to Rawls and Habermas, cf. Langbehn 2015.

tions in each of the three structural moments respectively. In this regard, the civil society appears to be a problem due to the fact that its general understanding as a *system of needs*, including the free pursuit of individualistic interests on the market, seems to counteract and endanger the forms of ethical life which are realized in the family and the state. The challenge posed by Hegel's conception of ethical life is therefore to understand why, and in which sense, the civil society can be conceived of as a structural moment of ethical life.[10]

A solution to this challenge can be approached from different directions. For example, while Joachim Ritter, in his classic *Hegel and the French Revolution*, tried to incorporate civil society into ethical life through a historico-philosophical interpretation of 18th century political economy, the French Revolution, and Hegelian philosophy (I will come back to this), a less ambitious (yet no less important) account can make reference to how the *Philosophy of Right* addresses the question of how instrumental relationships between individuals turn into non-instrumental ones in each of the three structural moments.[11] While love and marriage stand for intersubjective freedom and its proper institution in the case of the family, the state represents the universal (instead of the particular), including mutual recognition among citizens and the institution of legislative power. Both family and state, respectively, can thus be described in terms of *intersubjective relationships*, on the one hand, and *institutions*, on the other.

If we apply these two formal features to the civil society, we attend first to individuals who are interrelated by their personal interests and whose common sphere is the free market. But even the system of needs, Hegel argues, allows for intersubjective relationships and institutions in terms of intersubjective, non-instrumental freedom. Since individuals in the civil society tend to connect in labour-organized groups which allow individuals to recognize others and be recognized by them, these groups turn out to be spheres of intersubjective freedom and solidarity (within the instrumental organization of the market); the institution through which these spheres are organized objectively is *Korporation*.[12] Together with the institution of marriage, the *Korporation* is an

---

[10] Hegel's conception of civil society is significant in economic terms. Although civil society belongs to the ethical life, it basically represents the loss of it and thus indicates »division« (*Entzweiung*) (Hegel 1991: §157, 198). Civil society, looked at from this point of view, is an antithetical moment in the dialectical arrangement of the three moments of ethical life (family, civil society, and state).

[11] Cf. the systematic overview given by Herrmann 2016: in this volume.

[12] I follow Prosch in his suggestion to avoid translations into English due to the fact that neither the term ›guild‹ nor the term ›corporation‹ matches the meaning of *Korporation* in Hegel (cf. Prosch 1997: 197). Prosch describes *Korporation* as a »mediating institution within civil society, one which provides an ethical context superseding the merely economic relations of a market economy« (Prosch: 1997: 195). It is defined as a »socioeconomic association of individuals united by the fact that they share the same trade or line of work within the context of crafts, industry, or commerce« (Prosch 1997: 197); it »lifts individuals up out of their iso-

essential root for the ethical life of the state. In this regard, family and civil society include institutions of ethical life in which the intersubjective and universal freedom of the state finds important structural moments of its own permanent realization.

Interestingly, Hegel also establishes a relation between *Korporation* and patriotism, and since patriotism is basically part of the state, we can take this as a hint that deepening the analysis of patriotism is another way to bridge the distinction between civil society and state.[13] Mediating between civil society and state, patriotism can indeed be a phenomenon within *Korporation*. For Hegel argues, that the sense of community shared by members of *Korporation* can turn into patriotism insofar as these members learn to view the state as the institution which guarantees the particular spheres of the civil society (cf. Hegel 1991: §289, 329f.). Hegel even speaks of a »spirit of the corporation« (*Korporationsgeist*), which he calls a sentiment (*Gesinnung*) and which he takes to be a part of the state (Hegel 1991: §289, 330).

Against this background of the relation between patriotism and *Korporation*, it becomes clear that patriotism includes a cognitive aspect by which civil society and state are ethically interrelated. But such an understanding of political sentiment leaves open the question of how patriotism can be considered a *practical* moment in terms of culture. Whereas the history of patriotism apparently allows for the idea of *republican patriotism*, which is a *way of life* in terms of *culture* (as practice), Hegel, it seems, hardly allows for the idea that his conception of patriotism has such a practical dimension.[14] I shall argue, however, that Hegel's non-employment of such a language of culture does not mean that we cannot find a practical meaning in his conception of patriotism. Given that patriotism in the *Philosophy of Right* represents a kind of everyday attitude (see above), we have reason to go beyond *Korporation* in order to find a perhaps deeper sense of patriotism's everydayness.

I shall do so from a more phenomenological point of view (in the broad sense of description). As participants in the ethical life of the state, citizens

---

lated self-interests, which come to be recognized as actual shared interests, to the level of a (relatively) universal interest, that of a whole branch of work in civil society« (Prosch 1997: 199). – Ellmers highlights the distinction between a wide and narrow concept of *Korporation* in Hegel (cf. Ellmers 2015: 77), suggesting that *Korporation* is a »Lebensverband« i.e. an association of persons who share a common identity via their common work through which they are emotionally connected (Ellmers 2015: 80).

[13] In one of his lectures, Hegel speaks of patriotism as a »mediating force« between the particular and universal (Moland 2011: 57); O'Malley calls patriotism a »complex social-political consciousness and self-consciousness« (O'Malley 1987: 76). Both descriptions hint at the idea that Hegel's concept of patriotism contributes to an understanding of how civil society and state are related toward each other in ethical terms.

[14] One of the reasons why Viroli's approach to the history of patriotism is so interesting lies in the fact that he reconstructs a history of (Roman inspired) republican patriotism, in which the author tends to fuse the concepts of ›way of life‹ and ›culture‹. Culture thus becomes a *practical* category describing a way of life by which citizens realize patriotism (cf. Viroli 1995: 12, 37, 172).

are, classically speaking, *citoyens*; and in their engagement within the system of needs (i.e., civil society) they appear to be the *bourgeois*. But citizens do not play these two different roles in two different lives; in particular their participation in civil society is not only ›framed‹, and thereby influenced, by ethical life (represented by family, state, and *Korporation* within civil society itself). The participant is also satisfying her needs and pursuing her interests *accompanied by* the everyday attitude of political sentiment. This kind of sentiment is no political habitus set off from the system of needs but a *cultured consciousness* through which citizens can exist as embedded patriots in societal life. Insofar as the idea of political culture in Hegel indicates a relation between individuals and the state (implying trust and awareness of ethical life), that relation is surely a *political* culture. But as a political *culture*, it is realized by persons who do not stand at attention before the symbols of the fatherland but are better described as members of civil society who accept the lawful limits of acting in their everyday life.

This kind of culture has two aspects: a cognitive and a practical one. The former refers us to the state, insofar as citizens are doing justice to the state through a political sentiment whose content is dependent on the state structure and the constitution. (We have seen above that, as stated in §269, political sentiment takes its content from the different powers of the state and from the constitution.) The practical dimension implies an understanding according to which commonly shared political dispositions underlie the lived experience within a given society, including prevalent practices and habits. *Making the state alive*, political culture is the life of the state in civil society. Thus, I suggest that a proper philosophical meaning of culture clearly must imply a sense of practice which relativizes the cognitive dimension of political culture.

The *historical* dimension of political sentiment/culture has also an impact on our understanding of the cognitive dimension of political culture. One way to illustrate this, one could argue, is to refer to Ritter's philosophical interpretation of Hegel as presented in *Hegel and the French Revolution*. Seen from a systematic point of view, Ritter applies his interpretation of Hegel's view on the French Revolution to Hegel's conception of civil society. Accordingly, some of the problematic implications of the French Revolution find their sublation (*Aufhebung*) in civil society. Ritter's interpretation is novel in presenting this sublation in light of Hegel's conception of civil society, this conception being a *philosophical* completion of the contemporary political economy and its conception of civil society. Tracing the French Revolution back to the civil society, it seems, is the means of transcending the economic boundaries in the understanding of civil society (cf. Ritter 1982). Hegel, Ritter argues, transcends the one-sided economic conception of civil society. Tracing the French Revolution back to the civil society, Hegel would present a conception of civil society according to which historical substance and freedom are preserved within the new modern society. Connecting the French Revolution with civil society, both are eventually considered to be integral parts of world history (Ritter 1982: 73ff.). Since the civil society is the »driving force of political revolution«, bringing »dichotomy into history« (Ritter 1982: 76), Hegel provides us with a positive, philosophical interpretation of both the civil society and the French Revolution in their inner togetherness, demonstrating that it is exactly the dichotomy by which the »continuance of the substantial order of tradition« is secured within the »realm of the modern world« (Ritter 1982: 78).

Given this philosophical interpretation of the relationship between civil society, French Revolution, and world history, we could argue that the inclusion of civil society in world history and its function of preserving freedom not only connects civil society and state. Hegel's philosophical account of civil society, seen from Ritter's point of view, could also be expanded into a view according to which civil society is a modern phenomenon by which *patriotism's historical substance* is guaranteed.

However, instead of attempting such an interpretation, I shall reduce myself to a historical dimension smaller than world history. For what requires no comprehensive interpretation is the fact that, according to the *Philosophy of Right*, patriotism is given existence by the state *institutions* (cf. Hegel 1991: §268). It is through these institutions that the political sentiment is historical in its substantiality, in particular through the constitution (*Verfassung*). Political sentiment does not only have its content from the constitution (see above). It is also historical through the constitution, given the nature which Hegel ascribes to it. While the constitution can certainly be considered a written document of the state, the more fundamental meaning directs us toward rather *conditional* aspects. The meaning of the term ›constitution‹ is thus very complex in Hegel (cf. Siep 1991: 362ff.).[15] The constitution can be the political constitution, i.e. condition, by which the state authorities are described; it also describes the condition of the estates of the realm in civil society. This broad sense of the constitution also includes the processes through which the organic life of the state is realized.[16]

Although a more narrow sense of the constitution includes the written document, Hegel makes this written document itself the product of the *condition of a people*. A constitution in the sense of a written document is not made by an assembly of persons but by what Hegel calls the national spirit (*Volksgeist*). Or, in other words, if an assembly of persons does produce the written document, then only in the sense that it articulates, i.e. makes explicit, what the national spirit has developed over the course of the history of a people. The original subject of the constitution is thus the national spirit. Insofar as the political sentiment is produced by state institutions, the constitution being one of

---

[15] The following remarks draw on Siep's discussion.
[16] Sedgwick demonstrates how Hegel's idea of a state as an organism can be read beyond the political-ideological implications of this idea if we take into account that the *Philosophy of Right* can be read against the background of Kant's theoretical and practical philosophy (cf. Sedgwick 2001).

them, we can thus argue that the historical substance of political sentiment is grounded to some degree in the national spirit and the historical being of a people.

At this point, we know enough about Hegel's conception of political sentiment in order to avoid the conclusion that patriotism in Hegel is a nationalistic conception due to its historical origin in the national spirit. It is not nationalistic in the modern political-ideological sense of the word; the historical dimension of patriotism concerns rather the historical reason for political sentiment in terms of political culture. We may dislike this connection between a national spirit, constitution, and patriotism, arguing that Hegel's ›constitutional patriotism‹ suffers from what Habermas's conception of constitutional patriotism (*Verfassungspatriotismus*) intends to overcome, namely the link between patriotism and ethnicity. But it would be wrong to organize our philosophical understanding of Hegel's conception in light of the historical experiences of the 20th century, which made Habermas conceptualize patriotism in his constitutional way. I do not argue that Hegel's historical position is his historical luck and innocence; but I do not see any reason why we should not attempt to translate Hegel's conception of patriotism into something other than nationalism.

Introducing the language of political culture is one way to do this. While the national spirit remains a factor in this attempt, it is also true that the cognitive, practical, and historical dimensions of patriotism can refer us to the idea of culture and political culture. We find the link between (constitutional) patriotism and political culture explicitly in Habermas (cf. Habermas 1998: 225). While it must remain a claim here that Habermas holds a practical (and even historical) notion of political culture within his thoughts on constitutional patriotism and democracy, the results of my discussion in this section enable me to argue that a Hegelian conception of political culture provides us with a model of how to relativize the cognitive dimension with regard to both the practical and the historical dimension. We may disagree with Hegel's concrete solutions; we can argue that Hegel's idea of political sentiment is mistaken for why should I assume that my consciousness, that my particular interests are included in the interest and end of the state, be grounded in the national spirit of my country? And yet there is a conceptual offer in Hegel which does not lead us to the fascist and totalitarian developments of a later age, but to later developments in philosophical reflections on culture and what we can term political culture.

In this regard, I take Hegel to be a reminder that a proper philosophical discussion of political culture ought not to be centered in orientations only; it must also consider practical and historical aspects, thus offering a way in which sense orientations, practice, and history can come together meaningfully within a conception of political culture.

II. At the crossroads: Marx and Gramsci

Marx was influenced by Hegel for most of his life. For this assessment to be acceptable, however, we must recognize that this influence altered through the years. Hegel's *Science of Logic*, for example, is commonly said to be an important, though hidden, *methodological* frame for *Capital*. Beyond that, it has been argued that the later Marx also relies on Hegel's *Phenomenology of Spirit*, in particular his conception of recognition, which is supposed to shape Marx's value-theory to some extent (cf. Quante 2013). In his *Critique of Hegel's ›Philosophy of Right‹*, the young Marx seems to extensively comment primarily on Hegel's *political philosophy*. This commentary presents Marx as a sharp critic of Hegelian idealism and of speculative philosophy in general.[17] »Hegel, who inverts everything« (Marx 1970: 87), says Marx, a slogan which represents his general line of critique. As we will see, it also applies to Marx's critique of Hegel's concept of patriotism which, as I shall show in this section, Marx turns into an economic category. In contrast to Marx, Gramsci did not put forward a detailed critique of Hegel's *Philosophy of Right*. It is nonetheless possible to argue that there is a kind of replacement of Hegelian ethical life in Gramsci, and that this replacement leads us to culture via other key concepts like hegemony, control, and ideology. The purpose of this section is thus to give a general picture of why it is Gramsci, and not Marx, who leads us to a post-Hegelian conception of political culture.

Marx's departure from patriotism

Marx mentions Hegel's conception of political sentiment repeatedly. Although he takes §268 of Hegel's *Philosophy of Right* to be a »nice exposition« (*schöne Exposition*) concerning political sentiment, i.e. patriotism (Marx 1970: 87), his overall attitude is nonetheless critical. Though Marx's denial of speculative philosophy and the assumed inversion of subject and predicate causes his general rejection of patriotism, we must also understand several other aspects as part of a more detailed critique. It is my contention, though,

---

[17] This work belongs to the early writings which themselves are considered part of Marx's first phase in his appropriation of Hegel. Levine distinguishes between two phases of such appropriation, the first between 1836 and 1848, the second between 1848 and 1883. Although the first phase indicates some treatment of political economy already, Levin emphasizes that Marx's serious »immersion into classical political economy« began only after his move to Paris in October 1843 (cf. Levine 2012: 207). The twofold appropriation of Hegel and political economy, however, did not lead him to political philosophy but toward the writings of *Capital* – in the early appropriation of Hegel, political philosophy was overcome, Marx believed, and what he introduced later into his revision of political economy was formal logic as a methodological means, namely Hegel's *Science of Logic*. Whether the young Marx commented on Hegel's political philosophy in terms of *political philosophy*, however, is quite another question (cf. Ilting 1984: 112f.).

that this critique *develops* as Marx goes through the paragraphs of the *Philosophy of Right*, and that we can follow this development in two steps.

Beginning with the first step, prior to his discussion of the state and civil society, Marx takes Hegel's conception to be insufficient insofar as Hegel determines the political sentiment as only a product of the state institutions. Marx argues that these institutions themselves are »equally« an »objectification« (*Vergegenständlichung*) of the political sentiment (Marx 1970: 87). This remark surely must be seen against the background of Marx's general accusation that Hegel inverts subject and predicate, since Marx claims that the political sentiment is not only a result but also the ›subject‹, i.e., the *cause* of the state institutions.[18] As a matter of consequence, the Idea is replaced by the political sentiment since the state institutions have become the product of a concrete, empirical consciousness instead of a speculative entity.

The second step takes place once Marx achieves more profound understanding of the Hegelian conception of the state in its relation to the civil society: Marx inverts the Hegelian philosophy by implementing the economic structure of civil society within the conception of the state, counteracting Hegel's own attempt to make civil society a part of the state's ethical life. And as this inversion must impact the understanding of the political sentiment, it is only consequent that Marx returns to §268 as soon as he has developed a more profound view on both Hegel and his (Marx's) own assumptions.

His probing analysis implies that the »nice exposition« (see above) turns into a radical revaluation of political sentiment beyond patriotism. Marx pointedly articulates the result of this revaluation in *The Holy Family* (1844/45), where he puts forward the view that people are connected not by their *political*, but by their *civil* life. Human beings would be selfish beings, and only »*political superstition*« could hold that the state organizes civil life since the truth is the opposite (cf. Marx/Engels 1980: 150). Such thought, though, is already contained in Marx's critique of Hegel's political philosophy from 1843. In this work, Marx converts the relation between civil society and state, claiming that Hegel's attempt to sublate the civil society within the state has failed. This charge goes along with well known descriptions of Hegel's philosophy of right as a case of »logical, pantheistic mysticism« (Marx 1970: 7). It would be a »chapter of the *Logic*« (Marx 1970: 18) to which Marx refers in order to unmask Hegel's conception of civil society and state.

All of the above could easily be considered features of what Marx calls political superstition. One part of his critical response to this superstition lies in his statement that reality is shaped by a »religion of private property« dominating the sphere of the so-called ethical life (Marx 1970: 103). Marx depoliti-

---

[18] According to Marx, Hegel made the central mistake of turning the Idea into the subject while degrading the actual subject to a predicate; and as one of these actual subjects, Marx addresses the political sentiment which, in Hegel, would figure only as a predicate (cf. Marx 1970: 11).

cizes the political sphere directly by further asserting that the *highest political sentiment is the sentiment of private property*.[19] Claiming *economic primacy* with regard to being-the-state subjectively, Marx eventually comes back to §268. After quoting this paragraph, he transforms the text by again picking up Hegel's words, though now presenting his own version by adding and decisively changing words (and thus meaning). Marx's transformation of §268 reads as follows: »The political sentiment is no longer trust but rather the reliance, the consciousness that my interest, both substantive and particular, is independent of another's (i.e. the state's) interest and end, i.e., in the other's relation to me as an individual. This is the consciousness of my freedom from the state.« (Marx 1970: 103)[20]

Marx's transformation of §268 involves two alterations. First, he adds the word ›independent‹ which is not found in Hegel's text itself; second, the same is true of the phrase ›freedom from the state‹. The second alteration is thereby a consequence of the first: stating the independence of the individual's interest from the interest of the state, Marx is able to invert Hegel's idea of freedom. Instead of following Hegel's conception of freedom as an implication of being recognized by the state, the proclaimed independency turns this idea of freedom into freedom *from* the state. It seems reasonable to call this transformation a radical revaluation of political sentiment, a revaluation through which the ethical life is replaced by the economic life and its basic idea of property.

This background reveals that there is no way to discuss the idea of a Hegelian conception of political culture in Marx. Beyond his early critique of Hegel, this topic does not seem a subject naturally interesting to Marx. The later Marx not only rejects the (bourgeois) state but has no comprehensive conception of the state at all. Furthermore, civil society seems to be determined one-sidedly in economic terms. Hence there is no theoretical place in Marx for political culture in the given sense. But even the younger Marx is no more promising. He renounces Hegel's conception of the relationship between state and civil society and makes a first step to devalue the state itself (which depends on the economically determined civil society). The state is not made alive *within* civil society but *by means* of this sphere. It is a function of civil society.

However, this kind of departure from political culture, if you will, should not lead us to the conclusion that the early Marx has no ethical response to the results of his own critique of Hegel's political philosophy. To the contrary, ethical thinking comes in where the early Marx presents himself as a philosopher of anthropology. If Marx does not respond to Hegel's conception of patriotism with a revised conception of political culture, it is because he turns to

---

[19] »The highest political inclination is the inclination of private property.« (Marx 1970: 99) In the original text, however, we read »*politische* Gesinnung« (Marx 2004: 188f.).

[20] In the German edition, »independent« (*unabhängig*) and »freedom from the state« (*Freiheit vom Staate*) are italicized (cf. Marx 2004, p. 194).

the topic of human beings beyond the paradigm of political philosophy. In conceptualizing *human species, self-consciousness, self-realizing*, and *recognition*, Marx continues his critical dialogue with Hegel on a more humanistic and anthropological level (cf. Quante 2013). The decline of thinking in terms of political culture, then, seems to be counterbalanced by thinking in terms of *human culture*.

I shall claim that, against this background, we can properly approach Gramsci's neo-Marxist position. For from a systematic point of view, we can read Gramsci as realizing what Marx himself did not realize – that is, realizing and developing the body of thought on human culture and its implications (self-comportment and the other) from a *politico-philosophical* point of view.

From Hegel to Gramsci: hegemony, ideology, culture

Hegel's influence on Gramsci is far from comparable to Hegel's influence on Marx. Gramsci refers only occasionally to the classical German philosopher, at times excusing his political philosophy by arguing that Hegel belongs to another historical era, and lacked historical experiences to which Gramsci could refer one century later. Hegel argues that it was still possible for us to believe that »all mankind will be bourgeois«; for Gramsci, it is necessary to turn this bourgeois image of the civil society into one requiring people to »put an end to the internal divisions of the ruled« (Gramsci 1971: 259). Indeed, while Hegel could only observe the emergence of different classes within civil society, Gramsci faced the reality of socially established classes and their inner conflicts.

Another difference concerns the distinction between state and civil society. According to Gramsci, the distinction is »merely methodological« (Gramsci 1971: 160). What does this mean? Most notably it means that Gramsci views state and civil society under their common feature of *control*. In this regard, he seems to replace Hegel's ethical life with control, arguing that both state and civil society should be characterized in terms of the latter. This is what Gramsci calls the »integral meaning« of the state. According to this meaning, the state is »dictatorship + hegemony« (Gramsci 1971: 239). In order to understand this idea of an integral meaning, we can trace it back to the methodological distinction between state and civil society. Both state and civil society are included in the conception of the state as a state of a higher level. The following equation makes this thought explicit: »State = political society + civil society, in other words hegemony protected by the armour of coercion«. (Gramsci 1971: 263) Insofar as this equation is supposed to be a definition, Gramsci defines the state as not only consisting in strict political affairs (the state as a political society), but also including the affairs of civil life, hegemony being its predominant factor. Consequently, hegemony is conceptually distinct from the other form of control, *coercion*, within the framework of the integral meaning of the state. This meaning makes altogether explicit the structure of control which can be refined conceptually into the two subcategories of coercion and hegemony.[21]

While Gramsci's methodological distinction between state and civil society leads to control, the integral meaning of the state explains in which way control must be understood as a means of the state in its two forms of political and civil society. Against the background of Hegel's philosophy, we could indeed argue that Gramsci solves Hegel's problem of reconciling state and civil society beyond the paradigm of ethical life, by making control the overall condition of state and civil society. I shall not, however, intensify the discussion of Gramsci's integral meaning of the state with regard to the question of how to better understand it against the background of Hegel's conception of ethical life. Rather, I will focus on one aspect of Gramsci's conception of the state, namely control in terms of hegemony.

Hegemony is normally said to be the control exerted by the »organization of consent« (Ives 2004: 64). Being part of civil society, hegemony is related to what is called the »ethical State« or »cultural State,« terms which Gramsci uses to address the function of the state, which is to »raise the great mass of the population to a particular cultural and moral level« (Gramsci 1971: 258).[22] Considered on its own, this statement looks quite Hegelian, insofar as a »particular cultural and moral level« may be taken for the ethical life. But the function of the ethical, cultural state is radically different since it generates a specific moral level of the population which »corresponds to the needs of the productive forces for development, and hence to the interests of the ruling classes« (Gramsci 1971, 258). This remark reveals the critical significance of Gramsci's notion of the ethical state. It indicates the state's influence in making people into a crowd, which functions within the desired economic system of the ruling class. In this sense civil society represents the predominant ethical and cultural character of the population. It must be emphasized, then, that the usage of words like ›ethical‹ and ›cultural‹ here is *descriptive*; as long as Gramsci deals with the state and civil society of his time, neither the ethical state nor the corresponding cultural constitution of society is thought of in normative terms.

---

[21] It has been argued, however, that this distinction does not imply that force is a means solely of the state and that consensual control belongs exclusively to the civil society. Control in its two forms (of coercive and consensual control), it seems, is basically possible in political *and* civil society (cf. Ransome 1992:138ff.). Nonetheless there are passages in the *Prison Notebooks* according to which hegemony is clearly related to civil society (see Gramsci 1971: 12). According to Femia's typology of hegemony, there is an *integral*, a *decadent* and a *minimal* form of hegemony in Gramsci: whereas the first would allow for a distinction between consent and coercion, decadent and minimal hegemony would imply some kind of coercion (cf. Femia 1987: 46).

[22] The formal distinction between the *ethical* and the *political* state traces back to Croce (cf. the annotation of the editors, Gramsci 1971: 258, n.60). Gramsci only adopts the words giving them new meanings.

Besides the descriptive meaning, there is also a normative one, which is based on Gramsci's understanding of the Western Capitalist society. For he argues that the specific world-view predominant in this kind of society has been one of the important reasons for its resistance to revolutions (Gramsci 1971: 238). Hegemony is thus primarily a *formal* term, applicable to all societies in which a social class has been successful in establishing a widely recognized world-view which that class uses to dominate the private and public discourses and, hence, the usage of language, signs, and symbols in the various areas of human life. But hegemony is not just a condition of stability; according to Gramsci, it is also a condition of the revolution and thus a societal factor in pre-revolutionary times. Bringing the Capitalist society to an end would require replacing the bourgeois world-view with another, proletarian world-view. Gramsci holds that prior to any revolution a unification (or synthesis) of the different attitudes of persons into one coherent and universal world-view would be necessary (Gramsci 1971: 349). The normative meaning of hegemony thus implies the consensual control within a new, namely *proletarian culture*.

It is evident from the previous paragraph that the conception of world-view is an important aspect of the conception of hegemony in both its descriptive and normative meanings. Emphasizing this importance, my reading of Gramsci privileges the *humanist* brand of Marxism.[23] It is indeed my contention that the Marxist-humanist tradition is a proper context to understand Gramsci's specific approach to hegemony against the background of some other key concepts of this tradition. Reading hegemony in terms of world-view reminds us, for instance, that Gramsci's key concept must be seen as a neo-Marxist version of the concept of *ideology*. Generally speaking, ›ideology‹ in Marxism underwent a transition through which the concept in turn lost its negative connotation. Marx's economic approach was modified by later theorists, most notable among them Lenin, Lukács, and eventually Gramsci. They developed the view that the ideological structure and (many-times implicit) consent of the masses on basic societal and political questions are important qualities that determine stability and processes of change. The specific humanist approach, however, did not begin until Lukács put forward his *History and Class Consciousness* (orig. 1922). By reference to *consciousness* and *conscious human agency*, Lukács made classes the subject of ideas, beliefs, and interests which he held to be important for overthrowing the bourgeoisie. But, Lukács argued, as these attitudes are supposed to be hardly present in the working class itself, they had to be transformed into a collective self-consciousness.

Lukács's contemporary Gramsci could agree with such a general emphasis on consciousness and self-consciousness. But unlike Lukács, who ascribed an »*a priori* subjectivity« (Martin 1998: 150) to the proletarian class, Gramsci rejected the implication of such subjectivity – or, in other words, the idea that

---

[23] For a more detailed discussion see Martin 1998: 148ff.

there is an *ideological unity* within this class. Ideology, and with it a specific world-view, is not considered an already existing stock of ideas, beliefs, and interests. Instead, it is regarded as the *objective* of the proletarian culture. Thus, in this context we must remember the well-known conception of the *intellectual* and his creating a new, proletarian culture on the critical basis of *common sense* and *good sense* (cf. Gramsci 1971: 5–23, 325–343).[24]

It is my contention that we can consider these developments and aspects against the background of the integral meaning of the state (see above). While it is certainly true that Gramsci takes this state conception to be a useful tool to criticize the modern Western capitalist state in its twofold structure of control, it is nonetheless plausible to argue that he tries to transform the idea of hegemony into a conception of (proletarian) culture. The term ›culture‹ is, however, ambiguous here: we should be aware that it can be the *product* of creativity as well as a form of *creativity* itself, i.e. a *process* and a *practice*.[25] *Culture as practice*, then, is one of Gramsci's answers to *control as hegemony* as supposedly practiced in the Western capitalist state. With this answer, it seems, Gramsci makes it clear that a critical stance against the relationship between civil society and state could be the grounds on which to establish a political philosophy of culture. Unlike Marx, who points out the economic nature of the state, Gramsci translates the state into an agency of control which has to be overcome by developing an ›ethical state‹ of culture.

In the next section, I wish to demonstrate how this political conception of culture can be translated into a conception of political culture. In what follows, I shall argue that we can deepen the humanist Marxist approach, including its focus on consciousness, by giving due consideration to one of Gramsci's *early* concepts of culture.

III. Culture as self-understanding: political culture in Gramsci

In his »Socialism and Culture«, a text published in 1916, Gramsci refuses to understand culture in terms of bare knowledge that has no practical impact on life (Gramsci 1994a: 9). »Culture is something quite different«, he remarks, adding the following definition: »It is organization, disciplining of one's inner self; the mastery of one's personality; the attainment of a higher awareness,

---

[24] Crehan discusses the relation between common sense and good sense arguing that the conception of common sense is »at the heart of Gramsci's theorization of popular consciousness« (Crehan 2002: 98); the difference between common sense and good sense is marked by the observation that Gramsci has no uncritical conception of common sense, thereby recognizing its limits and problems; what is good in it, Gramsci refers to as good sense (cf. Crehan 2002: 110).

[25] It goes without saying that the *Prison Notebooks* provide more meanings of the term culture. What has been said so far certainly does not cover the whole range of meanings. A more comprehensive analysis of culture in Gramsci is given by Crehan 2002: 71–161.

through which we can come to understand our value and place within history, our proper function in life, our rights and duties« (Gramsci 1994a: 9f.). There are several parts of this definition worth making explicit step by step in light of other passages.[26]

On a very general level one could argue that Gramsci's understanding of culture seems to mediate the ages. Whereas ›culture‹ had been known in ancient times as a person-related term referring to the activity of the soul, the term gained a social meaning in early modern times, used since then to signify the understanding of collective features of groups, peoples, nations, etc. (cf. Hetzel 2012). The person-related meaning is certainly not unknown nowadays, but the common usage of ›culture‹ is determined by the non-individualistic meaning. When defining culture as the »disciplining of one's inner self« and »the mastery of one's personality«, Gramsci's terms »self« and »personality« seem ambiguous, allowing for both a person- and group-related meaning of ›culture‹. Apart from the question of what the subject of culture is, the definition makes clear that culture is a kind of *activity* and *process* (»disciplining«, etc.). In this regard, the passage quoted above corresponds to the idea of culture as practice, as it is generally associated with Gramsci's concept of culture.

Although Gramsci is fundamentally seeking a concept of culture whose subject is the class, we should not underestimate the person-related sense. There is, for example, a *Socratic* influence which comes to light in a later definition of culture given in 1917:

> »I give culture this meaning: exercise of thought, acquisition of general ideas, habit of connecting causes and effects. For me, everybody is already cultured because everybody thinks, everybody connects causes and effects. But they are empirically, primordially cultured, not organically. They therefore waver, disband, soften, or become violent, intolerant, quarrelsome, according to the occasion and the circumstances. I'll make myself clearer: I have a Socratic idea of culture; I believe that it means thinking well, whatever one thinks, and therefore acting well, whatever one does. And since I know that culture too is a basic concept of socialism, because it integrates and makes concrete the vague concept of freedom of thought, I would like it to be enlivened by the other concept, that of organization. Let us organize culture in the same way that we seek to organize any practical activity.« (Gramsci 1991: 25)[27]

The idea of culture as thinking, I suggest, requires distinguishing between an empirical and a normative conception. From an empirical point of view, culture is a feature of man, since human beings have the capacity to think. Ac-

---

[26] Crehan presents two passages from the pre-prison writings referring to the passage quoted above as well as to a second one which will be relevant to my own discussion (Crehan 2002: 72–76); her discussion, however, serves more introductory purposes insofar as she quotes Gramsci at length in order to prepare other topics such as »Gramsci and teleology« (Crehan 2002: 76ff.).

[27] This idea of culture is a reaction to an article written by Mario Guarnieri, a national secretary of the Italian Metalworkers' Federation; in his article published on December, 20th, 1917, Guarnieri criticizes Gramsci for suggesting the founding of a cultural association.

cordingly, they are always already cultured. But at the same time the empirical perspective reveals the limits of being only primordially and not organically cultured insofar as man's culture as thinking is not *stable* due to its dependence on occasions and circumstances. Gramsci thus defines ›culture‹ in *normative* terms when he intends to make himself »clearer« (see above). The Socratic idea of culture, I assert, is indeed a normative reaction to the insufficiencies of being cultured primordially (as a human being). For culture in a Socratic sense implies not only thinking but thinking *well*, i.e., thinking that is independent of accidental circumstances. In addition, the normative definition is extended not only to the quality of thinking but also to the realm of *acting*. Culture in a Socratic sense implies thinking *and* acting (well). It would, of course, be interesting to discuss how this Socratic conception of culture can be formulated in terms of *virtue*. If culture is thinking and acting well, then it seems appropriate to take culture as constitutive of the *virtuous life* – at least from a Socratic point of view.

Gramsci's Socratic conception of culture includes two important characteristics: a person-related meaning of culture, and the combination of a cognitive and practical sense. Given these characteristics, the question arises whether the Socratic conception could be of *political* importance for Gramsci. I assume that it is and suggest that the Socratic conception is a paradigmatic concept on which the political meaning of culture rests. In order to demonstrate this relation, though, we have to elucidate the Socratic conception and its focus on thinking and acting (well) in terms of *consciousness* and *understanding*.

To this end, we must return to our first text, »Socialism and Culture«, in which culture is not only said to be the »attainment of a higher awareness« (see above), which involves an understanding of oneself; in addition, we find a very interesting reference to a contemporary of Hegel, the German romantic author Friedrich von Hardenberg, or Novalis. Gramsci presents the structure of this notion of higher awareness, I maintain, in due consideration of this author and his conception of *Bildung*. And it is this conception which allows us to turn the Socratic conception of culture into a political conception of culture which includes a cognitive and practical sense. Let us pursue this thought.

Gramsci references Novalis twice in »Socialism and Culture«: in the beginning where he quotes Novalis, and in the end where Gramsci presents his interpretation of this quote. The quote itself reads as follows:

> »The supreme problem of culture [*Bildung*] is that of taking charge of one's transcendental self, of being at the same time oneself and the self of oneself. So we can scarcely be surprised at our lack of empathy with and complete understanding of others. Without a perfect understanding of ourselves, we shall never really be able to know others.« (Gramsci 1994a: 8)[28]

---

[28] The original German version reads as follows: »Die höchste Aufgabe der Bildung ist, sich seines transcendenten Selbst zu bemächtigen, das Ich seines Ich's zugleich zu seyn. Um so weniger befremdlich ist der Mangel an vollständigem Sinn und Verstand für Andre. Ohne

It is worth noting that the German word *Bildung* occurs in the sense of ›culture‹ here. This translation is not controversial, because the term *Bildung* had been an alternative for the German term *Kultur* since around 1800. Like culture, *Bildung* indicates a kind of activity, specifically the *formation* of one's mind. Moreover, we can understand the idea of thinking of culture in terms of *Bildung* as an answer to the intellectualistic conception of culture according to which culture is essentially theoretical knowledge. If culture has an aim, it must be defined in terms of knowledge, Gramsci argues, albeit knowledge of a particular kind – namely *understanding* in terms of *Selbstverständnis* (self-understanding; understanding of ourselves). This conception of culture unfolds in the following passage:

> »A critique implies precisely the discovery of the self which Novalis defined as the aim of culture. Discovery of the self as it measures itself against others, as it differentiates itself from others and, having once created an objective for itself, comes to judge facts and events not only for what they signify in themselves, but also according to whether or not they bring that objective nearer. To know oneself means to be oneself, to be master of oneself, to assert one's own identity, to emerge from chaos and become an agent of order, but of one's own order, one's own disciplined dedication to an ideal. And one cannot achieve this without knowing others, knowing their history, the succession of efforts they have made to be what they are, to create the civilization they have created, and which we are seeking to replace with our own. It means having some notion of nature and its laws, in order to understand the laws which govern the life of the spirit. And it means learning all this without losing sight of the ultimate aim, which is to know oneself better through learning about others, and to know others by learning about oneself.« (Gramsci 1994a: 11f)

This passage is more than just an interpretation of Novalis. It also documents how a philologically trained author, who is at the crossroads of the arts, philosophy, and socialism, is capable of politicizing a work of Romanticism. His politicization sees culture as encompassing *activity* as well as a *cognitive structure* from a political point of view. Gramsci claims that culture aims at self-understanding, and *striving for* this aim represents the active nature of culture. The practical implication of the German concept *Bildung* (which indicates a process of forming one's mind) is thereby transferred into a dynamic aspect which includes the importance of the other. Self-understanding is, accordingly, more than merely a static cognitive status. It indicates a movement by which one meets the other in order to realize oneself. If we want to speak of an integrative conception, we can do so in the sense that this conception of culture integrates the cognitive and dynamic dimensions of self-understanding via inclusion of the other.

---

vollendetes Selbstverständniß wird man nie andere wahrhaft verstehn lernen.« (Novalis 1999: 239) Gramsci cites from Novalis, Frammenti, a cura di G. Prezzolini, Carabba, Lanciano 1914: 14 (cf. Gramsci 1980: 99, 103). – Novalis might well be the first to have used the German term ›Selbstverständnis‹ (cf. Langbehn 2014).

We can underline the political meaning of this conception of culture as self-understanding when we read it in light of Gramsci's Marxist thoughts on self-consciousness. Gramsci was well aware how consciousness could be understood from this point of view. The 1918 written text »Our Marx«, for instance, gives an example of how pervasive the idea of class consciousness as self-consciousness is in Gramsci's writings.[29] »Just think,« Gramsci writes in the same year,

> »about the way in which socialists use the word ›consciousness,‹ when we talk about ›class consciousness‹ and ›proletarian and socialist consciousness‹. Implicit in this language is the philosophical notion that one ›is‹ only when one ›knows oneself to be‹, when one is ›conscious of one's own being‹. A worker is only a proletarian when he ›knows‹ himself to be one, and acts and thinks in accordance with this ›knowledge‹.« (Gramsci 1994c: 78)

We see Gramsci endorse this notion of ›knowledge‹ as self-consciousness in his conception of *Bildung* as culture (understood in terms of selfunderstanding). For whereas the reported Marxist notion establishes (self-)consciousness as a condition of being, Gramsci widens the scope of self-consciousness by emphasizing the importance of the other as a condition of self-consciousness, i.e. self-understanding. It is thus appropriate, I suggest, to argue that Gramsci's introduction of culture into the Marxist arena indicates his attempt to make explicit the importance of the other (class) for self-consciousness in terms of culture as self-understanding.

Within this setting, of course, it becomes clear that the subject of culture is not the *individual* but the *class*. Accordingly, the *political meaning* of self-understanding is *group-related*. But Gramsci's political conception of culture is accessible not only through a consideration of its commonalities and differences with a shared Marxist notion of self-consciousness. While my interpretation of culture as self-understanding certainly finds an important background in this notion, the setting set forth in my second section provides us with another helpful context. For against the background of Gramsci's departure from Hegel in terms of hegemony, control, ideology, and culture we might translate this departure into a post-Hegelian conception of political culture. By revealing its economic structure, Marx brings to an end Hegel's idea of political sentiment. Gramsci, who goes beyond the one-sided Marxist focus on economic conditions, has not repeated this step. Instead, he leads us to see a transformation of the Hegelian conception of political culture.

Such a view is certainly the result of a philosophical interpretation (and not a philologically-based reconstruction). However, it is a productive interpretation which enables us to read Gramsci, together with Hegel, in a new light. Having expanded the idea of culture as practice to an idea of culture as self-

---

[29] Writing on the centenary of Marx's birth in 1918, Gramsci says: »The herd acquires a consciousness of itself, of the task it must perform now so that this other class may assert itself.« (Gramsci 1994b: 56f.)

understanding in this third section, we have the chance to read it against the background of the Hegelian conception of political culture. As we have seen, political sentiment in Hegel can be read as a cultured (political) consciousness of persons who keep the state alive within civil society. As an aspect of political culture, this kind of consciousness not only accompanies practices in everyday life; it is also a condition of practice for the sake of stability. Gramsci's idea of political consciousness breaks with political culture as a condition of practice for the sake of stability and, instead, views political culture (made explicit in terms of self-understanding) as a condition of change, on the one hand, and as a kind of practice itself, on the other. Political culture, in this regard, is the cultivation of understanding in favour of animating one's own being. It is a radically subjectivized form of culture, insofar as the term ›culture‹ does not indicate the conditions of a consciousness that integrates state and civil society, but the subject's (class's) form of activity itself. In Hegel, political culture refers us to cognitive, practical, and historical dimensions that make clear the basic characteristics of patriotism as a kind of sentiment. It is basically a consciousness that, in its cognitive structure, is practical insofar as it is present in everyday life and accompanies our daily actions. In Gramsci, the practical dimension is increased as the cognitive dimension itself turns into a kind of practice in terms of self-understanding. While the Hegelian conception indicates a relativization of the cognitive in a practical (and historical) respect – something which I find most important –, Gramsci identifies culture, i.e. the cognitive, as practice.[30] In this practice, we do not integrate civil society and state, but us and the other. While Gramsci's neo-Marxist idea behind this should have become clear in this section, its importance beyond Marxism can be seen in the idea to give culture an intersubjective and dynamic structure.

Gramsci's conception of political culture is interesting from a conceptual point of view, in particular with regard to contemporary conceptions of political culture. It does not have to be introduced as the neo-Marxist alternative to mainstream theories of political culture; it can be dealt with in a less politically ambitious way in order to explore possible political meanings in our times. With Gramsci in mind, we can go beyond the nation-state and face the global world in terms of political culture, insofar as he provides us with conceptual ideas that are not restricted to the nation-state (as is the case in contemporary conceptions of political culture) but place us in a world where philosophical reflection on political culture as self-understanding in the light of the other is worth intensifying. The idea of political culture as self-understanding is cer-

---

[30] I cannot discuss the historical dimension in Gramsci here. But it seems legitimate to argue that Gramsci's political conception of culture includes the idea that the cultivation of understanding does well to consider history insofar as it helps us understand the reasons for present conditions. Within a Gramscian conception of political culture, history, in its foremost meaning, seems to be a politically relevant intellectual subject.

tainly the outcome of a philosophical interpretation; and the same is true of what I have called a Hegelian conception of political culture. But if such readings help to pave the road toward a philosophy of political culture, my conceptual appropriation should be justified.

References

Almond, Gabriel A. (1980), »The Intellectual History of the Civic Culture Concept«, in: Gabriel A. Almond/Sidney Verba (eds.), *The Civic Culture revisited*, Boston/Toronto: Sage, 1–36.
- /Verba, Sidney (1963), *The Civic Culture. Political Attitudes and Democracy in Five Nations*, Princeton: Princeton University Press.
Bourgeois, Bernard (1997), »Der Begriff des Staates«, in: Ludwig Siep (ed.), *Klassiker Auslegen, Bd. 9: G.W.F. Hegel, Grundlinien der Philosophie des Rechts*, Berlin: Akademie Verlag, 217–242.
Brod, Harry (1992), *Hegel's Philosophy of Politics: Idealism, Identity, and Modernity*, Boulder: Westview Press.
Brooks, Thom (2007), *Hegel's Political Philosophy. A Systematic Reading of the Philosophy of Right*, Edinburgh: Edinburgh University Press.
Crehan, Kate (2002), *Gramsci, Culture and Anthropology*, Berkeley/Los Angeles: University of California Press.
Cunningham, Hugh (1981), »The Language of Patriotism, 1750–1911«, in: *History Workshop* 12 (autumn): 8–33.
Ellmers, Sven (2015), *Freiheit und Wirtschaft. Theorie der bürgerlichen Gesellschaft nach Hegel*, Bielefeld: transcript.
Femia, Joseph V. (1987), *Gramsci's Political Thought. Consciousness and the Revolutionary Process*, Oxford: Oxford University Press.
Fenner, Christian (1991), »Politische Kultur«, in: Dieter Nohlen (ed.), *Wörterbuch Staat und Politik*. München/Zürich: Piper, 510–517.
Fuchs, Peter (1991), »Vaterland, Patriotismus und Moral. Zur Semantik gesellschaftlicher Einheit«, in: *Zeitschrift für Soziologie* 20(2): 89–103.
Gramsci, Antonio (1971), *Selections from the Prison Notebooks*, ed. and transl. by Q. Hoare and G.N. Smith, London: Lawrence & Wishart.
- (1980), »Socialismo e cultura«, in: *Cronache Torinesi 1913–1917, a cura di Sergio Caprioglio*, Torino: Einaudi, 99–103.
- (1991), »Philanthropy, Good Will and Organization«, in: David Forgacs/Geoffrey Nowell-Smith (eds.), *Selections from Cultural Writings*, transl. by William Boelhower, Cambridge/Mass: Harvard University Press, 23–26.
- (1994a), »Socialism and Culture«, in: Richard Bellamy (ed.), *Pre-Prison Writings*, translated by Virginia Cox, Cambridge: Cambridge University Press, 8–14.
- (1994b), »Our Marx«, in: Richard Bellamy (ed.), *Pre-Prison Writings*, a.a.O., 54–58.
- (1994c): »Cultural and Poetic Mysteries«, in: Richard Bellamy (ed.), *Pre-Prison Writings*, a.a.O., 75–79.
Habermas, Jürgen (1998), »Struggles for Recognition in the Democratic State«, in: Ciaran Cronin/Pablo De Greiff (eds), *The Inclusion of the Other. Studies in Political Theory*, Cambridge/Mass: The MIT Press, 203–236.

Hegel, Georg W.F. (1896), *Hegel's Philosophy of Right*, transl. by Samuel W. Dyde, London: G. Bell.
- (1991), *Elements of the Philosophy of Right*, ed. by Allen W. Wood, translated by Hugh B. Nisbet, Cambridge/New York: Cambridge University Press.
Herrmann, Steffen (2016), »Vom Ich im Wir zum Wir im Ich. Einheit und Vielheit in Hegels Theorie der Sittlichkeit«, in diesem Band.
Hetzel, Andreas (2012), »Kultur und Kulturbegriff«, in: *Handbuch Kulturphilosophie*, ed. by Ralf Konersmann, Stuttgart/Weimar: J.B. Metzler, 23–30.
Ilting, Karl-Heinz (1984), »Hegel's concept of the state and Marx's early critique«, in: Zbigniew A. Pelczynski (ed.), *The State and Civil Society. Studies in Hegel's Political Philosophy*, London/New York: Cambridge University Press, 93–113.
Inglehart, Ronald/Welzel, Christian (2005), *Modernization, Cultural Change, and Democracy: The Human Development Sequence*, Cambridge: Cambridge University Press.
Ives, Peter (2004), *Language and Hegemony in Gramsci*, London: Pluto Press.
Knowles, Dudley (2002), *Hegel and the Philosophy of Right*. London/New York: Routledge.
Langbehn, Claus (2014): »Selbstverständnis. Geschichte und Systematik eines philosophischen Ausdrucks«, in: *Archiv für Begriffsgeschichte* 55: 181–222.
- (2015), »Rawls and Habermas on Political Culture«, in: *Philosophisches Jahrbuch* 2: 458–476.
- (2017), »Voting for Meanings. On the language of political culture«, in: *Archiv für Begriffsgeschichte* 58 (forthcoming).
Levine, Norman (2012), *Marx's Discourse with Hegel*, New York: Palgrave Macmillan.
Martin, James (1998), *Gramsci's Political Analyses. A Critical Introduction*. London/New York: Palgrave Macmillan.
Marx, Karl (1970), *Critique of Hegel's ›Philosophy of Right‹*, transl. by Annette Jolin/Joseph O'Malley, ed. by Joseph Malley, London: Cambridge University Press.
- /Engels, Friedrich (1980), *The Holy Family, or Critique of Critical Criticism*, transl. by Richard Dixon/Clemens Dutt, Moscow: Foreign Language Publishing House.
- (2004), *Kritik der Hegelschen Rechtsphilosophie*, in: Siegfried Landshut (ed.), *Die Frühschriften*, Stuttgart: Kröner.
Moland, Lydia L. (2011), *Hegel on Political Identity. Patriotism, Nationality, Cosmopolitanism*, Evanston: Northwestern University Press.
Novalis ([1798]1999), »Blüthenstaub«, in: Hans-Joachim Mähl (ed.), *Werke, Tagebücher und Briefe Friedrich von Hardenbergs, Bd. 2: Das philosophisch-theoretische Werk*, Darmstadt: Hanser.
O'Malley, Joseph J. (1987), »Hegel on Political Sentiment«, in: *Zeitschrift für philosophische Forschung* 41(1): 75–88.
Prosch, Michael (1997), »The Korporation in Hegel's Interpretation of Civil Society«, in: Shaun Gallagher (ed.), *Hegel, History, and Interpretation*, Albany: State University of New York Press, 196–207.
Quante, Michael (2013), »Recognition in *Capital*«, in: *Ethical Theory and Moral Practice* 16: 713–727.
Ransome, Paul (1992), *Antonio Gramsci. A New Introduction*, New York/London: Prentice-Hall.
Rawls, John (1993), *Political Liberalism*, New York: Columbia University Press.

Ritter, Joachim (1982), *Hegel and the French Revolution. Essays on the ›Philosophy of Right‹*, transl. with an intr. by Richard Dien Winfield, Cambridge, Mass./London: MIT Press, 69–81.
Rohe, Karl (1994), *Politik. Begriffe und Wirklichkeiten*, 2nd edition, Stuttgart: Kohlhammer.
Schuppert, Gunnar F. (2008), *Politische Kultur*. Baden-Baden: Nomos.
Sedgwick, Sally (2001), »The State as Organism: The Metaphysical Basis of Hegel's *Philosophy of Right*«, *The Southern Journal of Philosophy* 39: 171–188.
Siep, Ludwig (1991), »Verfassung, Grundrechte und soziales Wohl in Hegels Philosophie des Rechts«, in: Robert Alexy/Ralf Dreier/Ulfrid Neumann (eds.), *Rechts- und Sozialphilosophie in Deutschland heute*, Stuttgart: Franz Steiner Verlag, 361–375.
Viroli, Maurizio (1995), *For Love of Country. An Essay on Patriotism and Nationalism*, Oxford: Clarendon Press.
Westphal, Merold (1984), »Hegel's radical idealism: family and state as ethical communities«, in: Zbigniew A. Pelczynski (ed.), *The State and Civil Society. Studies in Hegel's Political Philosophy*, London/New York: Cambridge University Press, 77–92.
Won, Jun-Ho (2000), *Hegels Begriff der politischen Gesinnung*. Diss. Berlin: Königshausen und Neumann.

LISA HERZOG

»Kantianer« in Hegels Wirtschaft – transformationales Handeln in Organisationen

Einleitung

Hegels Theorie der Korporationen nimmt in der Philosophiegeschichte eine herausgehobene Stellung ein: Als einer der ersten hat er sich mit der Frage beschäftigt, wie die sozialen Strukturen beschaffen *sind*, die Menschen in einem arbeitsteiligen Wirtschaftsleben zusammenführen, und wie diese Strukturen, die zwischen den einzelnen Individuen und dem Staat vermitteln, beschaffen sein *sollen*. Hegels Theorie wirft nicht nur zahlreiche exegetische Fragen auf, sondern kann auch die heutige philosophische Beschäftigung mit dem Wirtschaftsleben inspirieren. Mein Beitrag gehört in diese zweite Kategorie: Es soll weniger um die Rekonstruktion von Hegels Absichten gehen, als vielmehr um die Weiterentwicklung einiger Gedankenstränge für die heutige Zeit. Denn die Frage, die sich aus Hegels Theorie der Korporationen ergibt, ist heute aktueller denn je: Können in den sozialen Strukturen der Wirtschaft Ansätze zu einer Versittlichung – im Sinne der Einführung grundlegender moralischer Normen und deren sozialer Verwirklichung – aufgespürt werden?

Meine Antwort, die sich in dem provokant zugespitzten Titel andeutet, ist, dass die Form von harmonischer Einbettung, die Hegel für die Mitglieder der Korporationen sah, heute nicht mehr als selbstverständlich vorausgesetzt werden kann. In einer globalisierten Wirtschaft, in der zahlreiche Individuen in den Strukturen großer Organisationen arbeiten, stellen sich neue Herausforderungen für moralische Akteure. In arbeitsteiligen und hierarchisch organisierten Strukturen kann nicht nur die böse Absicht Einzelner, sondern auch Nachlässigkeit, Kurzsichtigkeit, oder eine falsche Priorisierung der eigenen Interessen zu moralischen Problemen von großer Tragweite führen. Um die Verletzung grundlegender moralischer Normen zu verhindern, sind in solchen Strukturen moralische Akteure gefragt, die bereit sind, auch dann der Moral den Vorrang zu geben, wenn dies gegen die – zumindest kurzfristigen – eigenen Interessen geht. Mit »Kantianern« meine ich denn auch keine Moralphilosophen, die sich im Detail mit der »reinen« oder »praktischen« Vernunft auseinandergesetzt hätten, sondern Individuen, die zu einem Handeln »um des [moralischen] Gesetzes willen« bereit sind (Kant [1788]2000: AA144). Ich lasse auch offen, ob die moralischen Pflichten, um die es geht, nach dem Modell einer kantianischen Herleitung aus der Vernunft begründet werden sollen, oder nach anderen Modellen, die z.B. die Folgen von Handlungen in den Mittelpunkt der moralischen Begründung stellen. Dies ist deshalb möglich, weil ich mich auf grundlegende moralische Pflichten wie z.B. das Gebot der Nicht-Schädigung Dritter beschränke, denen die meisten Menschen zustimmen würden und die sie prinzipiell auch zu befolgen versuchen – diejenigen Pflichten also, die mit Rawls gesprochen im »überlappenden Konsens« zwischen verschiedenen Weltanschauungen liegen (siehe insbesondere: Rawls 1987). Eine entscheidende Herausforderung, so werde ich argumentieren, besteht darin, diese grundlegenden moralischen Pflichten auch in diejenigen Organisationen zu tragen, die einen Großteil des heutigen Wirtschaftslebens ausmachen. Mit »Kantianern« meine ich dementsprechend Individuen, die sich auch in solchen Kontexten an dem orientieren, was moralisch geboten ist, in denen dies psychologisch schwierig, da sozial unerwünscht oder den eigenen Interessen zuwiderlaufend, ist. Hegels »Aufhebung« der »Moralität« in die »Sittlichkeit« sollte, so das sich daraus ergebende implizite Argument, nicht so verstanden werden, dass Hegel systematisch auf eine derartige Haltung bei zumindest manchen Individuen verzichten könnte. In manchen weltgeschichtlichen Konstellationen – heute entscheidend ist dabei das Zusammenspiel von globalisierter Wirtschaft und weitgehend nationalstaatlich gebliebenen Regulierungsinstanzen und die Notwendigkeit der Transformation der Wirtschaft hin zu klimafreundlicheren Praktiken – kommt diesem systematischen Punkt mehr Bedeutung zu als in anderen.

Ich werde zunächst einige Merkmale von Hegels Sicht der Wirtschaft herausstreichen, die sich von der heute dominierenden ökonomischen Perspektive deutlich unterscheiden. Anschließend werde ich die Herausforderungen, die sich aus der moralischen Ambivalenz von Organisationen ergeben, genauer beschreiben. Dies führt zur Beschreibung der Idee »transformationalen Handelns«, das moralische Normen in Organisationen trägt, auch und gerade dann, wenn die Einheit von Moral und sozialen Strukturen, die Hegel im Begriff der Sittlichkeit fasst, nicht gegeben ist.

Hegels »soziologischer« Blick auf Märkte

Wenn Ökonomen sich mit der Wirtschaft beschäftigen, gehen sie in ihren Modellen meist von atomistisch konzipierten Individuen aus, deren Präferenzen gegeben sind. Diese Präferenzen werden in einer »Nutzenfunktion« gefasst, die mathematisch beschrieben werden kann. Je nachdem, in welchem gesetzlichen Rahmen und unter welchen Anreizsystemen Individuen stehen, passen sie – so die Annahme – ihr Verhalten so an, dass sie ihren Nutzen maximieren. Obwohl derartige Modelle wertvoll für die Beantwortung bestimmter Fragen sein können, lassen sie doch wesentliche Aspekte menschlichen Verhaltens außen vor. Zwei miteinander verwandte Aspekte, für die viele ökonomische Modelle blind sind, betreffen die soziale Einbettung der Individuen in Gruppen verschiedenster Art, und die Entstehung und Veränderung ihrer Präferenzen in solchen Gruppen. Hegel, der zwar das Modell individualistisch wählender Individuen in der »bürgerlichen Gesellschaft« ebenfalls andeutet, führt in den Paragraphen zu den »Korporationen« Überlegungen an, die auf genau diese Aspekte eingehen und damit die Einseitigkeit ökonomischer Modelle vermeiden (siehe auch Herzog 2015).

Die Korporationen sind Institutionen, in denen diejenigen sich zusammenschließen, die in Handwerk, fabrikmäßiger Produktion und Handel arbeiten (PhR: §§250–256); für die in der Landwirtschaft oder im Staatsdienst tätigen Individuen scheint der »Stand« eine ähnliche Rolle zu spielen (PhR: §§203–206). Dies sind soziale Gruppen, in die die Einzelnen eingebettet sind, so dass sie Teil einer Gemeinschaft werden, die zwar im Gegensatz zum Staat noch »beschränkt« und »endlich« ist (PhR: §256), aber dennoch über das Individuum und die Kernfamilie hinausgeht. Hegel spricht denn auch von einer »zweite[n] Familie« (PhR: §252), in der die Individuen in ihrem »Stand« ihre »Ehre« haben (PhR: §253). In dieser Gemeinschaft, so darf man annehmen, finden auch maßgeblich die Prozesse der Präferenzbildung statt, die Hegel unter dem Begriff der »Nachahmung« (PhR: §193) beschreibt: menschliche Präferenzen entstehen nicht im luftleeren Raum, sondern in sozialen Kontexten, in denen Individuen sich über andere informieren und sich mit ihnen vergleichen. Außerdem findet in den Korporationen eine Form der gegenseitigen Hilfe und sozusagen der »Sozialversicherung« in kleinem Maßstab statt, die die Einzelnen vor den Unwägbarkeiten des Marktes schützt: Man unterstützt sich gegenseitig, wenn man in Not gerät. Aufgrund der sozialen Einbettung in die Korporation verliert diese Hilfeleistung den demütigenden Charakter, den sie andernfalls haben kann (PhR: §253). Die Korporationen stehen an der Schwelle von der bürgerlichen Gesellschaft zum Staat: In ihnen werden die Individuen auf ihre Rolle als verantwortliche Staatsbürger vorbereitet.

Die Korporationen sind damit ein wesentliches Element von Hegels Theorie der bürgerlichen Gesellschaft, in der das Wirtschaftsleben – trotz der divergierenden Tendenzen des freien Marktes – als Teil der »Sittlichkeit« verstanden wird, also derjenigen sozialen Strukturen, in denen die moralischen Pflichten der Einzelnen durch soziale Normen und Praktiken vorgegeben werden, sodass es ihnen leichtfällt, ihnen nachzukommen (PhR: §142ff.). Hegel beschreibt diesen Zustand so: »*Was* der Mensch tun müsse, *welches* die Pflichten sind, die er zu erfüllen hat, um tugendhaft zu sein, ist in einem sittlichen Gemeinwesen leicht zu sagen, – es ist nichts Anderes von ihm zu tun, als was ihm in seinen Verhältnissen vorgezeichnet, ausgesprochen und bekannt ist« (PhR: §150). In einem sittlichen Zustand kann ich als Individuum *wissen*, was die Moral von mir verlangt; gleichzeitig ist es für mich einfach, entsprechende Charakterzüge und Gewohnheiten auszubilden und damit auch zu *wollen*, was die Moral von mir verlangt, weil die sozialen Normen der Gesellschaft dies unterstützen und ich dafür soziale Anerkennung erhalte. Durch die Betonung der Rolle von Sittlichkeit will Hegel nicht die Bedeutung von Moral herunterspielen, im Gegenteil: Er will sie einbetten in Strukturen, die dem

Menschen als natürlichem und sozialem Wesen entsprechen (vgl. auch Wood 1997: 147f.).

Aus Hegels Überlegungen zu den Korporationen heraus ergeben sich somit systematische Fragen für die Gegenwart: Was sind die sozialen Strukturen, in die Individuen als Teilnehmer am Wirtschaftssystem eingebettet sind? Wie prägen diese Strukturen ihre Präferenzen? Finden sich in ihnen Normen der gegenseitigen Hilfeleistung oder andere Normen, die die Individuen auf ihre Rolle als Staatsbürger vorbereiten? Die Beantwortung dieser Fragen wird dadurch erschwert, dass das heutige Wirtschaftsleben sehr unterschiedliche Formen kennt, in denen Individuen arbeiten: vom selbständigen Freiberufler zur angestellten Wissenschaftlerin, dem Mitarbeiter in einem Familienbetrieb oder der Managerin eines Großkonzerns. Daher stellt sich die Frage, was die heutige Entsprechung zu den hegelschen Korporationen wäre: Berufsverbände? Unternehmen? Assoziationen von Gleichgesinnten mit bestimmten Anliegen?

Ich möchte mich im Folgenden auf einen bestimmten Aspekt des Wirtschaftslebens konzentrieren, der für viele seiner Teilnehmer eine zentrale Rolle spielt: der Tatsache, dass es von großen Organisationen beherrscht wird, die für ihre Mitarbeiterinnen und Mitarbeiter den beruflichen Alltag ähnlich stark prägen, wie dies Hegel von den Korporationen annahm. Mit »Organisationen« meine ich Strukturen, die in etwa Max Webers Modell bürokratischer Herrschaft entsprechen: Sie bestehen aus unterschiedlichen Rollen mit ihren jeweiligen Verantwortungsbereichen, in denen Individuen ihre spezifischen Fähigkeiten und Kenntnisse einbringen; es gibt ein Regelwerk über die Aufgabenverteilung; das System als Ganzes ist hierarchisch geordnet (Weber, [1921/22]2005: 703–738). Natürlich entsprechen real existierende Organisationen diesem Modell nie vollständig; Organisationstheoretiker haben zurecht darauf hingewiesen, dass informelle Strukturen, persönliche Animositäten oder die Verfolgung eigener Interessen zu erheblichen Abweichungen vom weberschen Modell führen können (siehe exemplarisch: Downs 1967). Dennoch lassen sich gewisse typische Züge von Organisationen herausarbeiten, die auch bei ansonsten sehr unterschiedlichen Organisationen vorliegen können. Sie erlauben Organisationen, Formen von Arbeitsteilung zu ermöglichen, die im freien Markt nicht geleistet werden können, weil z.B. die Transaktionskosten zu hoch wären oder es nicht möglich wäre, die Leistung einzelner Teammitglieder getrennt zu bewerten und Preise dafür anzugeben.

In der philosophischen Debatte wurde die Rolle großer Organisationen, in denen die Einzelnen als die sprichwörtlichen »Rädchen im System« sind, bislang wenig beachtet – möglicherweise, weil derartige Strukturen zwischen der Mikroebene, mit der sich die Moralphilosophie befasst, und der Makroebene, mit der sich die politische Philosophie befasst, liegen. Hegel kann jedoch ein Vorbild darin sein, Fragen nach der Mesoebene der sozialen Strukturen, in die die Einzelnen eingebettet sind, als dritten Fokus in die Debatte einzuführen, durch den eine Verbindung zwischen der Mikro- und der Makroebene geschaffen wird. Denn Menschen sind soziale Wesen, deren Verhalten stark durch solche Strukturen geprägt wird. Viele moralische Fragen begegnen uns aus unseren sozialen Rollen heraus: Wir müssen uns *als* Familienmitglied, *als* Angestellte, oder *als* Kollege überlegen, wie wir mit moralischen Herausforderungen umgehen. Wir stehen an ganz bestimmten Stellen im Gewebe einer Gesellschaft, und sind dort mit ganz bestimmten Herausforderungen konfrontiert.[1] Dabei können sich unterschiedliche moralische Fragen überschneiden: Fragen, die aus grundlegenden, allgemein gültigen moralischen Normen entstehen; Fragen, die aus der spezifischen Rolle heraus entstehen; Fragen, die aus der Natur von Organisationen heraus entstehen; oder Fragen, die aus persönlichen Erfahrungen und Werten entstehen. Im Folgenden werde ich näher auf einen ganz bestimmen Aspekt derartiger sozial situierter moralischer Fragen eingehen: darauf, wie sich Individuen zu der moralischen Ambivalenz von Organisationen verhalten können. Wie sich zeigen wird, liegt hier eine Situation vor, die gerade *nicht* nach dem Muster der hegelschen Sittlichkeit – in der die Einzelnen ihre Pflicht dadurch tun, dass sie einfach machen, was ihnen »in [ihren] Verhältnissen vorgezeichnet, ausgesprochen und bekannt ist« – verstanden werden.

Die moralische Ambivalenz von Organisationen

Moderne Gesellschaften wären kaum vorstellbar, gäbe es in ihnen nicht große, ungefähr dem weberschen Modell entsprechende Organisationen, in denen eine Vielzahl von Aufgaben erledigt wird, die für unsere Gesellschaften zentral sind. Sie finden sich sowohl im Bereich der öffentlichen Verwaltung – man denke an Steuerbehörden, Einwohnermeldeämter, oder öffentliche Krankenhäuser – als auch in der Privatwirtschaft – dort liegen sie insbesondere *innerhalb* großer Unternehmen vor, in denen Gruppen zusammenarbeiten müssen, die größer sind, als dass jeweils face-to-face-Kontakte vorliegen würden. Einerseits bieten solche Organisationen große moralische Potentiale, andererseits bergen sie hohe moralische Risiken.

Die *ökonomischen* Potentiale von Organisationen, Formen von Arbeitsteilung zu ermöglichen, die der freie Markt nicht oder nicht kostengünstig koordinieren kann, wurde insbesondere von der sogenannten »theory of the firm« hervorgehoben: Demnach kann die Integration von Akteuren in »Hierarchien« dazu dienen, die Transaktionskosten zu senken – z.B. wenn Informationsasymmetrien vermieden werden können – oder Teamarbeit zu überwachen und damit zu verhindern, dass sich Einzelne auf den Anstrengungen anderer ausruhen (siehe insbesondere: Coase 1937; Williamson 1973, 1975; Alchian

---

[1] Oder, in den Worten Hegels: »Die *Moralität* hat ihre eigentümliche Stelle in dieser Sphäre, wo die Reflexion [des Individuums] auf sein Tun, der Zweck der besonderen Bedürfnisse und des Wohls herrschend ist und die Zufälligkeit in Befriedigung derselben auch eine zufällige und einzelne Hilfe zur Pflicht macht.« (PhR: §207)

und Demsetz 1972). Der Arbeitsvertrag, durch den das Individuum Mitglied einer Organisation wird, spezifiziert nicht im Vorhinein, was genau das Individuum tun soll; stattdessen verpflichtet es sich, innerhalb eines bestimmten Bereichs den Weisungen derjenigen Folge zu leisten, die in der organisationalen Hierarchie über ihm stehen. Dies ermöglicht den flexiblen Umgang mit komplexen Aufgaben, die von unvorhergesehenen Ereignissen beeinflusst werden können. Vielfach werden den Individuen auch Anreize dafür geboten, sich für die Erreichung der Ziele der Organisation einzusetzen, zum Beispiel durch Boni, die an den Gewinn eines Unternehmens geknüpft sind.

Diese ökonomischen Vorteile mögen für sich alleine genommen keinen *moralischen* Wert besitzen; betrachtet man sie jedoch im Kontext einer Gesellschaft, die allen Mitgliedern den Zugang zu bestimmten Gütern und Dienstleistungen ermöglichen möchte, gewinnen sie an Gewicht. Müssten wir auf all die Dinge verzichten, die in Organisationen hergestellt oder bereitgestellt werden, wären unsere Gesellschaften um Vieles ärmer – nicht nur im rein quantitativen Sinne, sondern auch im Sinne der *Vielfalt* der Dinge, die angeboten werden könnten. Insofern kann zumindest im Grundsatz von einer Erweiterung menschlicher Freiheitsräume ausgegangen werden, zumindest dann, wenn der Zugang dazu durch entsprechende Verteilungsmechanismen allen Gesellschaftsmitgliedern zugutekommt. Ein weiterer moralisch gewichtiger Charakterzug von Organisationen ist, dass sie Güter und Dienstleistungen auf eine bestimmte *Weise* herstellen können, nämlich mithilfe dessen, was Weber die »Formalität« bürokratischer Strukturen nennt. Diese können »ohne Ansehen der Person« arbeiten, was insbesondere für staatliche Bürokratien zentral ist. Im besten Fall – freilich nicht immer in der sozialen Wirklichkeit – verkörpern staatliche Bürokratien ein Ideal der Unparteilichkeit, das im Gegensatz zu der Willkür persönlicher Herrschaft steht (siehe auch Anderson 2008). Auch an verschiedenen Stellen in der Privatwirtschaft ist diese Unparteilichkeit von Bedeutung, zum Beispiel bei der Auswahl von Kandidaten für Stellen: Spielen hier stattdessen persönliche Bekanntschaften eine zu große Rolle, wird jegliche Form von Meritokratie untergraben. Dies ist ein zweiter gewichtiger moralischer Vorteil von Organisationen.

Doch Organisationen bergen auch zahlreiche moralische Risiken, die nicht nur aus ihren jeweiligen Aufgaben und Zielen und den in ihnen vorhandenen Missbrauchsgefahren hervorgehen, sondern aus den organisationalen Strukturen selbst. Hierbei sind insbesondere drei Kategorien moralischer Risiken relevant.

Zum einen können in Organisationen durch den bösen Willen oder die Nachlässigkeit einiger weniger Individuen Schäden entstehen, die nicht nur weit größere Ausmaße annehmen können, als dies der Fall wäre, wenn diese Individuen alleine handeln würden, sondern auch zahlreiche andere Mitglieder der Organisation zu unfreiwilligen Mittätern machen. Nachlässigkeit in einer Chemiefabrik kann weit drastischere Schäden verursachen als Nachlässigkeit in einem privaten Haushalt; der Verstoß einiger weniger Handelsvertreter gegen Ausfuhrbestimmungen in Bezug auf Waffen kann dazu führen, dass die Arbeit der gesamten Belegschaft nicht mehr der moralisch vertretbaren Selbstverteidigung demokratischer Staaten, sondern den kriminellen Machenschaften diktatorischer Regime dient. Organisatorische Prozesse können als Multiplikatoren unmoralischer Absichten dienen oder durch die schlichte Gedankenlosigkeit Einzelner in eine falsche Richtung laufen. In anderen Worten: Die effizienzsteigernde Wirkung von Organisationen kann auch derartige negative Effekte massiv verstärken.

Zum zweiten können Organisationen moralische Risiken für ihre eigenen Mitglieder darstellen, und zwar aufgrund ihrer hierarchischen Strukturen. Demokratische Gesellschaften gehen von der grundsätzlichen moralischen Gleichheit aller Individuen aus (siehe z.B.: Anderson 1999 und jüngst die Essays in: Fourie et al. 2015). Diese Gleichheit muss auch dann gewährleistet bleiben, wenn Individuen in Strukturen von Über- und Unterordnung in Organisationen zusammenarbeiten. Ein strukturelles Problem hierbei ist, dass Arbeitnehmer typischerweise stärker von ihren beruflichen Positionen, die ihnen ein Einkommen verschaffen, abhängig sind, als Organisationen von einzelnen Arbeitnehmern abhängig sind, was eine Macht-Asymmetrie zwischen ihnen schafft. Im Prinzip sollen diverse rechtliche Regelungen die Arbeitnehmer davor schützen, dass ihre Abhängigkeit ausgenutzt wird. Doch lassen sich viele Formen der Machtausübung gesetzlich nur schwer fassen; die Angst vor dem Verlust des Arbeitsplatzes, die das Machtungleichgewicht entstehen lässt, kann auch dazu führen, dass Arbeitnehmer, die zum Beispiel am Arbeitsplatz sexuell belästigt werden, keine rechtlichen Schritte dagegen zu unternehmen wagen.

Nicht zuletzt besteht ein drittes moralisches Risiko von Organisationen darin, dass sie oft träge Gebilde sind, die sich nur schwer ändern. Dies liegt nicht nur an ihren komplexen Strukturen, die zu ändern oft nur gelingen kann, wenn die Veränderung auf breiter Front erfolgt. Es liegt auch daran, dass viele einzelne Individuen innerhalb und außerhalb von Organisationen oft ein Interesse daran haben, dass die Strukturen sich nicht verändern, und deshalb offenen oder verdeckten Widerstand leisten. Das wird dann zum moralischen Problem, wenn Konstellationen auftreten, in denen schnelle und weitreichende Veränderungen notwendig sind, um moralische Katastrophen zu verhindern – zum Beispiel im Fall des anthropogenen Klimawandels. In solchen Fällen besteht nicht nur für Individuen, sondern auch für Organisationen eine moralische Pflicht, einen Beitrag zur Veränderung zu leisten. Wie groß dieser Beitrag im Einzelnen ist, kann hier nicht diskutiert werden; ich gehe jedoch im Folgenden davon aus, dass eine derartige Pflicht, wie auch immer sie im Einzelnen zu spezifizieren ist, auch für Organisationen besteht (siehe z.B.: Broome 2012). Auch in diesem Bereich gilt übrigens, wie im Fall der ersten Kategorie moralischer Risiken, dass Einzelne gegen ihren Willen an Strukturen oder Prozessen beteiligt sein können, die sie moralisch nicht gutheißen, aber kaum Möglichkeiten sehen, daran etwas zu ändern – selbst, wenn sie z.B. ihren Job aufgeben würden, würde die Rolle wahrscheinlich von jemand anderem gefüllt werden (vgl. z.B.: Silver/Gellner 1978).

Die Frage, die sich angesichts der moralischen Potentiale und Risiken von Organisationen stellt, ist natürlich, wie die Potentiale genutzt und die Risiken vermieden werden können. Ein naheliegender Vorschlag ist, durch staatliche Regulierung und Kontrolle die Wahrscheinlichkeiten der Risiken zu vermindern. Der gesetzliche Rahmen des Nationalstaats oder von Zusammenschlüssen wie der Europäischen Union steckt das Spielfeld ab, innerhalb dessen sich Organisationen bewegen. Allerdings hat durch die Globalisierung der Wirtschaft die Durchschlagkraft von Regulierung abgenommen: Viele Organisationen, insbesondere Unternehmen, sind weltweit aktiv und nutzen oftmals bewusst unterschiedliche Regelungen oder gesetzliche Lücken, um Kontrollen zu vermeiden. Solange es keine globalen und global durchgesetzten Standards gibt, hat das Modell der Kontrolle »von oben« eine systematische Lücke. Ein weiteres, generelles Problem dieses Modells ist, dass Kontrolle nie vollständig sein kann. Werden die Prinzipien, an denen sich die gesetzliche Regulierung orientiert, von den Akteuren nicht mitgetragen, finden diese oft zahlreiche Möglichkeiten des Ausweichens, sei es durch die Nutzung von informellen Mechanismen in Organisationen, oder sei es durch Manipulationen in der Dokumentation ihrer Tätigkeiten (siehe ähnlich: Heath 2009).

Die Frage, wie die moralischen Risiken von Organisationen verringert werden können, kann daher in der heutigen Welt nicht alleine durch den Verweis auf gesetzliche Regelungen beantwortet werden. Die globalisierte Wirtschaft ist in einem Maß »entfesselt«, dass Organisationen – ob in Märkten oder in anderen Bereichen – zahlreiche moralische Risiken mit sich bringen, sei es durch die Möglichkeit technischer Katastrophen, durch die Gefahr der Missachtung der moralischen Rechte ihrer Mitglieder, oder durch ihre Inaktivität in Bezug auf drängende Probleme wie insbesondere den Klimawandel. Je größer Organisationen sind, umso gefährlicher sind sie oft, und umso machtloser fühlen sich die einzelnen Akteure ihnen gegenüber oft.

Es wäre deswegen höchst problematisch, wenn einzelne Individuen, die Mitglieder solcher Organisationen werden, im Sinne der hegelschen Sittlichkeit davon ausgingen, dass ihre moralischen Pflichten als Organisationsmitglieder damit abgegolten sind, zu tun, »was [ihnen] in [ihren] Verhältnissen vorgezeichnet, ausgesprochen und bekannt ist« (PhR: §150). Die einzelnen Individuen können in Organisationen nicht selbstverständlich »zuhause« sein und sich nicht einfach an die vorhandenen Strukturen anpassen. Stattdessen ist eine kritische Wachsamkeit nötig, die nach der eigenen moralischen Verantwortung für die Verhinderung moralischer Risiken fragt. Dies ist auch und gerade deshalb der Fall, weil ein anderer Aspekt der hegelschen Korporationen in modernen Organisationen durchaus vorliegen kann: nämlich ihr Einfluss auf die Individuen, die durch ihre sozialen Kontexte geprägt werden und deren Präferenzen sich in ihnen formen. Dabei ist es besonders die Gefahr einer schleichenden, kaum wahrnehmbaren Verschiebung der eigenen moralischen

Maßstäbe und der Anpassung an die bestehenden Verhältnisse, der sich Individuen bewusst sein müssen. Jemand, der jahrelang in einer Organisation arbeitet, deren moralischen Charakter er im Ganzen oder in einzelnen Teilen fragwürdig findet, läuft Gefahr, sich Rechtfertigungen und Entschuldigungen dafür zu suchen, und in der moralischen Urteilsfähigkeit abzustumpfen. Denn es besteht nicht nur die Möglichkeit einer *positiven* sozialen Prägung durch sittliche Strukturen, in denen Moralität gelebt wird, sondern auch einer *negativen* sozialen Prägung durch Strukturen, die sich nach und nach immer weiter von dem entfernen, was moralisch geboten ist und was die Individuen selbst ebenfalls als moralisch geboten betrachten würden.

»Transformationales Handeln« als Form der »Aufhebung« von Moral in Sittlichkeit

Mit dem Begriff des »transformationalen Handelns« beschreibe ich die Bereitschaft von Individuen, sich an das moralische Grau-in-Grau der Organisationen, in denen sie arbeiten, nicht passiv anzupassen, sondern aktive moralische Verantwortung dafür zu übernehmen, dass deren moralische Bilanz möglichst positiv ausfällt. Dies ist in erster Linie eine Frage der Haltung, die sich oft darin äußert, dass Individuen bereit sind, sich in ihrer organisationalen Rolle zu den gleichen moralischen Standards zu bekennen und nach ihnen zu handeln wie in ihrem Privatleben. Eine Interviewpartnerin, die in einem großen Konzern arbeitete, brachte diese Standards, befragt zu ihrem Verhältnis zu ihrer organisationalen Rolle, folgendermaßen auf den Punkt: »Ich bin immer ich, egal ob im Büro oder privat, und habe die gleichen moralischen Standards.« Ein anderer Interviewpartner dagegen sah seine Tätigkeit in der Bank, in der er arbeitete, nicht als Teil dessen, wofür er sich moralisch verantwortlich fühlte – er sah sich als »kleinen Fisch«, der nichts Anderes tun könne, als mit dem Strom zu schwimmen. Aber, so fügte er hinzu: »Meine Kinder erziehe ich natürlich anders.« Sein Leben fragmentierte sich in den privaten Bereich, in dem er sich als moralischen Akteur sah, und den beruflichen, in dem er sich als Teil einer unmoralisch agierenden Maschine sah, ohne die Möglichkeit, daran etwas zu ändern.[2]

Transformationale Akteure dagegen sind bereit, moralische Standards – zumindest die minimalen Standards, die im »überlappenden Konsens« zwischen verschiedenen moralischen Systemen und Weltanschauungen liegen – auch in Organisationen zu tragen. Sie sind »Kantianer« im oben erwähnten Sinne: im Sinne der Bereitschaft, sich auch dann an moralischen Gründen zu orientieren, wenn dies nicht ihren eigenen legitimen Interessen entspricht. Oder mit Hegel gesprochen: sie verkörpern das Prinzip der »Moralität« in einer

---

[2] Eigene Interviews, geführt am 13.1.2012 und 10.2.2012 im Rahmen der Vorarbeiten zu Studie *Reclaiming the System. Transformational Agency in Organizations*.

Sittlichkeit, deren soziale Wirklichkeit dem, was moralisch geboten ist, hinterherhinkt.[3] Je nachdem, was ihre ganz konkrete Rolle und ihre konkreten Handlungsspielräume sind, kann dies sehr unterschiedliche Formen annehmen. In jedem Fall jedoch bedeutet es, dass Individuen sich mindestens zwei Fragen zur moralischen Qualität ihres Handels stellen: zum einen, inwieweit ihr Handeln und die Prozesse, zu denen es beiträgt, nach Maßgabe dieser grundlegenden moralischen Standards legitim ist, und zum zweiten die Frage, wie ihre Rolle *gut* ausgefüllt werden kann, im Sinne einer sinnvollen Funktionalität innerhalb der Organisation und innerhalb der Gesellschaft, in der sie aktiv sind.

Die Bereitschaft transformationaler Akteure, sich diese Fragen zu stellen und dann entsprechend zu handeln, ist vor allem deswegen von Bedeutung, weil es die Akteure in Organisationen – und oftmals *nur* sie – sind, die über das nötige Wissen und Verständnis verfügen, um beurteilen zu können, welche moralischen Dimension das Verhalten der Organisation hat und wo mögliches Fehlverhalten oder auch mögliche Dysfunktionalitäten auftreten können. Für Außenstehende werden solche Phänomene oft erst sichtbar, wenn das Kind in den Brunnen gefallen ist und es zu spät ist, um moralischen Schaden zu verhindern – wenn die technische Katastrophe passiert ist, oder wenn jahrzehntelanger Missbrauch ans Licht der Öffentlichkeit gebracht wird. Dabei ist nicht nur spezialisiertes technisches Wissen von Belang; ebenso wichtig kann z.B. Wissen darüber sein, wie die Sozialdynamik in einem Team funktioniert und ob den Angehörigen einer Minderheit der Status als moralisch ebenbürtige Mitglieder der Gesellschaft gewährt wird oder ob sie diskriminiert werden. Viele Organisationen sind für Außenstehende »black boxes«, deren interne Dynamik und deren moralische Qualität nicht ersichtlich wird. Deshalb muss die Verantwortung dafür, diese moralische Qualität sicherzustellen, in erster Linie bei denjenigen angesiedelt werden, die in diesen Organisationen tätig sind. Je mehr Macht und je größere Handlungsspielräume sie haben, desto größer ist diese Verantwortung.

Dass ich dieses Modell mit dem Begriff »transformationalen Handelns« beschreibe, mag vielleicht den Einwand hervorrufen, dass dies ein zu »aktivistischer« Begriff sei – in vielen Fällen, so könnte man vorschlagen, reiche es völlig aus, wenn moralische Akteure *nicht* gegen bestehende Normen und Gesetze verstoßen. An diesem Einwand ist richtig, dass gerade in den westlichen Demokratien zahlreiche Regulierungen in Kraft sind, die moralische Güter schützen sollen, und dass besonders gravierende moralische Probleme oft mit der Verletzung dieser Regulierungen einhergehen. Allerdings ist ihre Befolgung in der Praxis keineswegs immer gesichert, besonders dann nicht, wenn

---

[3] Übrigens ging auch Hegel davon aus, dass es Epochen geben kann, in denen das, was moralisch richtig ist, *nicht* in den bestehenden Institutionen und Sitten verwirklicht ist. In solchen Epochen ist radikalere moralische Reflektion nötig, die auch bereit ist, von den gegebenen Verhältnissen abzuweichen (PhR: §138; siehe auch Wood 1997: 155).

ihre Einhaltung schwer kontrollierbar ist. »Transformationales Handeln« kann dann durchaus auch darin bestehen, zum Beispiel einen widerwilligen Kollegen daran zu erinnern, dass es derartige Vorschriften gibt, und dass sie bindend und auch sinnvoll sind, selbst wenn es Zeit und Mühe macht, sie zu befolgen.[4] Wesentlicher ist jedoch ein zweiter Punkt: Nicht alle moralischen Normen sind gesetzlich verankert, und Organisationen können durchaus auch Pflichten haben, die über das, was gesetzlich gefordert ist, hinausgehen; hier ist besonders die Teilnahme am Kampf gegen den Klimawandel relevant.

Zwei weitere Einwände gegen die Vorstellung einer moralischen Verantwortung der Einzelnen in ihren organisationalen Rollen im Sinne des »transformationalen Handelns« müssen ebenfalls ernstgenommen werden: der Vorwurf der Unangemessenheit und der Vorwurf der moralischen Überforderung. Die Vorstellung, dass es unangemessen sei, moralische Imperative in Organisationen zu tragen, speist sich – wo sie nicht ein reiner Reflex der Rechtfertigung eigener Passivität und der Abwehr von Kritik ist – möglicherweise aus einer bestimmten Vorstellung von Organisationen. Demnach seien diese sozialen Räume, in denen moralisches Verhalten weder wünschenswert noch möglich sei, weil sie ausschließlich auf funktionale Imperative ausgerichtet seien, also auf Imperative, die sich auf die *Funktionen* der Organisation und ihre jeweiligen Ziele beziehen. Ein Grund für diese Annahme könnte im Verweis auf den moralischen Pluralismus in unseren Gesellschaften liegen: Wenn die Vorstellungen der Einzelnen darüber, was moralisch richtig und falsch ist, stark voneinander abweichen, ist es dann nicht sinnvoller, sich bei der Zusammenarbeit in Organisationen auf funktionale Imperative zu beschränken? Die Organisationstheorie der letzten Jahrzehnte hat ebenfalls ihren Teil dazu beigetragen, diese aus einer rein funktionalen Perspektive zu sehen.

Aber diese Kritik übersieht, dass es nicht nur divergierende Moralvorstellungen, sondern auch einen harten Kern geteilter moralischer Überzeugungen – eben Rawls' »überlappenden Konsens« – gibt. Ohne ihn wäre es kaum möglich, friedlich in relativ freiheitlichen Gesellschaften zusammenzuleben. Diese »moralischen Minima« behalten auch in Organisationen ihre Geltung – wo das Gegenstück zu ihnen im Übrigen oftmals nicht die divergierenden moralischen Vorstellungen anderer Organisationsmitglieder, sondern viel banalere Faktoren sind: Zeitdruck, Nachlässigkeit, eine übermäßige Fokussierung auf die Erreichung der eigenen Ziele oder übertriebene Karriereinteressen. Das bedeutet nicht, dass die »funktionale Differenzierung« zwischen verschiedenen sozialen Sphären, und damit auch zwischen verschiedenen Organisationen, völlig aufgehoben werden sollte, was vermutlich sowieso kaum möglich wäre. Diese funktionale Differenzierung ist innerhalb eines gemeinsamen moralischen

---

[4] Die Situation dreht sich allerdings – sie bekommt sozusagen umgekehrte moralische Vorzeichen – wenn gesetzliche Regelungen oder auch soziale Erwartungen moralisch *falsche* Normen festschreiben, z.B. rassistische Normen. Dann kann Widerstand moralisch erlaubt oder sogar geboten sein; dies lässt sich jedoch nur in Einzelfällen entscheiden.

Rahmens nicht problematisch, fraglich ist in der Praxis oft vielmehr, wo genau die Grenzen dieses Rahmens verlaufen, und ob sie z.B. ausschließlich durch das, was gesetzlich geboten ist, definiert werden oder darüber hinausgehen. Es sollte nicht übersehen werden, dass schon das Eintreten für eine genaue Einhaltung gesetzlicher Vorschriften, z.B. im Bereich der Arbeitssicherheit, viel Engagement von Organisationsmitgliedern verlangen kann und in diesem Sinne ebenfalls als »transformationales Handeln« verstanden werden kann. Wo das, was moralisch geboten ist, (noch) nicht gesetzlich kodifiziert ist, können sich transformationale Akteure manchmal auf die Rhetorik von Organisationen berufen – der Begriff der »Nachhaltigkeit« z.B. findet sich in zahlreichen Firmenbroschüren, wird aber deswegen noch lange nicht im Alltag umgesetzt. Manchmal kann auch eine »Übersetzung« von moralischen Argumenten in die jeweilige »Sprache« oder »Logik« einer Organisation erfolgen, die dazu beiträgt, die vorherrschenden Narrative darüber zu ändern, was z.B. als Kostenfaktor gilt oder worauf Macht beruhen kann; die Bemühungen um Geschlechtergerechtigkeit in vielen Organisationen bieten hierfür reiches Anschauungsmaterial. Ob es sinnvoll und moralisch vertretbar ist, moralische Anliegen in die »Sprache« oder »Logik« einer Organisation zu übersetzen, oder ob im Gegenteil diese »Sprache« oder »Logik« selbst gerade bekämpft werden muss, muss im Einzelfall entschieden werden. Dabei steht transformationalen Akteuren auch die strategische Option offen, sich sozusagen nicht rein »innerhalb« von Organisationen zu bewegen, sondern auch auf Änderungen im öffentlichen Diskurs oder im gesetzlichen Rahmenwerk hinzuwirken. Sind hier Änderungen erfolgt, können sie sich anschließend wieder der Aufgabe zuwenden, diese in die Organisation zu tragen, dort Überzeugungsarbeit zu leisten und eine breit mitgetragene Implementierung zu erreichen.

Die Tatsache, dass viele Organisationstheorien moralische Fragen weitgehend ausgeklammert und sozusagen an den gesetzlichen Rahmen delegiert haben, ist ebenfalls kein Argument: Dies ist eine Einseitigkeit dieser Theorien, die – wohlwollend interpretiert – die Einhaltung grundlegender moralischer Normen vielleicht schlicht als selbstverständlich betrachteten, oder aber – weniger wohlwollend interpretiert – in ihrer Vermeidung moralischer Fragen den Interessen bestimmter Gruppen dienen, aber dabei die moralischen Rechte anderer aufs Spiel zu setzen bereit sind. Problematisch an diesen Theorien ist dabei vor allem, dass sie zu selbsterfüllenden Prophezeiungen werden können: Sie tragen eine Sprache und soziale Normen in Organisationen, die vom Einzelnen als egoistischem Nutzenmaximierer ausgehen, und die statt auf moralische Verantwortung ausschließlich auf »Zuckerbrot und Peitsche« setzen. Oft wird auch eine Rhetorik verwendet, die selbst die Einhaltung *gesetzlicher* Normen als eine reine Frage der Kosten beschreibt, anstatt die Bedeutung der zugrundeliegenden Werte und Prinzipien ernstzunehmen. Hier müssen Organisationstheoretiker, aber auch Berater und Manager, selbst Verantwortung übernehmen: dafür nämlich, den Einzelnen ein Verständnis von Organisationen zu vermitteln, in dem grundlegende moralische Normen einen festen Platz haben.

Gewichtiger ist der zweite Einwand, dass die moralische Verantwortung von Akteuren in ihren organisationalen Rollen diese überfordern könnte: Sie lade ihnen eine Bürde auf, die nur wenige, moralisch besonders hochstehende Individuen tragen könnten.[5] Schließlich greife wieder das Argument der Machtasymmetrie: Viele Individuen sind auf ihren Arbeitsplatz angewiesen, um ein Einkommen zu generieren. In Organisationen für moralische Prinzipien einzustehen kann nicht nur viel psychologische Kraft, sondern im schlimmsten Fall den Job – und in weniger rechtsstaatlich geprägten Ländern vielleicht sogar das Leben – kosten. Kann dies vom Einzelnen verlangt werden? Und selbst wenn der eine oder die andere bereit ist, einen so hohen Preis zu zahlen: Ist es gerecht, dass sie so eine schwere Bürde tragen, während andere Individuen und die Organisationen selbst moralischen Fragen gegenüber gleichgültig bleiben?

Das Problem der moralischen Bürden ist eines, das die hegelsche Theorie der Sittlichkeit im Idealfall dadurch löst, dass diese sozusagen auf viele Schultern verteilt werden: Alle, oder zumindest die meisten, Mitglieder einer Gesellschaft haben durch die bestehenden sozialen Normen und Institutionen die Möglichkeit, einen Charakter zu entwickeln, der es ihnen leicht macht, das richtige zu tun, und sie erhalten dafür soziale Anerkennung von anderen (vgl. auch Herzog 2013). Auch wenn es immer noch einzelne Punkte geben mag, an denen es für die Einzelnen verlockend ist, sich unmoralisch zu verhalten, sind die sozialen Strukturen insgesamt so eingerichtet, dass moralisches Handeln in ihnen verankert ist und durch sie erleichtert wird. Dadurch, dass dies *für alle* Individuen so ist, können sie die moralische Verantwortung für die Verwirklichung grundlegender moralischer Normen *gemeinsam* tragen. Viele heutige Organisationen sind sehr weit von diesem Ideal entfernt; dennoch lohnt es sich, danach zu fragen, wie sie näher dorthin gebracht werden könnten. Der Ansatz des »transformationalen Handelns« will die institutionelle Perspektive keineswegs völlig durch die Akteursperspektive und die Verantwortung Einzelner ersetzen; er fragt vielmehr danach, wie beide in ein sinnvolles, sich gegenseitig ergänzendes Wechselspiel gebracht werden können.

Wie nun könnten institutionelle Veränderungen aussehen, die es den Einzelnen leichter machen würden, moralische Standards auch in Organisationen hochzuhalten, und wie könnten die moralischen Bürden hierfür fairer verteilt werden? Hier bieten sich verschiedene Ansatzpunkte an, die auf verschiedenen institutionellen Ebenen liegen.[6] Ein naheliegender, und vermutlich sehr

---

[5] Viele sogenannte »Sachzwangargumente« laufen bei genauerer Betrachtung auf diese Frage hinaus, nämlich auf eine Frage der Zumutbarkeit der Folgen bei Durchbrechung des angeblichen Sachzwangs, und auf die Frage danach, ob es fair ist, einzelnen Individuen oder Organisationen diese Folgen zuzumuten.

[6] Detaillierter beschreibe ich derartige Mechanismen in: Herzog, *Reclaiming the System. Transformational Agency in Organisations* (unveröffentlichtes Manuskript), Kap. VIII.

wichtiger Hebel dürfte die Frage nach dem Machtverhältnis von Individuum und Organisation sein, das von verschiedenen Faktoren abhängt: der rechtlichen Strukturierung von Arbeitsverhältnissen, den Rechten von Arbeitnehmervertretern, aber auch der Existenz alternativer Beschäftigungsmöglichkeiten, dem Zugang zu fairen Rechtsinstanzen, und dem Schutz von »Whistleblowern«, die Gesetzesverstöße an die Öffentlichkeit tragen. Ein zweiter Themenkreis betrifft Fragen nach der Verteilung von Wissen und der Möglichkeit für Individuen sich innerhalb und außerhalb von Organisationen über deren Aktivitäten zu informieren. In Gesellschaften mit hochgradig geteilter Arbeit sind auch Wissen und Informationen oft geteilt, und um das Gesamtbild zu sehen und zu einem moralischen Urteil zu gelangen, müssen Individuen dann erst mühsam verschiedene Puzzlestücke zusammentragen. Dabei wären die Kosten transparenterer Strategien in vielen Fällen gering, da Informationen über das Internet bereitgestellt oder auch an spezialisierte NGOs oder Bürgerinitiativen herausgegeben werden könnten. Dies liegt jedoch nicht immer im Interesse der Organisationen oder ihrer Eigentümer; in manchen Fällen mag der Schutz ihrer Interessen überwiegen, in anderen jedoch dürfte das Interesse der Öffentlichkeit, über Praktiken und Strategien von Organisationen frühzeitig informiert zu werden, gewichtiger sein.

Druck innerhalb von Organisationen, der sich in erhöhter Neigung zu moralischen Fehlern zeigt, kann auch daher stammen, dass ihre Eigentümer übertriebene Renditeerwartungen an sie stellen – oder dass auch Organisationen, die nicht sinnvoll nach profitmaximierenden Prinzipien geführt werden können, diesen dennoch unterworfen werden. Nicht zuletzt müssen sich Gesellschaften als Ganze darüber klar werden, wie viel Platz – im metaphorischen, aber teilweise auch im wörtlichen Sinne – Organisationen in ihnen einnehmen sollen, und wie viel Raum und Zeit den Einzelnen für alternative Formen der sozialen Einbettung bleiben, sei es im Familienleben, in religiös oder weltanschaulich orientierten Vereinigungen, oder in zivilgesellschaftlichen Gruppen. Diese dürften auch und gerade für die moralische Motivation der Einzelnen eine wichtige Rolle spielen: Sie können ihnen in ihren Auseinandersetzungen mit Organisationen psychologisch den Rücken stärken, und sie darin bekräftigen, vor moralischen Verstößen nicht die Augen zu verschließen.

»Transformationales Handeln« in Organisationen, aber auch politisches Handeln, das auf derartige Veränderungen in den institutionellen Strukturen unserer Gesellschaft hinwirkt, kann daher beschrieben werden als eine Form der »Aufhebung« von Moralität in Sittlichkeit, das im Gegensatz zu dem hegelschen Modell zeitlich dynamisiert gedacht ist, und gleichzeitig auf jegliche metaphysische Annahmen – wie sie bei Hegel, je nach Lesart, noch eine Rolle spielen mochten – verzichtet. Das Ziel ist dabei, eine moralisch rechtfertigbare institutionelle und kulturelle Ordnung zu schaffen und aufrechtzuerhalten, und sie an die jeweiligen moralischen Erfordernisse der Zeit anzupassen. Ohne das Verlassen auf weltgeschichtliche Dynamiken oder gar einen »Weltgeist«, der über den Individuen steht, fällt die Verantwortung dafür auf die Einzelnen zurück. Die Verantwortung dafür, Sittlichkeit zu schaffen und Moralität in ihr zu verankern, muss von menschlichen Gesellschaften *gemeinsam* getragen werden. Ohne die aktive Unterstützung bestehender, gut funktionierender Institutionen laufen diese Gefahr, mit der Zeit dysfunktional und korrupt zu werden. Ohne die Suche nach neuen institutionellen Möglichkeiten und kulturellen Praktiken laufen sie Gefahr, in verkrusteten, den heutigen moralischen Herausforderungen nicht mehr gewachsenen Organisationen und Institutionen stecken zu bleiben. Eine der Lehren für die Gegenwart, die sich aus den hegelschen Überlegungen zu den Korporationen gewinnen lässt, muss daher die stete Wachsamkeit bezüglich der eigenen Anfälligkeit für korrumpierende soziale Einflüsse sein – und die stete Suche nach und das Experimentieren mit neuen sozialen Strukturen, in denen wir einer »Versittlichung« organisationaler Strukturen einen Schritt näher kommen können.

Literatur

Sigle:

PhR: Hegel, Georg W.F. ([1820/21]1986), *Grundlinien der Philosophie des Rechts oder Naturrecht und Staatswissenschaft im Grundrisse*, in: *Werke*, Bd. 7, hrsg. v. Eva Moldenhauer/Karl M. Michel, Frankfurt am Main: Suhrkamp.

Alchian, Armen A./Demsetz, Harold (1972), »Production, information costs, and economic organization«, *American Economic Review* 62: 777–795.
Anderson, Elizabeth (1999), »What Is the Point of Equality?«, *Ethics* 109(2): 287–337.
– (2008) »Expanding the Egalitarian Toolbox: Equality and Bureaucracy«, *Aristotelian Society Supplementary Volume* 82(1): 139–160.
Broome, John (2012), *Climate Matters: Ethics in a Warming World*, New York/London: W.W. Norton & Company.
Coase, Ronald H. (1937), »The Nature of the Firm«, *Economica, New Series* 4(16): 386–405.
Downs, Anthony (1967), *Inside Bureaucracy*, Boston: Little, Brown and Company.
Heath, Joseph (2009), »The Uses and Abuses of Agency Theory«, *Business Ethics Quarterly* 19(4): 497–528.
Fourie, Carina, Schuppert, Fabian und Wallimann-Helmer, Ivo (Hg.) (2015), *Social Equality: On What It Means to Be Equals*, Oxford: Oxford University Press.
Herzog, Lisa (2013), »Virtues, interests, and institutions«, *Philosophisches Jahrbuch* 2013(2): 238–256.
– (2015), »Two Ways of Taming the Market – Why Hegel Needs the Police *and* the corporations«, in: Andrew Buchwalter (Hg.), *Hegel and Capitalism*, New York: State University of New York Press: 147–162.
– (unveröffentliches Manuskript), *Reclaiming the System. Transformational Agency in Organisations*.
Kant, Immanuel ([1788]2000), *Kritik der praktischen Vernunft*, Frankfurt am Main: Suhrkamp.

Rawls, John (1987), »The Idea of an Overlapping Consensus«, *Oxford Journal of Legal Studies* 7(1): 1–25.
Silver, Maury und Geller, Daniel (1978), »On the Irrelevance of Evil: The Organization and Individual Action«, *Journal of Social Issues* 34: 125–135.
Weber, Max ([1921/22]2005), *Wirtschaft und Gesellschaft. Grundriss der verstehenden Soziologie*, Frankfurt am Main: Zweitausendeins.
Wood, Allen (1997), »Hegel's Critique of Morality«, in: Ludwig Siep (Hg.), *G.W.F. Hegel: Grundlinien der Philosophie des Rechts, Klassiker Auslegen Band 9*, Berlin: Akademieverlag: 147–166.
Williamson, Oliver (1973), »Markets and Hierarchies: Some Elementary Considerations«, *American Economic Review* 63: 316–325.
– (1975), *Markets and Hierarchies: Analysis and Antitrust Implications*, New York: The Free Press.

AUTORINNEN UND AUTOREN

LOUIS CARRÉ (Ph.D.) hat eine Forschungsstelle in dem Fachbereich Philosophie an der Universität Namur im Rahmen des ARC Projekts ›Philosophie de l'à-venir. Imagination, temporalité, utopie‹, sowie eine Lehrtätigkeit an der Universität Brüssel.

GIANFRANCO CASUSO (Prof. Dr.) ist Professor an der Abteilung für Geisteswissenschaften der Pontificia Universidad Catolica del Peru.

HEIKE DELITZ (PD Dr. phil) ist Privatdozentin an der Sozial- und Wirtschaftswissenschaftlichen Fakultät der Universität Bamberg und vertritt derzeit die Professur für Allgemeine Soziologie und Gesellschaftstheorie am Institut für Soziologie der Universität Wuppertal.

SVEN ELLMERS (Dr. phil) ist wissenschaftlicher Mitarbeiter am Institut für Philosophie der Carl von Ossietzky Universität Oldenburg.

STEFFEN HERRMANN (Dr. phil) ist wissenschaftlicher Mitarbeiter am Institut für Philosophie der FernUniversität in Hagen und derzeit Generalsekretär der Deutschen Gesellschaft für phänomenologische Forschung.

LISA HERZOG (Prof. Dr.) leitet das Lehrgebiet für Political Philosophy and Theory der Hochschule für Politik München.

ANDREAS HETZEL (Prof. Dr.) leitet das Lehrgebiet Sozialphilosophie am Institut für Philosophie der Stiftungsuniversität Hildesheim.

TIMO JUETTEN (DPhil) ist Senior Lecturer der Philosophie an der University of Essex.

THOMAS KLIKAUER (Ph.D.) ist Senior Lecturer der Western Sydney University.

HANNES KUCH (Dr. phil) ist Postdoc am Institut für Politikwissenschaft der Universität Leipzig.

CLAUS LANGBEHN (PD Dr. phil) ist Fellow der Alexander von Humboldt-Stiftung am Institut für Philosophie der Humboldt-Universität zu Berlin.

GERTRUDE LÜBBE-WOLFF (PROF. DR. DR. H.C.), ehemalige Richterin des Bundesverfassungsgerichts, ist Professorin für Öffentliches Recht an der rechtswissenschaftlichen Fakultät der Universität Bielefeld.

JOHANNES-GEORG SCHÜLEIN (Dr. phil) ist wissenschaftlicher Mitarbeiter am Forschungszentrum für Klassische Deutsche Philosophie der Ruhr-Universität Bochum.

CRISTIANA SENIGAGLIA (Dr.) ist Lehrbeauftragte an der Universität Passau und in Italien habilitiert für Moralphilosophie.

KLAUS VIEWEG (apl. Prof. Dr.) lehrt Philosophie an der Friedrich-Schiller-Universität Jena.